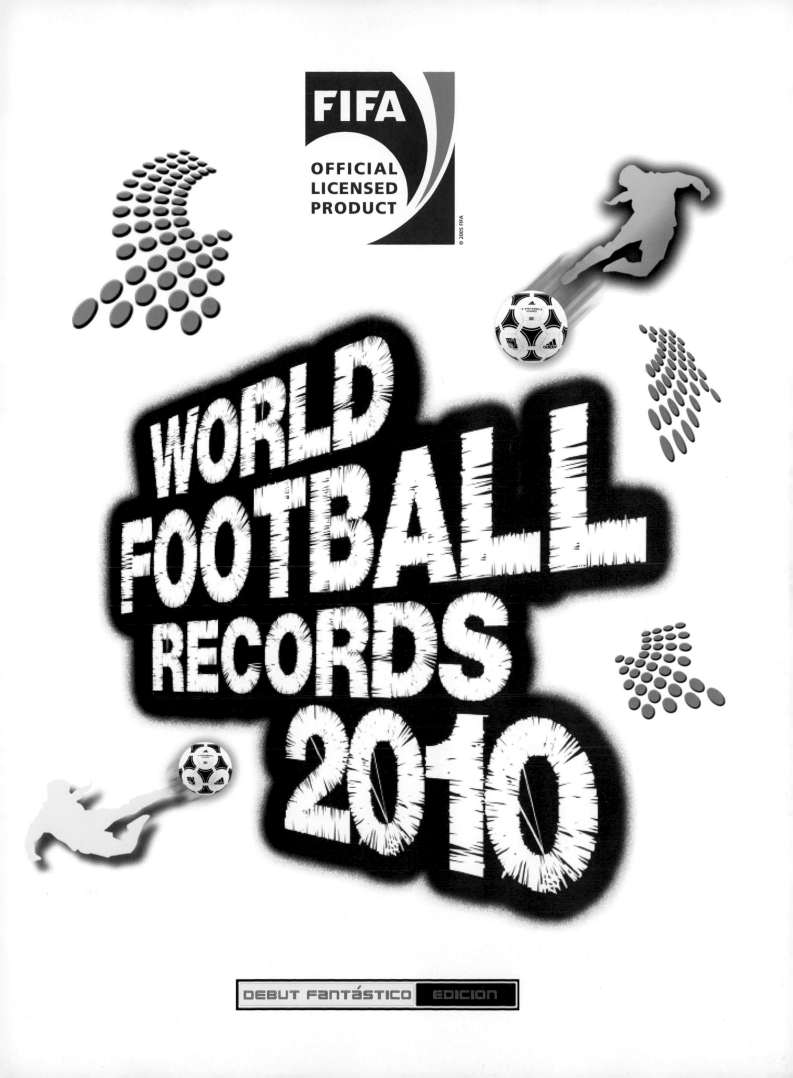

Titulo original: *World Football Records 2010*

Publicado originariamente por Carlton Books Limited en 2009
20 Mortimer Street
London W1T 3JW

© Carlton Books Limited 2009

Editor: Martin Corteel
Diseñadores: Paul Chattaway y Luke Griffin
Documentación gráfica: Paul Langan
Producción: Kate Pimm

© The FIFA Brand OLP Logo is a copyright and trademark of FIFA. All rights reserved.
Manufactured under licence by Carlton Books.

© 2009, de la edición en castellano
Random House Mondadori, S.A.
Travessera de Gràcia, 47-49, 08021 Barcelona

ISBN 978-84-844-1578-7

Traducción: abm Communication Management, S.L.
Realización: abm Communication Management, S.L.

Printed in Dubai – Impreso en Dubai

WORLD FOOTBALL RECORDS 2010

KEIR RADNEDGE

FIFA OFFICIAL LICENSED PRODUCT

© 2005 FIFA

CONTENIDO

El capitán de la selección italiana, Fabio Cannavaro, sostiene el trofeo de la Copa Mundial rodeado por sus compañeros de equipo tras la final celebrada en el Estadio Olímpico de Berlín en 2006. Italia derrotó 5-3 a Francia en penaltis tras empatar a uno.

INTRODUCCIÓN

BIENVENIDOS a la primera edición de una nueva aventura en las publicaciones sobre fútbol internacional: *World Football Records 2010* de la FIFA. Este libro abarca el fútbol mundial en toda su amplitud, y tiene como propósito explorar y describir las personas, los lugares y las competiciones que han hecho del fútbol el deporte rey en todo el mundo.

No hemos pretendido hacer un libro de historia basándonos simplemente en estadísticas (hechos y cifras utilizados para analizar y controlar fenómenos). Lo que hemos pretendido es analizar los momentos clave y las decisiones cruciales, no sólo de los grandes torneos como la Copa Mundial de la FIFA, sino también de todos esos eventos internacionales que unen a la familia del fútbol desde Albania hasta Zimbabue. Naturalmente, el ritmo de cambio y evolución del fútbol mundial supone un enorme reto para cualquier estadístico, porque el juego nunca se detiene; los récords de participación y goles son superados cada año, incluso cada mes. Por eso, la fecha límite para los datos estadísticos que incluye este libro se estableció a finales de mayo de 2009.

Los grandes eventos del fútbol mundial congregan a aficionados de las seis regiones geográficas: África, Asia, Europa, Oceanía, Sudamérica y el Caribe, Centroamérica y Norteamérica. Millones de personas presenciarán el próximo gran evento internacional cuando, en 2010, la Copa Mundial de la FIFA llegue a África por primera vez, a Sudáfrica concretamente. Todos esos espectadores, ya sea en directo en los estadios o a través de la televisión, están unidos en su pasión por el fútbol a los pioneros que aparecen en estas páginas, como Charles Alcock o Lord Kinnaird. En el siglo XIX, tuvieron un papel relevante en la creación de las normas del fútbol que hoy interpretan Cristiano Ronaldo o Lionel Messi.

Debemos dar las gracias especialmente a David O'Connor y Meike Willemsen de la sede de la FIFA en Zúrich, a los redactores e investigadores editoriales, entre ellos Kevin Connolly, Chris Hawkes, Aidan Radnedge y Andrew Warshaw, y a Sam Ferguson y Carolina Bohorquez de Global Brands. Una anomalía del fútbol es que, debido a su accidentada historia, algunos de los registros oficiales más antiguos no concuerdan. Esto atañe particularmente a los años de transición entre el fútbol *amateur* y el profesional y al conflicto por el estatus de algunas ediciones de competiciones internacionales, como la Copa América. Sin embargo, la mayoría de las normas establecidas han permanecido intactas desde los primeros partidos entre Escocia e Inglaterra a finales del siglo XIX.

El lector conocerá las grandes selecciones, las grandes competiciones, los grandes clubes, a jugadores y entrenadores, de Alemania a Italia, de Brasil a Argentina, y recorrerá todos los océanos y continentes por los que se ha extendido este deporte. El fútbol tiene muchas etiquetas: la del juego más sencillo, la del deporte del pueblo, la del juego bonito, y su pasión llega a todo el mundo. Esperamos que todos estos aspectos hayan cobrado vida en las siguientes páginas.

Keir Radnedge
Junio 2009

El argentino Lionel Messi (izquierda) marcado por el nigeriano Promise Isaac durante la final del torneo masculino entre Nigeria y Argentina en el Estadio Nacional, durante las Olimpiadas 2008 de Pekín.

PARTE 1:
LAS SELECCIONES

LA POPULARIDAD del fútbol es evidente en todos los estratos sociales de todos los continentes y países. No conoce fronteras políticas, religiosas ni raciales, y se basa en una sencilla estructura que lleva más de un siglo funcionando sin problemas. En lo alto de la pirámide del fútbol mundial está la federación mundial: la FIFA. Las seis federaciones geográficas regionales que representan a África, Asia, Europa, Oceanía, Sudamérica y el Caribe, Centroamérica y Norteamérica respaldan la labor de la FIFA. A su vez, las federaciones nacionales de 208 países secundan a las federaciones regionales; de este modo, la FIFA cuenta con más países miembros que la propia ONU. Estas organizaciones son vitales, pues presentan a sus selecciones nacionales, que han construido la historia de este deporte con su larga lista de logros, en competiciones a nivel mundial, como la Copa Mundial de la FIFA.

También supervisan el desarrollo del fútbol en sus países, desde las ligas profesionales hasta las categorías inferiores.

Las selecciones de Inglaterra y Escocia disputaron los primeros partidos internacionales oficiales a finales del siglo XIX, estableciendo así el precedente de las cuatro naciones británicas compitiendo por separado. El British Home Championship original fue la primera competición de selecciones nacionales, pero su desaparición a consecuencia de la saturación en el calendario de encuentros ha hecho de la Copa América la competición más antigua. Posteriormente, en 1930, se creó la Copa Mundial de la FIFA, así como los campeonatos regionales, cuyos ganadores se enfrentan cada cuatro años en la Copa FIFA Confederaciones en el país que se prepara para albergar el siguiente Mundial, la mayor celebración del fútbol de selecciones.

Exhibición de las banderas de las naciones participantes en la ceremonia inaugural del Mundial 2006.

⚽ EUROPA

Europa fue la cuna del fútbol moderno. A mediados del siglo XIX se crearon sus reglas en Inglaterra y tan solo unos años más tarde estudiantes, ingenieros, marineros, soldados y empresarios las extendieron por el continente y encendieron la pasión que puede palparse entre los aficionados en un día de partido en cualquier país, sobre todo en los Países Bajos.

INGLATERRA

Inglaterra es la patria del fútbol: la nación donde se concibió, que asistió a la creación de la primera Asociación de Fútbol y la primera liga organizada, y que ahora cuenta con la liga nacional más rica del mundo. No obstante, a Inglaterra no le ha ido tan bien como cabría esperar en el plano internacional, sino todo lo contrario. Aparte de una solitaria Copa Mundial de la FIFA™, como anfitriones en 1966, a «los Tres Leones» les ha resultado difícil librarse de las críticas por no rendir lo suficiente en torneos importantes.

LOS COMIENZOS

Todo empezó... el 30 de noviembre de 1872. Inglaterra participó en su primer partido internacional, contra Escocia, en Hamilton, Crescent, Partick. El resultado fue empate a cero ante una multitud de 4.000 personas, que habían pagado un chelín por la entrada. En realidad, Inglaterra y Escocia ya se habían enfrentado en cinco ocasiones, pero la mayoría de los jugadores escoceses vivían en Inglaterra y los partidos no eran oficiales. La selección inglesa que disputó el primer partido oficial fue convocada por Charles Alcock, el secretario de la Asociación de Fútbol, que lo único que lamentó fue no poder escogerse a sí mismo debido a una lesión. Por el contrario, la primera contienda internacional de *rugby* entre Inglaterra y Escocia se había celebrado ya en 1881, aunque el primer partido internacional de *cricket* de Inglaterra no se jugó hasta marzo de 1877 contra Australia en Melbourne.

GAFE EN LA PENA MÁXIMA

Inglaterra nunca ha ganado la tanda de penaltis de un Mundial. En 1998 perdió ante Argentina en la segunda ronda en Saint-Étienne y en 2006 lo hizo ante Portugal en los cuartos de final en Gelsenkirchen. En ambos choques fue expulsado un jugador inglés: David Beckham en 1998 y Wayne Rooney en 2006.

EL CLÁSICO

Como Inglaterra es el país natal del fútbol moderno y Brasil ostenta el récord de haber ganado cinco Mundiales, los encuentros entre estos dos equipos están considerados clásicos. Inglaterra solo ha vencido en tres de los 22 partidos y nunca en un campeonato importante.

CON LA GORRA

En el histórico primer partido contra Escocia, los ingleses llevaban gorras de *cricket* y los escoceses capuchas. Este estilismo originó que la palabra *cap* (en español «gorra») se use en inglés para designar cualquier aparición internacional. Todavía se mantiene la tradición de regalar una gorra a los internacionales ingleses.

MAYORES VICTORIAS

1882	Irlanda 0 - Inglaterra 13
1899	Inglaterra 13 - Irlanda 2
1908	Austria 1 - Inglaterra 11
1964	EE. UU. 0 - Inglaterra 10
1947	Portugal 0 - Inglaterra 10
1982	Inglaterra 9 - Luxemburgo 0
1960	Luxemburgo 0 - Inglaterra 9
1895	Inglaterra 9 - Irlanda 0
1927	Bélgica 1 - Inglaterra 9
1896	Gales 1 - Inglaterra 9
1890	Irlanda 1 - Inglaterra 9

PEORES DERROTAS

1954	Hungría 7 - Inglaterra 1
1878	Escocia 7 - Inglaterra 2
1881	Inglaterra 1 - Escocia 6
1958	Yugoslavia 5 - Inglaterra 0
1964	Brasil 5 - Inglaterra 1
1928	Inglaterra 1 - Escocia 5
1882	Escocia 5 - Inglaterra 1
1953	Inglaterra 3 - Hungría 6
1963	Francia 5 - Inglaterra 2
1931	Francia 5 - Inglaterra 2

¿QUÉ HORA ES?

En 1961 Inglaterra machacó a Escocia por 9-3 en Wembley. El desafortunado portero escocés fue Frank Haffey y eso que a Inglaterra le anularon un tanto. Por eso, cuando un aficionado escocés le preguntó la hora a uno inglés, este le dijo: «casi pasan de los diez».

VIEJO ENEMIGO

Inglaterra ha jugado más veces (110) contra Escocia que contra ningún otro país, a pesar de que el British Home Championship anual desapareció en 1984. Inglaterra ha ganado 45 partidos, ha perdido 41 y ha empatado 24, con 192 goles a favor y 169 en contra. El último choque fue el 17 de noviembre de 1999; Escocia ganó 0-1 un partido de clasificación para la Eurocopa en Wembley.

JOVEN PROMESA

Theo Walcott se convirtió en el internacional más joven de la selección absoluta inglesa al jugar contra Hungría en mayo de 2006 con 17 años y 75 días. El récord lo ostentaba Wayne Rooney, que tenía 17 años y 111 días en el partido contra Australia de febrero de 2003. Con 19 años y 178 días, Walcot se convirtió en el jugador inglés más joven en marcar un *hat trick* en la victoria por 4-1 a domicilio ante Croacia en septiembre de 2008.

LA PRIMERA DERROTA

La victoria de Hungría en Wembley por 6-3 en 1953 supuso el primer batacazo de Inglaterra ante un oponente continental. Su primera derrota en casa ante un contrincante no británico fue frente a la República de Irlanda, que venció por 2-0 en Goodison Park, Liverpool, en 1949.

APABULLANTE

Inglaterra ha alcanzado cinco veces los dos dígitos en el marcador: al machacar a Irlanda 13-0 y 13-2 en 1882 y 1899, al vencer a Austria 11-1 en 1908, y al derrotar a Portugal 10-0 en 1947 y con el mismo resultado a Estados Unidos en 1964; de esos diez, Roger Hunt marcó cuatro, Fred Pickering, tres, Terry Paine, dos, y Bobby Charlton, uno.

MINUTOS PARA TODOS

Durante su etapa como seleccionador de Inglaterra, Sven-Göran Eriksson hacía tantos cambios en los partidos amistosos que la FIFA, la federación mundial de fútbol, creó una regla para restringir el número de sustituciones. Eriksson llegó a hacer 11 cambios en cuatro encuentros: contra Holanda (2001), Italia (2002), Australia (2003) e Islandia (2004).

SOLO CAPITÁN

Claude Ashton, delantero centro del Corinthians, estableció un récord al capitanear a Inglaterra en su único partido como internacional, un empate a cero contra Irlanda del Norte en Belfast en octubre de 1925.

CHICOS MALOS

Alan Mullery fue el primero de los 12 internacionales ingleses de la absoluta en ser expulsado. Ocurrió en la semifinal de la Eurocopa contra Yugoslavia en Florencia, el 5 de junio de 1968.

DOBLETE

El extremo del Arsenal Arthur Milton fue el último de los 12 jugadores que compitieron en la selección inglesa de fútbol y de *cricket*. Su único partido de fútbol con Inglaterra fue contra Austria en 1951. Después jugó seis veces con la selección de *cricket* inglesa entre los años 1958 y 1959.

TRIPLE OPORTUNIDAD

David Beckham es el único jugador que ha marcado goles con Inglaterra en tres Mundiales; todos ellos en jugadas a balón parado. Transformó una falta frente a Colombia en 1998, un penalti ante Argentina en 2002 y otra falta contra Ecuador en la segunda ronda de 2006.

EL GORDO Y EL ALTO

Con 2,01 m, el delantero centro Peter Crouch es el jugador más alto que ha sobresalido entre los defensas rivales, mientras que el extremo del Tottehnham Fanny Walden, que jugó dos partidos como internacional en 1914 y 1922, fue el más bajito con 1,57 m. El portero del Sheffield United, Billy «Fatty» Foulkes, fue el futbolista inglés más gordo; pesaba 114 kilos cuando se enfrentó a Gales el 29 de marzo de 1897.

LOS CAPITANES CORAJE

Las carreras internacionales de Billy Wright y Bobby Moore, ambos capitanes de Inglaterra en 90 partidos, todo un récord, casi se solapan. Wright, del Wolves, lideró a Inglaterra entre 1946 y 1959, y Moore, del West Ham, entre 1962 y 1973, incluyendo el triunfo de Inglaterra en el Mundial de 1966.

INTERNACIONALES

1	Peter Shilton	125
2	David Beckham	112
3	Bobby Moore	108
4	Bobby Charlton	106
5	Billy Wright	105
6	Bryan Robson	90
7	Michael Owen	89
8	Kenny Sansom	86
9	Gary Neville	85
10	Ray Wilkins	84

A CUALQUIER NIVEL

Terry Venables fue el único futbolista que representó a Inglaterra en todas las categorías: infantil, cadete, no profesional, Sub-23 (antes se llamaba así) y absoluta. Con esta última solo jugó dos veces pero fue seleccionador de 1994 a 1996, año en que llevó al equipo anfitrión hasta la tanda de penaltis de la semifinal de la Eurocopa.

¡EN DIRECCIÓN CONTRARIA!

Aunque a veces este tanto se ha atribuido al ariete escocés John Smith, se cree que Edgar Field fue el primer jugador inglés en marcar un gol en propia meta cuando Escocia aplastó a Inglaterra por 6-1 en 1881. Para cuando Field metió el balón en su portería, Escocia ganaba ya 4-1. Este defensa, que ganó una Copa de Inglaterra y perdió otra con el Clapham Rovers, no ha sido el único. Gary Neville, del Manchester United, ha anotado dos goles «contra» Inglaterra.

TAN CERCA...

Jimmy Greaves es quizá el mejor anotador que haya jugado jamás en la selección inglesa, con un fantástico registro de 44 tantos en solo 57 partidos, incluidos seis *hat tricks*, lo que le ha convertido en el delantero inglés con mejor promedio de goles por partido. Sin embargo, su carrera deportiva se truncó al resultar lesionado en la fase de clasificación para el Mundial de 1966. Su sustituto, Geoff Hurst, marcó en la segunda ronda, se quedó con su puesto y consiguió hacer historia. En 2007 la FIFA concedió medallas a Greaves y al resto de suplentes de los equipos ganadores de los Mundiales.

EL RÉCORD DE BECKHAM

David Beckham jugó su partido número 109 con la selección inglesa cuando entró como suplente en el amistoso que Inglaterra ganó ante Eslovaquia por 4-0 el 28 de marzo de 2009. Así logró superar el récord de partidos con la selección inglesa como jugador de campo que ostentaba Bobby Moore, capitán del equipo que ganó el Mundial de 1966. Beckham, nacido el 2 de mayo de 1975, en Leytonstone, Londres, hizo su primera aparición con Inglaterra el 1 de septiembre de 1996, en un partido de clasificación contra Moldavia. En 2001 el nuevo seleccionador Sven-Göran Eriksson le nombró capitán titular de la selección, puesto al que renunció después de la derrota ante Portugal en el Mundial 2006.

EL <<ABUELO>>

Stanley Matthews se convirtió en el jugador más mayor de la historia de la selección inglesa cuando, a la edad de 42 años y 104 días, formó parte de la alineación que jugó contra Dinamarca el 15 de mayo de 1957. Eso ocurrió 22 años y 229 días después de su debut. Matthews fue también el goleador más mayor de Inglaterra: tenía 41 años y ocho meses cuando anotó ante Irlanda del Norte el 10 de octubre de 1956.

MÁXIMOS GOLEADORES

1	Bobby Charlton	49
2	Gary Lineker	48
3	Jimmy Greaves	44
4	Michael Owen	40
5	Tom Finney	30
=	Nat Lofthouse	30
=	Alan Shearer	30
8	Viv Woodward	29
9	Steve Bloomer	28
10	David Platt	27

LA OLA

La mayor asistencia a un partido de Inglaterra se registró en Hampden Park en 1937, donde 149.547 personas se apiñaron para ver la victoria de Escocia por 3-1 en el British Home Championship. En cambio, solo 2.378 aparecieron para ver el susto que San Marino dio a Inglaterra al marcar a los nueve segundos. El triunfo por 7-1 no bastó para que los ingleses se clasificasen para el Mundial 1994.

EL HOGAR REAL DEL FÚTBOL

En contra de la creencia popular, las leyendas e incluso la mayoría de los libros sobre fútbol, el hogar original de la selección de fútbol inglesa es The Oval. Fue en ese estadio de Kennington, ahora más conocido por el *cricket*, donde se disputó el primero de los cinco partidos internacionales «no oficiales» entre equipos representativos de Inglaterra y Escocia entre 1870 y 1872. Después, The Oval acogió el primer encuentro internacional de Inglaterra en casa (su segundo partido), que además supuso la primera victoria de la selección inglesa (4-2 ante Escocia), así como otros triunfos sobre Gales e Irlanda en el incipiente British Home Championship.

LOS PRIMEROS Y MÁS IMPORTANTES

El primer encuentro internacional oficial de Inglaterra acabó en empate a cero contra Escocia en Glasgow el 30 de noviembre de 1872, aunque antes de eso ambos equipos ya se habían enfrentado varias veces en partidos no oficiales. Dado que durante cuatro décadas los únicos contrincantes de Inglaterra fueron naciones británicas, y durante los siete primeros años solo Escocia, no es de extrañar que el primer empate, la primera victoria y la primera derrota de Inglaterra fueran contra sus vecinos del norte. Tras el primer encuentro sin goles, el segundo, celebrado en The Oval el 8 de marzo de 1873, fue un poco más emocionante: Inglaterra ganó 4-2. En su tercer partido, otra vez en Glasgow casi un año después, Escocia niveló las cosas con una victoria por 2-1.

TU PAÍS TE NECESITA

Los primeros combinados ingleses se eligieron en pruebas de selección abiertas a cualquier inglés que respondiese a los anuncios de la FA en busca de futbolistas. En 1887 las pruebas ya eran demasiado populares y la FA decidió gestionar el proceso mediante un Comité de Selección Internacional, que siguió diseñando el equipo hasta el nombramiento de Sir Alf Ramsey en 1962.

ASUNTOS INACABADOS

El amistoso que Inglaterra jugó a domicilio en Argentina el 17 de mayo de 1953 fue suspendido con el marcador a cero debido a las lluvias torrenciales. Las dos Asociaciones de Fútbol decidieron registrar el resultado «oficial» como un empate a cero. Sin embargo, cuando en 1995 se suspendió el encuentro entre Inglaterra y la República de Irlanda a los 27 minutos, no se reconoció el 0-1 del marcador. No obstante, los ingleses contaron el partido como internacional.

WALTER EL MAGNÍFICO

Walter Winterbottom fue el primer seleccionador de Inglaterra a tiempo completo, y sigue siendo el que más encuentros estuvo en el cargo (138 partidos) y el más joven de la historia de la selección inglesa, pues solo tenía 33 años cuando aceptó el puesto en 1946 (primero como entrenador y a partir de 1947 como seleccionador). Fue profesor y jugador del Manchester United antes de clasificar a Inglaterra para cuatro Mundiales.

CUADRO DE HONOR DE SELECCIONADORES

Nombre	P	V	E	D	GF	GC
Walter Winterbottom (1946-62)	138	77	33	28	380	195
Sir Alf Ramsey (1962-74)	113	69	27	17	224	98
Joe Mercer (1974)	7	3	3	1	9	7
Don Revie (1974-77)	29	14	7	8	49	25
Ron Greenwood (1977-82)	55	33	12	10	93	40
Bobby Robson (1982-90)	95	47	30	18	154	60
Graham Taylor (1990-93)	38	18	13	7	62	32
Terry Venables (1994-96)	24	11	11	2	35	14
Glenn Hoddle (1996-98)	28	17	6	5	42	13
Howard Wilkinson (1999-2000)	2	0	1	1	0	2
Kevin Keegan (1999-2000)	18	7	7	4	26	15
Peter Taylor (noviembre 2000)	1	0	0	1	0	1
Sven-Göran Eriksson (2001-06)	67	40	17	10	127	60
Steve McClaren (2006-07)	18	9	4	5	32	12
Fabio Capello (2008-)	13	10	1	2	31	11

HASTA AQUÍ HAN LLEGADO

En 1951 Argentina fue el primer equipo no británico que jugó en Wembley, aunque Inglaterra venció 2-1, pero Ferenc Puskás y los «Magiares Mágicos» de Hungría fueron el primer equipo «extranjero» que derrotó a Inglaterra en Wembley, con su famosa victoria por 6-3 en 1953. Esta humillación supuso el último partido de Alf Ramsey como jugador de la selección. Inglaterra probó el sabor de la derrota ante un equipo «extranjero» por primera vez contra España en 1929; dos años más tarde Inglaterra se vengó con un 7-1 en Highbury.

NADA COMO EN CASA...

Aunque casi es sinónimo de la selección inglesa, Wembley no fue siempre su sede. El primer partido internacional que Inglaterra disputó allí, cuando aún lo llamaban el «Estadio Imperial», fue un empate a uno contra Escocia el 12 de abril de 1924.

CAFÉ IRLANDÉS

La primera derrota de Inglaterra en casa contra un equipo no británico fue el 21 de septiembre de 1949, cuando perdieron 2-0 ante Irlanda en Goodison Park.

¿QUIÉN ES EL MEJOR?

Sir Alf Ramsey y Glenn Hoddle están empatados como seleccionadores con mayor éxito de Inglaterra con un 61% de victorias. Sin embargo, como Sir Alf logró el Mundial de 1966, se sitúa por delante del resto. Técnicamente, el entrenador provisional Peter Taylor ostenta el peor récord: 100% de derrotas, pero hay que tener en cuenta que solo estuvo en el cargo un partido, el 1-0 ante Italia en Turín, un encuentro en el que David Beckham hizo su primera aparición como capitán inglés. Steve McClaren es el único técnico a tiempo completo que no ha clasificado al equipo para un torneo internacional, ya que perdió ante Croacia y Rusia en la previa para la Eurocopa 2008. Terry Venables se libró de tener que clasificar a Inglaterra para su único torneo, la Eurocopa 96, ya que era el país anfitrión. El periodo de 16 meses de McClaren en el cargo (durante el cual Venables fue su ayudante) también fue el reinado más corto de un seleccionador inglés a tiempo completo.

ESCOCIA

Escocia, un país con una emocionante liga y una rica tradición futbolística (fue el anfitrión del primer partido internacional de fútbol de la historia, contra Inglaterra en noviembre de 1872), nunca ha obtenido los resultados que le hacían falta para alcanzar sus grandes expectativas a nivel internacional. Ha disfrutado de momentos de éxito, como su inesperada victoria ante los Países Bajos en la Copa Mundial de la FIFA™ de 1978, pero también ha sufrido mucho: no se han clasificado para la fase final de un torneo importante desde 1998.

ANFITRIÓN DEL PRIMER ENCUENTRO INTERNACIONAL

La rivalidad entre Escocia e Inglaterra es la más antigua del fútbol mundial: su empate a cero en Glasgow el 30 de noviembre de 1872 fue el primer partido internacional de la historia. A pesar de las 45 victorias de Inglaterra frente a las 41 de Escocia (y 24 empates), esta última ha protagonizado logros históricos, como el ser la primera selección que derrotó a Inglaterra, por 3-2 en 1967, después del Mundial de 1966, con lo que se atribuyó extraoficialmente el título de «campeona del mundo».

LOS ETERNOS SEGUNDONES

A pesar de los años de mala suerte, la ausencia de Escocia en el Mundial de 1950 fue una elección propia. La FIFA había ofrecido participar en este Mundial a los dos mejores equipos del British Home Championship (torneo entre las selecciones nacionales del Reino Unido) de 1948-49 y 1949-50. Sin embargo, el secretario de la Asociación Escocesa de Fútbol (SFA), George Graham, anunció que Escocia no acudiría al Mundial si no encabezaba la tabla. Al acabar segundos por detrás de Inglaterra, el capitán George Young suplicó a la SFA que cambiara de parecer, pero Graham se negó, alegando que la SFA debía mantener su palabra. Pero los escoceses no cometieron el mismo error cuando acabaron segundos por detrás de Inglaterra en el clasificatorio de 1954 y no dudaron en ocupar su plaza para el Mundial de aquel año en Suiza. Sin embargo, no deberían haber ido: solo eran 13 jugadores (no los 22 permitidos), el entrenador Andy Beattie dimitió tras el primer encuentro, y perdieron su segundo y último partido por 7-0 ante Uruguay.

TAN CERCA PERO TAN LEJOS

Escocia se ha acostumbrado a rozar el éxito, pero falla en la recta final. Al quedar eliminados en la primera ronda del Mundial de 1974, se convirtieron en el primer equipo invicto en abandonar el torneo. En la fase de clasificación para la Eurocopa 2008, Escocia venció a Francia, subcampeona del Mundial 2006, dos veces (ambas por 1-0), pero aun así no lograron pasar. En el último partido contra Inglaterra, la vuelta de la eliminatoria de clasificación para la Eurocopa 2000, ganaron 1-0 en Wembley, pero volvieron a quedar fuera al haber perdido en la ida por 2-0 en Hampden Park.

CAMPEONES DE LA LIGA ESCOCESA

Club	Campeones	Subcampeones
Rangers	51*	29
Celtic	42	28
Heart of Midlothian	4	14
Aberdeen	4	13
Hibernian	4	6
Dumbarton	2*	0
Motherwell	1	5
Dundee	1	4
Kilmarnock	1	4
Dundee United	1	0
Third Lanark	1	0
Airdrieonians	0	4
Falkirk	0	2
Morton	0	1

* Rangers y Dumbarton compartieron el título de campeones en 1891.

UN DERBI DE RÉCORD

Los clubes de Glasgow, el Rangers y el Celtic, han protagonizado la historia del fútbol escocés. Entre ambos, han ocupado el primer puesto de la tabla 93 de las 111 temporadas de la máxima competición escocesa. El Rangers tiene el récord de títulos ganados con 51 (incluido uno compartido con el Dumbarton), mientras que el Celtic es el que ha ganado más Copas de Escocia, 34. Los dos han logrado nueve títulos seguidos (el Rangers desde 1988-89 hasta 1996-97 y el Celtic desde 1965-66 hasta 1973-74). De todos sus enfrentamientos, quizá el partido más reñido fue el que ganó el Celtic por 2-1 en el eliminatorio que decidía el campeón de la temporada 1904-05, tras acabar ambos equipos igualados a 41 puntos. Fue necesario un árbitro inglés en el partido del 6 de mayo en Hampden Park para evitar cualquier indicio de favoritismo. Además de sus logros por separado, el derbi «Old Firm» ostenta el récord de asistencia a un partido de liga del Reino Unido: en 1939, 118.567 espectadores abarrotaron el Ibrox para presenciar la victoria del Rangers sobre el Celtic por 2-1, gracias a los tantos de Dave Kinnear y Alex Venters.

CON FALDAS Y A LO LOCO

A pesar de no haberse clasificado para un torneo importante desde 1998, Escocia es famosa por su escandalosa y simpática hinchada vestida con faldas escocesas, llamada la «Tartan Army». El comportamiento ejemplar de los seguidores escoceses fue premiado en el Mundial 1998 y la Eurocopa de 1992. Sin embargo, hicieron honor a su nombre en 1977, cuando destrozaron el césped de Wembley tras derrotar 2-1 a Inglaterra.

NO VOLVÁIS A CASA MUY PRONTO

Escocia nunca ha logrado pasar de las primeras fases de un torneo internacional. Fueron eliminados de tres Mundiales por diferencia de goles: ante Brasil en 1974, ante la subcampeona final Holanda (por goles en contra) en 1978 y ante la Unión Soviética en 1982.

PRINCIPALES COMPETICIONES

COPA MUNDIAL DE LA FIFA™: 8 apariciones, eliminado siempre en primera ronda.
EUROCOPA: 2 apariciones, eliminado en primera ronda en 1992 y 1996.
PRIMER INTERNACIONAL: Escocia 0 - Inglaterra 0 (Glasgow, 30 de noviembre de 1872)
MAYOR VICTORIA: Escocia 11 - Irlanda 0 (Glasgow, 23 de febrero de 1921)
PEOR DERROTA: Uruguay 7 - Escocia 0 (Basilea, Suiza, 19 de junio de 1954)

¿CABE ALGUIEN MÁS?

Hampden Park, el estadio oficial de la selección, ostenta el récord de asistencia a un partido de fútbol en Europa. Hubo tanta gente que nadie sabe con certeza cuántas personas se congregaron para ver el encuentro entre Escocia e Inglaterra en 1937, aunque la cifra oficial suele ser 149.415. Escocia ganó la eliminatoria del British Home Championship por 3-1, aunque acabó subcampeona por detrás de Gales en la competición.

LOS INVENCIBLES «LEONES DE LISBOA»

El año 1967 fue muy emocionante para los equipos escoceses en Europa: el Kilmarnock llegó a semifinales de la Copa de Ferias y el Rangers fue subcampeón de la Recopa de Europa, pero el Celtic logró la mayor hazaña al ser el primer equipo británico en ganar la Copa de Europa cuando venció al favorito, el Inter de Milán, por 2-1 en Lisboa. Con el pitido final, los exultantes, aunque no violentos, seguidores del Celtic invadieron el terreno de juego, por lo que el trofeo no pudo entregarse en el campo como estaba previsto. El capitán Billy McNeill tuvo que ser escoltado por guardias de seguridad hasta un podio especial. El Celtic, cuyos jugadores nacieron todos a menos de 50 km del estadio, ganó todos los torneos que disputó durante la temporada 1966-67, un récord sin igual en el fútbol escocés.

EL REY KENNY

Kenny Dalglish es, junto a Denis Law, el máximo goleador de la selección escocesa y sigue siendo el único jugador que ha logrado disputar más de un centenar de encuentros con el combinado nacional, hasta un total de 102, 11 más que el siguiente, el guardameta Jim Leighton. Dalglish nació en Glasgow el 4 de marzo de 1951 y, aunque de niño era seguidor del Rangers, triunfó liderando al Celtic, el mejor de Escocia en la década de 1970 al conseguir cuatro títulos de liga, cuatro Copas de Escocia y una Copa de la Liga de Escocia. Más tarde se convirtió en una leyenda en el Liverpool, cuando ganó tres Copas de Europa (1978, 1981 y 1984) y dirigió al equipo como entrenador-jugador en el primer doblete de liga y copa de la historia del equipo en 1986. Después llegó a ser, al igual que Herbert Chapman y Brian Clough, uno de los pocos técnicos que logró el título de liga con dos equipos distintos, al llevar al Blackburn Rovers a lo más alto del fútbol inglés en 1994-95. Con la selección, Dalglish marcó en los Mundiales de 1978 y 1982, anotando el primer gol de la famosa victoria por 3-2 sobre los Países Bajos, los subcampeones finales, en la fase de grupos de 1978. En 1986 disputó su último partido internacional.

OTROS BREVES REINADOS

El entonces entrenador del Aberdeen, Alex Ferguson, se hizo cargo de Escocia en el Mundial de 1986 tras la trágica muerte del seleccionador Jock Stein, acaecida después de asegurar un puesto en la eliminatoria de repesca con el empate a uno ante Gales. Ferguson logró la victoria sobre Australia, pero en México solo pudo llegar hasta la primera ronda, al quedar eliminado con solo un punto y un gol. Al menos Ferguson aguantó todo el torneo: el primer técnico profesional de Escocia, Andy Beattie, dimitió tras el primer partido del Mundial 1954 (una derrota por 1-0 ante Austria) al contar solo con 13 de los 22 jugadores posibles.

UN RÁPIDO ENTRENAMIENTO

La difunta leyenda del Celtic, Tommy Burns (16 de diciembre de 1956-15 de mayo de 2008), además de ganarlo todo en el fútbol escocés y ser ocho veces internacional, ostenta el discutible honor de haber sido el entrenador que menos tiempo estuvo como seleccionador escocés. Asumió el cargo provisional tras la dimisión de Berti Vogts y su único partido se saldó con un 4-1 en contra frente a Suecia. Burns ayudó a trazar la ligera recuperación del equipo como ayudante de Walter Smith entre 2004 y 2007.

¿CÓMO LO CONSIGUEN?

Se podría decir que Escocia ha sido la cuna de los mejores técnicos británicos, entre ellos Matt Busby, Bill Shankly, Jock Stein y Alex Ferguson. Juntos cuentan con más de 109 años de experiencia como entrenadores, con más de 5.000 partidos y 35 títulos de liga, 24 Copas de Inglaterra y seis trofeos europeos, entre ellos cuatro Copas de Europa, el máximo galardón continental de clubes. El Celtic de Stein fue el primer equipo británico que ganó la Copa de Europa en 1967, mientras que Busby lo logró con el Manchester United en 1968, diez años después del desastre aéreo de Múnich donde murieron ocho de los «Busby Babes» y que obligó a Busby a permanecer dos meses hospitalizado. Stein entrenó a la selección escocesa y luego fue sustituido por Ferguson. Shankly logró el ascenso del Liverpool desde la modesta segunda división y ganó tres títulos de liga, dos Copas de Inglaterra y una Copa de la UEFA, mientras que Ferguson sigue al frente del Manchester United en su conquista de la liga inglesa y de Europa: ha ganado once títulos de liga, cinco Copas de Inglaterra, dos Copas de Europa y dos Copas Mundiales de Clubes de la FIFA.

NOMBRES PROPIOS ESCOCESES

Tommy Burns: periodo más breve como entrenador
Berti Vogts: único entrenador extranjero
Kenny Dalglish: más veces internacional
Denis Law: máximo anotador junto con Dalglish
Hampden Park: récord de asistencia (1937)
John McDougall: primer *hat trick* de Escocia, contra Inglaterra en 1878

MÁXIMOS GOLEADORES

1	Kenny Dalglish	30
=	Denis Law	30
3	Hughie Gallacher	24
4	Lawrie Reilly	22
5	Ally McCoist	19
6	Bob Hamilton	15
7	Andy Wilson	14
=	Maurice Johnston	14
9	Bob McColl	13
=	James McFadden	13

PRINCIPALES INTERNACIONALES

1	Kenny Dalglish	102
2	Jim Leighton	91
3	Alex McLeish	77
4	Paul McStay	76
5	Tom Boyd	72
6	Christian Dailly	67
7	Willie Miller	65
8	Danny McGrain	62
9	Richard Gough	61
=	Ally McCoist	61

ESO ES TODO, VOGTS

Berti Vogts fue el primer técnico extranjero que dirigió a la selección nacional escocesa, y tras su paso garantizó que en el futuro el banquillo estuviera solo en manos escocesas. Vogts perdió 16 de los 31 partidos en el puesto, entre los que se incluyen palizas por 5-0, 6-0 y 4-0 a manos de Francia, Países Bajos y Gales respectivamente. Dimitió tras solo dos años, aludiendo la negativa presión mediática.

GATO SIN GUANTES...

Alan Rough fue el único guardameta que no llevó guantes en el Mundial de 1978. Pero no fue la decisión más acertada, pues encajó seis goles y Escocia no logró clasificarse para la segunda ronda; no obstante, lo hizo mejor que los porteros mexicanos José Reyes y Pedro Soto, que entre ambos recibieron 12 goles en solo tres encuentros a pesar de llevar guantes.

EL AS DEL HAT TRICK

John McDougall fue el primer internacional escocés que consiguió un *hat trick*; lo logró en la victoria por 7-2 ante Inglaterra en un amistoso en Hampden Park el 2 de marzo de 1878. McDougall inauguró el marcador a los siete minutos, y en el descanso Escocia se adelantaba ya 4-0. Disputó cinco partidos con Escocia, en los que marcó un total de cuatro tantos, y jugó en el Vale of Leven en la liga nacional.

CUANTOS MÁS, MEJOR

Denis Law es, junto con Kenny Dalglish, el máximo anotador de Escocia, con 30 tantos en solo 55 partidos, mientras que Dalglish tardó 102 en lograrlo. Law marcó cuatro goles en dos encuentros distintos con la selección. El primero contra Irlanda del Norte el 7 de noviembre de 1962, que propició la conquista del British Home Championship. El 7 de noviembre de 1963 repitió la hazaña en un amistoso ante Noruega, a la que cinco meses antes le había hecho un *hat trick* en Bergen.

NO HABÍA SENTIDO NADA IGUAL DESDE QUE ARCHIE GEMMILL MARCÓ AQUEL GOL CONTRA HOLANDA

Archie Gemmill marcó el mejor gol de Escocia en su trayectoria mundialista en la sorprendente victoria por 3-2 ante Holanda en el Mundial 78. Regateó a tres defensas antes de marcarle un gol de vaselina al arquero holandés, Jan Jongbloed. En 2008 este mágico momento se transformó en una de las coreografías de la obra *The Beautiful Game* del Ballet Nacional Inglés.

GALES

Aunque es un país donde el *rugby* sigue siendo la obsesión nacional, Gales ha luchado por hacerse un hueco en el fútbol internacional. A pesar de haber aportado varios jugadores con mucho talento, Gales solo ha logrado clasificarse una vez para un campeonato importante, la Copa Mundial de la FIFA™ 1958 celebrada en Suecia.

LA SUERTE ESTÁ DE SU PARTE

La primera y única vez que Gales se clasificó para una competición importante fue en parte gracias a la suerte. Habían terminado segundos de su grupo, por detrás de Checoslovaquia, pero solo pasaban los primeros. Sin embargo, la FIFA obligó a Israel, que debido a problemas políticos en Oriente Próximo había terminado primero de grupo sin jugar ningún partido, a enfrentarse a uno de los segundos clasificados. Bélgica se negó a viajar a Israel y Gales era el siguiente; aceptó y logró una plaza para Suecia con un resultado final de 4-0.

CAZADOS CON LA CÁMARA

Los pioneros del cine Sagar Mitchell y James Kenyon grabaron un Gales-Irlanda en marzo de 1906, el primer partido internacional filmado.

PEQUEÑO DRAGÓN

Gareth Bale se convirtió en el futbolista más joven de la selección galesa cuando el 27 de mayo de 2006 debutó con la absoluta en un partido ante Trinidad y Tobago con 16 años y 315 días.

CERRADO A CAL Y CANTO

En marzo de 1902 Leigh Roose se convirtió en el primer arquero galés en mantener la portería a cero en 21 partidos frente a Inglaterra. Además, fue capitán.

BILLY MEREDITH

Billy Meredith, nacido el 30 de julio de 1874 en Chirk (Gales), fue una figura precoz del balompié y un personaje polémico. Estrella de los dos clubes de Manchester, el exterior derecha y antiguo arriero de ponis en las minas, fue 48 veces internacional y marcó 11 goles.

DE LA OBRA AL CAMPO...

El portero Neville Southall realizó la primera de sus históricas 92 apariciones como internacional ganando 3-2 ante Irlanda del Norte en mayo de 1982. El ex peón de albañil y basurero mantuvo su portería a cero en 34 ocasiones durante sus 15 años en la selección y fue elegido jugador del año 1985 por la Asociación de Periodistas Deportivos de Reino Unido por su labor junto al capitán galés Kevin Ratcliffe en el Everton. En su último partido internacional, en 1997, fue sustituido.

INTERNACIONALES

1	Neville Southall	92
2	Gary Speed	85
3	Dean Saunders	75
4	Peter Nicholas	73
=	Ian Rush	73
6	Mark Hughes	72
=	Joey Jones	72
8	Ivor Allchurch	68
9	Brian Flynn	66
10	Andy Melville	65

GIGANTE BUONO

John Charles, que nunca fue amonestado ni expulsado, fue apodado «el Gigante Bueno» por los hinchas de la Juventus, donde logró tres títulos de liga y dos Copas de Italia. En 1958 la leyenda galesa culminó la temporada siendo elegido jugador del año con la Juve y jugando el Mundial, aunque se perdió la derrota ante Brasil por 1-0 en cuartos debido a una lesión.

PARTIDOS HISTÓRICOS

La mayor victoria de Gales fue un 11-0 ante Irlanda en Wrexham el 3 de marzo de 1888; su peor derrota fue un 9-0 ante Escocia en marzo de 1878.

¿Y NUESTRO CHICO DE ORO?

Ryan Giggs, uno de los futbolistas más habilidosos y exitosos que nunca ha jugado un Mundial, se perdió 18 partidos consecutivos con su selección.

MANDAMÁS

Dave Bowen remató su labor como capitán en la primera y única aparición de Gales en un Mundial, en 1958, convirtiéndose en el técnico más veterano de la selección desde 1964 hasta 1974.

HUELE A GOL

Ian Rush es el máximo anotador galés con 28 goles en 73 partidos. El primero lo marcó en la victoria por 3-0 a Irlanda del Norte en mayo de 1982 y el último en el triunfo por 2-1 ante Estonia en 1994.

CAMPEONES CASEROS

Gales ganó el Home Championship (un torneo anual disputado entre Inglaterra, Irlanda, Escocia y Gales de 1883 a 1984) 12 veces: siete con victoria absoluta y cinco con título compartido.

MÁXIMOS GOLEADORES

1	Ian Rush	28
2	Trevor Ford	23
=	Ivor Allchurch	23
4	Dean Saunders	22
5	Mark Hughes	16
=	Cliff Jones	16
=	Craig Bellamy	16
8	John Charles	15
9	John Hartson	14
10	Robert Earnshaw	13

HÉROE DEL HAT TRICK

El delantero galés Robert Earnshaw ostenta un récord extraordinario: haber marcado *hat tricks* en las cuatro divisiones del fútbol inglés, la Copa de Inglaterra, la liga y tres con su selección frente a Escocia el 18 de febrero de 2004.

IRLANDA DEL NORTE

Irlanda del Norte ha competido como país independiente desde 1921, ya que antes había un equipo de toda Irlanda. Se ha clasificado para jugar el Mundial en tres ocasiones: en 1958 (cuando se convirtió en el país más pequeño en llegar a los cuartos de final), en 1982 (cuando alcanzaron la segunda ronda) y en 1986.

JOVEN PROMESA

Norman Whiteside fue el jugador más joven en disputar un Mundial (batiendo el récord de Pelé), cuando representó a Irlanda del Norte en España 82 con 17 años y 41 días. Ganó 38 partidos como internacional y marcó nueve goles, antes de retirarse por una lesión a los 26 años.

CUESTIÓN DE EDAD

Sam Johnston es el futbolista más joven que ha jugado en una selección irlandesa. Solo tenía 15 años y 154 días cuando debutó con el equipo unido (antes de la fundación del Estado Libre de Irlanda) en 1882. Además, marcó en su segundo partido, por lo que también es el anotador más joven de la historia de Irlanda.

HÉROE HEALY

El máximo goleador de Irlanda del Norte ha marcado más del doble de goles internacionales que el siguiente clasificado. Healy metió dos goles en su debut contra Luxemburgo el 23 de febrero de 2000 y marcó los tres tantos del sorprendente 3-2 de Irlanda del Norte a España en la eliminatoria para la Eurocopa 2008, el 6 de septiembre de 2006.

<<PEDRO EL GRANDE>>

El antiguo delantero del Manchester City y el Derby County, Peter Doherty, uno de los jugadores más caros de la época, conquistó la liga inglesa y la Copa de Inglaterra como jugador y disputó 19 partidos con la selección norirlandesa en una carrera interrumpida por la Segunda Guerra Mundial. En 1947, su último tanto en un 2-2 logró evitar que su país cayera derrotado ante Inglaterra por primera vez. Como entrenador, llevó a Irlanda del Norte a los cuartos de final del Mundial 1958, convirtiéndolo en el país más pequeño en alcanzar esa fase del torneo. Francia, que acabó en tercera posición, les venció por 4-0.

INTERNACIONALES

1	Pat Jennings	119
2	Mal Donaghy	91
3	Sammy McIlroy	88
4	Keith Gillespie	83
5	Jimmy Nicholl	73
6	Michael Hughes	71
=	Maik Taylor	71
8	David McCreery	67
9	Nigel Worthington	66
=	David Healy	66

MÁXIMOS GOLEADORES

1	David Healy	35
2	Billy Gillespie	13
=	Colin Clarke	13
4	Joe Bambrick	12
=	Gerry Armstrong	12
=	Jimmy Quinn	12
=	Iain Dowie	12
8	Billy Bingham	10
=	Jimmy McIlroy	10
=	Peter McParland	10
=	Johnny Crossan	10

GEORGE BEST

Best, uno de los grandes futbolistas que nunca honró un Mundial con su presencia (fue 37 veces internacional con Irlanda del Norte), logró premios nacionales y europeos con el Manchester United, incluidos una Copa de Europa y el Balón de Oro en 1968. También jugó en Estados Unidos, Hong Kong y Australia antes de retirarse para siempre en 1984.

AFICIÓN GALARDONADA

El Amalgamation of Northern Ireland Football Supporters' Clubs recibió el Premio de los Aficionados del Fútbol Europeo en 2006 por su labor junto a la Asociación de Fútbol de Irlanda del Norte por tratar de solucionar el sectarismo en el fútbol.

DOBLETE DE BINGHAM

Billy Bingham fue un futbolista clave en la banda derecha norirlandesa en el Mundial 1958 y fue seleccionador nacional en la fase clasificatoria de los Mundiales 1982 y 1986, la única vez que el país ha logrado clasificarse dos veces consecutivas.

EL GRAN JENNINGS

Las 119 apariciones históricas de Pat Jennings con Irlanda del Norte también fueron un récord internacional durante algún tiempo. El ex portero del Tottenham Hotspur y del Arsenal debutó como internacional ante Gales con 18 años en 1964 y celebró su 41 cumpleaños jugando su último partido ante Brasil en el Mundial 1986.

REPÚBLICA DE IRLANDA

Hicieron falta una astuta gestión y veinte intentos frustrados a lo largo de la historia para que la República de Irlanda se clasificara por fin para una competición importante. Pero desde que Jack Charlton llevara al equipo nacional a la Eurocopa 88, Irlanda se ha convertido en uno de los contrincantes más peligrosos de Europa.

ABUELITO DIME TÚ

El conjunto irlandés de Jack Charlton de finales de la década de 1980 y principios de la de 1990 sacó el máximo partido a los vínculos familiares para ampliar su plantilla de talentos. El goleador Tony Cascarino jugaba por tener un abuelo irlandés, pero no de sangre.

ED BROOKES

El delantero de los Bohemians, Ed Brookes, logró el primer *hat trick* irlandés con un 3-1 a Estados Unidos en 1924 un año después de que la FIFA reconociera la Asociación de Fútbol de Irlanda.

MOORE SE PONE MORADO

Paddy Moore fue el primero que marcó cuatro goles en una clasificatoria para un Mundial cuando Irlanda empató a cuatro con Bélgica el 25 de febrero de 1934. Don Givens fue el único irlandés capaz de igualar a Moore al anotar los cuatro goles de la victoria irlandesa sobre Turquía en octubre de 1975.

CARAY CON CAREY

Johnny Carey no solo fue capitán del Manchester United de Matt Busby que logró el título de la liga inglesa en 1952, sino que también lo fue de Irlanda del Norte (nueve partidos) y después de la República de Irlanda (27 partidos). Como colofón dirigió a la República de Irlanda entre 1955 y 1967.

ROMPIENDO MOLDES

Cornelius «Con» Martin fue un futbolista galés cuya pasión por el fútbol le acarreó la expulsión de la Asociación Atlética Gaélica. Probó su versatilidad tanto de medio centro como de portero en su club, el Aston Villa, y en la selección. Jugó en ambas posiciones en la novata selección irlandesa y marcó un penalti que supuso la victoria por 2-0 sobre Inglaterra en Goodison Park en 1949, la primera derrota de los ingleses en casa ante un adversario no británico.

⚽ STEVE STAUNTON

El titular del récord de mayor número de partidos internacionales con Irlanda fue nombrado capitán en el Mundial 2002 tras la espectacular espantada de Roy Keane. Staunton fue seleccionador en 2006-07, pero le destituyeron por no clasificar al equipo para la Eurocopa 2008.

⚽ CHARLTON CAMPEÓN

Jack Charlton se convirtió en un héroe al lograr llevar a Irlanda a la primera fase final en 1988 y derrotar a Inglaterra 1-0 en su primer partido en una Eurocopa. Incluso mejor fue su primera clasificación para un Mundial dos años después, donde solo perdieron ante el anfitrión, Italia, en los cuartos de final.

MÁXIMOS GOLEADORES

1	Robbie Keane	37
2	Niall Quinn	21
3	Frank Stapleton	20
4	Don Givens	19
=	Tony Cascarino	19
=	John Aldridge	19
7	Noel Cantwell	14
8	Gerry Daly	13
=	Jimmy Dunne	13
10	Ian Harte	11

⚽ CROKE PARK

Croke Park es la sede de la Asociación Atlética Gaélica en Dublín que prohibía los deportes «extranjeros» hasta que se le concedió un permiso especial a Irlanda para que jugase la eliminatoria de la Eurocopa 2008 allí mientras renovaban el estadio de fútbol Lansdowne Road.

EL ESCÁNDALO DE KEANE

Roy Keane abandonó la convocatoria del Mundial 2002 en Japón y Corea, y volvió a casa antes del comienzo del torneo. Su carrera internacional se inició en un partido contra Chile el 22 de mayo de 1991 y disputó todos los encuentros de la extraordinaria campaña irlandesa hasta los cuartos de final del Mundial 1990 en Italia. Aunque fue designado capitán por Mick McCarthy, Keane sólo volvió a la formación irlandesa tras la dimisión de este para anunciar su retirada como internacional cuando Irlanda no logró clasificarse para el Mundial 2006. Su último partido fue una derrota por 1-0 ante Francia el 7 de septiembre de 2005.

INTERNACIONALES

1	Steve Staunton	102
2	Kevin Kilbane	93
3	Shay Given	92
4	Niall Quinn	91
5	Tony Cascarino	88
6	Robbie Keane	86
7	Paul McGrath	83
8	Packie Bonner	80
9	Ray Houghton	73
10	Kenny Cunningham	72
=	Liam Brady	72
=	Damien Duff	72

FRANCIA

La selección francesa, apodada «Les Bleus» (Los Azules), es una de las que más éxitos ha cosechado en la historia del fútbol internacional y una de las dos que ha logrado ser campeona de un Mundial y una Eurocopa a la vez. Ganó el Mundial en 1998 como anfitriona del evento, machacando a Brasil por 3-0 en la final. Dos años después, protagonizó una sensacional remontada en el último momento para vencer a Italia en la final de la Eurocopa 2000: los franceses empataron en el minuto 5 del tiempo de descuento y vencieron 2-1 con un gol de oro. Francia ya había conquistado la Eurocopa en 1984, tras ganar 2-0 a España en la final de París. También llegaron a la final del Mundial 2006, pero perdieron ante Italia en los penaltis. Francia ganó además la Copa FIFA Confederaciones en 2001 y 2003 y logró la medalla de oro en las Olimpiadas de 1984.

PIONEROS

Francia fue uno de los cuatro únicos equipos europeos que disputó el primer Mundial, el de Uruguay en 1930. También fue uno de los 17 países que participó en la primera Eurocopa, en 1958.

FIESTA EN PARÍS

La victoria de Francia en el Mundial de 1998 dio pie a una de las mayores celebraciones parisinas desde la liberación de la ocupación alemana en 1944. Según los cálculos de la policía, alrededor de dos millones de personas tomaron las calles; casi un millón bailaba por los Campos Elíseos en el centro de París. El cántico favorito de los aficionados fue para Zinedine Zidane: «¡Zidane, presidente!»

ROJAS AL FINAL

Cada vez que Francia ha disputado la final de un Mundial, uno de sus jugadores ha sido expulsado. Marcel Desailly vio la tarjeta roja por cometer una falta sobre Cafú cuando Francia ganó a Brasil en 1998, y Zinedine Zidane fue expulsado en la final de 2006 por darle un cabezazo al defensa italiano Marco Materazzi.

KOPA: EL PRIMER CRACK FRANCÉS

Raymond Kopa (nacido el 13 de octubre de 1931) fue la primera superestrella internacional gala. Nació en una familia de inmigrantes polacos; cuyo apellido era Kopaszewski. Fue vital en las victorias del campeonato de Reims a mediados de la década de 1950. Después se marchó al Real Madrid y se convirtió en el primer jugador francés en ganar la medalla de oro de una Copa de Europa.

Gracias a su gran visión de juego lideró a la selección francesa que terminó tercera en el Mundial de 1958. Sus actuaciones con Francia aquel año le hicieron merecedor del Balón de Oro.

LO MEJOR Y LO PEOR

El primer partido completo de Francia fue un empate a tres logrado ante Bélgica el 1 de mayo de 1904. Marcaron su mayor goleada, 10-0, ante Azerbaiyán en un partido de clasificación para la Eurocopa 2006 en Auxerre el 6 de septiembre de 1995. Su mayor derrota fue un 17-1, ante Dinamarca el 22 de octubre de 1908, en las Olimpiadas de Londres.

FRANCIA Y LA FIFA

Francia fue uno de los miembros fundadores de la FIFA en 1904. El francés Robert Guérin se convirtió en el primer presidente del Comité Ejecutivo. Le siguió Jules Rimet, que presidió la organización de 1921 a 1954. Rimet fue el impulsor de la Copa Mundial de la FIFA y el trofeo más codiciado del mundo futbolístico lleva su nombre.

DERRIBANDO BARRERAS

Muchos de los jugadores que han competido con Francia pertenecen a minorías étnicas o son descendientes de inmigrantes. Tres de los mejores, Raymond Kopa, Michel Platini y Zinedine Zidane, eran hijos o nietos de inmigrantes. En 2006, 17 de los 23 componentes de la selección tenían relación con alguna de las antiguas colonias del país.

BESOS ENTRE COLEGAS

Los compañeros del Marsella, el defensa Laurent Blanc y el portero Fabien Barthez, realizaban un ritual especial durante la carrera de Francia hacia el triunfo en el Mundial de 1998. Antes de cada partido, Blanc besaba la calva de Barthez, incluso cuando el veterano defensa fue suspendido para la final.

LA CARRERA DE PLATINI
(APARICIONES EN LIGA):

Año	Club	Apariciones	Goles
1972-79	Nancy	181	98
1979-82	Saint-Étienne	104	58
1982-87	Juventus	147	68

CORONA DESLUCIDA

El Marsella es el único club francés que ha ganado una Copa de Europa. Venció al Milan por 1-0 en 1993, pero no pudo defender el trofeo ya que el presidente del club, Bernard Tapie, fue declarado culpable de tratar de amañar un partido de liga en Valenciennes.

EL BRILLANTE PLATINI

Michel Platini (nacido en Joeuf el 21 de junio de 1955) ha realizado una carrera brillante, desde sus inicios en el Nancy hasta encumbrarse como uno de los mejores jugadores franceses de la historia, un héroe en Italia y ahora presidente de la UEFA. Fue también copresidente del Comité Organizador, junto a Fernand Sastre, de la fase final del Mundial 98 en Francia. Es nieto de un inmigrante italiano que regentaba una cafetería en Joeuf, Lorena. Debutó en el club local, el Nancy, antes de jugar en el Saint-Étienne, la Juventus y la selección. Contribuyó de manera decisiva a que Francia llegara a semifinales en el Mundial de 1982 y fue la estrella indiscutible de la Eurocopa dos años más tarde, que Francia ganó en territorio galo.

KIT COMPLETO

Cuatro estrellas francesas tienen toda la colección de medallas internacionales: Mundial, Eurocopa y Copa de Europa. Marcel Desailly, Bixente Lizarazu, Didier Deschamps y Zinedine Zidane jugaron en las selecciones ganadoras de 1998 y 2000. Además, Desailly ganó la Copa de Europa con el Marsella en 1993 y con el Milan al año siguiente. Deschamps la ganó con el Marsella en 1993 y la Juventus en 1996; Lizarazu con el Bayern de Múnich en 2001; y Zidane con el Real Madrid en 2002.

LA PROEZA DE FONTAINE

El francés Just Fontaine todavía ostenta el récord de máximo goleador en la fase final de un Mundial. Saltó al campo cuando René Bliard se lesionó, y marcó 13 goles en solo seis partidos de la fase final de 1958, en la que Francia consiguió el tercer puesto. Anotó 30 tantos en 21 partidos con su selección. También marcó 121 goles en la liga francesa con el Reims y ayudó al equipo a llegar a la final de la Copa de Europa de 1959, donde perdieron 2-0 ante el Real Madrid.

KOPA PRIMERO

En 1958, Raymond Kopa fue el primer jugador francés en recibir el Balón de Oro. Michel Platini fue el siguiente, en 1983, 1984 y 1985. El delantero Jean-Pierre Papin recibió este galardón en 1991. Zinedine Zidane ganó el premio en 1998, tras la victoria de Francia en el Mundial.

HENRY EN EL BANQUILLO

Thierry Henry, máximo goleador de Francia, no jugó la final del Mundial de 1998 debido a la tarjeta roja de Marcel Desailly. Henry fue el principal anotador de la selección francesa en la competición con tres goles en la fase de grupos. El entrenador Aimé Jacquet tenía previsto utilizarlo como substituto en la final, pero tuvo que replanteárselo tras la expulsión de Desailly y Henry pasó los 90 minutos de la final en el banquillo.

MEMORIAS AGRIDULCES DE TRÉZÉGUET

El delantero David Trézéguet tiene recuerdos agridulces de los enfrentamientos contra Italia en las finales importantes. Marcó el «gol de oro» que derrotó a los italianos en la prórroga de la final de la Eurocopa 2000, pero seis años después, falló el disparo que hizo perder a Francia la final del Mundial en la tanda de penaltis. El tiro de Trézéguet rebotó en el larguero y no logró cruzar la línea.

LILIAN COMO UNA ROSA

El defensa Lilian Thuram protagonizó su 142.ª y última aparición con Francia en la derrota ante Italia de la Eurocopa 2008. Su carrera internacional abarcó casi 14 años, desde su debut contra la República Checa el 17 de agosto de 1994. Thuram nació en Pointe-à-Pitre, Guadalupe el 1 de enero de 1972. Jugó en el Mónaco, el Parma, la Juventus y el Barça antes de retirarse en el verano de 2008 debido a un problema cardiaco. Fue una de las estrellas del combinado francés del Mundial de 1998 que se celebró en Francia y marcó los dos goles de la victoria en la semifinal ante Croacia (los únicos goles internacionales de su carrera). Obtuvo otra medalla de oro en la Eurocopa 2000. Se retiró por primera vez del fútbol internacional tras la eliminación de Francia de la Eurocopa 2004, pero el entrenador Raymond Doménech le convenció para volver en el Mundial 2006 y jugar su segunda final de un Mundial. Batió el récord de Marcel Desailly de 116 partidos como internacional en el choque de la fase de grupos contra Togo.

INTERNACIONALES

1	Lilian Thuram	142
2	Marcel Desailly	116
3	Thierry Henry	111
4	Zinedine Zidane	108
5	Patrick Vieira	106
6	Didier Deschamps	103
7	Laurent Blanc	97
=	Bixente Lizarazu	97
9	Sylvain Wiltord	92
10	Fabien Barthez	87

MÁXIMOS GOLEADORES

1	Thierry Henry	48
2	Michel Platini	41
3	David Trézéguet	34
4	Zinedine Zidane	31
5	Just Fontaine	30
=	Jean-Pierre Papin	30
7	Youri Djorkaeff	28
8	Sylvain Wiltord	26
9	Jean Vincent	22
10	Jean Nicolas	21

ZIDANE Y SAINT-DENIS

El Stade de France, en Saint-Denis (París), fue el escenario de la final del Mundial de 1998 donde Zinedine Zidane logró su mayor triunfo. Pero había otra conexión familiar con ese lugar: el padre de Zidane, Smail, se estableció en Saint-Denis tras emigrar a Francia desde Argelia. Después, se mudó a Marsella, donde nació Zinedine.

DESCHAMPS, EL LÍDER

Didier Deschamps fue el capitán que más éxitos cosechó en la historia de la selección francesa, tras vencer en el Mundial 98 y la Eurocopa 2000. Jugó 103 partidos como internacional y capitaneó al equipo 55 veces entre 1996 y su retirada de la selección en julio de 2000. Llevó el brazalete de capitán por primera vez en la victoria sobre Alemania por 1-0 el 1 de junio de 1996 y dirigió al equipo que acabó perdiendo en los penaltis de la semifinal de la Eurocopa 96.

⚽ VENCER CON JUVENTUD

A principios de la década de 1990, Francia se convirtió en el primer país europeo en fundar un programa nacional de desarrollo de jóvenes talentos. Se escogía a los mejores para que asistiesen a la academia de Clairefontaine. Después eran enviados a las canteras de los clubes más importantes del país. De este proyecto han surgido muchas estrellas. Los ganadores de Mundiales como Didier Deschamps, Marcel Desailly y Christian Karembeu comenzaron en el Nantes. Lilian Thuram, Thierry Henry, Manu Petit y David Trézéguet en el Mónaco y Zinedine Zidane y Patrick Vieira en el Cannes.

⚽ ALBERT EL PRIMERO

Albert Batteux (1919-2003) fue el primer seleccionador de Francia. Antes de su nombramiento en 1955, un comité de selección había escogido el equipo. Batteux fue además el entrenador de más éxito de la historia del fútbol galo. Combinó los entrenamientos de Francia con su trabajo en el Reims. Su principal logro fue llevar al combinado nacional al tercer puesto en la fase final del Mundial de 1958. Las dos grandes estrellas del equipo, Raymond Kopa y Just Fontaine, estuvieron bajo sus órdenes en el Reims.

EL TRIUNFO DE JACQUET

Aimé Jacquet, que condujo a Francia a la victoria de la Copa Mundial en 1998, también fue el técnico francés más polémico. Fue criticado por supuestas tácticas defensivas a pesar de que Francia llegó a la semifinal de la Eurocopa 96 y logró un récord de solo tres derrotas en cuatro años. Un mes antes de la fase final de 1998, el diario deportivo *L'Equipe* estimaba que no era capaz de formar un equipo vencedor.

PLATINI, EL MÁS JOVEN

Michel Platini se convirtió en el seleccionador más joven de Francia cuando fue nombrado el 1 de noviembre de 1988 a la edad de 33 años y 133 días. El anterior entrenador más joven fue Just Fontaine, que tenía 33 años y 217 días cuando asumió el cargo en 1967. Platini dimitió tras la eliminación de Francia en la fase de grupos de la Eurocopa 92 y fue sustituido por Gérard Houllier.

HIDALGO, EL MÁS DURADERO

El entrenador que más tiempo estuvo al frente de la selección fue Michel Hidalgo, que también jugó a las órdenes de Batteux en el Reims. Asumió el cargo el 27 de marzo de 1976 y permaneció durante más de ocho años. Hidalgo fue también el primero en ganar un trofeo importante: la Eurocopa en 1984. Se retiró inmediatamente después de la victoria gala del 27 de junio. También llevó a Francia a las semifinales del Mundial 1982, donde perdieron ante la RFA en circunstancias muy controvertidas.

FONTAINE APENAS DURA

El antiguo delantero Just Fontaine duró menos que un suspiro a la cabeza del equipo francés. Logró el puesto el 22 de marzo de 1967 y lo dejó el 3 de junio tras dos derrotas en amistosos.

EL SEGUNDÓN

El lugar donde se construyó el mundialmente conocido Stade de France, sede de los grandes partidos de Francia, fue la segunda opción de las autoridades futbolísticas francesas. Al principio el favorito era el Melun-Sénart, al este de París, pero el emplazamiento en Saint-Denis, al norte de la capital, acabó imponiéndose gracias a la intervención presidencial. Comenzó a construirse en 1995 con un aforo de 80.000 personas y se inauguró en enero de 1998 tras dos años y siete meses de obras y un coste aproximado de 280 millones de euros.

BALÓN OVAL

El padre de Fabien Barthez, Alain, fue jugador de *rugby* y disputó un partido con la selección francesa.

ROUX MARCA EL PASO

El antiguo entrenador del Auxerre, Guy Roux, ostenta el récord de partidos de Ligue 1 jugados. Roux (nacido el 18 de octubre de 1938) guió al equipo a lo largo de 890 partidos durante la friolera de 44 años. Comenzó como jugador-entrenador en 1961 y se retiró como entrenador en 2005. Llevó al Auxerre de languidecer en tercera división a convertirse en el campeón de Francia en 1996. También ganaron la Copa de Francia cuatro veces, en 1994, 1996, 2003 y 2005. Roux sabía que un club provinciano y pasado de moda como el Auxerre no podía competir a nivel de presupuesto con los clubes grandes, así que creó una cantera de la que salieron estrellas de la talla de Éric Cantona o Basile Boli. Los logros de Roux impulsaron en gran medida el exitoso programa de desarrollo de jóvenes talentos de la Federación.

SELECCIONADORES

Albert Batteux	1955-62
Henri Guérin	1962-66
José Arribas/Jean Snella	1966
Just Fontaine	1967
Louis Dugauguez	1967-68
Georges Boulogne	1969-73
Stefan Kovacs	1973-75
Michel Hidalgo	1976-84
Henri Michel	1984-88
Michel Platini	1988-92
Gérard Houllier	1992-93
Aimé Jacquet	1993-98
Roger Lemerre	1998-2002
Jacques Santini	2002-04
Raymond Doménech	2004-

⚽ ALEMANIA

Puede que la política haya dividido el país durante más de 40 años, pero pocas selecciones pueden igualar la impronta que el equipo alemán ha dejado en el fútbol internacional. Tres veces campeona del mundo (1954, 1974 y 1990) y tres veces campeona de Europa (1972, 1980 y 1996), en 1974 pasó a ser el primer país de la historia en abrazar el título mundial y el europeo a la vez. Desde entonces está considerado un adversario temible en partidos decisivos.

CONSTANTE AMENAZA

Tras la reunificación alemana en octubre de 1990, Alemania logró su primer trofeo como una sola nación en la Eurocopa 1996. Desde entonces, los alemanes han disputado los cuatro últimos Mundiales, en 2002 como subcampeones y en 2006 como terceros y anfitriones, además de la Eurocopa 2008 como subcampeones. Alemania había conseguido un tercer puesto en el Mundial 1934, pero fue su último atisbo de lograr algo antes de quedar dividida en la República Democrática y la Federal tras la Segunda Guerra Mundial. La República Federal se transformó en uno de los equipos más fuertes y regulares del fútbol mundial y conquistó los Mundiales 54, 74 y 90, y las Eurocopas 72 y 80. Además fue subcampeona del mundo en 1966, 1982 y 1986, y subcampeona de Europa en 1976. Por el contrario, sus compatriotas orientales solo se clasificaron para el Mundial 1974.

BENDITOS TACOS

Los alemanes siempre han estado a la vanguardia de la tecnología, como quedó patente en la final del Mundial 54. En Berna, el campo estaba mojado y llovía. La República Federal fue uno de los primeros equipos en llevar tacos extraíbles, que pudieron cambiar en el descanso. Sus oponentes húngaros llevaban los tradicionales tacos fijos y el portero húngaro, Gyula Grosics, se resbaló en el césped mojado en el gol de la victoria de Helmut Rahn.

A TIRO HECHO

La selección alemana siempre ha dedicado tiempo a practicar el lanzamiento de penaltis. Sus dos últimos logros importantes (el Mundial 1990 y la Eurocopa 1996) se sentenciaron en la tanda de penaltis de las semifinales. Inglaterra fue la víctima en las dos ocasiones.

MOMENTO HISTÓRICO

Las selecciones absolutas de la República Democrática y la Federal solo se enfrentaron una vez, el 22 de junio de 1974 en el Mundial celebrado en la parte occidental. Empatadas en el mismo grupo, la República Democrática sorprendió con su victoria por 1-0. Ambas pasaron a la segunda ronda.

DOBLETE ALEMÁN

La República Federal fue el primer equipo en lograr la Eurocopa y el Mundial a la vez. En la final europea de 1972 derrotaron a la URSS por 3-0; dos años más tarde sorprendieron a los Países Bajos con un 2-1 en la final del Mundial.

MILAGRO DE ORO

Alemania fue el primer conjunto en ganar un título gracias al ya abolido sistema del gol de oro al vencer a la República Checa en la final de la Eurocopa 96 en Wembley. El tanto del empate de Oliver Bierhoff forzó la prórroga tras el penalti de Patrik Berger para los checos. Bierhoff marcó el gol de la victoria a los cinco minutos de la prórroga y puso fin al partido y al campeonato.

REPÚBLICA DEMOCRÁTICA DE ALEMANIA

INTERNACIONALES

1	Joachim Streich	98
2	Hans-Jürgen Dörner	96
3	Jürgen Croy	86
4	Konrad Weise	78
5	Eberhard Vogel	69

MÁXIMOS GOLEADORES

1	Joachim Streich	53
2	Eberhard Vogel	24
3	Hans-Jürgen Kreische	22
4	Rainer Ernst	20
5	Henning Frenzel	19

REUNIFICACIÓN ALEMANA

La reunificación política de las dos Alemanias culminó el 3 de octubre de 1990 y desde la temporada 1990-91 los clubes de la antigua República Democrática jugaban en las ligas occidentales. Pero la FIFA dictaminó que los internacionales de la República Democrática no podían jugar con su nuevo país hasta que no se completase la reunificación política. Por ello el primer combinado puramente alemán, que contaba con los jugadores orientales Matthias Sammer y Andreas Thom (suplente), fue el que se enfrentó a Suiza el 19 de diciembre de 1990.

EQUIPOS UNIDOS

Ocho internacionales jugaron para la antigua República Democrática y para Alemania tras la reunificación en octubre de 1990.

Jugador	RDA	Alemania
Ulf Kirsten	49	51
Matthias Sammer	23	51
Andreas Thom	51	10
Thomas Doll	29	18
Dariusz Wosz	7	17
Olaf Marschall	4	13
Heiko Scholz	7	1
Dirk Schuster	4	3

EL MILAGRO DE BERNA DE 1954

La victoria mundialista de la República Federal en 1954 se consideró crucial para la unidad y el futuro económico del país. El biógrafo de Sepp Herberger, el seleccionador que la logró, escribió: «Ese fue el auténtico día de la fundación del estado de la República Federal». Esta gesta también fue llevada a las pantallas por el director Sönke Wortmann 50 años después en la película *Das Wunder von Bern* (*El milagro de Berna*).

CONEXIÓN AUSTRIACA

La selección alemana para el Mundial 1938 en Francia contaba con varios jugadores austriacos. Tras la anexión alemana de Austria en 1938, Adolf Hitler y su régimen nazi insistieron en que por razones políticas el combinado alemán debía incluir a varios austriacos. Sin embargo, esto causó roces en el campo. El entrenador Sepp Herberger no pudo unir los estilos opuestos y cayeron eliminados en la primera ronda frente a Suiza por 4-2 en la repetición del encuentro.

LOS EQUIPOS B

El periodo de 1970 a 1976 fue la época dorada del fútbol de la República Federal. La selección nacional se aprovechó de la aparición de dos clubes de categoría: el Bayern de Múnich y el Borussia Mönchengladbach. El Bayern ganó la Copa de Europa tres años seguidos, de 1974 a 1976, mientras que el Borussia logró la Copa de la UEFA en 1975 y fue finalista de la Copa de Europa dos años después. El Bayern aportó a Sepp Maier, Paul Breitner, Franz Beckenbauer, Georg Schwarzenbeck, Uli Hoeness y Gerd Müller a la selección ganadora del Mundial 1974, mientras que el Borussia prestó a Berti Vogts, Herbert Wimmer, Rainer Bonhof, Günter Netzer y Jupp Heynckes.

MATADOR MATTHÄUS

Lothar Matthäus es el futbolista que ha sido más veces internacional con Alemania. Ha participado en cinco Mundiales (1982, 1986, 1990, 1994 y 1998), todo un récord para un jugador de campo. El polifacético Matthäus podía jugar como centrocampista defensivo, centrocampista atacante o como líbero. Ganó el Mundial 90, fue finalista en los Mundiales 82 y 86, y logró la Eurocopa 80. En su récord de 150 apariciones (en 20 años de carrera como internacional) repartidas entre la República Federal (87) y Alemania (63), anotó 23 goles. Fue elegido el mejor jugador del Mundial 1990.

<<DER BOMBER>>

Gerd Müller fue el anotador más prolífico de la era moderna. Aunque no era alto ni elegante, era rápido, fuerte y tenía un ojo clínico para el gol. También tenía el don de marcar tantos decisivos en partidos importantes, incluido el de la victoria en la final del Mundial de 1974, el de la victoria de la semifinal frente a Polonia y dos cuando ganaron a la URSS en la final de la Eurocopa 1972. Marcó 68 goles en 62 apariciones con la República Federal, es el máximo anotador de la Bundesliga y el máximo goleador de la historia de su club, el Bayern de Múnich.

EL FAMOSO FRITZ

Fritz Walter, fiel al Kaiserslautern, donde permaneció 31 años tras incorporarse con ocho a las categorías inferiores, ha reflejado como nadie el alma de la posguerra alemana. Prisionero de guerra en Rusia, donde contrajo la malaria, Walter debutó con la selección nacional en 1940. Sepp Herberger le nombró capitán en 1951 y dirigió al equipo, incluido a su hermano pequeño Ottmar, a una sorprendente victoria frente a los claros favoritos, Hungría, en la final del Mundial 1954. Así, pasó a ser el primer alemán de la historia en levantar el famoso trofeo Jules Rimet.

GUANTE DE ORO

Sepp Maier fue crucial en los logros de la República Federal a comienzos de la década de 1970, incluida la Eurocopa 1972 y el Mundial 1974. Sigue siendo el guardameta más internacional de la República Federal con 95 victorias de 1965 a 1979. Permaneció toda su carrera deportiva en el Bayern de Múnich y participó en la consecución de tres Copas de Europa. En 1979 un accidente, en el que sufrió graves heridas, puso fin a sus días de jugador, pero regresó como entrenador de porteros de Alemania y de su antiguo club.

INTERNACIONALES

1	Lothar Matthäus	150
2	Jürgen Klinsmann	108
3	Jürgen Kohler	105
4	Franz Beckenbauer	103
5	Thomas Hässler	101
6	Berti Vogts	96
7	Sepp Maier	95
=	Karl-Heinz Rummenigge	95
9	Michael Ballack	92
10	Rudi Völler	90

DE APELLIDO STREICH...

Joachim Streich fue el *crack* de la República Democrática. Este delantero logró el récord de mayor número de partidos y de goles en su carrera como internacional de 1969 a 1984. Marcó 53 tantos en 98 partidos y también fue el máximo goleador de la antigua liga de la República Democrática con 229 goles en el Hansa Rostock y el Magdeburg.

GLORIAS DEL BALÓN

Cinco futbolistas germanos han sido distinguidos con el Balón de Oro. Gerd Müller fue el primer alemán occidental que lo recibió en 1970, seguido por Franz Beckenbauer en 1972 y 1976, Karl-Heinz Rummenigge en 1980 y 1981 y Lothar Matthäus en 1990. Matthias Sammer, que comenzó su carrera en la República Democrática, fue el primer ganador del premio de la Alemania unificada, en 1996.

SUPER SEELER

El delantero centro Uwe Seeler fue el mejor jugador alemán de finales de la década de 1950 y comienzos de la de 1960. Anotó 43 goles en 72 partidos, y jugó y marcó en cuatro Mundiales (1958, 1962, 1966 y 1970). También capitaneó a la República Federal en el Mundial 1966 en Inglaterra. Marcó más de 400 goles en la liga durante 19 años de carrera deportiva en su club, el Hamburgo.

DER KAISER

Franz Beckenbauer está considerado el mejor jugador de la historia del fútbol alemán. También ha dejado una importante huella como entrenador, administrador y organizador de la Copa Mundial de la FIFA. Beckenbauer (nacido el 11 de septiembre de 1945) era un medio-extremo atacante de 20 años cuando su selección llegó a la final del Mundial 1966. Más tarde defendió la posición de líbero atacante en el Mundial 1970 y en el triunfo de la República Federal en la Eurocopa 1972 y el Mundial 1974. Cuando a mediados de la década de 1980 la República Federal necesitó un seleccionador, se pensó en él, aunque no tenía experiencia. Entre sus logros destacan la final del Mundial 86, la semifinal de la Eurocopa 88 y la consecución del Mundial 90 en su último partido en el cargo. Fue presidente del Bayern de Múnich, el club al que capitaneó en las tres victorias de la Copa de Europa de 1974 a 1976. También dirigió la exitosa apuesta del Mundial 2006 en Alemania y el comité organizador. Se le apodó «el Káiser» por su influencia en el fútbol alemán.

PALATINOS DE KAISERSLAUTERN

Cuatro de los integrantes del equipo de la República Federal que ganó el Mundial de 1954 se habían criado juntos en Kaiserslautern, ciudad del Palatinado. Fritz Walter, el mejor futbolista alemán de su época, y su hermano Ottmar eran amigos de la infancia de los hermanos Ernst y Werner Liebrich. Ernst, a su vez, fue al colegio con Werner Kohlmeyer. Los cinco jugaron en el Kaiserslautern y cuatro de ellos (Werner Kohlmeyer, Werner Liebrich, Ottmar Walter y el capitán Fritz Walter) disputaron la final del Mundial 1954 frente a Hungría.

VOGTS «EL PERRO DE PRESA»

A Berti Vogts se le conocía como «el perro de presa» por sus labores de marcaje a algunos de los mejores jugadores del mundo. El momento cumbre de su carrera fue la victoria mundialista de la República Federal sobre los Países Bajos en un partido en el que Johan Cruyff quedaría «marcado». Ganó la Eurocopa 96 como seleccionador alemán.

MÁXIMOS GOLEADORES

1	Gerd Müller	68
2	Rudi Völler	47
=	Jürgen Klinsmann	47
4	Karl-Heinz Rummenigge	45
5	Miroslav Klose	44
6	Uwe Seeler	43
7	Michael Ballack	41
8	Oliver Bierhoff	37
9	Fritz Walter	33
10	Klaus Fischer	32

OTTO I

El primer seleccionador de Alemania fue Otto Nerz, un médico que jugó en la categoría *amateur* del Mannheim y el Tennis Borussia Berlin. Imponía una férrea disciplina y admiraba el fútbol inglés. Llevó a Alemania a la tercera posición en el Mundial 1934, tras perder ante Checoslovaquia por 3-1 en las semifinales y vencer a Austria 3-2 en el partido de desempate por el tercer puesto. El gobierno nazi destituyó a Nerz en 1936 ante la humillante derrota alemana frente a Noruega en la exhibición nazi que resultaron ser las Olimpiadas de Berlín.

CAMBIO DE DIRECCIÓN

Alemania tiene tradición de continuidad en la dirección del equipo. Helmut Schön, antiguo ayudante de Sepp Herberger, se encargó del equipo en 1964; Jupp Derwall, que sustituyó a Schön, había sido su número dos. Pero esa política cambió cuando la República Federal fue eliminada de la Eurocopa 1984. En lugar de sustituir a Derwall por su ayudante, Erich Ribbeck, la Federación prefirió a una estrella de la talla de Franz Beckenbauer. Otros que formaron parte del cuerpo técnico sin haber sido ayudantes fueron Rudi Völler y Jürgen Klinsmann.

ESTADIOS DE ALEMANIA

Estadio	Aforo
Dortmund	80.708
Berlín (estadio olímpico)	74.500
Múnich	69.000
Gelsenkirchen	61.524
Stuttgart	57.000
Hamburgo	57.000
Fráncfort	50.300
Colonia	50.000
Hannover	49.000
Kaiserslautern	46.615

UN SORPRENDENTE SEPP

Sepp Herberger (1897-1977) fue uno de los personajes más influyentes en la historia del fútbol alemán. Fue el seleccionador que más tiempo estuvo en el cargo (28 años) y su maestría quedó ratificada cuando la República Federal sorprendió a la selección favorita, Hungría, en la final del Mundial 1954, resultado al que se atribuye la salida del país de la depresión de la posguerra. Herberger se hizo cargo del equipo en 1936 y lo llevó hasta la fase final del Mundial 1938. Durante la guerra utilizó su influencia para alejar del frente a sus mejores hombres. Cuando se reanudó la competición en 1949, la federación decidió buscar un entrenador nacional, pero Herberger convenció al presidente de la Federación Alemana, Peco Bauwens, de que le devolviera su antiguo empleo. Tenía una cláusula en su contrato que le garantizaba carta blanca para organizar y seleccionar. Una de sus frases célebres fue: «El balón es redondo, el partido tiene una duración de noventa minutos, todo lo demás es pura teoría».

BÁRBAROS BÁVAROS

El Bayern de Múnich tiene el récord de victorias en Alemania. Ha ganado el título en 21 ocasiones, 20 desde la creación de la liga nacional unificada (la Bundesliga) en 1963. Hasta entonces, el campeonato se decidía mediante eliminatorias al final de la temporada entre los mejores equipos de las ligas regionales. El único campeonato del Bayern con el viejo sistema lo ganó en 1932 cuando venció en la final al Eintracht Frankfurt por 2-0.

FIEBRE GOLEADORA

La victoria más amplia de Alemania fue un 16-0 ante Rusia en los Juegos Olímpicos de 1912 en Estocolmo. Gottfried Fuchs del Karlsruhe marcó diez goles, un récord de la selección nacional que todavía perdura.

RÁPIDO ASCENSO

El lateral Arne Friedrich solo había aparecido dos veces en la Bundesliga cuando fue convocado para debutar con la selección absoluta en un partido contra Bulgaria en 2002 que acabó en empate a dos.

SCHÖN EN SARRE

A Helmut Schön se le recuerda como uno de los entrenadores más exitosos de Alemania. Comenzó su carrera como seleccionador de Sarre, ahora parte de Alemania, pero que se había constituido como estado independiente (con 970.000 habitantes) tras la división del país después de la guerra. El momento álgido de Sarre fue la fase clasificatoria para el Mundial 1954 cuando ganó a Noruega 3-2 en Oslo y encabezó su grupo. Pero al final fue eliminado por la República Federal de Herberger.

SELECCIONADORES DE ALEMANIA

Otto Nerz	1928-1936
Sepp Herberger	1936-1964
Helmut Schön	1964-1978
Jupp Derwall	1978-1984
Franz Beckenbauer	1984-1990
Berti Vogts	1990-1998
Erich Ribbeck	1998-2000
Rudi Völler	2000-2004
Jürgen Klinsmann	2004-2006
Joachim Löw	2006-

BATALLA DE PRIMAS

Los vencedores del Mundial 1974 estuvieron a punto de retirarse antes de la fase final. Schön estaba dispuesto a volver a casa por las disputas sobre las primas. En el último minuto se pactó un acuerdo entre Franz Beckenbauer y el vicepresidente de la Federación, Hermann Neuberger. La votación de los jugadores fue 11-11, pero Beckenbauer los convenció para que aceptaran la oferta de la Federación. Fue una gran decisión, pues ganaron 2-1 a los Países Bajos en la final.

PAÍSES BAJOS

Puede que las gradas llenas de hinchas holandeses con sus camisetas naranjas sea algo habitual en las principales competiciones futbolísticas del mundo hoy día, pero no siempre ha sido así. El país no tuvo un equipo digno de convertirse en leyenda hasta la década de 1970 con Johan Cruyff y el espectacular sistema del Fútbol Total de su equipo. Ganaron la Eurocopa 1988 y desde entonces han competido para conseguir los mayores galardones de este deporte.

RINUS, EL SUERTUDO

En 1974 Rinus Michels sucedió como seleccionador a Frantisek Fadrhonc, el checo que había clasificado a los Países Bajos para el Mundial y que pasó a ser su ayudante. Los Países Bajos tuvieron suerte al clasificarse por diferencia de goles. Al belga Jan Verheyen se le anuló el gol «de la victoria» por fuera de juego en la eliminatoria en Ámsterdam, pero la repetición mostró que el árbitro ruso se equivocó. Si hubiera valido, Bélgica habría eliminado a Holanda.

HAPPEL, EL HÉROE

Ernst Happel es el entrenador que ha conseguido más logros con equipos holandeses tras Rinus Michels. El ex defensa austriaco hizo historia en 1970 al conseguir la Copa de Europa con el Feyenoord, el primer equipo neerlandés en ganar el trofeo. Fue reclutado para dirigir a los Países Bajos en el Mundial 78 tras llevar al Club Brujas belga hasta la final de la Copa de Europa. Ya sin Johan Cruyff, Happel sacó el máximo partido a Ruud Krol, Johan Neeskens y Arie Haan al llegar a la final, pero fueron eliminados por Argentina en la prórroga.

SE QUEDAN CORTOS

Tres entrenadores neerlandeses han ganado Copas de Europa, pero no han tenido demasiado éxito con el equipo nacional. Guus Hiddink, ganador en 1988 con el PSV Eindhoven, casi llegó hasta la final del Mundial 1998, pero cayó en la tanda de penaltis. Frank Rijkaard, vencedor con el Barcelona en 2006, dimitió tras la derrota neerlandesa en los penaltis frente a Italia en la semifinal de la Eurocopa 2000. Louis van Gaal, míster del Ajax en 1995, fue el más desafortunado. Su selección no logró clasificarse para la fase final del Mundial 2002.

EL MAESTRO MICHELS

La FIFA designó a Rinus Michels (1928-2005) mejor entrenador del siglo XX en 1999 por los éxitos cosechados con los Países Bajos y el Ajax. El ex delantero de ambos conjuntos se hizo cargo de su antiguo club en 1965 y comenzó a crear el equipo que dominaría el fútbol europeo a comienzos de la década de 1970. Michels formó el equipo en torno a Johan Cruyff (como haría más tarde en el combinado nacional) e introdujo el concepto de «Fútbol Total». Tras ganar la Copa de Europa con el Ajax en 1971, se marchó al Barcelona, pero le volvieron a llamar para dirigir la apuesta holandesa para el Mundial 1974. Fue apodado «el General» por su disciplina, ya que podía imponer el orden entre las diversas facciones del vestuario neerlandés. Michels hizo uso de esta habilidad cuando volvió a ocuparse del equipo nacional en la campaña de la Eurocopa 1988. En la fase final, los Países Bajos derrotaron a Inglaterra y a la República de Irlanda y pasaron a semifinales. Entonces eliminaron al anfitrión, la República Federal de Alemania, y más tarde vencieron a la Unión Soviética por 2-0 en la final. Michels se encargó por tercera vez de la selección holandesa en la Eurocopa 92, que llegó a semifinales, pero se jubiló justo después del torneo.

EL PACIENTE VAN BASTEN

El puesto de seleccionador holandés es uno de los más precarios del mundo del fútbol. El técnico que más ha durado últimamente ha sido van Basten, que fue designado en julio de 2004 y que renunció en junio de 2008 tras la eliminación del combinado en los cuartos de final de la Eurocopa 2008.

EL TORNEO DE VAN BASTEN

Marco van Basten fue el héroe del triunfo neerlandés en la Eurocopa 1988. Logró un *hat trick* que privó a Inglaterra del paso a semifinales, encajó el gol decisivo a la RFA en la semifinal y sentenció la final por 2-0 frente a la Unión Soviética con una espectacular volea. El delantero holandés deslumbró en la Serie A italiana con el AC Milan y fue dos veces el máximo goleador de la liga antes de verse obligado a retirarse prematuramente por continuos problemas en el tobillo.

EL ESLABÓN PERDIDO

Johan Cruyff sigue siendo una de las figuras más influyentes del fútbol neerlandés. Sus negociaciones con la Federación Holandesa antes del Mundial 1994 fracasaron. Van Basten se ofreció a dimitir y convertirse en su ayudante dos veces, pero Cruyff rechazó la oferta.

HINCHADA HOLANDESA

Los Países Bajos tienen una de las aficiones más numerosas que sigue a su selección. Según fuentes policiales, unos 100.000 fans viajaron a Suiza en la Eurocopa 2008. Casi todos sus hinchas llevan la camiseta naranja y crean una colorida imagen dondequiera que van, pero causaron molestias a las autoridades suizas, ya que policías y empleados ferroviarios llevan chaquetas reflectantes naranjas y tuvieron que cambiarlas por amarillas porque los holandeses les confundían con hinchas.

SELECCIONADORES DE LOS PAÍSES BAJOS (DESDE 1980)

Jan Zwartkruis	1978-81
Rob Baan	1981
Kees Rijvers	1981-84
Rinus Michels	1984-85
Leo Beenhakker	1985-86
Rinus Michels	1986-88
Thijs Libregts	1988-90
Nol de Ruiter	1990
Leo Beenhakker	1990
Rinus Michels	1990-92
Dick Advocaat	1992-95
Guus Hiddink	1995-98
Frank Rijkaard	1998-2000
Louis van Gaal	2000-02
Dick Advocaat	2002-04
Marco van Basten	2004-08
Bert van Marwijk	2008-

AMSTERDAM ARENA

La construcción del principal estadio de la selección holandesa, el Amsterdam ArenA, comenzó en 1993. El proyecto costó 115 millones de euros y se inauguró el 14 de agosto de 1996. Desde entonces ha sido la sede del Ajax y fue uno de los estadios de la Eurocopa 2000. La peculiar ortografía de su nombre se adoptó tras la queja de una discoteca que se llamaba igual.

HOLANDA TIENE MALA PRENSA

La selección holandesa se vio inmersa en un escándalo el día antes de la final contra la RFA en el Mundial 1974. El periódico alemán *Bild* afirmó que cuatro jugadores neerlandeses y cuatro señoritas alemanas habían participado en una «fiesta nudista» en el hotel de concentración antes de vencer a Brasil en semifinales y pasar a la final. El técnico Rinus Michels se limitó a acusar a la prensa alemana de tratar de causar polémica.

PERDEDORES POR PARTIDA DOBLE

Nueve jugadores neerlandeses integraron el equipo que perdió las finales de los Mundiales 1974 (2-1 ante la RFA) y 1978 (3-1 ante Argentina). Jan Jongbloed, Ruud Krol, Wim Jansen, Arie Haan, Johan Neeskens, Johnny Rep y Rob Rensenbrink fueron titulares en ambos partidos. Wim Suurbier fue titular en 1974 y suplente en 1978, y Rene Van der Kerhof fue suplente en 1974 y titular en 1978.

FÚTBOL A JORNADA COMPLETA

Hasta 1954 no se introdujo el fútbol profesional en los Países Bajos. La aparición de Holanda como gran potencia vino mucho después, cuando el Ajax y el Feyenoord decidieron hacerse profesionales a comienzos de la década de 1960. Hasta entonces, *cracks* como el extremo izquierdo del Ajax, Piet Keizer, que trabajaba en una sastrería, tenían otros trabajos fuera del terreno de juego.

LA TRANSFORMACIÓN DE CRUYFF

Johan Cruyff solía fumar 20 cigarros al día antes de someterse a una operación de corazón en 1991 durante su época como entrenador del Barcelona. Tras la intervención dejó de fumar y más tarde lideró una campaña antitabaco para la Generalitat de Cataluña.

BERGKAMP SE PIERDE PARTIDOS POR MIEDO A VOLAR

Dennis Bergkamp habría jugado más de 79 partidos internacionales si no hubiese tenido miedo a volar. Bergkamp se negó a viajar en avión después de que la selección holandesa sufriera un falso aviso de bomba en el Mundial 1994 en EE. UU. No competía con la selección y sus clubes si no podía llegar en coche, tren o barco.

MÁXIMOS GOLEADORES

1	Patrick Kluivert	40
2	Dennis Bergkamp	37
3	Faas Wilkes	35
4	Abe Lenstra	33
=	Johann Cruyff	33
=	Ruud van Nistelrooy	33
7	Bep Bakhuys	28
8	Kick Smit	26
9	Marco van Basten	24
10	Leen Vente	19

EL CAPITÁN GANADOR

Con sus inconfundibles rizos rastafaris, Ruud Gullit causó sensación en el mundo del fútbol durante las décadas de 1980 y 1990. Dos veces campeón de Europa con el AC Milan y ganador del Balón de Oro, la afición holandesa siempre le recordará con cariño por ser el primer hombre con camiseta neerlandesa que levantó un trofeo importante, el de la Eurocopa 1988.

HOLANDESES DE ORO

Tres futbolistas neerlandeses han sido galardonados con el Balón de Oro: Johan Cruyff, Ruud Gullit y Marco van Basten. Cruyff se alzó con el premio en 1971, 1973 y 1974. Gullit fue el siguiente *crack* holandés en recibirlo, en 1987. Van Basten fue elegido en 1988, 1989 y 1992.

HOLANDESES DE VACACIONES

El Milan de finales de la década de 1980 podría haberse llamado «holandeses de vacaciones» por sus *cracks* neerlandeses: Ruud Gullit, Marco van Basten y Frank Rijkaard. Fueron clave cuando los Países Bajos ganaron la Eurocopa 1988 y en la consecución de las Copas de Europa del Milan en 1989 y 1990. Gullit y van Basten anotaron dos tantos en el triunfo de 1989 frente al Steaua de Bucarest. Un año después Rijkaard anotó el único tanto ante el Benfica.

LOS CHICOS DE BOER BATEN RÉCORDS

Los gemelos Frank y Ronald De Boer ostentan el récord holandés de mayor número de partidos disputados con hermanos. Frank jugó 112 veces con la selección y Ronald 67.

EL PITBULL

El centrocampista Edgar Davids hacía unas entradas tan duras que se ganó el apodo de «el Pitbull».

EL MAGO CRUYFF

Las hazañas futbolísticas de Johan Cruyff lo han convertido en el holandés vivo más famoso. Cruyff (nacido en Ámsterdam el 25 de abril de 1947) fue el catalizador del auge del Ajax y la selección holandesa. Antes de la final del Mundial 1974, un periódico neerlandés dijo de él: «Cruyff despertó a Holanda y nos llevó a ser un equipo de talla mundial». Su gran adversario, Franz Beckenbauer, comentó: «Es el mejor jugador que ha dado Europa». Cruyff se unió al Ajax con tan solo diez años y debutó en la liga a los 17. Consiguió que el equipo ganase ocho campeonatos de liga y tres Copas de Europa consecutivas. Junto con el entrenador Rinus Michels desarrolló el estilo de juego conocido como «Fútbol Total», que se convirtió en la marca personal del club y del país. Cruyff debutó como internacional contra Hungría el 7 de septiembre de 1966. Anotó 33 goles en 48 partidos con su selección, de la que fue capitán en 33 encuentros. Fue elegido mejor jugador de la Copa Mundial de la FIFA en 1974 y se alzó con tres Balones de Oro.

INTERNACIONALES

1	Edwin van der Sar	130
2	Frank De Boer	112
3	Philip Cocu	101
4	Clarence Seedorf	87
5	Marc Overmars	86
=	Gio van Bronckhorst	86
7	Aaron Winter	84
8	Rud Krol	83
9	Dennis Bergkamp	79
=	Patrick Kluivert	79

DESESPERACIÓN NEERLANDESA

Su peor derrota en los últimos tiempos se produjo el 1 de septiembre de 2001 al perder 1-0 frente a la República de Irlanda y acabar con la esperanza de clasificarse para el Mundial 2002. Les encajaron un gol aunque jugaban contra diez hombres tras la expulsión de Gary Kelly. Este resultado forzó la dimisión de Louis van Gaal como técnico.

MÁXIMO GOLEADOR SIN PRECEDENTES

El ariete Patrick Kluivert, que nació en Ámsterdam el 1 de julio de 1976, debutó con los Países Bajos en 1994. En los diez años siguientes disputó 79 encuentros con la selección y es el máximo anotador holandés con 40 goles.

PRIMEROS DÍAS

Holanda jugó su primer partido internacional contra Bélgica el 30 de abril de 1905. Eddy de Neve marcó los goles de la victoria por 4-1. Desde entonces los holandeses y sus vecinos belgas son eternos rivales.

EL RESURGIR DE HOLANDA

Los Países Bajos fueron eliminados en la primera fase de los Mundiales 1934 y 1938 y no se volvieron a clasificar para un Mundial hasta 1974, tras ganar por los pelos a su rival de grupo, Bélgica. El auge del fútbol neerlandés coincidió con la decisión de los principales clubes de hacer profesional el fútbol a principios de 1960.

VAN DER SAR SE CORONA

El cancerbero Edwin van der Sar (nacido en Voorhout el 29 de octubre de 1970) es el jugador neerlandés que ha sido más veces internacional, con 130 encuentros. En 1990 ingresó en el Ajax, que gracias a él se proclamó campeón de la Copa de Europa cinco años después. Debutó con el combinado nacional el 7 de junio de 1995 contra Bielorrusia y fue portero titular durante 13 años. Tras la eliminación de los Países Bajos en la Eurocopa 2008 abandonó la selección, pero el nuevo técnico, Bert van Marwijk, le hizo regresar a raíz de las lesiones de sus sucesores, Maarten Stekelenburg y Henk Timmer. También ha ganado la Copa de Europa con el Manchester United tras su paso por la Juventus y el Fulham.

PAÍSES BAJOS - HITOS RECIENTES

Holanda ha sido una de las selecciones más fuertes de los últimos 35 años. El combinado holandés del «Fútbol Total», encabezado por Johan Cruyff, llegó a la final del Mundial 1974, aunque perdió 2-1 frente a la República Federal de Alemania. Cuatro años después, los neerlandeses perdieron la final contra Argentina por 3-1 en la prórroga del encuentro celebrado en Buenos Aires. Entre tanto llegaron a las semifinales de la Eurocopa 1976. En 1988 ganaron su único trofeo con el seleccionador Rinus Michels tras vencer a la Unión Soviética por 2-0 en la final de la Eurocopa y se tomaron la revancha frente a la RFA por la derrota de 1974 venciéndola por 2-1 en las semifinales. Los holandeses no han vuelto a disputar otra final, aunque se han clasificado para los principales torneos. Perdieron las semifinales del Mundial 98 ante Brasil y llegaron a cuartos de final en 1994. También perdieron las semifinales de la Eurocopa 1992, 2000 y 2004.

HOLANDA POR LOS PELOS

Los Países Bajos perdieron el Mundial 1978 por culpa del poste. El disparo de Rob Rensenbrink se estrelló contra el poste en el último minuto del tiempo reglamentario. El encuentro acabó 1-1, pero Argentina terminó ganando 3-1 en la prórroga, con lo que se frustraron las esperanzas holandesas de ganar el Mundial por segunda vez consecutiva.

MEJORES Y PEORES

Las victorias neerlandesas más holgadas son los 9-0 que ha conseguido dos veces. La primera el 4 de julio de 1912 contra Finlandia en las Olimpiadas de Estocolmo y la segunda en la paliza a Noruega en la fase clasificatoria para el Mundial el 1 de noviembre de 1972. Los holandeses sufrieron su peor derrota el 21 de diciembre de 1907 por 12-2 ante los *amateurs* ingleses.

LA PLAGA DEL PENALTI

Los penaltis fallidos son la pesadilla de los Países Bajos y han sido su ruina en varios torneos. El gafe empezó en la semifinal de la Eurocopa 92 cuando Peter Schmeichel paró el lanzamiento de van Basten que otorgó la victoria a Dinamarca en la tanda de penaltis. Holanda perdió los cuartos de final de la Eurocopa 96 contra Francia por 5-4 en los penaltis y cayó de la misma manera por 4-2 ante Brasil en la semifinal del Mundial 98. Pero lo peor ocurrió en la Eurocopa 2000, cuando Holanda falló dos penaltis en el tiempo reglamentario de la semifinal contra Italia y el portero italiano, Francesco Toldo, hizo dos paradas en la tanda de penaltis que eliminaron a los neerlandeses.

PROBLEMAS DE CAMPO

Los holandeses tienen fama de pelearse entre ellos en competiciones importantes. La prensa afirmó que los problemas de vestuario causaron los fracasos de las Eurocopas 1976 y 1996. Wim van Hanegem, experto en organizar el juego, confirmó la preocupación del país cuando declaró que ocurría tan a menudo que creían que algo fallaba si no tenían problemas.

EL PRECOZ GOL DE NEESKENS

Los Países Bajos se adelantaron en el marcador en el primer minuto de la final del Mundial 1974 antes de que los alemanes tocaran el balón. Consiguieron dar 14 pases desde el saque inicial hasta que Uli Hoeness derribó a Cruyff en el área. Johan Neeskens anotó el primer penalti en la final de un Mundial... pero aun así perdieron.

<<LA NARANJA MECÁNICA>>

Los finalistas holandeses del Mundial de 1974 tenían un estilo revolucionario de jugar al fútbol que se denominó «Fútbol Total» (*totaalvoetbal*), cuyos precursores fueron Johan Cruyff y Rinus Michels en el Ajax. El sistema se basaba en pases rápidos y juego fluido con jugadores que solían intercambiar posiciones. De ahí que los zagueros Wim Suurbier y Ruud Krol aparecieran en ataque y el centrocampista Johan Neeskens soliera marcar si había huecos.

ITALIA

Solo Brasil (con cinco victorias) puede atribuirse más Mundiales que Italia. Los azzurri fueron la primera nación que defendió el trofeo, con dos triunfos consecutivos en 1934 y 1938. Consiguieron una inesperada victoria en España 82 y recogieron el trofeo futbolístico más codiciado por cuarta vez en 2006 tras vencer a Francia en una dramática tanda de penaltis. Si a esto se le añade la Eurocopa de 1968, pocos países pueden presumir de tener un registro mejor. Pero su historial de logros no acaba ahí, los clubes italianos han ganado 11 Copas de Europa y la liga nacional del país, la Serie A, está considerada una de las mejores de este deporte. Por todo esto se puede afirmar que Italia es una potencia del fútbol mundial.

APUNTAR ALTO

Vittorio Pozzo es el único entrenador que ha conquistado dos veces la Copa Mundial de la FIFA, ambas con la selección italiana en 1934 y 1938 (solo dos jugadores estuvieron en ambas finales: Giuseppe Meazza y Giovanni Ferrari). También dirigió a Italia en su triunfo olímpico de 1936. Pozzo, que nació en Turín el 2 de marzo de 1886, aprendió a valorar el fútbol al ver jugar al Manchester United mientras estudiaba en Inglaterra, pero regresó a casa para la boda de su hermana y no le dejaron volver a irse del país. Pozzo enardeció a su selección antes de la semifinal contra Brasil en 1938 contándoles que sus rivales ya habían reservado el billete para ir a la final de París, e Italia ganó 2-1.

VUELVE EL HÉROE

Marcello Lippi dimitió como seleccionador justo después de llevar a Italia a lo más alto en el Mundial 2006, pero volvió a dirigir al combinado nacional dos años más tarde a raíz de la destitución de Roberto Donadoni tras la decepcionante actuación del equipo en la Eurocopa 2008. En sus dos periodos como técnico italiano, su selección se ha mantenido invicta 31 partidos, igualando el récord de Javier Clemente con España y Alfio Basile con Argentina.

EN BUENAS MANOS

Durante la Segunda Guerra Mundial, el trofeo Jules Rimet que Italia consiguió en 1938 permaneció escondido en una caja de zapatos bajo la cama del dirigente del fútbol italiano, Ottorino Barassi. Prefirió guardar el trofeo allí en vez de en el banco de Roma donde estaba y fue devuelto a la FIFA sano y salvo cuando se reanudó el Mundial en 1950.

LA TOMATINA ITALIANA

Los futbolistas italianos fueron recibidos a tomatazos por los aficionados al ser eliminados en la primera ronda del Mundial 1966. Tras una arrogante y poco convincente victoria inicial por 2-0 frente a Chile, sufrieron una derrota por 1-0 ante la Unión Soviética y otro humillante revés frente a Corea del Norte con idéntico resultado.

A LA SEGUNDA VA LA VENCIDA

La única vez que ha sido necesaria una repetición para decidir el campeón de una competición internacional fue en la Eurocopa 1968. Para deleite de sus hinchas, la anfitriona, Italia, venció a Yugoslavia en el segundo partido por 2-0, dos días después del 1-1 en el Estadio Olímpico de Roma.

¡HASTA LA VISTA!

Italia y Argentina son los dos únicos países que se han enfrentado en cinco Mundiales seguidos. Empataron en 1974, Italia ganó en 1978 y 1982, volvieron a empatar en 1986 y Argentina venció en los penaltis del choque de semifinales del Mundial 1990 en Nápoles.

LES CUESTA ARRANCAR...

Italia es el único país que se ha proclamado campeón del mundo a pesar de no ganar ningún partido en la primera ronda, pues empató los tres encuentros de su grupo contra Perú, Polonia y Camerún en España 82. Los azzurri («los azules») se colaron en la segunda ronda gracias a que en la fase de grupos habían marcado un gol más que Camerún, país que no logró ganar a los italianos en el último partido del grupo que acabó en empate a uno. Italia aprovechó su suerte y avanzó hasta la final, en la que se impuso a la República Federal de Alemania con un 3-1 y ganó su tercer trofeo.

PRINCIPALES COMPETICIONES

COPA MUNDIAL DE LA FIFA™: 16 apariciones - victorias: 1934, 1938, 1982, 2006
EUROCOPA: 7 apariciones - ganadores en 1968
PRIMER INTERNACIONAL: Italia 6 - Francia 2 (Milán, mayo de 1910)
MAYOR VICTORIA: Italia 9 - EE. UU. 0 (Brentford, Inglaterra, agosto de 1948)
PEOR DERROTA: Hungría 7 - Italia 1 (Budapest, abril de 1924)

LOS SELECCIONADORES:

Vittorio Pozzo	1912, 1924
Augusto Rangone	1925-28
Carlo Carcano	1928-29
Vittorio Pozzo	1929-48
Ferruccio Novo	1949-50
Carlino Beretta	1952-53
Giuseppe Viani	1960
Giovanni Ferrari	1960-61
Giovanni Ferrari/Paolo Mazza	1962
Edmondo Fabbri	1962-66
Helenio Herrera/Ferruccio Valcareggi	
	1966-67
Ferruccio Valcareggi	1967-74
Fulvio Bernardini	1974-75
Enzo Bearzot	1975-86
Azeglio Vicini	1986-91
Arrigo Sacchi	1991-96
Cesare Maldini	1997-98
Dino Zoff	1998-2000
Giovanni Trapattoni	2000-04
Marcello Lippi	2004-06
Roberto Donadoni	2006-08
Marcello Lippi	2008-

EN EL PUNTO DE MIRA

Solo Inglaterra ha perdido tantas veces en los penaltis del Mundial como Italia, tres cada una. Roberto Baggio, apodado «la Divina Coleta», participó en las tres derrotas de su selección desde el punto de penalti, en 1990, 1994 y 1998. El lateral izquierdo Antonio Cabrini es el único que ha fallado un penalti en el tiempo reglamentario de la final de un Mundial: el marcador señalaba 0-0, pero por suerte para él, ganaron a la RFA 3-1 en 1982.

EL HIJO PRÓDIGO

Paolo Rossi fue el inesperado héroe del triunfo de Italia en el Mundial 82, ya que ganó la Bota de Oro con seis tantos, entre los que se incluyen su memorable *hat trick* a Brasil en la segunda ronda y el primero de los tres goles italianos de la victoria final sobre la República Federal de Alemania. Pero casi no llega a tiempo al Mundial, ya que solo seis semanas antes del comienzo del torneo completó la sanción de dos años por su supuesta implicación en un escándalo de apuestas.

CON GUANTE BLANCO

El cancerbero Walter Zenga aguantó 517 minutos sin recibir un gol en el Mundial de 1990, un récord de la competición, mientras que los dos únicos tantos que encajó Gianluigi Buffon en el Mundial 2002 fueron un gol en propia meta y un penalti. Buffon se convirtió en el guardameta más caro del mundo cuando fue traspasado del Parma a la Juventus por 52 millones de euros en 2001. Siempre lleva una bufanda negra en el cuello durante los partidos para no resfriarse.

DE PROPIO PUÑO

Silvio Piola es el máximo anotador de la historia de la Serie A con 274 dianas en 537 encuentros de 1929 a 1954 con el Pro Vercelli, el Lazio, el Torino, la Juventus y el Novara. Piola, nacido en Robbio el 29 de septiembre de 1913, también marcó dos tantos en la victoria de Italia ante Hungría por 4-2 en la final del Mundial de 1938. Otro gol mítico fue su tanto del empate a dos contra Inglaterra en 1939, aunque después admitió que había empujado el balón hasta el fondo de la red mientras propinaba un puñetazo a un defensa.

EL ARROLLADOR RIVA

El máximo goleador italiano de todos los tiempos es Luigi, o «Gigi», Riva, que anotó 35 goles en 42 encuentros como internacional. Uno de sus tantos más famosos fue el primer gol de la victoria sobre Yugoslavia en la final de la Eurocopa de 1968. A pesar de su trayectoria goleadora, tras haber cambiado de extremo izquierdo a delantero, Riva (Leggiuno, 7 de noviembre de 1944) nunca fichó por ninguno de los legendarios grandes clubes italianos, sino que pasó toda su carrera deportiva en el modesto equipo sardo del Cagliari y llegó a rechazar una oferta de la poderosa Juventus. Con sus 21 goles logró que su club ganara su primer y único título de liga en 1970. Sin embargo, tuvo mala suerte con las lesiones y se rompió la pierna izquierda en 1966 y la derecha en 1970 en una concentración con la selección.

UNA BUENA ELECCIÓN

El capitán italiano Giacinto Facchetti eligió bien cuando la semifinal de la Eurocopa 68 contra Rusia acabó en empate tras la prórroga (entonces no había tanda de penaltis) y tuvo que decidirse a cara o cruz. La suerte estuvo de parte de este lateral izquierdo, que más tarde alzaría el trofeo tras vencer 2-0 en el partido de la repetición de la final contra Yugoslavia. Facchetti también ganó la Copa de Europa con el Inter de Milán en 1964 y 1965, y logró una marca de goles impresionante para un defensa, ya que al término de su carrera sumaba 59 en 476 partidos de liga. A pesar de ser diestro, jugaba en la banda izquierda.

INTERNACIONALES

MÁXIMOS GOLEADORES

FELIZ CENTENARIO

El capitán de Italia cuando esta ganó el Mundial 2006, Fabio Cannavaro, fue nombrado Mejor Jugador del Año por la FIFA a los 33 años, convirtiéndose en el ganador más veterano y el primer defensa en recibir el premio. Cannavaro, nacido en Nápoles en 1973, jugó todo el torneo de 2006 y su triunfo en la final contra Francia fue la mejor forma de celebrar sus cien partidos como internacional.

ECHÓ UNA MANO

El que más tarde sería portero de la selección, Angelo Peruzzi, fue recogepelotas en la final de la Copa de Europa de 1984 que enfrentó a la Roma y al Liverpool. Disputó 16 partidos con la Roma antes de jugar en la Juventus, el Inter de Milán y el Lazio.

ZOFF ZOZOBRA

El guardameta Dino Zoff estableció un récord internacional al llegar a disputar 1.142 minutos de juego sin encajar un gol entre septiembre de 1972 y junio de 1974. Zoff fue el capitán de Italia cuando se proclamó campeona del mundo en 1982, emulando la proeza de otro cancerbero de la Juventus, Gianpiero Combi, que fue el capitán vencedor en 1934. Como seleccionador de Italia, Zoff logró llegar a la final de la Eurocopa 2000, pero perdió 2-1 frente a Francia por culpa de un «gol de oro» en la prórroga. Al poco tiempo, dimitió a causa de las feroces críticas que le dedicó el primer ministro italiano, Silvio Berlusconi.

A LA PRIMERA DE CAMBIO

La sustitución más temprana en un Mundial sucedió en 1998, cuando el italiano Alessandro Nesta fue sustituido por Giuseppe Bergomi a los cuatro minutos del partido contra Austria. Este récord fue igualado cuando el inglés Peter Crouch sustituyó a Michael Owen contra Suecia en 2006.

ETERNOS RIVALES

El Inter de Milán ganó 17 partidos consecutivos en la temporada 2006-07, un récord en las cinco mejores ligas de Europa. Culminó esa victoriosa campaña con otros dos récords para la Serie A: 97 puntos y 30 partidos ganados. Su vecino y eterno rival, el AC Milan, es el único club que ha permanecido invicto toda una temporada de esa competición, en 1991-92. Disputó 58 encuentros sin perder entre mayo de 1991 y marzo de 1993; su racha comenzó con un empate sin goles ante el Parma y terminó frente a este mismo equipo con un 1-0. El AC Milan ha mantenido la ortografía inglesa del nombre de la ciudad, en lugar de la italiana Milano, como homenaje a Alfred Edwards y Herbert Kilpin, los dos británicos que fundaron el club en 1899.

MEDALLISTAS

Giovanni Ferrari no solo ha sido campeón del mundo en dos ocasiones, en 1934 y 1938, sino que también ostenta el récord de mayor número de títulos de la Serie A con ocho trofeos: cinco con la Juventus, dos con el Inter y uno con el Bologna. Pero no es el único con ocho medallas de campeón de la liga, pues comparte el puesto con Virginio Rosetta (dos veces con el Pro Vercelli y seis con la Juve) y Giuseppe Furino (todas con la Vecchia Signora).

CORONAS CONTINENTALES

Terminada la temporada 2008-09, los equipos italianos han logrado 36 trofeos europeos, más que ningún país. Los conjuntos españoles cuentan con 33 trofeos, igual que los británicos.

PERRO VIEJO NUNCA MUERE

El portero Marco Ballotta se convirtió en el jugador más mayor de la Serie A cuando jugó por última vez con el Lazio en mayo de 2008 a los 44 años y 38 días. Se retiró ese mismo año, pero volvió a los terrenos de juego como delantero con el equipo de la octava división Calcara Samoggia.

SEGUNDOS FUERA

La tarjeta roja más rápida del mundo tras el saque inicial la vio el jugador del Bologna Giuseppe Lorenzo, cuando golpeó a un futbolista del Parma en un partido de la Serie A en diciembre de 1990 a los diez segundos del comienzo del encuentro.

SE LAS VIO GORDAS

El estadio que comparten el AC Milan y el Inter de Milán se conoce como San Siro por el barrio en el que se encuentra, pero su nombre oficial es Stadio Giuseppe Meazza en honor al interior y entusiasta del baile que jugó para ambos equipos, así como en la selección que ganó los Mundiales de 1934 y 1938. A Meazza (Milán, 23 de agosto de 1910) lo descubrió un ojeador del Inter mientras daba toques con la cabeza a un balón de trapo, pero era tan escuálido que tuvo que engordar a base de filetes. Su último gol para Italia fue el penalti de la semifinal contra Brasil en el Mundial de 1938 que marcó mientras se sujetaba los pantalones porque se le había roto la goma.

TODO QUEDA EN FAMILIA

Cesare y Paolo Maldini son los únicos padre e hijo que se han alzado con la Copa de Europa como capitanes, ambos en el AC Milan y por primera vez en Inglaterra. Cesare levantó el trofeo cuando su equipo se impuso al Benfica en Wembley (Londres), en 1963. Paolo repitió la hazaña 40 años después, cuando el Milan derrotó a la Juventus en Old Trafford (Manchester). Cesare fue seleccionador y Paolo capitán del combinado italiano que disputó el Mundial 98, y ambos también participaron en 2002, aunque esta vez Cesare estaba a cargo de Paraguay. Puede que la dinastía Maldini no acabe ahí, pues el hijo de Paolo, Christian, ya despunta en las categorías inferiores del Milan. Si llega al primer equipo, será el único jugador que pueda lucir la famosa camiseta de Paolo con el dorsal 3. Paolo sigue siendo el futbolista italiano con más partidos en la selección, a pesar de que nunca ganó un trofeo como internacional y tuvo que conformarse con ser tercero en el Mundial y subcampeón de la Eurocopa.

⚽ VICTORIA APLASTANTE

En la temporada 1989-90, tres equipos italianos ganaron algo único: los tres trofeos de la UEFA. El AC Milan conquistó la Copa de Europa (al vencer al Benfica por 1-0 en la final); la Juventus, la Copa de la UEFA (al imponerse a la Fiorentina con un 3-1) y la Sampdoria, la Recopa de Europa (al ganar al Anderlecht 2-0 en la final).

EL GRAN TORINO

El Torino era el club de fútbol más exitoso de Italia cuando su primer equipo falleció en la tragedia aérea de Superga, a las afueras de Turín, el 4 de mayo de 1949. Desde entonces solo ha ganado un título de liga de la Serie A, en la temporada 1976-77. Entre las víctimas mortales estaba el *crack* Valentino Mazzola, que había acompañado al equipo aunque estaba enfermo. Su hijo Sandro, que entonces tenía seis años, despuntó en la selección italiana que ganó la Eurocopa 1968 y fue subcampeona del mundo dos años después.

⚽ UN GRAN EQUIPO EN EL QUE JUGAR

En todas las selecciones italianas que han participado en Mundiales ha figurado al menos un jugador de la Juventus. Al equipo de Turín, conocido como «la Vieja Señora» del fútbol italiano, se le obligó a descender a la Serie B en 2006 y a sufrir su primera temporada fuera de la primera división desde su fundación en 1897, tras ser acusado de haber amañado partidos. Es el equipo italiano con el récord de trofeos (51), y en 1985 se convirtió en el primer equipo en ganar la Copa de la UEFA, y la Copa y la Recopa de Europa.

⚽ EL VIAJERO TRAPATTONI

El italiano Giovanni Trapattoni ha ganado como técnico los títulos de liga de Italia, Alemania, Portugal y Austria con la Juventus, el Bayern de Múnich, el Benfica y el Red Bull Salzburg. Solo el alemán Udo Lattek le iguala al haber dirigido a campeones de liga en cuatro países. Trapattoni es el único entrenador que ha logrado las tres competiciones de la UEFA y la Copa Intercontinental, todas con la Juve en la década de 1980.

TÍTULOS DE LA LIGA ITALIANA

Juventus	27
AC Milan	17
Inter de Milán	17
Génova	9
Torino	7
Bologna	7
Pro Vercelli	7
Roma	3
Lazio	2
Fiorentina	2
Nápoles	2
Cagliari	1
Casale	1
Novese	1
Sampdoria	1
Hellas Verona	1
Spezia	1

LOS MEJORES JUGADORES ITALIANOS

(según la Asociación Italiana de Fútbol)

1 Giuseppe Meazza
2 Luigi Riva
3 Roberto Baggio
4 Paolo Maldini
5 Giacinto Facchetti
6 Sandro Mazzola
7 Giuseppe Bergomi
8 Valentino Mazzola

ESPAÑA

España cuenta con algunos de los clubes de fútbol más fuertes de Europa (que ostentan un total de 12 Copas de Europa) y gran parte de los nombres más relevantes de este deporte son españoles. Sin embargo, como durante años su fracaso en los principales torneos se convirtió en una lamentable tónica (exceptuando la Eurocopa 1964), la Roja fue calificada como la selección con peor rendimiento. Todo eso cambió el 29 de junio de 2008 en la final de la Eurocopa, cuando el gol de Torres en el minuto 33 bastó para brindar a España una victoria por 1-0 frente a Alemania y obtener el primer éxito internacional tras 44 años. Esa victoria llevó a España a encabezar la clasificación mundial de la FIFA por primera vez en su historia.

MENTE SABIA, PERRO VIEJO

Luis Aragonés se convirtió en el entrenador más mayor en ganar una Eurocopa al vencer en el torneo de 2008, apenas un mes antes de cumplir 70 años. Aragonés, llamado «Luis» a secas en sus días de delantero centro, formó parte de la alineación española en la previa a la clasificación de 1964, pero tuvo que conformarse con ver ganar a España fuera del terreno de juego. Durante su época como seleccionador entre 2004 y 2008, el apodado «Sabio de Hortaleza» ganó más partidos (38) que ningún otro técnico español. Aragonés, nacido en Hortaleza (Madrid) el 28 de julio de 1938, pasó la mayor parte de su carrera deportiva en el Atlético de Madrid, donde para sorpresa de todos fue nombrado entrenador a los 36 años tras retirarse en 1974.

SAN CLEMENTE

Javier Clemente es uno de los tres únicos entrenadores que encadenó 31 partidos internacionales sin perder; solo el italiano Marcello Lippi logró esta proeza en dos mandatos diferentes. El éxito de Clemente como técnico debió de ser aún más gratificante, ya que tuvo que retirarse como jugador por una lesión con tan solo 21 años.

ALERTA ROJA

En 1960 España se negó a jugar la primera Eurocopa como protesta por tener que viajar a la Unión Soviética, un país comunista. No obstante, cuatro años más tarde cambió de opinión y no solo fue la anfitriona del campeonato, sino que también lo ganó al derrotar a los visitantes soviéticos por 2-1 en la final. España estaba capitaneada por Fernando Olivella y dirigida por José Villalonga, que fue el primer entrenador que ganó la Copa de Europa con el Real Madrid en 1956.

SOPONCIO EN JUNIO

La fecha del 22 de junio había traído mala suerte a España, sobre todo en la tanda de penaltis, pues en esa fecha perdieron ante Bélgica en el Mundial 1986, Inglaterra en la Eurocopa 1996 y Corea del Sur en el Mundial de 2002 ejecutando la pena máxima. Pero su suerte cambió el 22 de junio de 2008 al vencer a Italia en los penaltis de los cuartos de final de la Eurocopa, cuando el partido había terminado 0-0. La victoria también supuso el primer triunfo español frente a Italia en un partido de competición desde 1920.

TERRENOS DE JUEGO

Ningún otro país anfitrión de la Copa Mundial de la FIFA ha facilitado más instalaciones que los 17 estadios (en 14 ciudades) que ofreció España en 1982. El campeonato de 2002 se jugó en 20 campos, pero diez eran japoneses y otros diez surcoreanos. El torneo de 1982 fue el primer Mundial en el que participaron 24 equipos en lugar de 16. La final se disputó en el estadio Santiago Bernabéu.

NO HAY DOS SIN TRES

Solo tres españoles han marcado en tres Mundiales distintos: Raúl, Julio Salinas y Fernando Hierro, que es el segundo máximo goleador del país a pesar de que fue defensa durante la mayor parte de su carrera deportiva.

QUIEN RÍE EL ÚLTIMO...

Cuando en mayo de 1929 España pasó de perder por 0-2 y después por 2-3 a ganar por 4-3 en Madrid, se convirtió en el primer equipo no británico en vencer a Inglaterra. España ganó en el Estadio Metropolitano gracias a la ayuda de su entrenador inglés Fred Pentland, que se había trasladado a España en 1920. Logró su mayor éxito con el Athletic de Bilbao al conseguir el doblete en liga y copa en 1930 y 1931, e infligir la peor paliza de la historia al Barcelona por un contundente 12-1 en 1931.

FUERAS DE SERIE

En 1969 Salvador Artigas fue el último entrenador de la selección española que no había jugado como internacional. Tres de sus diez sucesores eran defensas, cuatro centrocampistas y solo dos delanteros:

Miguel Muñoz (centrocampista)	1969 y 1982-88
Ladislav Kubala (delantero)	1969-1980
José Santamaría (defensa)	1980-1982
Luis Suárez (centrocampista)	1988-91
Vicente Miera (defensa)	1991-92
Javier Clemente (centrocampista)	1992-98
José Antonio Camacho (defensa)	1998-2002
Iñaki Sáez (defensa)	2002-04
Luis Aragonés (delantero centro)	2004-08
Vicente Del Bosque (centrocampista)	2008-

VILLA PROMETE

Durante 2008 España permaneció invicta, venciendo 15 de los 16 partidos que jugó y empatando el otro contra Italia, aunque ganó en los penaltis. Con 12 tantos, David Villa batió el récord de anotación internacional de España en un año natural. El anterior récord lo ostentaba Raúl que hizo diez dianas en 1999. Con su gol a Inglaterra en un amistoso en febrero de 2009 Villa consiguió marcar en seis partidos internacionales seguidos, otro récord para España.

100% CATALÁN

Desde 1904 existe una selección catalana que disputa partidos amistosos, a veces frente a oponentes internacionales, pero no está reconocida por la FIFA ni por la UEFA. Entre los internacionales españoles que han jugado recientemente en esta selección se encuentran los jugadores del Barça Carles Puyol (arriba), Gerard Piqué y Bojan Krkic.

PRINCIPALES COMPETICIONES

COPA MUNDIAL DE LA FIFA™: 12 apariciones - cuarto puesto en 1950

EUROCOPA: 8 apariciones - ganadores en 1964 y 2008

PRIMER INTERNACIONAL: España 1 - Dinamarca 0 (Bruselas, Bélgica, 28 de agosto de 1920)

MAYOR VICTORIA: España 13 - Bulgaria 0 (Madrid, 21 de mayo de 1933)

PEOR DERROTA: Italia 7 - España 1 (Ámsterdam, Países Bajos, 4 de junio de 1928); Inglaterra 7 - España 1 (Highbury, Londres, Inglaterra, 9 de diciembre de 1931)

PELIGRO AMARILLO

Julio Alberto fue amonestado a los seis minutos del partido España-Brasil en el Mundial 86, pero el récord por la tarjeta amarilla más rápida en un Mundial lo batió el ruso Sergei Gorlukovich ocho años después al ver la tarjeta en el primer minuto de un partido contra Suecia.

APTO PARA EL PUESTO

Luis Suárez jugó lesionado la final de la Eurocopa 1964, y aun así sentenció con dos goles el triunfo por 2-1. En 1960 recibió el Balón de Oro, convirtiéndose en el único jugador español en conseguir este premio.

CARA FRAGANCIA

El guardameta titular Santiago Cañizares se vio obligado a abandonar el Mundial 2002 después de que se le cayera un frasco de colonia en el pie y le seccionara el tendón.

TRIPARTITO

Ladislav Kubala es el único futbolista que ha jugado no solo en una, ni en dos, sino en tres selecciones distintas, aunque nunca disputó la fase final de una competición internacional importante. A pesar de nacer en Budapest el 10 de junio de 1927, debutó como internacional con Checoslovaquia en 1946 y consiguió jugar otros cinco partidos para el país de sus progenitores. Después apareció tres veces con la selección de su tierra natal, Hungría, cuando regresó en 1948 y antes de disputar 19 partidos con España tras abandonar Hungría como refugiado y asegurar su traspaso al Barça en 1951.

EL TEMA RAÚL

El delantero del Real Madrid Raúl González Blanco no es solo el internacional español más prolífico, con 44 tantos en 102 partidos, sino que también encabeza la estadística goleadora de la Copa de Europa, con 66 goles, y del Real Madrid, tras superar el registro de Alfredo Di Stéfano con 309 tantos en la temporada 2008-2009. En marzo de 1999 Raúl anotó siete tantos para España en cuatro días: cuatro en un aplastante 9-0 ante Austria y tres al arrollar a San Marino con un 6-0. Se suscitó mucha polémica cuando el entrenador Luis Aragonés alegó la falta de suerte del jugador en los grandes torneos internacionales para excluirlo de la selección española que ganó la Eurocopa 2008. Para este madrileño, que nació el 27 de junio de 1977, el fútbol y la familia van de la mano, ya que celebra los goles besando su alianza para dedicárselos a su esposa, Mamen.

⚽ ORGULLO ZUBI

El portero Andoni Zubizarreta ganó más encuentros con la selección española que ningún otro jugador: 126 de 1985 a 1998; sus 622 partidos disputados en la Liga española suponen también un récord liguero en España. Jugó cuatro Mundiales, aunque su último torneo fue un desastre al marcarse un gol en propia meta en el partido que España perdió contra Nigeria en 1998; cayó eliminada en la primera ronda.

¡TORRES! ¡TORRES!

Fernando Torres quería ser portero cuando era niño, pero terminó convirtiéndose en delantero. Torres, nacido en Madrid el 20 de marzo de 1984, contaba tan solo 19 años cuando fue nombrado capitán de sus héroes juveniles en el Atlético de Madrid. Tiene el don de sentenciar finales con un 1-0, el más famoso fue el de la Eurocopa 2008 contra Alemania en Viena. Ya había conseguido esta hazaña en el Campeonato Europeo Sub-16 en 2001 y en el Sub-19 al año siguiente.

INTERNACIONALES

1	Andoni Zubizarreta	126
2	Raúl	102
3	Iker Casillas	89
=	Fernando Hierro	89
5	José Antonio Camacho	81
6	Rafael Gordillo	75
7	Carles Puyol	72
8	Emilio Butragueño	69
=	Xavi Hernández	69
10	Luis Arconada	68

MÁXIMOS GOLEADORES

1	Raúl	44
2	Fernando Hierro	29
3	Fernando Morientes	27
4	Emilio Butragueño	26
5	David Villa	25
6	Alfredo Di Stéfano	23
=	Julio Salinas	23
8	Michel	21
9	Telmo Zarra	20
10	Fernando Torres	18

FABULOSO FÀBREGAS

El jugador del Arsenal Cesc Fàbregas se convirtió en el jugador español más joven del Mundial (y en el internacional más joven del país en 70 años) al jugar como suplente contra Ucrania en el Mundial 2006 con 19 años y 41 días. A pesar de que en su camiseta del Arsenal pone «Fabregas», en España se le conoce simplemente como «Cesc».

NADIE PUEDE CON SAN TELMO

Telmo Zarraonaindía, conocido como «Zarra», consiguió el récord de 251 goles en 277 partidos de liga con el Athletic de Bilbao entre 1940 y 1955, y 20 tantos en 20 partidos con España entre 1945 y 1951. Se le calificó como «la mejor cabeza de Europa después de Churchill».

PRIMERA FIFA

El Real Madrid fue el único club que contó con representación oficial en la primera reunión de la FIFA en París en 1904, aunque por entonces al club se le conocía solo como Madrid FC. Los clubes españoles, como el Real Madrid y el Real Betis, quitaron la palabra «Real» de sus nombres durante la Segunda República española, entre 1931 y 1939.

EL PICHICHI PERFECTO

El galardón anual al máximo anotador de la Liga se denomina «pichichi», el apodo de Rafael Moreno, un ariete que jugó en el Athletic de Bilbao entre 1911 y 1921. Marcó 200 goles en 170 partidos con el club y uno en cinco partidos internacionales. Pichichi, que solía entrar al terreno de juego con un pañuelo en la cabeza, murió en 1922 a los 29 años.

MÁS QUE UN CLUB

El Barcelona, fundado en 1899 por un empresario suizo, Hans Gamper, se enorgullece de ser «más que un club». La famosa camiseta azulgrana del club se resistió a llevar publicidad durante más de un siglo hasta que en 2006 el club firmó un contrato con el Fondo de Naciones Unidas para la Infancia (UNICEF) y donó dinero al mismo a cambio de llevar su logotipo en las camisetas. El Barça consiguió el triplete en la temporada 2008-2009.

SUPERSÓNICO YEYÉ

Paco Gento ostenta el récord de medallas de la Copa de Europa, ya que ganó cinco finales de 1956 a 1960 y otra en 1966, todas con el Real Madrid. El extremo izquierdo era tan veloz, que se le apodó «el Supersónico» y «la Galerna del Cantábrico». En pleno apogeo de la Beatlemanía, posó en una sesión de fotos con pelucas de los Beatles junto a unos compañeros de equipo, por lo que se ganaron el sobrenombre de «los Yeyés».

DEL MADRID AL CIELO

El Real Madrid ha ganado más Copas de Europa que cualquier otro club, con un total de nueve, entre ellas, cinco consecutivas al inicio de la competición en 1956. Tras la quinta conquista, se le permitió conservar el trofeo original. La victoria más memorable fue el triunfo por 7-3 frente al Eintracht Frankfurt, en 1960, cuando Ferenc Puskás marcó cuatro goles para el Madrid y Alfredo Di Stéfano anotó los otros tres. Entre los hinchas más famosos del club se encuentran el antiguo dictador Francisco Franco, el actor Antonio Banderas y el cantante Julio Iglesias, que jugó de portero en los juveniles del Real Madrid antes de sufrir un accidente de tráfico. El club también cuenta entre sus fans con Rafael Nadal, a pesar de que el tío de la estrella del tenis, Miguel Ángel Nadal, fue defensa del Barcelona.

EL BUITRE

Emilio Butragueño, nacido en la capital de España y estrella madridista durante una década, fue un jugador que se forjó en el Madrid. Apodado el Buitre por su instinto depredador en el punto de penalti, disputó 69 partidos como internacional y anotó 26 goles.

SEVILLA TIENE UN COLOR ESPECIAL

Solo tres de los diez miembros que fundaron la Liga española en 1928 no han descendido nunca: Athletic de Bilbao, Barcelona y Real Madrid. A pesar de ser uno de los clubes más antiguos de España, al Sevilla, fundado en 1905, se le denegó un puesto en la primera temporada al ser derrotado en la ronda clasificatoria por el Racing de Santander. Aunque solo ha ganado un título de Liga desde entonces, en 1946, el Sevilla ha logrado 72 triunfos en la Liga frente al Real Madrid, más que ningún club en la historia de la competición española.

RACHAS ESPAÑOLAS

Solo dos clubes han permanecido invictos toda una temporada en primera división: el Athletic de Bilbao en 1929-1930 y el Real Madrid dos años después. Esa fue la primera Liga de 31 que ganó el Madrid.

SOMOS LOS MEJORES

En julio de 2008, España ascendió hasta el primer puesto de la clasificación mundial de la FIFA por primera vez al ganar la Eurocopa organizada por Austria y Suiza. De este modo se convirtió en el sexto equipo en ocupar el lugar número uno y el único en hacerlo sin haber ganado un Mundial.

CAMPEONATOS DE LIGA ESPAÑOLA

Real Madrid	31
Barcelona	19
Atlético de Madrid	9
Athletic de Bilbao	8
Valencia	6
Real Sociedad	2
Deportivo de La Coruña	1
Sevilla	1
Betis	1

UN PAN DEBAJO DEL BRAZO

Al guardameta de primera división que logra encajar menos goles por partido en cada temporada se le concede el trofeo Zamora, en honor al legendario cancerbero Ricardo Zamora, que disputó 46 partidos con la selección entre 1920 y 1936, incluido el mítico 4-3 contra Inglaterra en Madrid en 1929. Zamora fue el primer *crack* español que jugó en el Barça y en el Madrid. Más tarde, logró ganar un título de Liga como entrenador con... el Atleti.

ESTADIOS (POR CAPACIDAD):

Camp Nou, Barcelona: 98.772
Santiago Bernabéu, Madrid: 80.354
Estadio de la Cartuja, Sevilla: 72.000
Vicente Calderón, Madrid: 57.200
Lluis Companys, Barcelona: 56.000
Mestalla, Valencia: 55.000
Manuel Ruiz de Lopera, Sevilla: 52.500
Ramón Sánchez Pizjuán, Sevilla: 45.500
San Mamés, Bilbao: 40.000
Manuel Martínez Valero, Elche: 38.750

BÉLGICA

Durante ocho décadas, ninguna selección belga fue capaz de competir por los trofeos más importantes. Después vino la época dorada: subcampeones de la Eurocopa 1980; semifinalistas del Mundial de 1986; y clasificados habituales, incluso aspirantes a los premios más importantes. Los últimos tiempos han sido duros y el país espera que el fracaso de no haberse clasificado para las Eurocopas 2004 y 2008 y el Mundial 2006 no suponga una vuelta al periodo de oscuridad.

NIÑO DE MAMÁ

Pocos futbolistas rechazarían una propuesta del AC Milan, pero eso fue lo que hizo Jan Ceulemans siguiendo los consejos de su madre. El jugador más internacional de Bélgica (jugó 96 veces con su selección) pasó la mayor parte de su carrera en el FC Brujas, sin embargo, es más recordado por su actuación en tres Mundiales consecutivos. El mejor resultado de Bélgica fue el cuarto puesto en el torneo de 1986 en México, cuando el centrocampista y capitán Ceulemans marcó tres goles. Nacido el 28 de febrero de 1957, se retiró del fútbol internacional después del Mundial de 1990; más tarde, entre 2005 y 2006, regresó al FC Brujas como entrenador.

VAN EXPULSADO

René Vandereycken marcó el primer penalti durante la final de la Eurocopa 1980, cuando Bélgica perdió por 2-1 frente a la República Federal de Alemania. No obstante, el centrocampista no disputó las semifinales del Mundial de 1986; tuvo que irse a casa tras chocar con el entrenador Guy Thys.

SOLO EN CASA

Cuando Bélgica organizó la Eurocopa de 2000 con los Países Bajos, se convirtió en el primer anfitrión de la competición que no superó la primera ronda de la fase final.

CON ESTILO

Muchos futbolistas llevan lentes de contacto, pero el capitán belga Joseph Jurion era famoso a finales de la década de 1950 y principios de la de 1960 por llevar unas gafas hechas especialmente para él durante los partidos.

KOMPAÑÍA LIMITADA

Bélgica obtuvo la medalla de bronce en las Olimpiadas en 1900 y la de oro 20 años más tarde, pero no consiguió ninguna en los juegos de Pekín de 2008, al perder ante Brasil en la eliminatoria por el tercer puesto. La estrella, Vincent Kompany, no pudo participar en el encuentro porque su club alemán, el Hamburgo, lo convocó.

INTERNACIONALES

1	Jan Ceulemans	96
2	Eric Gerets	86
=	Franky Van der Elst	86
4	Enzo Scifo	84
5	Paul van Himst	81
6	Bart Goor	78
7	Georges Grün	77
8	Timmy Simons	71
9	Lorenzo Staelens	70
=	Marc Wilmots	70

MÁXIMOS GOLEADORES

1	Paul van Himst	30
=	Bernard Voorhoof	30
3	Marc Wilmots	28
4	Joseph Mermans	27
5	Raymond Braine	26
=	Robert De Veen	26
7	Jan Ceulemans	23
=	Marc Degryse	23
=	Wesley Sonck	23
10	Henri Coppens	21

COMPAÑEROS DE CLUB

En 1964 Bélgica terminó un partido contra los Países Bajos con un equipo formado íntegramente por jugadores del Anderlecht, después de que el guardameta del Lieja Guy Delhasse fuese sustituido por el del Anderlecht, Jean Trappeniers. En la línea delantera aquel día se encontraba Paul van Himst, que marcó 30 goles para Bélgica, una hazaña igualada solo por el ariete Bernard Voorhoof, que marcó sus 30 goles en 61 partidos con la selección (en comparación con las 81 de van Himst). Voorhoof fue uno de los 4 únicos futbolistas que disputaron los tres Mundiales anteriores a la Segunda Guerra Mundial, en 1930, 1934 y 1938. Los demás fueron el rumano Nicolae Kovacs y los franceses Edmund Delfour y Étienne Mattler.

UN CHICO DE ORO

Durante 60 años, Fernand Nisot ostentó el récord como el internacional más joven de la historia. Debutó con su selección a los 16 años y 19 días en 1911.

DOBLETE

El portero belga Jean-Marie Pfaff marcó el punto decisivo para el Bayern de Múnich en la tanda de penaltis de la Copa de la UEFA de 1983-1984 ante el PAOK Salónica, después de haber parado un penalti.

ES NUESTRO CHICO

El entrenador de Bélgica que más tiempo estuvo en el cargo y más éxitos cosechó fue Guy Thys, que llevó al equipo a la final de la Eurocopa 1980 y a las semifinales del Mundial seis años después. Ocupó el puesto durante 13 años, desde 1976 a 1989, y después regresó para entrenar al equipo durante solo ocho meses y clasificarlo para el Mundial de 1990.

CONSUELO PARA EL CANCERBERO

El premio Lev Yashin (al mejor portero del Mundial) se empezó a entregar en 1994. El primer galardonado fue el guardameta belga Michel Preud'homme, a pesar de que su equipo no superó la segunda ronda.

BULGARIA

Aparte de los días de gloria de la «Generación de Oro», cuando Bulgaria terminó cuarta en la Copa Mundial de la FIFA™ de 1994 en Estados Unidos tras derrotar de forma sensacional a la vigente campeona, Alemania, por 2-1 en cuartos de final, surge una constante en el fútbol búlgaro. El país, clasificado con regularidad para las grandes competiciones futbolísticas y cuna de algunos de los grandes nombres de este deporte (como Hristo Stoichkov o Dimitar Berbatov), no ha estado a la altura en las grandes ocasiones ni ha triunfado a nivel mundial.

ESPERANDO SU MOMENTO

Bulgaria se clasificó para cinco de los siete Mundiales celebrados entre 1962 y 1986, pero no logró ganar ninguno de los 16 partidos que disputó. Llegó a la fase final de la Eurocopa por primera vez en 1996, pero fue eliminada en la primera ronda. Hristo Stoichkov marcó los tres goles búlgaros, incluido el único lanzamiento de falta que entró en la portería en la Eurocopa 96.

CUARTOS DE ORO

La denominada «Generación de Oro» de 1994 fue la única selección que ganó un partido de fase final de un Mundial, logrando terminar cuarta tras vencer a Grecia, Argentina, México y Alemania. Bulgaria se clasificó para el torneo gracias al gol de Emil Kostadinov en el último minuto que batió a la Francia de Gérard Houllier en París.

HISTORIA DE HRISTO

Hristo Stoichkov, nacido en Plovdiv (Bulgaria) el 8 de febrero de 1968, compartió la Bota de Oro del Mundial de 1994, premio otorgado al máximo goleador del torneo, con el ruso Oleg Salenko. Ambos marcaron seis goles, aunque Stoichkov fue ganador en solitario del Balón de Oro. Anteriormente ese mismo año, se había aliado en la delantera con el brasileño Romário y logró llevar al Barcelona a la final de la Liga de Campeones. Al principio de su carrera estuvo sancionado un año por la pelea de la final de la Copa de Bulgaria de 1985 entre el CSKA Sofia y el Levski Sofia. Stoichkov ganó títulos con clubes de Bulgaria, España, Arabia Saudí y Estados Unidos antes de retirarse como jugador en 2003.

EL ALCALDE SIN PELO

El calvo Yordan Letchkov remató de cabeza el gol de la victoria contra la entonces campeona Alemania en los cuartos de final del Mundial 1994 en Estados Unidos. En ese momento jugaba en el Hamburgo alemán. Después se convirtió en el alcalde de Sliven, la ciudad búlgara donde nació en julio de 1967.

APRENDER DE LA MAFIA

El ariete búlgaro del Manchester United Dimitar Berbatov asegura que aprendió inglés con las películas de *El Padrino*. En 2008 Berbatov fue traspasado del Tottenham al Manchester por 36 millones de euros, una cifra récord para un club y para un jugador búlgaro. Antes de llegar al Tottenham, estuvo en el Bayer Leverkusen que casi logra el triplete en 2002: acabó subcampeón de la Liga de Campeones, la Bundesliga alemana y la Copa de Alemania.

MÁXIMOS GOLEADORES

1	Hristo Bonev	47
2	Dimitar Berbatov	41
3	Hristo Stoichkov	37
4	Emil Kostadinov	26
5	Petar Zhekov	25
=	Ivan Kolev	25
7	Nasko Sirakov	23
8	Dimitar Milanov	20
9	Georgi Asparuhov	19
=	Dinko Dermendzhiev	19

INTERNACIONALES

1	Borislav Mihailov	102
2	Hristo Bonev	96
3	Krassimir Balakov	92
4	Dimitar Penev	90
5	Stiliyan Petrov	84
=	Hristo Stoichkov	84
7	Nasko Sirakov	81
8	Ayan Sadakov	80
=	Radostin Kishishev	80
10	Zlatko Yankov	79

LUTO NACIONAL

Bulgaria perdió a dos de sus futbolistas más queridos en un accidente de tráfico en junio de 1971, en el que fallecieron los delanteros Georgi Asparuhov, 28, y Nikola Kotkov, 32. Asparuhov anotó 19 goles en 50 partidos como internacional, incluido el único tanto búlgaro en la derrota por 3-1 contra Hungría en el Mundial 1966.

SAN STEFAN

El mejor resultado búlgaro de la historia de los Juegos Olímpicos fue una medalla de bronce en Melbourne 1956 y una medalla de plata en México D. F. doce años después. Stefan Bozhkov fue jugador de la selección de Melbourne y seleccionador de la de México D. F.

EL COMPLETO ALEKSANDAR

El defensa Aleksandar Shalamanov jugó en la selección búlgara en el Mundial 1966, seis años después de representar a su país como esquiador alpino en los Juegos Olímpicos de Invierno. También fue a las Olimpiadas de 1964 como suplente del equipo de voleibol. Shalamanov fue elegido mejor deportista búlgaro en 1967 y 1973.

DE CABEZA

El jugador búlgaro que ha sido más veces internacional es Borislav Mihailov, nacido en Sofía el 12 de febrero de 1963; a veces llevaba peluca para jugar y más tarde se sometió a un injerto de cabello. Tras su retirada en 2005, fue nombrado presidente de la Unión Búlgara de Fútbol. Su padre, Bisser, también fue portero, y el hijo de Boris, Nikolay, fichó por el Liverpool en 2007. Los tres jugaron en el Levski Sofia.

CROACIA

La emblemática camiseta croata de cuadros rojos y blancos se ha convertido en una de las más características del fútbol mundial, y si no que se lo pregunten a Inglaterra. Hasta dos veces partió Croacia los corazones ingleses en la fase de clasificación para la Eurocopa 2008, al vencerles 2-0 en Zagreb y al asegurar su clasificación con un 3-2 en Wembley. Su llegada a cuartos en la Eurocopa 08 la confirmó como potencia futbolística.

LO MEJOR Y LO PEOR

Las mayores goleadas croatas fueron las victorias por 7-0 ante Andorra en 2006 y Australia en 1998. Sus peores derrotas de la era moderna fueron un 4-1 en un amistoso contra Eslovaquia en 1994, un 3-0 en la Eurocopa 96 frente a Portugal y la paliza en casa por 1-4 ante Inglaterra.

FELICES DEBUTS

Pocas selecciones han tenido tanto éxito en sus comienzos como Croacia. Antigua integrante de Yugoslavia, en su primera competición en la categoría absoluta como país independiente, en la Eurocopa 1996, Croacia alcanzó los cuartos de final y logró el tercer puesto en el Mundial 98, donde se la conoció como la «generación de oro». Desde que pudiera optar a participar en 1993, Croacia se ha clasificado para todos los Mundiales y solo se ha perdido una Eurocopa.

EXPERTOS EN EXPORTAR

Casi todos los jugadores de la selección croata juegan en clubes extranjeros. De los 23 convocados en febrero de 2009 para el partido contra Rumanía, solo cinco jugaban en su país.

INTERNACIONAL

Dario Simic, con 100 apariciones antes de su retirada en 2008, es el jugador croata con más partidos disputados como internacional, superando los 81 de Robert Jarni.

LOS MEJORES SELECCIONADORES

Slaven Bilic solo perdió tres de sus 30 primeros partidos al frente de la selección croata. No obstante, ese no es el mejor registro. Drazan Jerkovic (arriba) y Vlatko Markovic entrenaron juntos al equipo nacional solo en cuatro encuentros pero los ganaron todos. En 2008 Jerkovic, el primer técnico de Croacia tras su independencia de Yugoslavia, murió a los 72 años. Llegó a ser el máximo goleador de la Eurocopa 60 con el combinado yugoslavo que terminó subcampeón y fue uno de los cuatro máximos goleadores del Mundial de Chile de 1962, con cuatro tantos.

EL DINAMO DEL PODER

El Dinamo Zagreb es el equipo más popular del país, pues entre el 33 y el 36% de la población se declara seguidora del equipo. Se creó una gran polémica cuando en 1992 el club cambió su nombre por HASK-Gradanski y al año siguiente volvió a cambiarlo por Croacia Zagreb. Estos cambios se entendieron como movimientos políticos y nunca fueron aceptados por la auténtica afición del club, que seguía llamándolo Dinamo en sus cantos y pancartas.

MÁXIMOS GOLEADORES

1	Davor Suker	45
2	Darijo Srna	17
3	Goran Vlaovic	16
4	Nico Kovac	15
5	Eduardo da Silva	13

COSAS DE CASA

Nico Kranjcar es hijo del antiguo técnico croata Zlatko Kranjcar, pero lo suyo no fue siempre una relación fácil. En una ocasión Nico dijo: «Dos días antes de que mi padre se convirtiera en el seleccionador de Croacia todos decían que yo debería ir convocado. Entonces, me convocó para la Eurocopa 2004, y de repente iba solo por ser su hijo». Esos problemas no afectan a los hermanos Robert y Nico Kovac, ambos integrantes del conjunto croata. Nacieron en Berlín pero son orgullosos croatas. Nico ya ha colgado las botas, pero Robert sigue jugando tras disputar más de 80 partidos como internacional.

AL SON DE BILIC

Tras convertirse en entrenador de Croacia, el guitarrista Slaven Bilic y su banda de *rock* lanzaron un sencillo, *Vatreno Ludilo* (*Locura en llamas*), que estaba dedicado al progreso de la selección en el Mundial 98 y fue número uno en las listas de éxitos croatas. Bilic, un apasionado de la moda, luce un pendiente repleto de diamantes.

REPÚBLICA CHECA

La selección con más éxito del antiguo Bloque del Este, Checoslovaquia, terminó subcampeona en las Copas Mundiales de la FIFA™ de 1934 y 1962 y más tarde traumatizó a la República Federal de Alemania en los penaltis al alzarse con la Eurocopa de 1976. Compitiendo como la República Checa desde 1994, rozó con la punta de los dedos la Eurocopa 96, y perdió la de 2004 en semifinales. Los últimos tiempos han sido más duros, pero la República Checa sigue siendo una de las selecciones más fuertes de Europa.

¿EL SIETE DE LA SUERTE?

Karel Brückner llevó a la República Checa hasta semifinales en la Eurocopa 2004 de Portugal y dimitió cuando cayeron eliminados en la primera ronda en 2008, tras siete años al mando. Pero volvió como entrenador de Austria, aunque de forma efímera: solo duró siete meses.

PREMIOS PARA LOS CHECOS

La elección de Pavel Nedved como Balón de Oro en 2003 puso fin a la impaciente espera de los aficionados checos que habían visto cómo pasaban desapercibidos una serie de excelentes jugadores desde que Josef Masopust fuera galardonado en 1962. El centrocampista Masopust anotó el primer gol de la final del Mundial de aquel año antes de que Brasil remontara para ganar 3-1 en la capital chilena de Santiago. Años más tarde, Masopust fue recordado y nombrado por Pelé como uno de los 125 mejores futbolistas vivos. A nivel de clubes, Masopust ganó ocho títulos de la liga checoslovaca con el Dukla Praga, el club del ejército. En 1962 también consiguió el primer Balón de Oro checo como futbolista nacional del año. Eran otros tiempos. Masopust recibió su premio antes del saque inicial de unos cuartos de final de la Copa de Europa ante el Benfica, sin el más mínimo alboroto. Años más tarde, Masopust declaró: «Eusébio me dio la mano, yo metí el trofeo en mi bolsa de deporte y volví a casa en tranvía».

JOZEF EL PRIMERO

Jozef Venglos fue un gran personaje del fútbol checo. Llevó a Checoslovaquia a la fase final de la Eurocopa de 1980, donde perdió ante la República Federal de Alemania y, en un segundo periodo, hasta cuartos de final del Mundial de 1990. Ese año se puso al frente del Aston Villa, convirtiéndose en el primer técnico extranjero en entrenar un club inglés de primera división. Conocido como «el Doctor», regresó al Reino Unido en 1998 para entrenar durante una breve etapa al Celtic.

MÁS VALE TARDE...

Durante años, Oldrich Nejedly fue premiado «solo» por compartir el puesto de máximo anotador del Mundial de 1934, con cuatro goles con la subcampeona Checoslovaquia. En 2006, 16 años después de su muerte, la FIFA revisó el registro de goles y le reconoció un gol discutido previamente que sumó cinco tantos, lo que le convirtió en el máximo goleador. Sus dos tantos del torneo de 1938 colocaron a los checos en cuartos.

INTERNACIONALES
(CHECOSLOVAQUIA Y REPÚBLICA CHECA)

1	Karel Poborsky	118
2	Pavel Nedved	91
3	Jan Koller	90
=	Zdenek Nehoda	90
5	Pavel Kuka	87
6	Jiri Nemec	84
7	Vladimir Smicer	81
8	Tomas Ujfalusi	77
9	Marian Masny	76
10	Ladislav Novak	75

DIEZ DE DIEZ

El delantero gigante Jan Koller es el principal anotador checo de todos los tiempos con 55 goles en 90 partidos. Marcó en su debut con la selección absoluta contra Bélgica y metió diez tantos en diez partidos internacionales seguidos. Además anotó seis goles en las fases de clasificación para las Eurocopas de 2000, 2004 y 2008. Comenzó su carrera en el Sparta de Praga, que lo transformó de portero a anotador. Ya en Bélgica, fue máximo goleador con el Lokeren, antes de marcar 42 goles con el Anderlecht, que les valieron dos ligas. Más tarde, en el Borussia Dortmund alemán, tuvo que jugar de portero ante la expulsión de Jens Lehmann y, tras anotar en la primera parte, mantuvo su portería a cero.

MÁXIMOS GOLEADORES

1	Jan Koller	55
2	Antonin Puc	35
3	Milan Baros	32
4	Zdenek Nehoda	31
=	Pavel Kuka	31
6	Oldrich Nejedly	29
7	Josef Silny	28
8	Vladimir Smicer	27
=	Adolf Scherer	27
10	Frantisek Svoboda	22

EL HÉROE PERDIDO

El delantero Rudolf Kucera fue uno de los mejores jugadores jóvenes europeos de su época, a principios de la década de 1960. Pero su talento y potencial desaparecieron al sufrir una lesión en la cabeza en un partido de Copa de Europa contra el Górnik Zabrze polaco.

DE CANCIÓN

El club del ejército, el Dukla Praga, fue inmortalizado por la banda de *rock* británica Half Man Half Biscuit con su tema: *Para Navidad solo quiero una equipación de visitante del Dukla Praga.*

EN HUELGA

La victoria de Bélgica en los Juegos Olímpicos de 1920 se vio eclipsada cuando Checoslovaquia abandonó el campo a la media hora para protestar por lo que consideraba un arbitraje amañado. Checoslovaquia es el único equipo que ha sido descalificado en toda la historia del fútbol olímpico.

APRECIADO KAREL

La Eurocopa 96 fue el trampolín ideal para que Karel Poborsky alcanzara cotas más altas en su carrera, ya que ayudó a la República Checa a llegar a la final y después selló un traspaso soñado al Manchester United. Su vaselina ante Portugal en cuartos fue considerada uno de los mejores goles oportunistas de la historia del torneo. Sus 118 partidos internacionales son un récord en su país.

EL CASCO DE CECH

El arquero Petr Cech lleva un casco protector cuando juega desde que en octubre de 2006 sufriese una fractura de cráneo en un partido de la Premier League inglesa. Después añadió un protector de barbilla tras una operación facial a raíz de un accidente entrenando.

DINAMARCA

Dinamarca cuenta con selección de fútbol desde 1908, pero hasta mediados de la década de 1980 no comenzó a ser competitiva en los principales torneos. El momento de consagración del país llegó en la Eurocopa 1992 cuando, tras acudir como sustituto tan solo diez días antes del comienzo del torneo, se marchó con el trofeo machacando 2-0 en la final a la por entonces campeona del mundo, la República Federal de Alemania. Puede que no haya repetido un logro semejante, pero sigue siendo un equipo importante en el fútbol mundial.

MATERIAL EXPLOSIVO

Tres semanas antes de que Dinamarca ganara a Inglaterra en Wembley en septiembre de 1983, un diario danés organizó un concurso de himnos. El ganador, que venía a decir: «Somos rojos, somos blancos, somos dinamita danesa», acompañó al éxito del equipo durante la década siguiente. El comportamiento fervoroso, aunque pacífico, de los aficionados daneses fue premiado con el Trofeo Fair Play de la UNESCO en 1984.

EL HOMBRE MARCADO

El internacional danés y defensa del Liverpool, Daniel Agger, tiene varios tatuajes, entre ellos un vikingo en el brazo derecho, símbolos tribales en la parte superior de la espalda y un elaborado brazalete alrededor del codo izquierdo.

UN IMPREVISTO EN 1992

Pocos aficionados al fútbol podrán olvidar la excelente actuación de Dinamarca en junio de 1992, cuando su equipo logró ganar la Eurocopa. Dinamarca no se había clasificado para la ronda final en Suecia, pero diez días antes del partido inaugural, la UEFA le pidió que ocupara el lugar de Yugoslavia, que fue excluida del torneo a raíz de las sanciones internacionales por la guerra de los Balcanes. Los daneses habían quedado segundos de su grupo, por detrás de Yugoslavia, y supieron aprovechar su hueco en el torneo. Las expectativas eran mínimas, pero entonces ocurrió lo inesperado. Con gran fe en su guardameta Peter Schmeichel, en su defensa y en la chispa creativa de Brian Laudrup, Dinamarca fue la artífice de una de las mayores sorpresas de la historia del fútbol moderno al ganar el torneo, firmando una victoria por 2-0 frente a la campeona del mundo, Alemania. Su hazaña fue incluso más extraordinaria, ya que el hermano de Brian, Michael, el mejor jugador, abandonó el equipo durante la fase de clasificación tras enfrentarse al técnico Richard Moller Nielsen. Reanudó su carrera internacional en 1993, pero Dinamarca no logró clasificarse para el siguiente Mundial, el de Estados Unidos.

INTERNACIONALES

1	Peter Schmeichel	129
2	Thomas Helveg	108
3	Michael Laudrup	104
4	Morten Olsen	102
=	Jon Dahl Tomasson	102
6	John Sivebæk	87
7	Jan Heintze	86
8	Martin Jorgensen	85
9	Lars Olsen	84
=	Dennis Rommedahl	84

EL DANÉS PIONERO

Nils Middelboe, que representó a Dinamarca en tres Juegos Olímpicos, fue el primer goleador de la historia de la selección nacional. Después, en 1913, se marchó al Chelsea, convirtiéndose en el primer jugador danés en Inglaterra y el primero de muchos extranjeros en el club del oeste de Londres.

FUE BONITO MIENTRAS DURÓ

La victoria por 6-1 en Neza, México D. F. ante Uruguay en la fase final del Mundial 1986, es uno de los mejores partidos del país. Por desgracia, España acabó con la aventura danesa en octavos.

EMPATE RÁPIDO

Ebbe Sand fue el autor del gol más rápido de la historia de un Mundial anotado por un suplente, al marcar a los 16 segundos de saltar al terreno de juego en el choque de Dinamarca contra Nigeria en el Mundial de 1998.

UN HOMBRE HISTÓRICO

Poul Nielsen murió hace casi medio siglo, pero los 52 goles que anotó en 38 partidos siguen siendo un récord danés. Lástima que nunca disputara la fase final de un Mundial.

HERMANOS AL PODER

Michael y Brian Laudrup son dos de los hermanos futbolistas con mayor éxito de los últimos tiempos. Michael jugó en Italia con el Lazio y la Juventus, y en España con el Barcelona y el Real Madrid, además de representar a su país en tres Eurocopas y dos Mundiales. Brian destacó en Alemania con el Bayer Uerdingen y el Bayern de Múnich (1990-92), en Italia con la Fiorentina y el AC Milan, en Escocia con los Rangers y en Londres con el Chelsea.

MADERA DE LÍDER

Morten Olsen capitaneó a Dinamarca en el Mundial de 1986. Tras su retirada como jugador en 1989, pasó a ser entrenador, primero del Brondby, después del FC Köln, más tarde del Ajax de Ámsterdam..., hasta que en 2000 aceptó el puesto de seleccionador de Dinamarca.

ESPECIALISTAS EN EXPORTAR

Durante mucho tiempo los futbolistas daneses han sido muy codiciados por clubes extranjeros. El primer jugador en firmar un contrato profesional en el extranjero fue Carl «Skomar» (Zapatero) Hansen, comprado por los Rangers en 1921. Después los jugadores daneses se traspasaron principalmente a clubes ingleses, alemanes, neerlandeses y belgas. Allan Simonsen alcanzó fama internacional cuando jugaba en el Borussia Mönchengladbach en la década de 1970. Ganó la Copa de la UEFA en 1975 y 1979, y fue premiado con el Balón de Oro en 1977.

LOS MEJORES

En noviembre de 2006, tras un sondeo nacional, la Federación Danesa de Fútbol nombró a los ocho mejores futbolistas de todos los tiempos del país:

Morten Olsen	(1970-89)
Henning Jensen	(1972-80)
Allan Simonsen	(1972-86)
Preben Elkjær	(1977-88)
Michael Laudrup	(1982-98)
Brian Laudrup	(1987-98)
Peter Schmeichel	(1987-2001)
Jon Dahl Tomasson	(1997-presente)

GUANTES DE ORO

Peter Schmeichel fue considerado el mejor portero del mundo a principios de la década de 1990 por ganar la liga inglesa con el Manchester United pero, sobre todo, por conquistar la Eurocopa con su selección.

HUNGRÍA

Hubo una época, a principios de la década de 1950, en que Hungría contaba con la selección de fútbol con más talento del planeta. Se alzó con el oro olímpico en Helsinki en 1952, al año siguiente asestó la primera derrota a Inglaterra en Wembley, y tras cuatro años invicta, llegó a la Copa Mundial de la FIFA™ de 1954 como firme favorita para conquistar el trofeo. Perdió ante la República Federal de Alemania en la final y la fortuna del fútbol húngaro en el panorama mundial nunca ha vuelto a ser la misma.

GLORIOSA DERROTA

Hungría era la clara favorita para ganar el Mundial de Suiza de 1954. Llegó a la fase final tras cuatro años sin perder. En la primera ronda, los húngaros machacaron a la RFA con un 8-3, a pesar de acabar con diez hombres después de que el capitán Ferenc Puskás lesionara el tobillo de un jugador.

TAMÁS HAJNAL
Centrocampista, segundo capitán, 29 partidos, 3 goles

MOMENTO CRUCIAL

El momento crucial en la historia del fútbol húngaro llegó con la infructuosa revolución de 1956 contra el poder comunista, que obligó al capitán Ferenc Puskás y a otros compañeros de selección a abandonar el país. Solo pudo regresar de su exilio español para visitar a su familia años después de su retirada.

EL HÚNGARO DE ORO

Flórián Albert sigue siendo el único jugador húngaro que ha ganado el Balón de Oro, en 1967. Nació el 15 de septiembre de 1941 en la pequeña localidad de Hercegszántó, cerca de la frontera con la antigua Yugoslavia y desarrolló toda su carrera (1958-1974) en el Ferencvaros de Budapest. Albert fue uno de los máximos goleadores (empatado a cuatro tantos con otros cinco jugadores) del Mundial 62, en el que Hungría llegó a cuartos, y surgió como el nuevo chico de oro del fútbol húngaro durante los años de reestructuración del combinado nacional tras la revolución de 1956. Llegó a marcar 32 goles en 75 partidos con la selección.

LECCIÓN A BRASIL

Durante el Mundial de 1966, Hungría dio una lección futbolística a Brasil en Goodison Park al ganar por 3-1, aunque la Unión Soviética la detendría en cuartos de final. Era la primera derrota de Brasil en un Mundial desde que en los cuartos de final de 1954 perdiera por 4-2 ante... Hungría.

HACIENDO HISTORIA

La victoria de Hungría sobre Inglaterra por 6-3 en Wembley en 1953 sigue siendo uno de los resultados internacionales más importantes de todos los tiempos. Hungría se convirtió en el primer equipo no británico en ganar a Inglaterra en casa, un récord que Inglaterra mantenía desde 1901. Los húngaros llevaban cuatro años invictos y se habían alzado con el oro olímpico el año anterior, mientras que los ingleses recibían el apodo de «inventores» del fútbol. La prensa británica lo denominó «el partido del siglo». Al final, el encuentro revolucionó el fútbol en Inglaterra, después de que la rotunda victoria de Hungría pusiera en evidencia la ingenuidad de las tácticas inglesas. Más tarde, el capitán inglés Billy Wright resumió así la humillación: «Infravaloramos totalmente los progresos que había hecho Hungría, y no solo en cuanto a su táctica. Cuando saltamos al terreno de juego, miré hacia abajo y me di cuenta de que los húngaros se habían puestos unas botas extrañas y ligeras, cortadas como zapatillas por debajo del tobillo. Me giré hacia el gran Stan Mortensen y le dije: "Nos debería de ir bien, Stan, ellos no tienen la equipación adecuada"».

PRINCIPALES INTERNACIONALES

1	József Bozsik	101
2	László Fazekas	92
3	Gyula Grosics	86
4	Ferenc Puskás	85
5	Imre Garaba	82

MAYORES LOGROS

1938 – Hungría disputa la final del Mundial de Francia y pierde 4-2 ante Italia.

1953 – Hungría se convierte en el primer país no británico en vencer a Inglaterra en casa, al ganar 6-3 en Wembley.

1954 – Los húngaros llegan a la final del Mundial de Suiza y, a pesar de ser los favoritos, pierden 3-2 ante la República Federal de Alemania.

1964 – Hungría alcanza la semifinal de la Eurocopa en España.

1965 – Ferencvaros se convierte en el primer club húngaro, y el único hasta la fecha, en ganar un torneo de clubes europeos, la Copa de Ferias.

1972 – Hungría llega a la semifinal de la Eurocopa de Bélgica, antes de caer derrotada por 1-0 frente a la Unión Soviética.

1986 – Última vez que Hungría llega a la fase final de un Mundial, en México.

⚽ BLACKPOOL

Cuando Hungría se enfrentó a Inglaterra en 1953, el periódico *Daily Mirror* publicó que «el Blackpool FC iba a jugar contra los húngaros», debido a la inclusión en el equipo inglés de cuatro de los ganadores de la Copa de Inglaterra (entre ellos el medio centro Harry Johnston y el extremo derecho Stanley Matthews). Pero su presencia no sirvió de mucho: perdieron 6-3.

ZOLTÁN GERA
Delantero, capitán, 59 partidos, 17 goles

LO PEOR DE LO PEOR

Cuando las cosas van mal en Hungría, se dice que están *béka segge alatt* (debajo de la panza de una rana). El fútbol llegó a ese punto en la década de 1980, cuando la selección comenzó a no clasificarse en ninguna fase final de los torneos importantes.

EL COMANDANTE GALOPANTE

Ferenc Puskás fue uno de los mejores futbolistas de todos los tiempos, alcanzando un asombroso resultado de 84 goles en 85 encuentros internacionales con Hungría y 514 goles en 529 partidos en las ligas húngara y española. Poseedor del zurdazo más letal de la historia del fútbol, era conocido como el «Comandante Galopante», debido a su vinculación con el equipo del ejército húngaro Honved antes de fichar por el Real Madrid y jugar con España. Durante la década de 1950 fue el máximo goleador y el capitán de los legendarios «Magiares Mágicos» (apodo que recibió el combinado húngaro), así como del club militar Honved.

⚽ SALIR AL EXTERIOR

El inglés Jimmy Hogan fue un héroe en Hungría por mostrar las virtudes del fútbol puro en la década de 1920. Incluso fue el invitado de honor de la Federación Húngara tras la victoria ante Inglaterra en 1953. En el siglo siguiente se siguieron valorando las nuevas ideas extranjeras que llegaron de la mano de Erwin Koeman, uno de los campeones de la Eurocopa 88 con los Países Bajos.

LA CABEZA DE ORO

Sándor Kocsis, máximo anotador del Mundial de 1954 con 11 goles, era tan bueno en el juego aéreo que le llamaban «el hombre de la cabeza de oro». En 68 partidos como internacional anotó la friolera de 75 goles, entre ellos siete *hat tricks*. También marcó dos goles decisivos en la prórroga de la semifinal del Mundial de 1954 contra Uruguay, cuando parecía que Hungría estaba a punto de perder.

NORUEGA

Aunque jugó por primera vez como selección contra Suecia en 1908 y se clasificó para la Copa Mundial de la FIFA™ de 1938, tuvieron que pasar la friolera de 56 años y la llegada de un especialista del fútbol directo, antes de que Noruega reapareciera en un torneo internacional. Su éxito en este tipo de competiciones ha sido escaso, nunca ha pasado de la segunda ronda, pero Noruega ostenta el récord de ser la única selección que nunca ha perdido contra Brasil.

DRILLO CON BOTAS

Conocido bajo el apodo de «Drillo», Egil Olsen fue célebre por saber la altura exacta de las principales montañas del planeta. Gran crítico del tabaco, nunca cogió el coche para ir a ninguna parte mientras entrenó al Wimbledon, solía caminar hasta el campo de entrenamiento calzando sus inconfundibles botas.

EL GRAN JOHN

El nombre del ariete John Carew no parece noruego porque es de ascendencia gambiana. El siete es importante en su carrera: ha estado en siete clubes (incluyendo cesiones) y fue el séptimo jugador del Aston Villa en marcar un *hat trick* en liga, en la victoria por 4-1 ante el Newcastle en la temporada 2007-2008. También fue el primer jugador negro de Noruega.

LA VUELTA DE OLSEN

Egil Olsen, uno de los técnicos más excéntricos de Europa, fue contratado para un inesperado segundo periodo como seleccionador nacional cuando Noruega puso su suerte en manos de un especialista del fútbol directo en la fase de clasificación para el Mundial de Sudáfrica de 2010, quince años después de que llevara al equipo, que para nada era favorito, a la fase final de 1994. Esa había sido la primera aparición de Noruega en una fase final desde 1938 y la remató con una victoria ante Brasil en la primera ronda de 1998 en Francia, lo que convirtió al hombre de las botas Wellington en un héroe tras colocar a su país en un impresionante segundo puesto en la clasificación oficial de la FIFA. Antes de responder a la llamada de su país por segunda vez, Olsen había entrenado a la selección iraquí durante apenas tres meses. Sorprendentemente, en su primer partido de nuevo al mando de Noruega, ganó a Alemania por 1-0 como visitante con su táctica de juego largo. Pero no le fue tan bien en el Wimbledon inglés durante la Premier League 1999-2000. El noruego, firme partidario de la ciencia del deporte, impuso un sistema de marcaje en zona. La crítica le consideró el responsable del fracaso del Wimbledon en la segunda vuelta de la temporada.

RACHA GANADORA

El Rosenborg es el mejor equipo de Noruega con diferencia. Ha logrado el título de liga 20 veces, con 13 triunfos consecutivos entre 1992 y 2004, el segundo récord mundial por detrás de los 14 triunfos ligueros seguidos del Skonto Riga de Letonia. Las rachas de ambos equipos terminaron en 2005.

PRINCIPALES INTERNACIONALES

1	Thorbjörn Svenssen	104
2	Henning Berg	100
3	Erik Thorstvedt	97
4	Oyvind Leonhardsen	86
5	Kjetil Rekdal	83
6	Erik Mykland	78
7	Svein Grondalen	77
8	Tore Andre Flo	76
=	Steffen Iversen	76
=	John Arne Riise	76

1936 Y TODO ESO

La victoria de Noruega ante Alemania en los Juegos Olímpicos de Berlín de 1936, tres años después de que Adolf Hitler llegara al poder, fue un hecho clave tanto político como deportivo. Entre los espectadores estaba Hitler, junto con sus hombres de confianza Gobbels, Goring y Hess. Alemania perdió 2-0 y Hitler, que nunca había presenciado un partido internacional, se marchó enfurecido antes del final.

ERIK EL VIKINGO

La carrera de Erik Thorstvedt en el Tottenham Hotspur no pudo haber empezado peor. Apenas cinco minutos después de su debut contra el Nottingham Forest, perdió el esférico para regalarle el gol inicial a Nigel Clough. A pesar del desatino, Thorstvedt se hizo enormemente popular y se ganó el apodo de «Erik el Vikingo».

VICTORIA DEL AÑO

La derrota de Alemania ante Noruega en febrero de 2009 fue la primera desde el éxito olímpico de 1936. Lo sorprendente fue que los alemanes acababan de proclamarse subcampeones de la Eurocopa 2008, mientras que los noruegos llevaban un año sin ganar una competición. El gol de la victoria lo anotó Christian Grindheim en el minuto 63 tras un centro de Morten Gamst Pedersen.

SE HAN LLEVADO UNA BUENA PALIZA

El famoso comentario de Bjorge Lillelien, comentarista de deportes de invierno y de fútbol desde 1957 hasta justo antes de morir de cáncer en 1987, después de que Noruega derrotara a Inglaterra por 2-1 en un partido de clasificación para el Mundial de 1982, sigue siendo uno de los momentos míticos del fútbol europeo. Su traducción aproximada sería la siguiente: «Lord Nelson, Lord Beaverbrook, Sir Winston Churchill, Sir Anthony Eden, Clement Attlee, Henry Cooper, Lady Diana, Maggie Thatcher, ¿pueden oírme? Sus chicos se han llevado una buena paliza». Aunque hizo el comentario en una radio noruega, enseguida llegó a los oyentes ingleses y logró la categoría de cliché. En 2002, el suplemento deportivo del diario *Observer* calificó las palabras de Lillelien como el mejor comentario deportivo. Tanta trascendencia tiene el comentario en la cultura deportiva británica que se han escrito parodias del mismo para celebrar una gran serie de victorias nacionales en el deporte.

OLÉ CON OLE

Ole Gunnar Solskjaer siempre será considerado un héroe en el Manchester United por su decisiva participación para que el club ganara la Liga de Campeones en 1999 en un impresionante partido contra el Bayern de Múnich en Barcelona. Sin embargo rechazó la oferta de dirigir a Noruega tras su retirada de los terrenos de juego. El goleador de Kristiansand, situado en la costa occidental noruega, prefirió centrarse en su labor como embajador de UNICEF y en su vuelta a Old Trafford para entrenar al equipo filial.

MÁXIMOS GOLEADORES

Jörgen Juve	33
Einar Gundersen	26
Harald Hennum	25
Tore Andre Flo	23
Ole Gunnar Solskjaer	23
Gunnar Thoresen	22
John Carew	21
Steffen Iversen	21
Jan Åge Fjørtoft	20
Odd Iversen	19

POLONIA

La historia del fútbol polaco está plagada de bruscos altibajos. El éxito olímpico de 1972, que les valió la medalla de oro, y los terceros puestos en los Mundiales de 1982 y 1986 precedieron al fracaso en las rondas clasificatorias de todos los torneos hasta 1992. Polonia llegó a la fase final de la Eurocopa por primera vez en 2008 y acogerá el campeonato junto con Ucrania en 2012.

SUPER ERNEST

Ernest Wilimowski se labró un nombre en la historia del Mundial en 1938 al lograr un *hat trick* y aun así acabar perdiendo ante Brasil en Francia. Más tarde, tras la invasión nazi de Polonia en 1939, Wilimowski se trasladó a Alemania e incluso jugó para la Gran Alemania. Durante años, su nombre y sus hazañas desaparecieron de los archivos futbolísticos polacos.

LA DANZA POLACA

El número de la suerte para el fútbol polaco es el tres. Los años 1974 y 1982 permanecen en los anales del deporte nacional porque en ambos los polacos consiguieron la tercera posición en el Mundial. En 1974, con su increíble velocidad y la química del equipo, fueron casi imparables tras derrotar por sorpresa a Inglaterra en el clasificatorio. Para la memoria queda el partido contra la República Federal de Alemania en el que ejercieron de anfitriones; el campo estaba medio inundado y los polacos, que necesitaban ganar para ir a la final querían posponerlo. En vez de eso, Gerd Müller marcó el gol de la victoria para Alemania. En 1982, del equipo de 1974 solo seguían Grzegorz Lato, Andrzej Szarmach, Marek Kusto y Wladyslaw Zmuda. Pero en semifinales la mezcla generacional no estuvo a la altura de Italia que ganó 2-0.

EL PAYASO

El difunto Brian Clough describió al guardameta Jan Tomaszewski como «un payaso» tras una serie de malas actuaciones con la selección. Pero el comentario se volvió en contra de Clough y de Inglaterra cuando Tomaszewski rio el último. En la extraordinaria noche del 17 de octubre de 1973, hizo el mejor partido de su carrera en un Wembley empapado por la lluvia; con una sola mano logró meter a su equipo en la fase final del Mundial, eliminando a Inglaterra.

CON UNA MISIÓN

Grzegorz Lato, uno de los mejores jugadores polacos, se convirtió en el presidente de la federación de fútbol del país en 2008 tras prometer que renovaría este deporte para que Polonia pudiese ser la coanfitriona de la Eurocopa 2012. «Estoy decidido a cambiar la imagen del fútbol polaco para hacerlo transparente y puro», afirmó Lato, una leyenda en las décadas de 1970 y 1980, y máximo goleador del Mundial 1974 con siete goles.

ES UN SANTO

En 2006, el portero del Celtic, Artur Boruc, fue amonestado por hacer la señal católica de la cruz ante la multitud antes de un partido contra el Rangers, su eterno rival protestante. Desde entonces los hinchas del Celtic lo llaman «el Portero Santo».

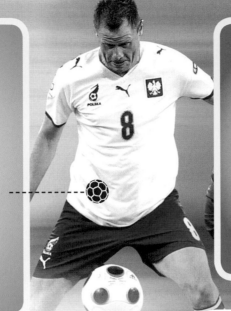

PRINCIPALES INTERNACIONALES

1	Grzegorz Lato	100
2	Kazimierz Deyna	97
3	Jacek Bak	96
4	Wladyslaw Zmuda	91
5	Jacek Krzynowek	89
6	Michael Zewlakow	85
7	Antoni Szymanowski	82
8	Zbigniew Boniek	80
9	Wlodzimierz Lubanski	75
10	Tomasz Waldoch	74

MÁXIMOS GOLEADORES

1	Wlodzimierz Lubanski	48
2	Grzegorz Lato	45
3	Kazimierz Deyna	41
4	Ernest Pohl	39
5	Andrzej Szarmach	32
6	Gerard Cieslik	27
7	Zbigniew Boniek	24
8	Ernest Wilimowski	21
9	Dariusz Dziekanowski	20
10	Roman Kosecki	19

BAJO EL SIGNO DE LEO

Leo Beenhakker fue el primer extranjero en entrenar a Polonia cuando aceptó el puesto en julio de 2006. Durante más de 30 años de carrera, Beenhakker ha entrenado a Holanda y Arabia Saudí, así como a Trinidad y Tobago. También ha ganado tres títulos de liga con el Real Madrid de 1987 a 1989 y otros dos con el Ajax, en 1980 y 1990. Este holandés de pelo entrecano consolidó su reputación de adicto al trabajo en la primavera de 2009 al aceptar un segundo empleo como consultor del Feyenoord.

JÓVENES PORTEROS

¿Qué tienen los porteros polacos? Puede que los jugadores de campo polacos no sean muy conocidos a nivel internacional, pero Jerzy Dudek (Liverpool), Artur Boruc (Celtic), Lukasz Fabianski (Arsenal) y Tomasz Kuszczak (Manchester United) han jugado papeles importantes en cuatro de los clubes británicos más relevantes. Lukasz Zaluska, ahora jugador del Celtic, puede ser el siguiente.

HISTORIA NEGRA

Polonia se ha visto sacudida por una serie de escándalos de corrupción que afectaban a árbitros, jugadores, directivos de los clubes y miembros de la federación. La crisis se agudizó por el lamentable estado de muchos campos, los problemas financieros y el vandalismo de la afición. En 2001 el gobierno intervino y la FIFA casi prohíbe a Polonia participar en competiciones internacionales, ya que no permite ningún tipo de intervención gubernamental.

BONIEK

Zbigniew Boniek, probablemente el mejor jugador que ha salido de Polonia, se ganó un lugar entre las leyendas de fútbol por su gran labor en la consecución del tercer puesto en el Mundial de 1982. No obstante, su ausencia en la semifinal del torneo pasará a la historia como uno de los grandes «y si» de la competición. Con su delantero estrella presente, ¿podría Polonia haber desbaratado a Italia y los pronósticos y haber llegado a la final? La realidad fue que perdieron 2-0.

PORTUGAL

La primera participación de Portugal en una competición internacional casi acaba en triunfo. Guiados por Eusébio, llegaron a la semifinal de la Copa Mundial de la FIFA™ de 1966, donde cayeron derrotados a manos de la campeona final: Inglaterra. Aparte de una brillante actuación en la Eurocopa de 1984, habrían de pasar más de 30 años para que Portugal volviera a llegar tan alto. Una «generación de oro» de futbolistas irrumpió en escena y desde el cambio de siglo Portugal se ha convertido en una potencia del fútbol mundial.

LA PANTERA NEGRA

Nacido en Mozambique, Eusébio da Silva Ferreira fue elegido el «Jugador de Oro» de Portugal con motivo del cincuenta aniversario de la UEFA, en 2004. En 1960 fichó por el Benfica, a los 18 años, y anotó un *hat trick* en su segundo partido (contra el Santos en un torneo amistoso en París), eclipsando a la promesa del rival, Pelé. En 1962 contribuyó a que el Benfica ganara su segunda Copa de Europa, en 1965 recibió el Balón de Oro y situó a Portugal en el tercer puesto del Mundial de 1966, logrando ser el máximo goleador del torneo con nueve tantos. Eusébio fue un fantástico delantero: anotó 320 goles en 313 partidos en la liga portuguesa, ganó la primera Bota de Oro europea en 1968 (hazaña que repitió en 1973) y sus 41 goles con Portugal solo han sido superados por Pauleta, que necesitó 24 partidos más para conseguir una diferencia de seis tantos.

AL ROJO VIVO

El récord de tarjetas rojas mostradas en un partido mundialista es de cuatro, en el choque de octavos entre Portugal y Países Bajos en 2006. Costinha y Deco vieron la roja para Portugal; Khalid Boulahrouz y Giovanni van Bronckhorst para los neerlandeses.

INTERNACIONALES

1	Luís Filipe Madeira FIGO	127
2	FERNANDO Manuel da Silva COUTO	110
3	RUI Manuel César COSTA	94
4	Pedro Miguel Resendes «PAULETA»	88
5	JOÃO Manuel VIEIRA PINTO	81
6	VÍTOR Manuel Martins BAÍA	80
7	RICARDO Alexandre Martins PEREIRA	79
8	Nuno Miguel Soares «NUNO GOMES»	72
9	JOÃO Domingos Silva PINTO	70
10	SIMÃO Pedro de Fonseca SABROSA	68

EL FAMOSO QUINTETO

Eusébio, Mário Coluna, José Augusto, António Simoes y José Torres fueron los «Cinco Magníficos» del Benfica, el *dream team* de la década de 1960 que constituyó la columna vertebral del conjunto luso en el Mundial 1966. Coluna («el Monstruo Sagrado»), anotó el tercer gol vital en la final de la Copa de Europa de 1961 y capitaneó a la selección en 1966. José Augusto, que marcó dos goles en el primer partido contra Hungría, llegó a entrenar a la selección y después al equipo femenino. António Simoes («el Gnomo Gigante» por su 1,58 m de altura) debutó con Portugal y con el Benfica en 1962, con solo 18 años. José Torres, el único de los cinco que no ganó la Copa de Europa (disputó la final que perdieron contra el AC Milan en 1963), marcó el gol de la victoria contra la Unión Soviética en el partido por el tercer puesto en 1966 y después dirigió al combinado nacional en su siguiente aparición, en la fase final del Mundial de 1986.

CRISTIANO RONALDO

Cristiano Ronaldo recibió su segundo nombre a raíz de la admiración de su padre por el presidente de EE. UU., Ronald Reagan. Aunque siempre fue seguidor del Benfica, empezó su carrera en el rival local, el Sporting de Lisboa, antes de irse al Manchester en 2003. En 2008 realizó una fantástica temporada: ganó la Premier League, la Liga de Campeones, la Bota de Oro en la Premier League y en Europa, y selló todo ello convirtiéndose en el segundo futbolista portugués (después de Luís Figo) en ser elegido Mejor Jugador Mundial por la FIFA.

LA NOVENA GLORIA

Con nueve goles en un partido ante el Leça, ocho en otro contra el Boavista, seis tantos en un mismo partido en tres ocasiones, cinco goles en un mismo encuentro doce veces y cuatro goles en 17 partidos, Fernando Baptista Peyroteo es uno de los goleadores más prolíficos de la historia del fútbol mundial. Anotó la asombrosa cifra de 330 tantos en 197 encuentros en la liga portuguesa (1,68 goles por partido) entre 1937 y 1949, y 15 goles en solo 20 encuentros con la selección.

MÁXIMOS GOLEADORES

1	Pedro Miguel Resendes «PAULETA»	47
2	EUSÉBIO da Silva Ferreira	41
3	Luís Filipe Madeira FIGO	32
4	Nuno Miguel Soares «NUNO GOMES»	29
5	RUI Manuel César COSTA	26
6	JOÃO Manuel VIEIRA PINTO	23
7	Tamagnini Baptista «NENÉ»	22
8	CRISTIANO RONALDO dos Santos Aveiro	21
9	SIMÃO Pedro de Fonseca SABROSA	18
10	Rui Manuel Trinidade JORDÃO	15

VIEJA GLORIA

Nené, que marcó el único tanto de la victoria lusa por 1-0 en la Eurocopa 1984 frente a Rumanía, es el futbolista más mayor que ha marcado un gol en la fase final de un Mundial, a los 34 años y 213 días.

EL PORTERO VETERANO

Vítor Baía, uno de los dos únicos porteros que lo ha ganado todo (Copa de Europa, Copa de la UEFA y la ya desaparecida Recopa de Europa) estuvo bajo los palos con Portugal la cifra récord de 80 veces. Cuando volvió al Oporto desde el Barça en 1999, su antigua camiseta con el número 1 ya estaba cogida, así que eligió el número 99 y decidió llamar así a su fundación benéfica, «Vítor Baía 99».

JUVENTUD, DIVINO TESORO

Jose Manuel Soares, «Pepe», fue un joven delantero bajito pero de gran talento que marcó dos goles en la primera participación de Portugal en las Olimpiadas en 1928, con apenas 20 años. Por desgracia, Pepe murió tres años después por una intoxicación, pero causó tal impacto en el Belenenses, que se erigió una estatua suya a la entrada del Estádio do Restelo en Lisboa.

LA <<GENERACIÓN DE ORO>>

La «Generación de Oro» portuguesa, apodada así por ganar el Mundial Sub-20 dos veces seguidas, en 1989 y 1991, con Luís Figo, Fernando Couto, Rui Costa, Nuno Gomes y Sérgio Conceiçao, nunca logró repetir su logro en la categoría absoluta, a pesar de llegar a cuartos en la Eurocopa 96, a la final de la Eurocopa 2004 y a semifinales del Mundial 2006.

LÁGRIMAS Y SONRISAS

En el Mundial de 1966 Portugal venció a Corea del Norte por 5-3 en un increíble partido de cuartos en el campo del Everton, Goodison Park. El gran Eusébio protagonizó una fantástica remontada después de que los norcoreanos se adelantaran 3-0 en los primeros 25 minutos. Anotó cuatro goles para colocar a Portugal en semifinales en su primer Mundial. A pesar de las lágrimas en la derrota ante la campeona final, Inglaterra, Portugal se recuperó para conseguir el tercer puesto con una victoria por 2-1 ante la Unión Soviética. El gol del triunfo fue de penalti, transformado por... Eusébio.

RUMANÍA

La historia del fútbol rumano está salpicada de una serie de momentos brillantes (fue uno de los cuatro países, junto con Brasil, Francia y Bélgica, que participó en las tres primeras ediciones de la Copa Mundial de la FIFA™) seguidos de importantes temporadas de estancamiento: desde 1938 solo se han clasificado para la fase final del torneo cuatro veces de catorce. El gran momento futbolístico del país ocurrió en 1994 cuando, alentados por Gheorghe Hagi, llegaron a cuartos de final de la Copa Mundial de la FIFA™.

UNAS VECES SE GANA, OTRAS SE PIERDE...

Rumanía comenzó bien su primer encuentro en un Mundial, el de 1930, cuando Adalbert Desu marcó en el primer minuto. Rumanía ganó 3-1 el partido, en el que el peruano Plácido Galindo se convirtió en el primer jugador en ser expulsado de un Mundial a los 54 minutos. Tan solo 3.000 espectadores, la peor asistencia a un partido de fase final de un Mundial, presenciaron el drama.

«EL HÉROE DE SEVILLA»

Helmuth Duckadam, «el Héroe de Sevilla», siempre será recordado por parar cuatro penaltis seguidos cuando el Steaua de Bucarest se convirtió en el primer equipo de Europa del Este en ganar la Copa de Europa, tras vencer al Barcelona en la tanda de penaltis en 1986. Una rara enfermedad en la sangre le obligó a retirarse en 1991 y se dedicó a parar otro tipo de cosas como sargento en la Policía de Fronteras de Rumanía.

EL HOMBRE DEL SIGLO

Gheorghe Hagi, el «Jugador del Siglo (xx)» de Rumanía, anotó tres goles y fue incluido en el 11 ideal del Mundial de 1994 de Estados Unidos, donde Rumanía acabó perdiendo en la tanda de penaltis frente a Suecia tras empatar a dos en cuartos. Hagi debutó con su selección en 1983, con solo 18 años, marcó su primer tanto a los 19 (en una derrota por 3-2 ante Irlanda del Norte) y sigue siendo el máximo goleador de Rumanía con 35 tantos en 125 partidos. Aunque se retiró del fútbol internacional tras el Mundial 1998, no pudo evitar acudir a la llamada de su selección para participar en la Eurocopa 2000. Por desgracia, dos tarjetas amarillas por sendas faltas en los seis primeros minutos del partido de cuartos contra Italia supusieron que, en su última aparición como internacional, Hagi viera la tarjeta roja. El Farul Constanta, equipo de su ciudad natal, bautizó el estadio en su honor en 2000, pero los aficionados dejaron de llamarlo así después de que Hagi aceptara el puesto de entrenador del rival, el Timisoara.

UN TRÍO DEMOLEDOR

Gheorghe Hagi, Ilie Dumitrescu y Florin Raducioiu brillaron en el Mundial de Estados Unidos de 1994. Juntos anotaron nueve de los diez goles de Rumanía (Raducioiu cuatro, Hagi tres, Dumitrescu dos). Los tres transformaron sus lanzamientos en la tanda de penaltis de los cuartos de final contra Suecia, pero los fallos de Dan Petrescu y Miodrag Belodedici supusieron la eliminación de los rumanos. Los tres fueron traspasados por grandes sumas de dinero en la siguiente temporada, 1994-95: Hagi se fue del Brescia al Barça, Dumitrescu del Steaua de Bucarest al Tottenham Hotspur y Raducioiu dejó de calentar banquillo en el AC Milan para jugar en el primer equipo del Espanyol.

INTERNACIONALES

1	Dorinel Munteanu	134
2	Gheorghe Hagi	125
3	Gheorghe Popescu	115
4	Ladislau Bölöni	108
5	Dan Petrescu	95
6	Bogdan Stelea	91
7	Michael Klein	90
8	Marius Lacatus	84
9	Mircea Rednic	83
10	Silviu Lung	77

LE CUESTA DESPEDIRSE

Dorinel Munteanu es otro internacional rumano a quien le fue difícil abandonar la selección: en un principio se retiró en 2004, pero acabó jugando en el combinado nacional hasta 2007. Es el futbolista que más veces ha vestido la camiseta rumana, con 134 partidos (y 16 goles). Munteanu debutó en la derrota por 1-0 ante Noruega el 23 de mayo de 1991, e hizo su última (y definitiva) aparición cuando perdieron ante Alemania por 3-1 el 12 de septiembre de 2007. No faltó en los equipos que jugaron los Mundiales de 1994 y 1998.

¿CUÁNTOS?

Aunque el delantero Rodion Camataru haya anotado 22 goles en 75 partidos con Rumanía, se le recuerda por ganar de forma controvertida la Bota de Oro europea en la temporada 1986-87. El espectacular registro de 44 goles de Camataru es el segundo mejor de la historia de la liga rumana, pero las sospechas surgieron cuando resultó que 18 de esos tantos habían llegado en los seis últimos partidos de la temporada. Más tarde este premio dejó de otorgarse, hasta que una década después se creó una compleja fórmula que valoraba el nivel de dificultad de las distintas ligas europeas y se volvió a entregar.

CHOCA ESOS CINCO

El 25 de mayo de 1930, Rudolf Wetzer marcó cinco tantos (el mejor registro de la selección) en la paliza por 8-1 que Rumanía propinó a Grecia en un amistoso antes de la creación del Mundial. Wetzer jugó en las Olimpiadas de 1924 y fue capitán en el Mundial de 1930, aunque no llegó a marcar en ninguno de los tres partidos en Uruguay. Wetzer anotó 12 goles en 17 partidos con Rumanía y se retiró en 1932, aún como capitán, ganando 2-0 a Bulgaria.

UN GRAN NOMBRE

Gheorghe Popescu fue un zaguero de la selección rumana, nacido en 1918, que cosechó un gran éxito como entrenador del Steaua de Bucarest antes de llegar a presidente de la Federación Rumana de Fútbol. Su tocayo Gheorghe «Gica» Popescu, nacido en 1967, fue también un defensa internacional que jugó 115 partidos con la selección y ganó varias competiciones europeas de clubes, entre ellas la desaparecida Recopa de Europa, la Copa de la UEFA, y ligas y copas nacionales en los Países Bajos, España, Rumanía y Turquía.

A DURAS PENAS

Rumanía fue eliminada de dos Mundiales consecutivos en los penaltis. En 1990, tras empatar a cero, perdieron 5-4 en penaltis ante la República de Irlanda. Les fue mejor en 1994 al llegar a cuartos de final, pero volvieron a perder 5-4 en la tanda de penaltis, esta vez contra Suecia. Las únicas tandas de penaltis que han ganado han sido contra rivales más débiles en torneos menores: 5-3 contra China en la «Copa Gran Muralla» de 1985 y 4-2 contra Georgia en la Cyprus Cup de 2000.

MÁXIMOS GOLEADORES

1	Gheorghe Hagi	35
2	Iuliu Bodola	31
3	Adrian Mutu	29
4	Anghel Iordanescu	26
5	Viorel Moldovan	25
6	Ladiscau Bölöni	23
7	Rodion Camataru	22
8	Dudu Georgescu	21
=	Florin Raducioiu	21
10	Stefan Dobay	20

PRINCIPALES COMPETICIONES

COPA MUNDIAL DE LA FIFA™: 7 apariciones, cuartos de final en 1994
EUROCOPA: 4 apariciones, cuartos de final en 2000
PRIMER INTERNACIONAL: Yugoslavia 1 - Rumanía 2 (Belgrado, Yugoslavia, 8 de junio de 1922)
MAYOR VICTORIA: Rumanía 9 - Finlandia 0 (Bucarest, Rumanía, 14 de octubre de 1973)
PEOR DERROTA: Hungría 9 - Rumanía 0 (Budapest, Hungría, 6 de junio de 1948)

RUSIA

Antes de la disolución de la Unión Soviética en 1992, la URSS era una de las grandes potencias del fútbol mundial, tras conquistar la primera Eurocopa en 1960, el oro olímpico en 1956 y 1988 y clasificarse para la Copa Mundial de la FIFA™ en todas sus ediciones excepto en dos (1974 y 1978). Desde que empezó a competir como Rusia en agosto de 1992 no ha tenido buena suerte, a excepción del cuarto puesto en la Eurocopa 2008 que podría indicar el retorno de su antiguo esplendor.

¿QUÉ SIGNIFICA EL NOMBRE?

La actual selección nacional de Rusia es la sucesora oficial de la de la CEI (Comunidad de Estados Independientes) y la de la URSS. De las tres, la URSS es la que ha conseguido mayores logros, ya que cuenta con el título de la primera Eurocopa, celebrada en 1960, y dos medallas olímpicas en 1956 (Melbourne) y 1988 (Seúl). La negativa de España a viajar a la Unión Soviética para disputar los cuartos de final allanó el camino a Rusia para su triunfo en 1960. Sin embargo, a esta clasificación directa le siguió una impresionante victoria sobre Checoslovaquia por 3-0 en la semifinal y un desenlace mucho más ajustado, con un 2-1 en la prórroga, frente a Yugoslavia en la final disputada en Francia. El conjunto obtuvo su siguiente mejor resultado al quedar subcampeón en la Eurocopa de 1988, tras perder 2-0 ante los Países Bajos en Alemania. La CEI asumió el compromiso político que surgió después de la disolución de la Unión Soviética en 1991, ya que el equipo soviético se había clasificado para la Eurocopa 92. Ese fue el único torneo que disputó esta unión de 12 antiguos estados soviéticos y acabó la última de su grupo tras la victoria escocesa por 3-0.

EL CHICO DE ORO

Igor Netto capitaneó a la selección de la URSS en sus dos grandes logros: el oro de las Olimpiadas de 1956 en Melbourne y la primera Eurocopa de la historia, en Francia en 1960. Netto, nacido en Moscú en 1930, fue condecorado con la Orden de Lenin en 1957 y se convirtió en entrenador de *hockey* sobre hielo tras su retirada del fútbol.

EL GRAN PARADOR

La FIFA nombró a Lev Yashin mejor portero del siglo xx y lo incluyó en su once ideal del siglo xx. En una carrera deportiva de 20 años, Yashin disputó 326 partidos de liga con el Dínamo de Moscú (el único equipo en el que jugó) y 78 como internacional con la URSS, donde le encajaron una media de menos de un gol por partido (solo 70 en total). Con el Dínamo, ganó cinco ligas soviéticas y tres Copas Soviéticas, la última de ellas en su última temporada completa en 1970. Paró alrededor de 150 penaltis en su dilatada trayectoria y mantuvo cuatro veces su portería a cero en sus doce partidos mundialistas. Tal era su reputación que el internacional chileno Eladio Rojas estaba tan emocionado por haber batido al legendario Yashin en el Mundial 1962 que dio un fuerte abrazo al arquero con el esférico aún en el fondo de la red. Yashin fue apodado «la Araña Negra» por su inconfundible camiseta negra y su extraña habilidad para interceptar todo tipo de disparos y remates de cabeza con la mano, el brazo, la pierna o el pie. En 1963, fue el primer y hasta ahora el único guardameta premiado con el Balón de Oro, el mismo año en el que se alzó con su quinto campeonato soviético y fue clave en el equipo de estrellas internacionales del partido del centenario de la Federación Inglesa en Wembley.

INTERNACIONALES

(solo de Rusia)

1	Viktor Onopko	109
2	Valeriy Karpin	72
3	Vladimir Beschastnykh	71
4	Dmitri Alenichev	55
=	Yuri Nikiforov	55
=	Sergei Semak	55
=	Alexey Smertin	55
8	Dmitri Khokhlov	53
9	Yuri Kovtun	50
=	Aleksandr Mostovoi	50

MÁXIMOS GOLEADORES

(solo de Rusia)

1	Vladimir Beschastnykh	26
2	Valeriy Karpin	17
3	Dmitri Sychev	15
4	Andréi Arshavin	14
5	Aleksandr Kerzhakov	13
6	Igor Kolyvanov	12
7	Roman Pavlyuchenko	10
=	Sergei Kiriakov	10
=	Aleksandr Mostovoi	10
10	Igor Simutenkov	9

PRINCIPALES COMPETICIONES

COPA MUNDIAL DE LA FIFA™: 9 apariciones (7 URSS, 2 Rusia) - 4.º, 1966
EUROCOPA: 9 apariciones (5 URSS, 1 CEI en 1992, 3 Rusia) - ganador en 1960 (URSS), semifinalista en 2008 (Rusia)
PRIMER INTERNACIONAL:
Imperio ruso: Finlandia 2 - Imperio ruso 1 (Estocolmo, Suecia, 30 de junio de 1912)
URSS: URSS 3 - Turquía 0 (Moscú, 16 de noviembre de 1924) (último internacional: Chipre 0 - URSS 3, Larnaca, 13 de noviembre de 1991)
CEI: EE. UU. 0 - CEI 1 (Miami, EE. UU., 25 de enero de 1992) (último internacional: Escocia 3 - CEI 0, Norrköping, Suecia, 18 de junio de 1992)
Rusia: Rusia 2 - México 0 (Moscú, 16 de agosto de 1992)
MAYOR VICTORIA:
URSS: URSS 11 - India 1 (Moscú, 16 de septiembre de 1955); Finlandia 0 - URSS 10 (Helsinki, 15 de agosto de 1957)
CEI: El Salvador 0 - CEI 3 (San Salvador, 29 de enero de 1992)
Rusia: San Marino 0 - Rusia 7 (San Marino, 7 de junio de 1995)
PEOR DERROTA:
Imperio ruso: Alemania 16 - Imperio ruso 0 (Estocolmo, Suecia, 1 de julio de 1912)
URSS: Inglaterra 5 - URSS 0 (Londres, 22 de octubre de 1958)
CEI: México 4 - CEI 0 (México D. F., 8 de marzo de 1992)
Rusia: Portugal 7 - Rusia 1 (Lisboa, 13 de octubre de 2004)

MALOS TIEMPOS

Vladimir Beschastnykh es el máximo anotador de Rusia de la era moderna con 26 goles en 71 encuentros, pero ha superado en poco más de la mitad el récord de Oleg Blokhin de 42 tantos en 112 partidos con la selección de la URSS. En 1994 Beschastnykh hizo su primera diana contra Austria en un amistoso que acabó 3-0 y ese año llegó a jugar el último partido de la decepcionante campaña rusa en el Mundial de EE. UU. También disputó los tres partidos del igual de decepcionante Mundial de 2002; aunque marcó en el último partido contra Bélgica en Shizuoka, Rusia perdió 3-2 y fue eliminada en la primera ronda, ya que anteriormente había sido derrotada por Japón.

CARAMBOLA RUSA

A pesar de que Viktor Onopko nació en Ucrania, pasó toda su carrera deportiva en las filas de las selecciones de la Unión Soviética, la CEI y Rusia. El primero de sus 113 partidos como internacional (incluidos cuatro con la CEI) fue un empate a dos ante Inglaterra en Moscú el 29 de abril de 1992. Disputó los Mundiales de 1994 y 1998, así como la Eurocopa 96. Fue convocado para la Eurocopa de 2004, pero no pudo acudir por una lesión. Aparte de la selección, la carrera de 19 años de Onopko transcurrió entre el Shakhtar Donetsk, el Spartak de Moscú, el Real Oviedo, el Rayo Vallecano, el Alania Vladikavkaz y el FC Saturn. Fue elegido mejor jugador ruso de los años 1993 y 1994.

EL HOMBRE CON PASTA

Román Abramóvich, el millonario artífice del éxito del Chelsea en el siglo XXI, también ha contribuido decisivamente al resurgir del fútbol ruso a todos los niveles, incluyendo la decisión clave de importar al neerlandés Guus Hiddink para dirigir al equipo nacional. En 2008, Hiddink llevó a Rusia a las semifinales de la Eurocopa (su mejor resultado tras el periodo soviético), pero perdió 3-0 ante la que quedaría campeona, España. Abramóvich también financia la Academia Nacional de Fútbol de Rusia, que construye instalaciones y campos de entrenamiento para apoyar el fútbol juvenil por todo el país.

SERBIA

La antigua Yugoslavia fue una de las naciones más fuertes de Europa del Este en cuestión de fútbol. Llegaron a las semifinales de los Mundiales de 1930 y 1962, y además fueron subcampeones en las Eurocopas 1960 y 1968. Y por si fuera poco, el club más importante del país, el Estrella Roja de Belgrado, sigue siendo el único equipo de Europa del Este que ha ganado la Copa de Europa, tras vencer al Marsella en los penaltis en 1991.

EL BOICOT TRUNCA LA ESPERANZA YUGOSLAVA

La rivalidad entre Serbia y Croacia era palpable ya en los primeros días de la antigua federación. Yugoslavia llegó a cuartos de final del Mundial de 1930, pero lo logró sin jugadores croatas, que boicotearon al equipo en la fase final para protestar por el establecimiento de la sede de la nueva federación en la capital serbia, Belgrado.

EL ANSIA DE GOLES DE BOBEK

Stjepan Bobek fue el máximo goleador de la antigua Yugoslavia. Marcó 38 veces en 63 encuentros entre 1946 y 1956. Bobek era croata, nacido en Zagreb, pero desarrolló casi toda su carrera en el Partizán de Belgrado (Serbia), donde anotó 403 goles en 468 partidos de liga.

MÁXIMOS GOLEADORES

1	Savo Milosevic	37
2	Predrag Mijatovic	28
3	Dejan Savicevic	19
4	Mateja Kezman	17
5	Dragan Stojkovic	15
6	Dejan Stankovic	13
=	Nikola Zigic	13
8	Darko Kovacevic	10
=	Slavisa Jokanovic	10
10	Sinisa Mihajlovic	9

MILJANIC ARRASA

Miljan Miljanic fue el entrenador más famoso de Yugoslavia, pues llevó al Estrella Roja a la cima y después hizo lo mismo con el Real Madrid. Se labró su carrera guiando al Estrella Roja a cuatro campeonatos y a las semifinales de la Copa de Europa en 1971. Después colocó a Yugoslavia en los octavos del Mundial de 1974 y más tarde consiguió dos títulos de Liga consecutivos con el Real Madrid, en 1975 y 1976.

⚽ SANTRAC, DURA MÁS

Slobodan Santrac fue el primer seleccionador de la «nueva» Yugoslavia. También fue el que más tiempo estuvo en el cargo, entre 1994 y 1998, y ganó 26 de sus 43 partidos como entrenador. Desde la marcha de Santrac, por el banquillo serbio han pasado Milan Zivadinovic, Vujadin Boskov (dos veces), Ilija Petkovic (dos veces), Milovan Doric, Ivan Curkovic, Dejan Savicevic (dos veces), Javier Clemente, Miroslav Dukic y el actual seleccionador Radomir Antic.

⚽ LAS ÁGUILAS BLANCAS

La selección de la antigua Yugoslavia recibía el apodo de «Plavni» («Azules») por el color de su camiseta. Sin embargo, Serbia decidió cambiar sus colores tras la decisión de Montenegro de independizarse y pasaron a ser rojos. El equipo pidió a la afición un nuevo apodo. La emisora B92 propuso «Beli Orlovi» («Águilas Blancas»), por el águila de dos cabezas de la bandera nacional serbia. El nombre fue adoptado tanto por los aficionados serbios como por la federación nacional. Ahora se conoce a la selección como «Beli Orlovi» y a los Sub-21 se les llama «Orlici» («Aguiluchos»).

LA MAGIA DE DRAGAN

El mejor jugador yugoslavo fue el extremo izquierdo del Estrella Roja Dragan Dzajic, que más tarde se convirtió en presidente del club. Debutó con la selección a los 18 años, consiguió el récord nacional de 85 partidos como internacional y metió 23 goles. El más importante fue el de la victoria en el último minuto frente al campeón del mundo, Inglaterra, en la semifinal de la Eurocopa 1968, que llevó a Yugoslavia a la final frente a Italia. Pelé dijo de Dzajic: «Es un mago. Qué pena que no sea brasileño».

SAVICEVIC DA EL GOLPE

Dejan Savicevic es el mejor jugador serbio de la era moderna. El centrocampista atacante fue un miembro destacado del Estrella Roja que ganó la Copa de Europa en 1991. Además, fue clave en la consecución de tres campeonatos seguidos. Fichó por el Milan y participó en el triunfo por 4-0 en la final de la Copa de Europa 1994 ante el Barcelona. Fue el artífice del primer gol y marcó un tanto a 32 metros de distancia. Savicevic se convirtió después en un ferviente partidario de la independencia montenegrina de Serbia y se le ha atribuido un importante papel en el referéndum de 2006 que supuso la creación de un estado montenegrino independiente.

INTERNACIONALES

1	Savo Milosevic	102
2	Dragan Stojkovic	84
3	Dejan Stankovic	78
4	Predrag Mijatovic	73
5	Slavisa Jokanovic	64
=	Sinisa Mihailjovic	64
7	Darko Kovacevic	59
=	Mladen Krstajic	59
=	Zoran Mirkovic	59
10	Dejan Savicevic	56

SUECIA

Sus once participaciones en la fase final de la Copa Mundial de la FIFA™, cuyo mejor resultado fue el de subcampeona cuando fue sede en 1958, y tres medallas olímpicas, incluida una de oro en Londres 1948, dan muestra de la prolija historia sueca en el fútbol mundial. No obstante, últimamente no ha cosechado muchos logros, excepto llegar a la semifinal de la Eurocopa de 1992 (de nuevo como anfitriona), su mejor actuación de los últimos tiempos.

HORA DE CAMBIAR DE TRABAJO

La Federación Sueca solo permitió que se convocaran jugadores aficionados para el Mundial 1950. A pesar de ser el único combinado sin ningún profesional, Suecia terminó tercera y venció a España 3-1 en su último partido. Cuando se admitieron profesionales en la selección de 1958, Suecia perdió por 5-2 la final como anfitriona ante Brasil.

LOS AÑOS NO PASAN POR ELLOS

Con 33 años y 159 días, Tore Keller es el jugador más mayor en hacer un *hat trick* en la fase final de un Mundial, pues anotó tres goles en el 8-0 ante Cuba en la primera ronda del torneo de 1938. Nils Liedholm, miembro del equipo sueco que se alzó con el oro olímpico en 1948, es con 35 años, el jugador más veterano en marcar en la final de un Mundial, en la derrota sueca por 5-2 ante Brasil en 1958.

ZLATAN IBRAHIMOVIC
Delantero, 56 partidos, 20 goles

LA GRE-NO-LI OLÍMPICA Y SU ESPLENDOR ITALIANO

Tras conquistar al mundo al lograr el oro para Suecia en las Olimpiadas de 1948 en Londres, Gunnar Gren, Gunnar Nordahl y Nils Liedholm fueron fichados por el AC Milan. Su delantera a tres bandas, la «Gre-No-Li», llevó al gigante italiano a la victoria del Scudetto en 1951. Nordahl, que encabezó la clasificación de goleadores de la Serie A cinco veces entre 1950 y 1955, sigue siendo el máximo goleador del Milan con 221 tantos en 268 encuentros. Gren y Liedholm volvieron a la selección sueca para jugar el Mundial 58 y acabar subcampeones.

LA RABIA DE RAVELLI

El heroico arquero sueco Thomas Ravelli fue sancionado con seis partidos cuando militaba en el equipo de la MLS Tampa Bay por dar un balonazo al árbitro que acababa de pitarle un penalti. Ravelli defendió la portería sueca en hasta 143 ocasiones, con 143 goles encajados. Paró dos penaltis, incluido el crucial de muerte súbita lanzado por Miodrag Belodedici en los cuartos de final del Mundial 94, que les dio el pase a la semifinal, donde perdieron 1-0 contra Brasil.

LOS ETERNOS PERDEDORES

Aunque el Malmö perdió la final de la Copa de Europa de 1979 contra el Nottingham Forest, disputó la Copa Intercontinental porque el equipo inglés declinó la invitación. Pero volvió a quedar subcampeón al perder por diferencia de goles fuera de casa ante el paraguayo Olimpia Asunción.

TODO POR VAPULEAR A LOS DANESES

En 1931 el máximo goleador de Suecia, Sven Rydell, se convirtió en el primer futbolista en ser galardonado con la prestigiosa medalla de oro Svenska Dagbladet por marcar dos tantos en el 3-1 a Dinamarca del Campeonato Nórdico. Rydell anotó 49 goles en 43 encuentros con Suecia (1,14 por partido), entre ellos siete *hat tricks* y cuatro goles en dos ocasiones. Su récord de seis goles en los Juegos Olímpicos de París en 1924 propició que Suecia recibiera la medalla de bronce. Su hija, Ewa Rydell, continuó con la tradición olímpica familiar al competir como gimnasta en 1960 y 1964.

HERMANOS AL PODER

Los hermanos Bertil, Knut y Gunnar Nordahl, ganaron la medalla de oro con Suecia en el torneo olímpico de fútbol de 1948. Los tres terminaron jugando en Italia: Bertil en el Atalanta, Knut en la Roma y Gunnar se convirtió en una leyenda goleadora del AC Milan antes de fichar por la Roma. Los gemelos Thomas y Andreas Ravelli continuaron con la tradición fraternal al jugar 143 y 41 encuentros con Suecia, respectivamente.

TRUEQUE DE TÉCNICOS

El seleccionador que más éxitos ha cosechado con Suecia fue el inglés George Raynor, que condujo al equipo hasta el oro olímpico en Londres 1948 y logró el tercer y segundo puesto en los Mundiales 50 y 58, respectivamente. Raynor defraudó al país que le vio nacer cuando Suecia venció 3-2 a Inglaterra en 1959, convirtiéndose en el segundo equipo extranjero en ganar en Wembley. Su homólogo sueco, Sven-Göran Eriksson dejó al Lazio de la Serie A para convertirse en el primer seleccionador extranjero de Inglaterra en 2001. Consiguió llevar al combinado a tres cuartos de final seguidos, en los Mundiales de 2002 y 2006, y entremedias en la Eurocopa 2004. Pero Eriksson no logró que Inglaterra venciera a su país natal, ya que empató tres veces (1-1 en un amistoso, en 2001; 1-1 en un partido de la fase de grupos del Mundial 2002; 2-2 en la fase de grupos del Mundial 2006) y perdió otra (0-1 en un amistoso, en 2004).

OTRA VEZ NO...

Cualquiera que crea que los emparejamientos de su equipo están gafados debería pensar en Suecia, que se ha enfrentado a Brasil hasta 7 veces en los Mundiales: en 1938, 1950, 1958 (la final), 1978, 1990 y dos veces en 1994 (en la fase de grupos y en la semifinal). Suecia no ha ganado ninguno de estos encuentros y acumula cinco derrotas (seis goles a favor y 19 en contra) y dos empates a uno (en 1978 y en la fase de grupos de 1994).

BOMBERO PORTERO

El portero Karl-Oskar «Rio-Kalle» Svensson, integrante de las selecciones que se colgaron las medallas de bronce y plata en los Mundiales 1950 y 1958, trabajaba de bombero en Helsingborg. Ostenta el récord poco envidiable de haber recibido la mayor cantidad de goles en la primera división sueca: 575 en 349 partidos.

GOTEMBURGO DEJA EL PABELLÓN ALTO

Bajo la batuta de Sven-Göran Eriksson, el Gotemburgo fue el primer equipo sueco en ganar un torneo europeo en 1982 al machacar al Hamburgo por 4-0 entre la ida y la vuelta de la final de la Copa de la UEFA.

¡UN NUEVO BIS, DE NUEVO!

Uno de los futbolistas suecos más famosos y laureados de los últimos tiempos, Henrik Larsson (*crack* del Celtic y el Barça) abandonó el fútbol internacional tras el Mundial 2002... y de nuevo tras la cita alemana de 2006. Regresó otra vez en la fase de clasificación para el Mundial de 2010. Con 37 goles en sus 104 apariciones, entre ellas, cinco en sus tres Mundiales, tanto la afición como los directivos le piden a gritos que vuelva cada vez que trata de retirarse. Suecia no logró clasificarse para el torneo de 1998, pero Larsson ostenta el récord de 12 años transcurridos desde su primer gol en la fase final de un Mundial, contra Bulgaria en 1994, y el último (¡hasta ahora!), su espectacular tanto del empate en el 2-2 contra Inglaterra en la fase de grupos de 2006.

SUIZA

Suiza batió un récord en 2006 al ser la primera selección en la historia de la fase final de la Copa Mundial de la FIFA™ en abandonar el torneo sin encajar ningún gol. Este hecho resume la historia futbolística del país: aparte de las tres veces que ha llegado a cuartos de final del Mundial (en 1934, 1938 y 1954, esta última como anfitriona), Suiza no ha logrado establecerse en el panorama futbolístico internacional. Fue coanfitriona con Austria de la Eurocopa 2008 y se la conoce por ser la sede de la FIFA y la UEFA.

SUIZA: SEDE DEL FÚTBOL MUNDIAL

Tanto la Fédération Internationale de Football Association (FIFA) como la Union des Associations Européennes de Football (UEFA) están situadas en Suiza. La UEFA se creó en Basilea y su sede administrativa está en Nyon. Junto a Francia, Bélgica, Dinamarca, Países Bajos, Suecia y España (representada por el Madrid FC, que más tarde sería el Real Madrid), la federación suiza fue uno de los miembros fundadores de la FIFA, cuya escritura de constitución se firmó en París el 21 de marzo de 1904, un año antes de que la selección suiza jugara su primer partido. La FIFA tiene su sede en Zúrich y celebró su 50 aniversario en 1954 organizando la Copa Mundial de la FIFA en su país natal: Suiza.

LA COSA ESTÁ QUE ARDE

La derrota suiza frente a Austria por 7-5 en los cuartos de final del Mundial 1954 sigue siendo el partido con más goles de la fase final de la competición. En la llamada «Hitzeschlacht von Lausanne» («la batalla al calor en Lausana»), Suiza iba ganando por tres goles a cero en el minuto 20 del partido después de que el portero austriaco sufriera una insolación. Con nueve goles en la primera mitad (Austria 5 - Suiza 4), el resultado final podría haber sido incluso peor para los suizos, ya que Austria falló un penalti.

LE LLAMABAN LLAMA...

Alexander Frei, el máximo goleador de la historia de Suiza, adoptó una llama del zoo de Basilea como disculpa ante su país después de que un periodista suizo lo comparara con este animal por escupir a Steven Gerrard en la Eurocopa 04.

LA VETERANÍA ES UN GRADO

Heinz Hermann, además de ser el jugador con más partidos como internacional suizo, ganó el trofeo al mejor jugador suizo del año cinco temporadas seguidas, de 1984 a 1988.

«MERCI, KÖBI»

Al antiguo jugador y técnico de la selección suiza, Jakob «Köbi» Kuhn, casi se le saltan las lágrimas cuando sus jugadores desplegaron una pancarta en la que se leía «gracias» al final de su último partido como entrenador de Suiza, en la victoria por 2-0 frente a Portugal, en el último partido de la fase de grupos de la Eurocopa 2008. Pero, ¡cómo ha cambiado Kuhn! Aunque ahora es toda una eminencia en el fútbol suizo, cuando apenas tenía 22 años fue expulsado del Mundial 66 por infringir el toque de queda y estuvo apartado de la selección durante un año. Las tornas cambiaron cuando Kuhn tuvo que expulsar a Alexander Frei en la Eurocopa 2004 por escupir al inglés Steven Gerrard. Kuhn pasó la mayor parte de su carrera en el FC Zúrich, donde decían que jugaba «con miel en las botas» y ganó seis ligas y cinco Copas Suizas. Disputó 63 encuentros como internacional y anotó cinco goles. Luego fue abriéndose paso hasta llegar a seleccionador, primero de la Sub-18, después de la Sub-21 y finalmente de la categoría absoluta.

EL CERROJO ORIGINAL

Karl Rappan hizo tanto por el fútbol suizo, incluyendo la creación del primer club de fans de la selección nacional, que se suele olvidar que era austriaco. Tras una modesta carrera como jugador y entrenador en Austria, Rappan alcanzó una dilatada fama como técnico innovador en Suiza: dirigió al combinado nacional en los Mundiales de 1938 y 1954, y cosechó títulos de liga y copas como entrenador del Grasshopper-Club, el Servette y el FC Zúrich. Desarrolló un sistema táctico flexible, que permitía a los jugadores intercambiar posiciones según su situación y presionar más a sus adversarios. Esta revolucionaria idea se conoció como el «cerrojo suizo» y ayudó a los anfitriones, que no eran favoritos, a derrotar a Italia en su pase a cuartos de final en el Mundial 54, antes de ser eliminados por el país natal de Rappan, Austria. Este precoz defensor de una liga europea al final tuvo que conformarse con un torneo eliminatorio más sencillo, la Copa Intertoto, que ayudó a concebir y lanzar en 1961. Rappan es el seleccionador más veterano de Suiza y el que, según las estadísticas, más éxito ha tenido con 29 victorias en 77 partidos.

ERROR DE TRADUCCIÓN

Cuando el FC St. Gallen se fundó como el primer club suizo de fútbol en 1879, debieron traducir algo mal, ya que en su primer partido de competición, veinte años más tarde, se dieron cuenta de que habían hecho las porterías el doble de grandes de lo que se especificaba en las reglas inglesas del juego.

PORTERÍA A CERO, DERROTA APLASTANTE

La selección suiza hizo historia en 2006 por ser el primer y hasta ahora único equipo en ser eliminado de un Mundial sin encajar ni un solo gol en el tiempo reglamentario. Pero en el partido ante Ucrania en la segunda ronda, tras 120 minutos de empate a cero, Suiza fue derrotada 3-0 en la tanda de penaltis, al no lograr anotar ninguno. A pesar de encajar tres penaltis, la actuación del guardameta Pascal Zuberbühler en Alemania le otorgó el récord de imbatibilidad en un torneo de fútbol internacional.

MÁXIMOS GOLEADORES

1	Alexander Frei	39
2	Kubilay Türkyilmaz	34
=	Max Abegglen III	34
4	Andre Abegglen II	29
=	Jacques Fatton	29
6	Adrian Knup	26
7	Josef Hügi II	23
8	Charles Antenen	22
9	Lauro Amado	21
=	Stéphane Chapuisat	21

EL HOMBRE DEL EQUIPO

La misma confianza desmedida que movió a Max «Xam» Abegglen a llamar «Xamax» al equipo de fútbol que ayudó a fundar le acompañó en su sensacional debut en la que se podría considerar la mejor actuación de Suiza en el fútbol mundial. Contaba 20 años en su primer partido como internacional el 19 de noviembre de 1922 y marcó un *hat trick* en la paliza por 5-0 de Suiza a los Países Bajos en Berna.

CHAPPI EL CAMPEÓN

Stéphane «Chappi» Chapuisat fue el primer jugador suizo en ganar la Liga de Campeones de la UEFA cuando el Borussia Dortmund venció a la Juventus por 3-1 en 1997. Chapuisat contribuyó en la final abriendo paso a Lars Ricken, cuyo tanto al primer toque sentenció el partido con un 3-1. El padre de Stéphane, Pierre-Albert, también fue un importante internacional suizo: disputó 34 partidos con la selección nacional en las décadas de 1970 y 1980, pero no llegó al nivel de su hijo, que más tarde añadiría una Copa Intercontinental y una Super Liga suiza (en su paso por el Grasshoppers) a su vitrina de trofeos.

INTERNACIONALES

1. Heinz Hermann 117 (15 goles)
2. Alain Geiger 112 (2 goles)
3. Stéphane Chapuisat 103 (21 goles)
4. Johann Vogel 94 (2 goles)
5. Patrick Müller 81 (3 goles)
6. Severino Minelli 80
7. André Egli (Andy) 79 (8 goles)
8. Ciriaco Sforza 79 (6 goles)
9. Raphael Wicky 75 (1 gol)
10. Hakan Yakin 75 (20 goles)

TURQUÍA

El triunfo del Galatasaray frente al Arsenal en los penaltis de la final de la Copa de la UEFA de 2000 supuso un cambio en la suerte del fútbol turco. Antes de aquella noche en Copenhague, Turquía solo se había clasificado para la Copa Mundial de la FIFA™ dos veces, en 1950, cuando se retiró, y en 1954, y no había desarrollado su potencial en el panorama mundial. Desde 2000, la afición turca ha tenido motivos para animar a su selección: un tercer puesto en la Copa Mundial de la FIFA™ de 2002 en Japón y Corea del Sur, y semifinalista en la Eurocopa 2008.

FATIH TERIM

Fatih Terim, que dirigió al Galatasaray que logró la Copa de la UEFA en 2000, dejó atrás un decepcionante año y medio en Italia con la Fiorentina para llevar a Turquía a las semifinales de la Eurocopa 08. El revés frente a Portugal en el primer partido dejó a los turcos una ardua tarea por delante, pero las aplastantes remontadas ante Suiza y la República Checa los condujo hasta cuartos de final. Un tanto en el minuto 119 parecía haber resuelto el encuentro a favor de Croacia, pero mientras los croatas lo celebraban, «el Emperador» Fatih instó a sus jugadores a reponerse, sacar el balón de la portería y seguir luchando hasta el último minuto. Y eso fue lo que hicieron. El increíble tanto del empate de Semih Sentürk forzó la ronda de penaltis. La semifinal ante Alemania fue otra sucesión de remontadas, pero esta vez no hubo respuesta al gol de la victoria alemán en el último minuto. Mucha gente coincidió con Fatih en que ese equipo tenía algo especial.

EL PADRE DEL FÚTBOL TURCO

Ali Sami Yen no solo fundó el Galatasaray y ejerció de presidente, sino que también presidió el Comité Olímpico Turco y dirigió a la selección turca en su primer partido internacional, frente a Rumanía en 1923. Su nombre de pila era Ali Sami, pero adoptó el sobrenombre de «Yen» (que significa «vencer») después de que un cambio en la legislación turca obligara a todos a llevar un apellido.

EL GENIO DE ALPAY

El centrocampista Alpay Özalan causó una gran conmoción internacional cuando se burló de David Beckham después de que la estrella inglesa fallara un penalti en un partido de clasificación para la Eurocopa de 2004 en Estambul. Este fue uno de los incidentes que hizo que el Aston Villa rescindiera el contrato de Alpay. El exaltado defensa fue a jugar a Corea y Japón, pero le echaron del Urawa Reds tras ser expulsado tres veces en siete partidos.

RÁPIDO EN LA SALIDA

Hakan Sükür anotó el tanto más rápido de un Mundial: solo tardó 11 segundos en marcar el primer gol de la eliminatoria por el tercer puesto contra Corea del Sur en el Mundial 2002. Turquía consiguió la tercera posición al ganar 3-2 en su mejor actuación de la historia en la competición. Los 51 goles de Sükür en 112 encuentros son más del doble que los de su rival más cercano en la clasificación de la selección nacional. Logró su primer tanto en su segundo partido, cuando Turquía venció a Dinamarca por 2-1 el 8 de abril de 1992. También logró anotar cuatro goles en un solo partido en dos ocasiones: en la victoria por 6-4 frente a Gales en agosto de 1997 y en el aplastante 5-0 a Moldavia en octubre de 2006.

INTERNACIONALES

1	Rüstü Reçber	119
2	Hakan Sükür	112
3	Bülent Korkmaz	102
4	Tugay Kerimoglu	94
5	Alpay Özalan	90
6	Ogün Temizkanoglu	76
7	Abdullah Ercan	71
8	Oguz Çetin	70
9	Fatih Akyel	64
10	Tuncay Sanli	62

MÁXIMOS GOLEADORES

1	Hakan Sükür	51
2	Lefter Küçükandonyadis	20
3	Metin Oktay	19
=	Cemil Turan	19
=	Tuncay Sanli	19
6	Nihat Kahveci	17
7	Zeki Riza Sporel	15
8	Arif Erdem	11
=	Ertugrul Saglam	11
10	Sargun Burhan	8
=	Hami Mandirali	8

A LA TERCERA VA LA VENCIDA

El mejor resultado de Turquía es un 7-0, un margen de victoria que ha conseguido en tres ocasiones: frente a Siria (1949), Corea del Sur (1954) y San Marino (1996). Pero también ha perdido por 8-0 en tres partidos, uno ante Polonia en 1968 y dos contra Inglaterra: en 1984, con un *hat trick* de Bryan Robson, y de nuevo en Wembley en 1987, con otro de Gary Lineker.

ADIVINA QUIÉN HA VUELTO...

Rüstü Reçber no sabe lo que significa «abandonar». Apenas un año después de su retirada del fútbol internacional tras la Eurocopa 08, el jugador con más partidos como internacional de Turquía abandonó su retiro para unirse una vez más a la selección nacional en la campaña de clasificación para el Mundial de 2010 en Sudáfrica. Esta no fue su primera vuelta al combinado; en la Eurocopa 2008, Rüstü había sido relegado al banquillo, pero disputó el partido de cuartos frente a Croacia después de que el portero titular Volkan Demirel fuera expulsado en el último encuentro de la fase de grupos. Rüstü fue el héroe de la tanda de penaltis al parar el de Mladen Petric y colocar a Turquía en su primera semifinal de una Eurocopa, aunque perdió contra Alemania. En 1993, Rüstü regresó de un revés aún más terrible tras resultar herido de gravedad en un accidente de tráfico en el que falleció un amigo suyo. El accidente también echó por tierra su posible traspaso al Besiktas, pero terminó triunfando en el Fenerbahçe, con el que logró cinco títulos de la liga turca en los 12 años que estuvo allí. Con su inconfundible coleta y su pintura de guerra negro carbón, Rüstü siempre ha destacado, pero quizás más que nunca en su actuación estelar cuando Turquía alcanzó el tercer puesto en el Mundial de 2002. Fue incluido en el equipo ideal del torneo y nombrado Mejor Portero del Año por la FIFA.

ESPECIALISTA EN HAT TRICKS

Tuncay Sanli fue el primer futbolista turco que logró un *hat trick* en la Liga de Campeones de la UEFA al anotar todos los goles en la victoria del Fenerbahçe sobre el Manchester United por 3-0 en Estambul en 2004. También ha firmado dos *hat tricks* con la selección: contra Suiza el 16 de noviembre de 2005, con un resultado de 4-2, y en otra victoria por 4-2 frente a Austria el 19 de noviembre de 2008.

TODO POR LA PASTA...

Turquía se clasificó cómodamente para el Mundial de 1950 tras machacar a Siria por 7-0, el resultado más abultado de su historia. Sin embargo, las dificultades económicas les obligaron a retirarse, aunque no fueron los únicos. Francia también rehusó viajar hasta Brasil, mientras que la India rechazó asistir al comunicarles que no podrían jugar descalzos; Escocia no acudió por motivos de orgullo nacional.

PRINCIPALES COMPETICIONES

COPA MUNDIAL DE LA FIFA™: 2 apariciones - 3.º (2002) - - - - - - - - - - - - - - - - - - -
EUROCOPA: 3 apariciones - semifinales en 2008
PRIMER INTERNACIONAL: Turquía 2 - 2 Rumanía (Estambul, octubre de 1923)
MAYOR VICTORIA: Turquía 7 - 0 Siria (Ankara, 20 de noviembre de 1949)
Turquía 7 - 0 República de Corea (Ginebra, Suiza, 20 de junio de 1954)
Turquía 7 - 0 San Marino (Estambul, 10 de noviembre de 1996)
PEOR DERROTA: Polonia 8 - 0 Turquía (Chorzów, 24 de abril de 1968)
Turquía 0 - 8 Inglaterra (Estambul, 14 de noviembre de 1984)
Inglaterra 8 - 0 Turquía (Londres, 14 de octubre de 1987)

UCRANIA

Durante muchos años Ucrania ha sido uno de los bastiones del fútbol de Europa del Este. Una fuente inagotable de talentos provenientes de clubes ucranianos con un gran historial en Europa, como el Dínamo de Kiev, nutrió la selección soviética de jugadores destacados durante los años previos a la independencia. Desde que se separara de la Unión Soviética en 1991, Ucrania se ha convertido en una potencia futbolística por méritos propios al clasificarse por primera vez para la Copa Mundial de la FIFA™ de 2006 y llegar a cuartos de final.

SUPER SHEVA

En 2004, Andriy Shevchenko se convirtió en el tercer ucraniano en conseguir el Balón de Oro; el primero fue su entrenador en el Mundial 2006, Oleg Blokhin. Shevchenko fue el primero en recibir el galardón desde la independencia de Ucrania de la Unión Soviética. En su juventud fue un prometedor boxeador, antes de dedicarse al fútbol profesional. Ha ganado trofeos en todos los clubes donde ha recalado, entre ellos cinco títulos seguidos con el Dínamo de Kiev, la Serie A y la Liga de Campeones con el AC Milan, y dos copas en su «decepcionante» paso por el Chelsea. Shevchenko es el jugador ucraniano que ha sido más veces internacional y el máximo goleador, con 40 tantos en 86 partidos, dos de ellos en el Mundial de 2006, donde fue el capitán en la primera participación de su país en la fase final de un torneo.

MAESTRO DEL FÚTBOL CIENTÍFICO

«Los futbolistas deberían ser capaces de hacer cualquier cosa en el campo», declaró el técnico ucraniano Valeri Lobanovsky, que confesaba no creer en términos como «defensas», «delanteros» y «centrocampistas». Tras retirarse como jugador a los 29 años, Lobanovsky (nacido el 6 de enero de 1939) triunfó entrenando al club de su ciudad natal, el Dínamo de Kiev, así como a las selecciones de la Unión Soviética y Ucrania. Su mayor logro quizá fue dirigir al Dínamo de Kiev y convertirlo en el primer equipo de la URSS que ganó un trofeo europeo importante, la Recopa de Europa de 1975, hazaña que repetiría en 1986. Famoso por su innovador enfoque científico del fútbol, fue uno de los primeros en emplear el análisis por ordenador y vanguardistas técnicas y controles nutricionales para sacar el máximo rendimiento a sus jugadores. A lo largo de los años, formó a varios de los mejores talentos del fútbol soviético y ucraniano: desde Oleg Blokhin en la década de 1970, pasando por Igor Belanov en la de 1980, hasta Andriy Shevchenko en la de 1990.

ARDUOS COMIENZOS

La recién independizada Ucrania no pudo inscribirse en la FIFA a tiempo para las rondas de clasificación del Mundial de 1994, así que muchos de sus astros optaron por jugar en el equipo de la Comunidad de Estados Independientes, que sucedió por un breve periodo de tiempo a la Unión Soviética. Andréi Kanchelskis, Viktor Onopko, Sergei Yuran y Oleg Salenko podrían haber jugado en la nueva selección ucraniana, pero no quisieron. Ucrania no se clasificó para una competición internacional hasta el Mundial 2006 en Alemania, donde perdió 3-0 en cuartos ante la ganadora final, Italia.

EL REY DEL PENALTI

Oleksandr Skovkovskyi, que ostenta el récord de partidos jugados del Dínamo de Kiev (más de 300), es el segundo jugador con más partidos como internacional (85, por detrás de Andriy Shevchenko) de la selección de Ucrania. Se le recuerda por parar dos lanzamientos en la tanda de penaltis contra Suiza que certificaron el pase de Ucrania a cuartos de final en el Mundial de Alemania de 2006. A principios de ese año todo pintaba muy distinto: se fracturó la clavícula en un amistoso de la pretemporada ucraniana y temió perderse el Mundial. Al final, se recuperó por completo en solo dos meses para dejar su huella en el mejor resultado de Ucrania en el fútbol internacional hasta la fecha.

LÍDER EN LA LÍNEA DE ATAQUE

Oleg Blokhin, técnico de Ucrania en su primera participación en un Mundial en 2006, se hizo célebre como delantero estrella del club de su ciudad natal, el Dínamo de Kiev. Blokhin, nacido el 5 de noviembre de 1952, cuando Ucrania formaba parte de la Unión Soviética, ostenta el récord de goles anotados y el de partidos jugados en la liga de la Unión Soviética, con 211 tantos en 432 encuentros, así como con la selección de la URSS, tras anotar 42 goles en 112 partidos. Logró dos Recopas de Europa con el Dínamo en 1975 y 1986, marcando en ambas finales, y ganó el Balón de Oro por sus proezas en 1975. Superando siempre todas las expectativas, Blokhin fue el primer entrenador que condujo a Ucrania a la fase final de una competición internacional, en el Mundial 2006 en Alemania, donde cayó 3-0 en cuartos de final ante la ganadora de aquella edición, Italia, tras haber machacado a Suiza en la segunda ronda, también en los penaltis. Blokhin era famoso por su velocidad; cuando el campeón olímpico Valeri Borzov entrenaba al Dínamo en la década de 1970, Blokhin recorrió 100 metros en 11 segundos, solo 0,46 segundos por debajo de la marca que le valió el oro a Borzov en 1972.

DÍNAMO DE COPAS

La Unión Soviética podría haber hecho un buen papel en el Mundial 1974, ya que sus principales jugadores provenían del Dínamo de Kiev que logró tanto la Recopa de Europa (contra el Ferencvaros) como la Supercopa de Europa (contra el Bayern de Múnich) al año siguiente. Sin embargo, el gobierno soviético se negó a que el equipo viajara a Chile para la vuelta de la repesca entre Europa y Sudamérica porque el partido debía jugarse en el Estadio Nacional de Santiago, que había sido empleado como campo de concentración durante el golpe de Estado que derrocó al presidente comunista Salvador Allende.

PRINCIPALES COMPETICIONES

COPA MUNDIAL DE LA FIFA™: 1 participación - cuartos de final (2006)
PRIMER INTERNACIONAL: Ucrania 1 - Hungría 3 (Uzhhorod, Ucrania, 29 abril 1992)
MAYOR VICTORIA: Ucrania 6 - Azerbaiyán 0 (Kiev, Ucrania, 15 agosto 2006)
PEOR DERROTA: Croacia 4 - Ucrania 0 (Zagreb, Croacia, 25 marzo 1995); España 4 - Ucrania 0 (Leipzig, Alemania, 14 junio 2006)

OTROS EQUIPOS *EUROPA*

Para las grandes potencias del fútbol europeo, una fase de clasificación para una competición internacional no sería igual sin un difícil viaje a uno de los países del antiguo Bloque del Este o la oportunidad de lograr una goleada a costa de San Marino o Luxemburgo. Para los jugadores de estos países, la emoción de representar a su nación es más importante que albergar esperanzas de dominar el fútbol mundial.

DETRÁS DEL TELÓN DE ACERO

La disolución de la Unión Soviética en 1990 dejó paso a 15 nuevas selecciones de fútbol, aunque en un principio Rusia participó en la Eurocopa de 1992 bajo el nombre de CEI, o Comunidad de Estados Independientes, sin Estonia, Letonia y Lituania. En los años siguientes, la UEFA y la FIFA dieron su aprobación a la creación de equipos independientes para Rusia, Armenia, Azerbaiyán, Bielorrusia, Estonia, Georgia, Kazajstán, Kirguistán, Letonia, Lituania, Moldavia, Tayikistán, Turkmenistán, Ucrania y Uzbekistán. Las convulsiones de principios de la década de 1990 fragmentarían también la antigua Yugoslavia en Croacia, Serbia, Bosnia-Herzegovina, Antigua República Yugoslava de Macedonia, Eslovenia y Montenegro, mientras que Checoslovaquia se dividió en Eslovaquia y República Checa.

LOS PINITOS ESLOVENOS

El único equipo que venció a Italia en el clasificatorio para el Mundial de 2006 fue Eslovenia, que ganó 1-0 en octubre de 2004, gracias al tardío gol del central Bostjan Cesar. Sin embargo, Eslovenia quedó fuera de la fase final.

EL ANSIADO DEBUT

Montenegro se convirtió en el último país, con el número 208, reconocido por la FIFA, poco después de que Serbia y Montenegro compitieran en el Mundial 2006. Pero la nueva nación no se inscribió en la FIFA ni en la UEFA a tiempo para disputar el clasificatorio para la Eurocopa 2008 y tuvo que esperar hasta la campaña del Mundial 2010 para jugar su primer partido de competición, un empate a dos en casa ante Bulgaria en septiembre de 2008.

UN BURGO DESOLADO

Dicen que el que la sigue la consigue, pero la pobre selección de Luxemburgo ha intentado con ahínco clasificarse para 17 Mundiales seguidos y aún no lo ha logrado. La única vez que ni siquiera participó fue la primera, en 1930, cuando no había fase de clasificación y Luxemburgo no fue invitado a la fase final. El país solo ha registrado tres victorias en los clasificatorios para el Mundial: 4-2 en casa ante Portugal en 1961, 2-0 en casa ante Turquía en 1972 y 2-1 a domicilio contra Suiza en 2008, cuando Alphonse Leweck marcó un gol en el último momento.

AÑO DE AFILIACIÓN A LA FIFA

Albania: 1932
Andorra: 1996
ARY de Macedonia: 1994
Austria: 1905
Bielorrusia: 1992
Bosnia-Herzegovina: 1996
Chipre: 1948
Eslovaquia: 1994
Eslovenia: 1992
Estonia: 1923
Finlandia: 1908
Georgia: 1992
Grecia: 1927
Islandia: 1947
Islas Feroe: 1988
Israel: 1929
Kazajstán: 1994
Letonia: 1922
Liechtenstein: 1974
Luxemburgo: 1910
Malta: 1959
Moldavia: 1994
Montenegro: 2007
San Marino: 1988

LA ENTREGA DE SELVA

San Marino, con menos de 30.000 habitantes, es el país más pequeño miembro de la UEFA. El máximo anotador de San Marino en solitario, con ocho goles, es el delantero Andy Selva y además es el único que ha marcado en más de una ocasión con la selección absoluta del país.

CON LA CASA A CUESTAS

Parecía que Israel se clasificaría para el Mundial de 1958 sin dar una patada a un balón, ya que sus rivales previstos, Turquía, Indonesia y Sudán, se negaron a jugar contra ellos. Así que la FIFA les colocó en una repesca de ida y vuelta contra un equipo europeo, Gales, pero perdieron por un total de 4-0. Israel volvió a tener mala suerte en la fase de clasificación del Mundial 2006 a pesar de terminar invicto, ya que se quedó sin opción a la repesca al terminar tercero de grupo por detrás de Francia y Suiza. El técnico Avram Grant se fue después al Chelsea, donde perdió la final de la Liga de Campeones de 2008 en los penaltis ante el Manchester United. Israel fue el anfitrión y ganador de la Copa Asiática de 1964, se clasificó para el Mundial de 1970 por Oceanía, y ahora es miembro de la Federación Europea.

JUGAR PARA NADA...

Lituania y Estonia no se molestaron en disputar el último partido de grupo que las enfrentaba en la fase de clasificación para el Mundial 1934. Suecia se había asegurado la primera y única plaza disponible para la fase final, al ganar a Lituania 2-0 y a Estonia 6-2.

LOS AGUAFIESTAS

El inesperado ganador de la Eurocopa 2004, Grecia, se convirtió en el primer equipo en derrotar tanto a los entonces vigentes campeones como a los anfitriones en el camino para lograr una Eurocopa o un Mundial. De hecho, vencieron al anfitrión, Portugal, dos veces, en el partido inaugural y en la final, con un triunfo en cuartos sobre la entonces campeona, Francia, entremedias.

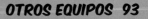

EN APENAS OCHO SEGUNDOS

Los seguidores de San Marino nunca han tenido mucho que celebrar, paliza tras paliza, pero Davide Gualtieri asustó a la Inglaterra de Graham Taylor en un partido de clasificación para el Mundial en 1993. El extremo corrió cuando Stuart Pearce retrasó la pelota y adelantó a San Marino en solo 8,3 segundos; es el gol más rápido que se ha marcado en una eliminatoria de clasificación para un Mundial. San Marino siguió por delante otros 20 minutos, antes de sucumbir 7-1; a pesar de todo, ninguno de los dos equipos se clasificó para el Mundial de 1994.

UN TRIUNFO REPARTIDO

Los jugadores de Yugoslavia se repartieron los goles del 9-0 a Zaire en el Mundial de 1974, ya que siete futbolistas distintos lograron anotar: el bosnio Dusan Bajevic (que hizo un *hat trick*), el serbio Dragan Dzajic, el croata Ivica Surjak, el bosnio Josip Katalinski, el serbio Vladislav Bogicevic, el esloveno Branko Oblak y el serbio Ilija Petkovic.

EL REINADO DE REIM

Además de ser el futbolista europeo que más partidos ha jugado con su selección, el centrocampista estonio Martin Reim es el jugador que ha sido más veces internacional sin llegar a la fase final de un Mundial. Reim, que nació en Tallin el 14 de mayo de 1971, debutó con su país en 1992 y se retiró del fútbol internacional después de 15 años, 156 partidos y 14 goles. Pasó casi toda su carrera deportiva en su país natal, excepto la temporada 1999-2000 en el club finlandés FC KooTeePee en Kotka. Solo cinco jugadores han disputado más partidos con su selección en la historia del fútbol. Otro veterano de Estonia es el centrocampista Marko Kristal, que anotó nueve goles en 143 partidos entre 1992 y 2005. Se convirtió en el jugador europeo más joven en alcanzar el centenar de partidos como internacional al participar con 27 años en el empate a dos ante Chipre en el clasificatorio para el Mundial en marzo de 2001. El segundo futbolista europeo con más partidos con su selección es el centrocampista letón Vitalijs Astafjevs, con 152.

MÁXIMOS GOLEADORES INTERNACIONALES

Albania: Riza Lushta 30
Andorra: Ildefons Lima 5
ARY de Macedonia: Gjorgji Hristov 17
Austria: Toni Polster 44
Bielorrusia: Maxim Romaschenko 20
Bosnia-Herzegovina: Elvir Bolic 24
Chipre: Michalis Konstantinou 26
Eslovaquia: Szilard Nemeth 22
Eslovenia: Zlatko Zahovic 35
Estonia: Andres Oper 35
Finlandia: Jari Litmanen 30
Georgia: Shota Arveladze 26
Grecia: Nikos Anastopoulos 29
Islandia: Eidur Gudjohnsen 23
Islas Feroe: Rogvi Jacobsen 10
Israel: Mordechai Spiegler 25
Kazajstán: Viktor Zubarev 12
Letonia: Maris Verpakovskis 24
Liechtenstein: Mario Frick 13
Luxemburgo: Leon Mart 16
Malta: Carmel Busuttil 23
Moldavia: Serghei Clescenco 11
Montenegro: Mirko Vucinic 6
San Marino: Andy Selva 8

TODO LLEGA

El delantero macedonio Darko Pancev recibió la Bota de Oro por la temporada 90-91, cuando marcó 34 goles con el campeón de la Copa de Europa, el Estrella Roja de Belgrado, 15 años después. En un principio los organizadores suspendieron la competición entre 1991 y 1996, por desacuerdos sobre el recuento de goles en Chipre, pero accedieron a entregarle su premio a Pancev en agosto de 2006. Los máximos goleadores europeos de 1992 a 1996 que corrieron peor suerte fueron el escocés Ally McCoist (dos veces), el galés David Taylor, el armenio Arsen Avetisyan y el georgiano Zviad Endeladze.

DE TAL PALO, TAL ASTILLA

El centrocampista maltés Andre Schembri no solo siguió los pasos de su padre, sino también los de su abuelo, cuando debutó con su selección en 2006. Marcó su primer gol contra Hungría el 11 de octubre de 2006.

EL HIJO PRÓDIGO

El delantero islandés Eidur Gudjohnsen hizo historia en su debut internacional fuera de casa ante Estonia en abril de 1996, al salir en sustitución de su padre, Arnór Gudjohnsen. Por aquel entonces Eidur tenía 17 años y su padre, 34, y ambos lamentaron no haber estado a la vez en el campo. La Federación de Fútbol de Islandia pensó que podrían hacerlo en el siguiente partido en casa, pero Eidur quedó descartado por una lesión en el tobillo y nunca más volvieron a coincidir.

BUEN BOSNIO

Elvir Bolic tiene el récord de partidos jugados y de goles anotados con Bosnia-Herzegovina: 24 tantos en 52 partidos desde que en 1996 el país comenzó a competir a nivel internacional. Suyo fue también el disparo que acabó con los 40 años que llevaba invicto el Manchester United en casa en competición europea: fue el único gol del partido a favor del Fenerbahçe turco en el encuentro de Liga de Campeones en Old Trafford, en octubre de 1996.

MÁS PARTIDOS COMO INTERNACIONALES

Albania: Foto Strakosha 73
Andorra: Oscar Sonejee 76
ARY de Macedonia: Goce Sedloski 88
Austria: Andreas Herzog 103
Bielorrusia: Sergei Gurenko 80
Bosnia-Herzegovina: Elvir Bolic 52
Chipre: Ioannis Okkas 88
Eslovaquia: Miroslav Karhan 90
Eslovenia: Zlatko Zahovic 80
Estonia: Martin Reim 156
Finlandia: Jari Litmanen 122
Georgia: Levan Kobiashvili 79
Grecia: Theo Zagorakis 120
Islandia: Runar Kristinsson 106
Islas Feroe: Oli Johannesen 83
Israel: Arik Benado 95
Kazajstán: Ruslan Baltiev 67
Letonia: Vitalijs Astafjevs 152
Liechtenstein: Mario Frick 81
Luxemburgo: Jeff Strasser 88
Malta: David Carabott 122
Moldavia: Serghei Clescenco 69
Montenegro: Vladimir Bozovic 15
San Marino: Mirco Gennari, Federico Gasperoni 48

UN JEFE CON CARÁCTER

Srecko Katanec ha dimitido dos veces como seleccionador tras enfadarse con sus estrellas. En 2002, llevó a Eslovenia a su primera fase final de un Mundial, donde el temperamental capitán y estratega Zlatko Zahovic fue expulsado del equipo tras un berrinche. Katanec renunció entre lágrimas al caer eliminados en primera ronda y dejó vía libre para que Zahovic volviera al equipo. Después Katanec dirigió a Macedonia, pero abandonó en abril de 2008 tras enfadarse con el capitán Goran Pandev.

CONTRA VIENTO Y MAREA

El célebre jugador austriaco Matthias Sindelar no quiso formar parte de un nuevo equipo fusionado cuando Alemania se anexionó Austria en 1938. Sindelar, nacido en la actual Hungría en febrero de 1903, fue el líder impulsor del «Wunderteam» austriaco de la década de 1930. Marcó 27 goles en 43 partidos con Austria, que se mantuvo invicta durante 14 partidos internacionales desde abril de 1931 hasta diciembre de 1932, ganó la Copa Dr. Gerö en 1932 y consiguió la medalla de plata en las Olimpiadas de 1936. Durante un partido especial de reunificación entre las selecciones austriaca y alemana en Viena en abril de 1938, Sindelar desobedeció las órdenes y marcó un gol en solitario. Al final Austria logró la victoria por 2-0 en un encuentro que estaba previsto que acabara en un diplomático empate. En enero de 1939, Sindelar fue hallado muerto a causa de un envenenamiento por monóxido de carbono en su apartamento vienés.

UNO MÁS EN LA FAMILIA

La mascota de Finlandia es un búho real llamado «Bubi» que a veces aparece en el Estadio Olímpico de Helsinki durante los partidos internacionales. Hizo su debut en la victoria por 2-0 sobre Bélgica en el partido de clasificación para la Eurocopa en 2007 y obligó a detener el encuentro durante varios minutos ya que revoloteaba por el campo y se posaba en los postes de las porterías. Bubi fue elegido «Habitante del Año» de la capital finlandesa.

A LO LARGO Y ANCHO...

Reikiavik (Islandia) es la ciudad más al norte que ha acogido un partido de un Mundial, aunque solo fue de clasificación. El lugar más septentrional que ha albergado la fase final de un Mundial es Sandviken (Suecia); en cambio, Christchurch (Nueva Zelanda) es la ciudad más al sur donde se ha disputado un clasificatorio para el Mundial, y la fase final más meridional se celebró en Mar del Plata (Argentina).

EL PASATIEMPO LETÓN

Después de que Austria, que había acabado líder de grupo, fuera anexionada por Alemania antes del Mundial de 1938, Letonia, que había terminado segunda por detrás de los austriacos, esperaba ocupar su puesto, pero ignoraron su petición y el torneo prosiguió con 15 equipos en lugar de 16. Tras formar parte de la Unión Soviética desde 1940 hasta 1991, Letonia logró finalmente clasificarse para su primera fase final en 2004, al derrotar a Turquía en una eliminatoria y llegar a la fase final de la Eurocopa.

MALAS RACHAS

Siete selecciones europeas no han logrado marcar ningún gol durante la fase de clasificación para un Mundial: Liechtenstein (en los ocho partidos previos al torneo de 2002), San Marino (ocho en 1998), Malta (seis en 1978), Chipre (cuatro en 1966), Israel (cuatro en 1954), Finlandia (tres en 1938) y Lituania (uno en 1934).

ENTRE MUERTOS ANDA EL JUEGO

El Ljudski vrt, en la ciudad de Maribor, es el principal estadio de Eslovenia. Su capacidad es de 12.435 personas y se levantó sobre un antiguo cementerio.

LA DÉBIL ANDORRA

Desde que Andorra disputó su primer partido el día de Año Nuevo de 1996 (con derrota en casa por 6-1 ante Estonia), solo ha ganado tres partidos, dos de ellos amistosos. Su único triunfo en competición fue un 1-0 a la ARY de Macedonia en un partido clasificatorio para el Mundial, donde el lateral izquierdo Marc Bernaus marcó el único gol del encuentro celebrado en octubre de 2004. Quizá no debería sorprender su debilidad, ya que el principado es el sexto país más pequeño de Europa, con solo 71.822 habitantes, y ha disputado sus encuentros más destacados al otro lado de la frontera, en Barcelona, contra Inglaterra.

NI TOCARLO

El arquero inglés Gordon Banks solo tocó el balón cuatro veces en la victoria por 5-0 ante Malta en un partido de clasificación para el Mundial en mayo de 1971 en Wembley, todas a pase de su defensa.

MAYOR VICTORIA

Albania: 5-0 ante Vietnam (V, diciembre 2003)
Andorra: 2-0 contra Bielorrusia (L, abril 2000);
2-0 contra Albania (L, abril 2002)
ARY de Macedonia: 11-1 contra Liechtenstein (V, nov. 96)
Austria: 9-0 contra Malta (L, abril 1977)
Bielorrusia: 5-0 contra Lituania (L, junio 1998)
Bosnia-Herzegovina: 7-0 contra Estonia (L, septiembre 2008)
Chipre: 5-0 contra Andorra (L, noviembre 2000)
Eslovaquia: 7-0 contra Liechtenstein (L, septiembre 2004);
7-0 contra San Marino (L, octubre 2007)
Eslovenia: 7-0 contra Omán (V, febrero 1999)
Estonia: 6-0 contra Lituania (L, julio 1928)
Finlandia: 10-2 contra Estonia (L, agosto 1922)
Georgia: 7-0 contra Armenia (L, marzo 1997)
Grecia: 8-0 contra Siria (L, noviembre 1949)
Islandia: 9-0 contra Islas Feroe (L, julio 1985)
Islas Feroe: 3-0 contra San Marino (L, mayo 1995)
Israel: 9-0 contra Chinese Taipei (V, marzo 1988)
Kazajstán: 7-0 contra Pakistán (L, junio 1997)
Letonia: 8-1 contra Estonia (V, agosto 1942)
Liechtenstein: 4-0 contra Luxemburgo (V, octubre 2004)
Luxemburgo: 6-0 contra Afganistán (V, julio 1948)
Malta: 7-1 contra Liechtenstein (L, marzo 2008)
Moldavia: 5-0 contra Pakistán (V, agosto 1992)
Montenegro: 3-0 contra Kazajstán (L, mayo 2008)
San Marino: 1-0 contra Liechtenstein (L, abril 2004)

PEOR DERROTA

Albania: 0-12 contra Hungría (V, septiembre 1950)
Andorra: 1-8 contra República Checa (V, junio 2005);
0-7 contra Croacia (V, octubre 2006)
ARY de Macedonia: 0-5 contra Bélgica (L, junio 1995)
Austria: 1-11 contra Inglaterra (L, junio 1908)
Bielorrusia: 0-5 contra Austria (V, junio 2003)
Bosnia-Herzegovina: 0-5 contra Argentina (V, mayo 1998)
Chipre: 0-12 contra la RFA (V, mayo 1969)
Eslovaquia: 0-6 contra Argentina (V, junio 1995)
Eslovenia: 0-5 contra Francia (V, octubre 2002)
Estonia: 2-10 contra Finlandia (V, agosto 1922)
Finlandia: 0-13 contra Alemania (V, septiembre 1940)
Georgia: 0-5 contra Rumanía (V, abril 1996);
1-6 contra Dinamarca (V, septiembre 2005)
Grecia: 1-11 contra Hungría (V, marzo 1938)
Islandia: 2-14 contra Dinamarca (V, agosto 1967)
Islas Feroe: 0-7 contra Yugoslavia (V, mayo 1991);
0-7 contra Rumanía (V, mayo 1992);
0-7 contra Noruega (L, agosto 1993)
Israel*: 1-7 contra Egipto (V, marzo 1934)
Kazajstán: 0-6 contra Turquía (L, junio 2006);
0-6 contra Rusia (V, mayo 2008)
Letonia: 0-12 contra Suecia (V, mayo 1927)
Liechtenstein: 1-11 contra ARY de Macedonia (L, nov. 1996)
Luxemburgo: 0-9 contra Inglaterra (L, octubre 1960);
0-9 contra Inglaterra (V, diciembre 1982)
Malta: 1-12 contra España (V, diciembre 1983)
Moldavia: 0-6 contra Suecia (V, junio 2001)
Montenegro: 0-4 contra Rumanía (V, mayo 2008)
San Marino: 0-13 contra Alemania (L, septiembre 2006)

*Disputado como Palestina-Eretz Israel bajo Mandato Británico.

DE VUELTA A LA TIERRA

Tres países no han conseguido clasificarse para el Mundial dos años después de haber ganado la Eurocopa: Checoslovaquia (que se hizo con el título en 1976), Dinamarca (1992) y Grecia (2004). La selección griega de Otto Rehhagel comenzó su campaña de clasificación para el Mundial 2006 de la peor forma posible, al perder 2-1 ante la débil Albania solo dos meses después de coronarse campeones de Europa.

EL PRIMER PARTIDO DE GEORGIA

El Dínamo Tbilisi de Georgia y el Zalgiris Vilnius de Lituania protagonizaron un empate a dos en mayo de 1990, en un encuentro que después se calificó como un partido internacional entre los países de ambos clubes. El encuentro está considerado como el primer partido de la selección de Georgia, a pesar de que el país no se independizó de Rusia hasta 11 meses después.

REMONTADAS DE ÓRDAGO

Austria y Suiza disputaron el partido de fase final de un Mundial con mayor número de goles, que acabó con la victoria austriaca por 7-5 en los cuartos de final de 1954. Los anfitriones suizos se adelantaron 3-0 a los 19 minutos del partido en Lausana, pero en el descanso perdían 4-5. Aparte de Austria, con quien Theodor Wagner anotó un *hat trick* en la primera parte, solo un equipo ha ganado un partido de fase final del Mundial tras remontar tres goles en contra: fue Portugal contra Corea del Norte en otros cuartos de final 12 años después, donde Eusébio hizo cuatro dianas para que Portugal venciera por 5-3. Austria protagonizó otra goleada en la semifinal de 1954, pero esta vez estuvo en el bando equivocado y perdió 6-1 ante la campeona final, la RFA.

SUDAMÉRICA

De Sudamérica salió el primer anfitrión y el primer campeón de una Copa Mundial de la FIFA™: Uruguay, y el continente ha logrado nueve triunfos en total: Brasil cinco, y Argentina y Uruguay dos cada uno. Además sus seguidores tienen una tradición cultural única cuya magia puede convertir un partido en un carnaval.

ARGENTINA

Ningún otro país ha logrado tantos títulos internacionales como Argentina: la Copa América en 14 ocasiones, la Copa FIFA Confederaciones en 1992, la medalla de oro en las Olimpiadas de 2004 y 2008 y, su trofeo más preciado, campeones del mundo en 1978 y 1986. El país tiene una larga y rica trayectoria futbolística, la primera liga argentina se celebró en 1891, y la nación ha dado algunos de los mejores futbolistas de la historia.

PRINCIPALES ESTADIOS: (AFORO)

El Monumental, Buenos Aires: 65.645
Juan Domingo Perón, Avellaneda: 64.161
Alberto J. Armando/La Bombonera, Buenos Aires: 57.395
José Amalfitani, Buenos Aires: 49.540
Tomás Adolfo Ducó, Buenos Aires: 48.314
Malvinas Argentinas, Mendoza: 48.000
Olímpico Chateau Carreras, Córdoba: 46.083
Pedro Bidegain, Buenos Aires: 43.494
Gigante de Arroyito, Rosario: 41.654
Lanús, Lanús: 40.320

JUEGO DE NIÑOS

Si nos regimos por la consanguinidad, Benjamín Agüero Maradona, nacido en febrero de 2009, podría tener futuro en el fútbol, ya que es hijo de la sensación argentina del momento que milita en el Atlético de Madrid, Sergio «Kun» Agüero, y su compañera Giannina Maradona. A Agüero le apodaron «Kun» sus amigos, por el parecido de su corte de pelo con el del dibujo animado japonés: «Kum Kum».

¿VIENES POR AQUÍ A MENUDO?

Argentina y Uruguay se han enfrentado en más ocasiones que ningún otro país: 161 encuentros, incluido el primer internacional fuera del Reino Unido, en 1902. Argentina venció por 6-0 en Montevideo, la capital uruguaya, y desde entonces han ido a la cabeza: han ganado 80 partidos, frente a los 53 de Uruguay, y han empatado 43.

RESULTADOS

Alfio Basile dirigió a la selección en dos etapas y logró el récord mundial de 31 partidos sin perder. Pero los pésimos resultados en la fase de clasificación para el Mundial 2010 hicieron que fuese sustituido por Diego Armando Maradona. Entre sus predecesores se encuentran Humberto Maschio y Omar Sívori, que jugaron tanto para Argentina como para Italia. Argentina ganó su primera Copa del Mundo en 1978, bajo el mando de César Luis Menotti, cuyo capitán, Daniel Passarella, dirigió a Argentina hasta los cuartos de final en Francia 20 años más tarde.

¿UN BUEN DOCTOR?

Carlos Bilardo ganó la Copa Intercontinental de 1968 como jugador cuando su equipo, el Estudiantes de La Plata, venció al Manchester United y el Mundial con Argentina como entrenador diez años más tarde. Bilardo también era titulado en Medicina y ayudaba a su padre en su negocio de muebles. Tenía fama de irritar a los oponentes con sus travesuras. Como míster del Estudiantes en 2003-2004, le fotografiaron bebiendo de una botella de champán en el banquillo, pero insistió en que contenía un refresco. Después de ganar el Mundial como seleccionador de Argentina en 1986, les volvió a llevar a la final otra vez en 1990, de nuevo contra la República Federal de Alemania, pero esta vez perdieron. Volvió al combinado nacional en 2008 como asesor del nuevo entrenador, Diego Armando Maradona, que fue su capitán en 1986.

PRINCIPALES COMPETICIONES

COPA MUNDIAL DE LA FIFA™: 14 apariciones - campeones en 1978, 1986

COPA AMÉRICA: 38 apariciones - campeones en 1921, 1925, 1927, 1929, 1937, 1941, 1945, 1946, 1947, 1955, 1957, 1959, 1991, 1993

COPA FIFA CONFEDERACIONES: Tres apariciones - campeones en 1993

PRIMER INTERNACIONAL: Uruguay 2 - Argentina 3 (Montevideo, Uruguay, 16 de mayo de 1901)

MAYOR VICTORIA: Argentina 12 - Ecuador 0 (Montevideo, Uruguay, 22 de enero de 1942)

PEOR DERROTA: Checoslovaquia 6 - Argentina 1 (Helsingborg, Suecia, 15 de junio de 1958); Bolivia 6 - Argentina 1 (La Paz, Bolivia, 1 de abril de 2009)

LOS CHICOS VAN BIEN

La selección Sub-20 argentina ha ganado el Mundial un récord de seis veces, con las victorias más recientes en 2005 y 2007. Sergio Agüero y Mauro Zárate metieron los goles en la final que ganaron por 2-1 ante la República Checa, en el último torneo, celebrado en Canadá en 2007.

CHINA EN TUS MANOS

En una decisión excepcional, a los dos finalistas olímpicos de 2008, Argentina y Nigeria se les permitió realizar dos pausas para beber agua durante el partido que presenciaron 89.102 espectadores. El encuentro se jugó bajo un calor sofocante en Pekín. Ángel Di María marcó el único gol de Argentina, que les permitió revalidar el título que habían conquistado en Atenas por primera vez cuatro años antes.

LA SUERTE DEL PRINCIPIANTE

El seleccionador más joven en un Mundial, Juan José Tramutola, tenía solo 27 años y 267 días cuando Argentina comenzó su campaña de 1930 batiendo a Francia por 1-0. Argentina llegó a la final, pero perdió por 4-2 ante Uruguay; cada mitad del partido se jugó con un balón elegido por cada una de las selecciones.

JUEGO DE NÚMEROS

A los internacionales argentinos de los Mundiales 78 y 82 se les asignaron los dorsales por orden alfabético en vez de por posiciones, lo que supuso que el n.º 1 lo llevaran los centrocampistas Norberto Alonso en 1978 y Osvaldo Ardiles en 1982. El único jugador de 1982 que rompía este esquema fue el n.º 10, Maradona.

UNA DOCENA

Argentina protagonizó la mayor victoria en la historia de la Copa América, cuando en 1942 cinco goles de José Manuel Moreno ayudaron a aniquilar a Ecuador 12-0. Moreno ganó títulos de liga en Argentina, México, Chile y Colombia.

VALIÓ LA PENA

El estadio nacional, El Monumental, en Buenos Aires, acogió su primer encuentro en 1938. Pero su diseño original no se completó hasta 20 años más tarde, en gran parte gracias a los más de 114.000 euros que el River Plate recibió de la Juventus por transferir a Omar Sívori. El estadio es una visita obligada para muchos turistas futboleros por el Superclásico que enfrenta al River Plate con el rival de la ciudad, el Boca Juniors.

POR LOS PELOS

Daniel Passarella era un capitán muy exigente, pero llevó a Argentina a conquistar el Mundial de 1978. También fue un entrenador duro. Cuando se hizo cargo de la selección en 1994, se negó a convocar a nadie hasta que no se hubiesen cortado el pelo, y obligó al delantero Claudio Caniggia a deshacerse de su melena.

GLORIA MUNDIAL

La antigua Copa Intercontinental, en la que competían los clubes campeones de Europa y Sudamérica hasta 2004, fue conquistada casi siempre por equipos argentinos (en nueve ocasiones). El Boca Juniors logró tres títulos, el Independiente dos, y el Estudiantes, el Racing Club, el River Plate y el Vélez Sársfield solo uno.

INTERNACIONALES

1	Javier Zanetti	129
2	Roberto Ayala	115
3	Diego Simeone	106
4	Oscar Ruggeri	97
5	Diego Maradona	91
6	Ariel Ortega	86
7	Gabriel Batistuta	78
8	Juan Pablo Sorín	76
9	Américo Gallego	73
10	Daniel Passarella	70

EN LA RESERVA

En 1990, Argentina fue el primer país en llegar a la final de un Mundial habiendo ganado tanto en cuartos como en la semifinal gracias a la pena máxima. El héroe en ambas ocasiones fue el guardameta suplente Sergio Goycochea, que entró en escena en la fase de grupos después de que el portero titular, Nery Pumpido, se rompiese una pierna. Tan solo un año antes, Pumpido casi perdió un dedo en un entrenamiento, pero los cirujanos lograron salvarlo.

A LA TERCERA...

Dicen que si no lo consigues a la primera, hay que intentarlo de nuevo; esto no le sirvió a Martín Palermo, que falló tres penaltis en el partido de la Copa América de 1999 contra Colombia. El primero golpeó en el larguero, el segundo pasó por encima de la portería y el tercero lo paró el portero. Colombia ganó por 3-0.

TOQUE GANADOR

El centrocampista Marcelo Trobbiani jugó solo los dos últimos minutos de la final del Mundial de 1986, tras sustituir al goleador Jorge Burruchaga. Trobbiani solo dio un taconazo al balón. La antigua estrella del Boca finalizó su carrera como internacional con 15 partidos y un gol en su haber.

JAVIER EL POLIVALENTE

Javier Zanetti es el argentino que ha jugado más partidos como internacional, 129, a pesar de no haber sido convocado por José Pekerman para la fase final del Mundial 2006. Regresó a la selección en la etapa de Alfio Basile para superar el récord de partidos de Roberto Ayala. Zanetti, que puede jugar de zaguero o en medio campo, también ha disputado más partidos de la Serie A que cualquier otro extranjero.

DOS VECES BUENO

Luisito Monti es el único futbolista que ha jugado un Mundial para dos países. El mediocentro, nacido en Buenos Aires el 15 de mayo de 1901 pero con orígenes italianos, influyó mucho en la campaña que llevó a Argentina a la final de 1930. Perdieron el encuentro por 4-2 ante Uruguay, después de que, supuestamente, Monti recibiese misteriosas amenazas de muerte. Tras su traspaso a la Juventus al año siguiente, se le permitió jugar para Italia y estuvo en la selección italiana que venció a Checoslovaquia en la final de 1934. Otro miembro del equipo de 1934 fue Raimundo Orsi, que también había jugado con Argentina antes de cambiar de selección en 1929.

SUPER MARIO

Mario Kempes, jugador del Valencia, que marcó dos veces en la final del Mundial de 1978 y fue distinguido con la Bota de Oro, era el único miembro del combinado de César Menotti que jugaba para un club extranjero. En el Valencia fue el máximo goleador de la Liga en dos temporadas.

EL DIOS DIEGO

Muchos creen que Diego Armando Maradona es el mejor futbolista de la historia, incluso mejor que Pelé. «El Pelusa», nacido en Lanús el 30 de octubre de 1960, hacía malabares con la pelota de niño en los descansos de los partidos del Argentinos Juniors. Se quedó consternado cuando no le convocaron para el equipo del Mundial 1978 en Argentina, pero en cambio le enviaron al torneo de 1982. Maradona, capitán argentino en México 86, marcó el famoso gol de «la mano de Dios» y después de unos espectaculares regates anotó el que está considerado el mejor gol del siglo, que les valió el pase a semifinales al eliminar a Inglaterra. Volvió a ser capitán de Argentina en la final de 1990, en Italia (el país donde llevó al Nápoles a ganar la Serie A y la Copa de la UEFA). Fue expulsado de la fase final del Mundial de 1994 tras dar positivo en un control antidopaje. Fue capitán de la selección 16 veces en partidos de Mundiales, todo un récord, y fue nombrado seleccionador en 2008, pese a su escasa experiencia como entrenador.

EL BUEN MESSI

Lionel Messi está considerado uno de los jugadores con más talento del mundo, pero es mejor olvidar su debut internacional. Fue expulsado 40 segundos después de entrar como suplente en agosto de 2005. Messi ha formado parte del Barça desde que tenía 13 años, ya que los directivos aceptaron pagar su tratamiento hormonal para que creciera y alcanzara el 1,69 m. El propio Maradona lo nombró su sucesor y en abril de 2007 metió un gol al Getafe, tras una escapada en solitario desde medio campo, muy similar al famoso gol del siglo que Maradona marcó a Inglaterra en 1986.

A POR LA COPA EN EL TOTTENHAM

Después de que Argentina ganase la Copa del Mundo por primera vez en 1978, Osvaldo Ardiles y Ricardo Villa cruzaron el Atlántico para unirse al club inglés Tottenham Hotspur, donde tuvieron un papel decisivo en la final de la Copa de Inglaterra de 1981. A Ardiles le dedicaron una estrofa en la canción de la final de la Copa del club, «Ossie's Dream»; a Villa le fue incluso mejor, marcando el espectacular gol que significó la victoria ante el Manchester City en un partido de desempate en Wembley.

MÁXIMOS GOLEADORES

1	Gabriel Batistuta	56
2	Hernán Crespo	36
3	Diego Maradona	34
4	Luis Artime	24
5	Leopoldo Luque	22
=	Daniel Passarella	22
7	José Sanfilippo	21
=	Herminio Masantonio	21
9	Mario Kempes	20
10	Norberto Méndez	19
=	José Manuel Moreno	19
=	René Pontoni	19

EL ÁNGEL GABRIEL

Gabriel Batistuta, apodado «Batigol» y el máximo goleador argentino de todos los tiempos, es el único que ha logrado *hat tricks* en dos Mundiales distintos; el primero ante Grecia en 1994 y el segundo ante Jamaica cuatro años después. Sándor Kocsis (Hungría), Just Fontaine (Francia) y Gerd Müller (Alemania) consiguieron dos *hat tricks* en el mismo Mundial. Batistuta, nacido en Reconquista el 1 de febrero de 1969, logró además otro récord de la liga italiana con la Fiorentina, al marcar en 11 partidos consecutivos de la Serie A en la temporada 1994-1995.

BRASIL

Ningún país ha reflejado el espíritu del deporte rey hasta el punto que lo ha hecho Brasil. La Canarinha, con su inconfundible equipación de camiseta amarilla y pantalones azules, ha entusiasmado a generaciones de aficionados al fútbol, ha protagonizado algunos de los mejores momentos de la historia de este deporte y ningún Mundial sería lo mismo sin ellos. Brasil, el país que vio nacer a Pelé, Garrincha, Zico, Ronaldo y Kaká, es el único equipo que ha participado en la fase final de todos los Mundiales y ha ganado el torneo en cinco ocasiones.

COLORES CAMBIANTES

La camiseta original de la selección de Brasil era de color blanco con el cuello azul, pero tras la derrota ante Uruguay en el Mundial de 1950, los colores fueron criticados por falta de patriotismo. El periódico *Correio da Manhã* organizó un concurso para diseñar una equipación que incorporara los cuatro colores de la bandera brasileña. El diseño ganador, camiseta amarilla con ribetes verdes y pantalones azules con adornos blancos, fue realizado por Aldyr Garcia Schlee, de 19 años. Los nuevos colores se estrenaron en marzo de 1954 contra Chile y no han cambiado desde entonces.

FUERA DEL CONTINENTE

Brasil es el único país que ha ganado el Mundial fuera de su continente; lo ha logrado en tres ocasiones, en Suecia en 1958, en Estados Unidos en 1994 y en Japón/Corea en 2002.

1966 Y TODO ESO

La preparación de Brasil para el Mundial de 1966 en Inglaterra se vio afectada por influencias políticas. Los clubes importantes con jugadores en la selección querían subir sus fichas de traspaso. En los últimos meses de preparación, el técnico Vicente Feola trabajó con 46 jugadores, de los que solo 22 viajarían a Inglaterra. Esto causó malestar en la plantilla y Brasil no superó la fase de grupos, en la que fue una de sus peores actuaciones.

RÉCORD DE BRASIL

PARTIDOS JUGADOS	92
VICTORIAS	64
EMPATES	14
DERROTAS	14
GOLES A FAVOR	201
GOLES EN CONTRA	84
CAMPEONES:	1958, 1962, 1970, 1994, 2002
SUBCAMPEONES:	1950, 1998
TERCER PUESTO:	1938, 1978
CUARTO PUESTO:	1974

PRIMER INTERNACIONAL
Argentina 3 - Brasil 0
(Buenos Aires, 20 de septiembre de 1914)

MAYOR VICTORIA
Brasil 14 - Nicaragua 0
(México, 17 de octubre de 1975)

PEOR DERROTA
Uruguay 6 - Brasil 0
(Chile, 18 de septiembre de 1920)

FINALES AJUSTADOS

Brasil ha jugado muchos partidos memorables. Su derrota por 3-2 ante Italia en 1982 está considerada un clásico en la historia de los Mundiales. Paolo Rossi anotó los tres tantos de Italia y el seleccionador de Brasil, Telê Santana, fue muy criticado por subir al ataque cuando solo necesitaban empatar a dos. El conjunto brasileño de 1982, con grandes jugadores como Zico, Falcão o Sócrates (arriba), está considerado uno de los mejores equipos que no ganó el torneo. En 1994, la victoria por 3-2 en cuartos sobre los Países Bajos, el primer partido en competición en 20 años, fue igual de emocionante, ya que todos los goles llegaron en la segunda parte.

⚽ RIVALES ACÉRRIMOS

El clásico más antiguo del fútbol brasileño enfrenta al Fluminense y al Botafogo en Río de Janeiro y se disputó por primera vez el 22 de octubre de 1905 con victoria para el Fluminense por 6-0. Uno de esos partidos desató una polémica que duró 89 años. Ambos equipos discreparon sobre el resultado del campeonato de 1907, cuyo título estuvo en duda hasta 1996, cuando finalmente decidieron compartirlo.

TIERRA DE FÚTBOL

Ningún país está más identificado con el éxito futbolístico que Brasil, ganador del Mundial en cinco ocasiones: 1958, 1962, 1970, 1994 y 2002. También es el único equipo que no se ha perdido jamás la fase final de un Mundial y casi siempre es el favorito para ganar la competición. Tras hacerse con el título por tercera vez en México 1970, Brasil pudo quedarse de forma permanente con el trofeo Jules Rimet original. Por desgracia, en 1983 lo robaron de la sede de la federación y nunca se recuperó. Los brasileños suelen referirse a su país como «o país do futebol» («el país del fútbol»). Es el pasatiempo preferido de los jóvenes y las elecciones generales suelen celebrarse el mismo año que el Mundial, lo que suscita las críticas hacia los partidos políticos por intentar aprovecharse de la oleada de patriotismo generada por el deporte rey y llevarla al terreno político. La introducción del fútbol en Brasil en 1894 se atribuye a Charles Miller, hijo de un ingeniero escocés. Pero este deporte no llegó a ser verdaderamente brasileño hasta que se permitió jugar a futbolistas negros a nivel profesional en 1933. Al principio, dado el origen europeo del fútbol, fue el deporte de la élite urbana blanca de Brasil. Sin embargo, enseguida se extendió a las zonas pobres de las ciudades, ya que para jugar solo era necesario un balón, que podía sustituirse por unos cuantos calcetines, una naranja o un trapo relleno de papel.

⚽ CITA OBLIGADA

La devoción de Brasil por el fútbol y sus logros en los Mundiales están expuestos en el Museo del Fútbol de São Paulo, que cuenta con 17 salas de exposición, distribuidas en tres plantas y que ha costado más de 11 millones de euros. La muestra incluye un total de 1.442 fotos y seis horas de video. El museo es totalmente accesible para las personas con movilidad reducida, incluyendo puertas sonoras, señales táctiles, sensores de sonido, mapas, códigos y placas de colores, todo lo necesario para garantizar que los visitantes puedan interactuar con su entorno.

EL REY

Muchos consideran a Pelé el mejor jugador de todos los tiempos, un icono futbolístico por excelencia y no solo por sus logros en el campo. Por ejemplo, dedicó su gol número 1.000 a los niños pobres de Brasil. Debutó en el Santos a los 15 años y ganó su primer Mundial dos años más tarde, marcando dos tantos en la final. A pesar de las numerosas ofertas de clubes europeos, las condiciones económicas y el reglamento del fútbol brasileño de la época permitieron al Santos retener a su bien más preciado durante casi dos décadas, hasta 1974. El máximo anotador de la historia de la selección brasileña es el único futbolista que ha estado en los equipos ganadores de tres Mundiales. Pese a formar parte del combinado brasileño al comenzar el torneo de 1962, una lesión en el segundo partido le impidió seguir jugando y, en un principio, no recibió medalla. Sin embargo, en noviembre de 2007 la FIFA anunció que recibiría una medalla con carácter retroactivo. Tras el desastre en el torneo de 1966, cuando Brasil cayó en primera ronda, Pelé dijo que no quería volver a jugar un Mundial. Finalmente lograron convencerle y, en 1970, acabó ejerciendo un papel fundamental en el que ha sido calificado uno de los mejores equipos de la historia. Desde su retirada en 1977, Pelé ha sido un embajador del fútbol por todo el mundo, además de hacer incursiones en la interpretación y la publicidad.

¿QUÉ TIENE EL NOMBRE?

Pelé, cuyo nombre es Edson Arantes do Nascimento, es el único al que nunca le ha gustado su apodo y admitió haber dado un puñetazo al compañero de clase que se lo puso, por lo que fue expulsado dos días. La palabra no significa nada en portugués, así que supuso que era un insulto, aunque después descubrió que significa «milagro» en hebreo.

EL DIAMANTE NEGRO

Leônidas da Silva, fallecido en 2004 a los 90 años, está considerado el primer jugador que perfeccionó la chilena. El máximo goleador del Mundial de 1938, que marcó cuatro tantos en un único partido ante Polonia, quedó fuera del equipo en semifinales. Resultó un error terrible por parte del entonces técnico brasileño, Ademar Pimenta, ya que Brasil cayó eliminada ante Italia. Por lo visto, al marcar su último gol contra Polonia, Leônidas iba descalzo, así que el árbitro quiso anular el tanto. Hábilmente, Leônidas se manchó los pies con fango y ¡el árbitro no pudo decir que no llevaba botas!

UNA HOJA VALIOSA

Didí fue el creador de juego de las dos selecciones campeonas de los Mundiales 1958 y 1962. Genio del centro del campo, era una estrella antes de llegar Garrincha y Pelé. Para Didí, cuyo nombre real era Waldir Pereira, en el fútbol primaba la superioridad técnica sobre la fuerza física. Despreciaba el contacto físico hasta llegar a afirmar: «Es el balón el que necesita correr, no el jugador». También fue experto en lanzamientos de falta. Con un sello propio, el disparo *folha seca* (hoja seca), marcó el gol contra Perú que colocó a Brasil en la fase final del Mundial de Suecia de 1958.

DOS NOMBRES, DOS PAÍSES

En la actualidad no está permitido jugar con dos selecciones diferentes, pero José Altafini, tercer máximo anotador de la historia de la Serie A italiana, tenía doble nacionalidad y disputó partidos internacionales tanto con Brasil como con Italia. En Brasil le apodaron «Mazzola» por su gran parecido con el antiguo delantero del Torino, Valentino Mazzola. Jugó el Mundial 1958 con Brasil, aunque no las últimas fases del torneo, y después se cambió a Italia para el Mundial 62. Los italianos prefirieron llamarle por su nombre.

UN PEQUEÑO GRAN PÁJARO

Los nombres de Pelé, Rivelino, Zico, Ronaldo y Ronaldinho surgen automáticamente como algunos de los mejores futbolistas brasileños. Pero Garrincha, nombre de un pájaro, es quizá el héroe olvidado del país. El pequeño extremo tenía un talento prodigioso, pero triunfó justo antes de la llegada de la televisión. Anotó la friolera de 232 goles desde la banda en los clubes donde militó, además de ser probablemente el mejor regateador de la historia. Brillante ejecutor del disparo con efecto, propició la victoria de Brasil en los Mundiales de 1958 y 1962, y jugó la mayor parte de su carrera en el Botafogo.

MÁXIMOS GOLEADORES

1	Pelé	77
2	Ronaldo	62
3	Romário	55
4	Zico	52
5	Bebeto	39
6	Rivaldo	34
7	Jairzinho	33
8	Ademir	32
=	Ronaldinho	32
=	Tostão	32

PRINCIPALES INTERNACIONALES

1	Cafú	142
2	Roberto Carlos	125
3	Claudio Taffarel	101
4	Djalma Santos	98
5	Ronaldo	97
6	Gilmar	94
7	Pelé	92
=	Rivelino	92
9	Dida	91
=	Dunga	91

¿Y RONALDO?

Solo una persona sabe exactamente lo que le ocurrió a Ronaldo en las horas previas a la final del Mundial de 1998: él mismo. La superestrella brasileña generó uno de los mayores misterios de la historia del Mundial cuando su nombre fue excluido del equipo titular antes del partido, aunque reapareció justo antes del inicio. En un principio se dijo que Ronaldo arrastraba una lesión en el tobillo, y después que fue una indisposición estomacal. Finalmente el médico del equipo, Lidio Toledo, reveló que el delantero había tenido que acudir al hospital por sufrir una convulsión mientras dormía, pero que estaba listo para jugar tras practicarle pruebas neurológicas y cardiacas. Un inferior Ronaldo quedó eclipsado por Zinedine Zidane en un partido desigual que vio a Francia coronarse campeona del mundo por primera vez. El relato más impresionante fue el del compañero de cuarto de Ronaldo, Roberto Carlos. «Ronaldo estaba asustado por lo que se avecinaba. La presión se apoderó de él y no podía parar de llorar», dijo el legendario lateral. «Eran aproximadamente las cuatro cuando se puso enfermo. Entonces llamé al médico del equipo y le pedí que viniera a nuestro cuarto lo antes posible».

MÁXIMOS GOLEADORES BRASILEÑOS EN UN MUNDIAL

1	15	Ronaldo
2	12	Pelé
3	9	Jairzinho (el único jugador que ha marcado en todos los partidos de un Mundial, en 1970)
=	9	Vavá
5	8	Ademir (máximo anotador 1950)
=	8	Leônidas (máximo anotador 1938)
7	7	Rivaldo, Careca
8	6	Bebeto, Rivelino

LA HORA DE TIM

El técnico de Perú en el Mundial de 1982 fue Tim, que esperó 44 años, algo sin precedentes, para volver a la fase final de un Mundial, tras haber jugado un partido como delantero con su Brasil natal en el torneo de 1938.

¡TODOS FUERA!

Diecinueve jugadores fueron expulsados en el Uruguay-Chile de 1975: diez chilenos y nueve uruguayos. El árbitro chileno Sergio Vasquez fue suspendido y multado por perder el control.

UNA VICTORIA VACÍA

Chile llegó a la fase final del Mundial 74 gracias a que la Unión Soviética no compareció en la repesca de clasificación. La URSS, que era comunista, se negó a jugar en el Estadio Nacional de Santiago, ya que había sido empleado como centro de detención por el régimen que derrocó al comunista Allende. A pesar de no haber rival, los jugadores chilenos hicieron el saque inicial en un estadio vacío, marcaron en una portería sin arquero y el árbitro les dio la victoria.

EL PRIMERO PARA ECUADOR

El conjunto LDU de Quito fue el primer y único equipo ecuatoriano hasta la fecha que ha levantado un trofeo internacional al ganar la Copa Libertadores en 2008. Vencieron al brasileño Fluminense 3-1 en la tanda de penaltis de la final, después de que los partidos de ida y vuelta terminaran en un 5-5 total. La LDU perdió contra el Manchester United en la final de la Copa Mundial de Clubes de la FIFA de ese año.

BLANC DIO EN EL BLANCO

Paraguay fue la primera víctima de un «gol de oro» en un Mundial; el gol del desempate de Laurent Blanc para Francia batió al guardameta José Luis Chilavert tras 113 minutos del partido de octavos de final de 1998 en Lens.

POR TODO LO ALTO

Las selecciones de Bolivia y Ecuador disputan sus partidos en casa a más altitud que ningún otro equipo. La joya de Bolivia, el estadio Hernando Siles, en la capital, La Paz, está a 3.637 metros por encima del nivel del mar, mientras que el principal estadio de Ecuador, el Olímpico Atahualpa, en Quito, está situado a 2.800 metros sobre el nivel del mar. Los equipos rivales se han quejado de que el aire enrarecido dificulta respirar, y todavía más jugar, pero la prohibición que la FIFA introdujo de disputar partidos internacionales de competición a más de 2.500 metros por encima del nivel del mar en mayo de 2007 fue corregida un mes después, subiendo el límite a 3.000 metros y permitiendo el uso del estadio Hernando Siles en casos excepcionales. En mayo de 2008 la FIFA cambió de parecer y anuló por completo la restricción sobre la altitud tras las protestas de Bolivia, Ecuador y los afectados Colombia y Perú. Entre otros partidarios de eliminar la restricción estaba el astro argentino Diego Armando Maradona, pero lamentaría su decisión; en marzo de 2009 Bolivia machacó en casa por 6-1 en un partido de clasificación para el Mundial a la Argentina entrenada por... Maradona.

⚙ SEGURIDAD NACIONAL

Colombia es el único país que ha pasado por la Copa América sin recibir ningún gol, cuando ejercieron de anfitriones y ganaron el trofeo por primera y única vez en 2001. El delantero Víctor Aristizábal fue el máximo anotador del torneo de 2001 con seis tantos, pero el único gol de la final contra México fue obra del versátil defensa Iván Córdoba. Colombia casi pierde el derecho a albergar la competición porque se temían problemas en la seguridad, lo que provocó la retirada de Argentina, pero tras considerar un traslado a Venezuela, la CONMEBOL, organismo que regula el fútbol en Sudamérica, decidió mantener la competición en Colombia.

QUERER Y NO PODER

Bolivia y El Salvador han disputado el mayor número de partidos de fase final de un Mundial, seis cada uno, sin lograr ganar ni una sola vez. Al menos Bolivia consiguió un empate a cero contra Corea del Sur en 1994. No obstante, lograron un récord al no anotar ningún gol en cinco partidos seguidos de fase final de un Mundial durante los torneos de 1930 y 1994, hasta que Erwin Sánchez puso fin a su racha sin marcar en la derrota por 3-1 ante España en su último encuentro del Mundial de 1994.

ESTADIOS NACIONALES

Bolivia:
Hernando Siles,
La Paz (45.000)

Chile:
Estadio Nacional,
Santiago (63.379)

Colombia:
El Campín,
Bogotá (48.600)

Ecuador:
Estadio Olímpico Atahualpa,
Quito (40.948)

Paraguay:
Defensores del Chaco,
Asunción (36.000)

Perú:
Estadio Nacional,
Lima (45.574)

Venezuela:
Estadio Polideportivo de
Pueblo Nuevo,
San Cristóbal (38.755)

EL REZAGADO

El único miembro de la CONMEBOL que no ha llegado a la fase final de un Mundial es Venezuela, país donde el fútbol ha sido el segundo deporte más popular por detrás del baloncesto durante muchos años, pero que está ganando terreno con rapidez. Venezuela albergó su primera Copa América en 2007, en la que el equipo capitaneado por el jugador de la liga española Juan Arango llegó a cuartos de final. El guardameta venezolano, Rafael Dudamel, marcó de falta en la derrota por 5-2 frente a Argentina en un partido de clasificación para el Mundial en octubre de 1996.

⚙ CHILE ROJO

El primer jugador que vio una tarjeta roja en la fase final de un Mundial fue el chileno Carlos Caszely, a los 67 minutos de un encuentro de primera ronda contra la anfitriona, la República Federal de Alemania, en Berlín, en 1974.

LA SUERTE DE LEO

Leonel Sánchez tiene el récord de partidos internacionales jugados con Chile, con 23 goles en 84 encuentros. Pero tuvo suerte de seguir en el campo en uno de ellos, al librarse de una expulsión a pesar de propinar un puñetazo en la cara al italiano Mario David durante el partido denominado «la Batalla de Santiago» en el Mundial de 1962. El extremo izquierdo Sánchez, nacido en Santiago el 25 de abril de 1936, compartió la Bota de Oro del torneo con los brasileños Garrincha y Vavá, el ruso Valentín Ivanov, el húngaro Florian Albert y el yugoslavo Drazan Jerkovic, tras marcar todos cuatro goles.

TRAGEDIA EN MEDELLÍN

El difunto defensa colombiano Andrés Escobar, de 27 años, fue abatido a balazos a las puertas de un bar de Medellín diez días después de marcar un gol en propia meta en un partido de primera ronda del Mundial de 1994 contra Estados Unidos. Colombia perdió 2-1 y quedó eliminada de un torneo del que algunos analistas, entre ellos Pelé, la pronosticaban ganadora.

RÉCORD DE COPA LIBERTADORES

El delantero ecuatoriano Alberto Pedro Spencer es el máximo goleador de la historia de la Copa Libertadores con 54 goles: 48 en el club uruguayo Peñarol entre 1960 y 1970, y seis en el ecuatoriano Barcelona en 1971 y 1972. Pero solo jugó 11 veces con Ecuador entre 1959 y 1972, y anotó cuatro tantos. Entre 1962 y 1964 defendió la camiseta de Uruguay en cuatro partidos, logrando el único gol en la derrota por 2-1 ante Inglaterra en Wembley. Nunca disputó la fase final de un Mundial.

MÁXIMOS GOLEADORES

Bolivia: Joaquín Botero 20
Chile: Marcelo Salas 37
Colombia: Adolfo Valencia 31
Ecuador: Agustín Delgado 31
Paraguay: José Saturnino Cardozo 25
Perú: Teófilo Cubillas 26
Venezuela: Giancarlo Maldonado 16

INTERNACIONALES

Bolivia: Luis Cristaldo y Marco Sandy 93
Chile: Leonel Sánchez 84
Colombia: Carlos Valderrama 111
Ecuador: Iván Hurtado 159
Paraguay: Carlos Gamarra 110
Perú: Roberto Palacios 122
Venezuela: José Manuel Rey 103

CUBILLAS CREA ESCUELA

El delantero peruano Teófilo Cubillas fue el primer jugador que marcó cinco goles en la fase final de dos Mundiales diferentes; marcó cinco en 1970 y otros cinco en 1978, aunque no logró la Bota de Oro en ninguna ocasión. El alemán Miroslav Klose emuló la hazaña marcando cinco goles en 2002 y otros cinco cuatro años después, y él por lo menos recibió la Bota de Oro.

RENÉ HIGUITA

El excéntrico portero René Higuita marcó tres goles con su selección y además realizó «el escorpión», su famoso despeje acrobático, en Wembley en septiembre de 1995, lanzándose en el aire y rechazando un disparo de Jamie Redknapp con los tacos de ambos pies. Higuita disputó el Mundial de 1990 con Colombia, pero se perdió la fase final del Mundial de 1994 debido a una condena de siete meses de prisión por estar involucrado en un secuestro; en noviembre de 2004 dio positivo en cocaína.

LA AMBICIÓN RUBIA

En las afueras del estadio Eduardo Santos en Santa Marta hay una estatua de bronce del centrocampista colombiano Carlos Valderrama, con su inconfundible mata de pelo. Valderrama es el único colombiano nombrado Mejor Futbolista Sudamericano del Año, en 1987 y 1993. Fue el capitán de su selección en los Mundiales de 1990, 1994 y 1998.

META A CERO

El encargado de mantener la portería de Colombia a cero en su paso por la Copa América de 2001 fue Óscar Córdoba, el portero que más partidos ha jugado con su selección, un total de 73 encuentros entre 1993 y 2006.

NO HAY DOS SIN TRES

El primer jugador que recibió el galardón de Futbolista Sudamericano del Año tres veces no fue Pelé ni Garrincha ni Maradona, sino el zaguero chileno Elías Figueroa, que recibió el premio tres años consecutivos entre 1974 y 1976 cuando jugaba en el club brasileño Internacional. Los únicos jugadores que han logrado un triplete similar fueron el brasileño Zico, en 1977, 1981 y 1982, y el delantero argentino Carlos Tévez, en 2003, 2004 y 2005. Otros dos chilenos han recibido el trofeo: Marcelo Salas en 1997 y Matías Fernández en 2006. Fuera de Brasil y Argentina, los países con más jugadores entre los premiados son Chile y Paraguay, con cinco cada uno; los ganadores paraguayos fueron Romerito (1985), Raúl Vicente Amarilla (1990), José Luis Chilavert (1996), José Cardozo (2002) y Salvador Cabañas (2007).

IVÁN EL ADMIRABLE

El defensa ecuatoriano Iván Hurtado es el futbolista sudamericano que más partidos ha jugado como internacional, con 159 encuentros y cinco goles desde su debut en 1992. Fue uno de los jugadores más decisivos de Ecuador en su primera fase final de un Mundial, en 2002, y ejerció de capitán cuando llegaron a segunda ronda cuatro años después.

CARLOS JUEGA LIMPIO

Carlos Gamarra, el jugador más veces internacional de Paraguay con 110 encuentros, no cometió ni una falta en ocho partidos como central en los Mundiales de 1998 y 2002. Fue incluido en el equipo del torneo de la FIFA en 1998, pero su paso por el Mundial 2006 fue bastante desafortunado al marcar en propia meta en el primer partido de Paraguay, que perdió 1-0 ante Inglaterra.

África es uno de los continentes que más ha aportado al fútbol mundial con su inagotable oleada de jugadores notables antes incluso de que naciones como Camerún, Nigeria, Costa de Marfil y Ghana comenzasen a dejar su impronta en la escena internacional. El continente también será el centro de atención en 2010 cuando los forofos disfruten del Mundial de Sudáfrica.

ÁFRICA

Hasta hace poco el mundo no se había percatado del auténtico potencial del fútbol africano. Durante más de una década los astros del continente han deslumbrado en las primeras categorías de las ligas europeas, pero el éxito en el Mundial ha rehuido al continente, a excepción de Camerún (1990) y Senegal (2002) que llegaron a cuartos de final. Quizá todo esto cambie en 2010, cuando el torneo se dispute por primera vez en África.

EL REINO DE LOS FARAONES

El primer gol en la Copa Africana de Naciones fue el penalti del egipcio Raafat Ateya en la semifinal contra Sudán en 1957, que acabó 2-1 a favor de Egipto. «Los Faraones» tienen el récord de victorias de este torneo, al haberlo ganado seis veces, las últimas en 2006 y 2008. Mohamed Aboutrika marcó el lanzamiento decisivo en la tanda de penaltis de la final de 2006 contra Costa de Marfil y anotó el único gol que decidió la competición de 2008 frente a Camerún. Aboutrika, licenciado en Filosofía, nació en Giza el 7 de noviembre de 1978 y se ganó el apodo de «el Asesino Sonriente» por su implacable puntería y alegre semblante.

POR IR A LA MODA

La FIFA descontó cuatros puntos a Camerún en el clasificatorio para el Mundial por llevar una equipación de una sola pieza en la Copa Africana de Naciones 2004, pero se los devolvieron.

PROMESAS FRUSTRADAS

Zambia nunca se ha clasificado para un Mundial, pero causó sensación al vencer a Italia 4-0 en un partido de la fase de grupos del torneo olímpico de fútbol de Seúl en 1988. Kalusha Bwalya anotó un *hat trick* y declaró que antes del partido los italianos les menospreciaron, pero luego les pidieron autógrafos. La tragedia sobrevino el 27 de abril de 1993, Zambia tenía posibilidades de llegar al Mundial de 1994, pero perdió a su entrenador y a 18 de sus jugadores cuando el avión militar que los trasladaba a un partido clasificatorio en Senegal se estrelló en Gabón y fallecieron todos sus ocupantes. El héroe olímpico Bwalya no iba en el avión por encontrarse jugando un partido con su equipo, el PSV Eindhoven.

BIEN HECHO, METSU

Senegal igualó la mejor marca de un equipo africano en un Mundial al llegar a los cuartos de final en 2002, tal como hizo Camerún 12 años antes. Lo logró venciendo al vigente campeón por 1-0 en el partido inaugural. El tanto de Papa Bouba Diop bastó para ganar a Francia, que contaba con el centrocampista senegalés Patrick Vieira. El seleccionador de Senegal era el francés Bruno Metsu.

⚽ PRUEBA DE RESISTENCIA

Costa de Marfil ha ganado las dos tandas de penaltis con más goles de la historia del fútbol: 11-10 de 24 lanzamientos frente a Ghana en la Copa Africana de Naciones de 1992 y 12-11 de 24 contra Camerún en el mismo torneo, pero 14 años más tarde.

⚽ ÁGUILAS DE ALTO VUELO

El primer país africano en lograr un torneo oficial de la FIFA fue Nigeria, cuando sus «Súper Águilas» batieron a Alemania 2-0 en la final de la Copa Mundial Sub-17 de 1985.

⚽ REMONTADAS ESPECTACULARES

En un amistoso en abril de 1993, Alemania, entonces campeona del mundo, marcó tres goles a Ghana en un minuto. Ghana iba ganando 1-0 a falta de 20 minutos, pero terminó perdiendo 1-6. En los cuartos de final del Campeonato Juvenil FIFA de 1989, Nigeria perdía frente a la URSS por 4-0 a falta de 25 minutos, pero remontó, empató a cuatro y terminó venciendo 5-3 en los penaltis.

⚽ PIONEROS AFRICANOS

Túnez fue el primer país africano en ganar un partido en un Mundial con su victoria por 3-1 frente a México en Argentina 78. Marruecos fue el primer equipo africano en liderar su grupo del Mundial, al quedar por delante de Inglaterra, Polonia y Portugal en México 86.

⚽ LOS GOLES ANGOLEÑOS

Angola perdió su primer encuentro contra su antigua metrópoli, Portugal, por 6-0 en 1989. Su segundo partido, 12 años después, se suspendió cuando Portugal ganaba 5-1, ya que se expulsó a cuatro jugadores angoleños y otro, Helder Vicente, se lesionó.

TÍTULOS DE COPA AFRICANA DE NACIONES

Egipto: 6
(1957, 1959, 1986, 1998, 2006, 2008)
Ghana: 4
(1963, 1965, 1978, 1982)
Camerún: 4
(1984, 1988, 2000, 2002)
Zaire/RD del Congo: 2
(1968, 1974)
Nigeria: 2 (1980, 1994)
Argelia: 1 (1990)
Congo: 1 (1972)
Etiopía: 1 (1962)
Costa de Marfil: 1 (1992)
Marruecos: 1 (1976)
Sudáfrica: 1 (1996)
Sudán: 1 (1970)
Túnez: 1 (2004)

LA VUELTA DE LAS GACELAS

El penalti que transformó Theophilus «Doctor» Khumalo en el minuto 82 fue el único tanto de la victoria sudafricana sobre Camerún el 7 de julio de 1992, el primer partido internacional reconocido tras el fin del *Apartheid*. Cuatro años más tarde, Sudáfrica organizó la Copa Africana de Naciones y la ganó por primera vez con un 2-0 a Túnez en la final. El presidente, Nelson Mandela, entregó el trofeo al capitán Neil Tovey.

COPA AFRICANA DE NACIONES
MÁXIMOS GOLEADORES

1	Samuel Eto'o (Camerún)	16
2	Laurent Pokou (C. de Marfil)	14
3	Rashidi Yekini (Nigeria)	13
4	Hassan El-Shazly (Egipto)	12
5	Hossam Hassan (Egipto)	11
=	Patrick Mboma (Camerún)	11
7	Kalusha Bwalya (Zambia)	10
=	Mulamba Ndaye (Zaire)	10
=	Francileudo Santos (Túnez)	10
=	Joel Tiéhi (Costa de Marfil)	10
=	Mengistu Worku (Etiopía)	10

PONERSE PATAS ARRIBA

Augustine «Jay Jay» Okocha era famoso por sus increíbles lanzamientos de falta y por los mortales con los que celebraba sus goles, una habilidad que compartía con sus compañeros de la selección nigeriana Julius Aghahowa y Obafemi Martins. Okocha, que jugó en el Fenerbahçe, el París Saint-Germain y el Bolton Wanderers entre otros, ganó la medalla de oro olímpica con su selección en 1996.

LA REVOLUCIÓN DEL 9

Ningún futbolista ha marcado tantos goles en una Copa Africana de Naciones como los nueve de Ndayé Mulamba, de Zaire, en 1974. Tres meses después fue expulsado en el partido en el que su equipo cayó derrotado por 9-0 ante Yugoslavia en el Mundial de la República Federal de Alemania.

RASHIDI ARRASA

Rashidi Yekini es el máximo goleador de la historia de Nigeria con 37 goles en 70 partidos entre 1984 y 1998. Puede que su diana más importante la marcara frente a Bulgaria en 1994, ya que supuso el primer gol nigeriano en un Mundial. Nigeria ganó 3-0 y llegó a la segunda ronda. Yekini fue el máximo anotador cuando Nigeria se alzó con la Copa Africana de Naciones de 1994, 14 años después de su único triunfo en el torneo.

ÁFRICA
INTERNACIONALES POR PAÍSES

ANGOLA	Akwá	80
ARGELIA	Mahieddine Meftah	107
BOTSUANA	Dipsy Selolwane	34
CAMERÚN	Rigobert Song	125
C. DE MARFIL	Didier Zokora	75
EGIPTO	Hossam Hassan	169
GHANA	Abédi «Pelé» Ayew	73
LIBIA	Tarik El Taib	48
MARRUECOS	Abdelmajid Dolmy	124
MOZAMBIQUE	Tico-Tico	123
NAMIBIA	Johannes Hindjou	69
NIGERIA	Mudashiru Lawal	86
SENEGAL	Henri Camara	99
SUAZILANDIA	Mlungisi Ngubane	91
SUDÁFRICA	Aaron Mokoena	81
TÚNEZ	Sadok Sassi	110
ZIMBABUE	Peter Ndlovu	100

EL ALEGRE ROGER

El delantero camerunés Roger Milla, famoso por bailar alrededor del banderín de córner después de cada tanto, se convirtió en el anotador más veterano de la historia del Mundial al marcar contra Rusia en 1994 con 42 años y 39 días. A esta competición acudió como suplente y en su camiseta figuraba su apellido escrito a mano en lugar de impreso. Milla, nacido en Yaundé el 20 de mayo de 1952, llevaba retirado un año del fútbol profesional cuando el presidente de Camerún, Paul Biya, le convenció para volver a la selección en el Mundial de 1994. Gracias a sus goles en ese torneo, consiguió algo inédito, recibir el galardón de Mejor Futbolista Africano del Año por segunda vez, 14 años después de su primer trofeo. Culminó su carrera como internacional con 102 partidos y 28 goles tras el Mundial 94 en Estados Unidos.

EL LEÓN INDOMABLE

En 2005, Samuel Eto'o se convirtió en el primer jugador en ser elegido Mejor Futbolista Africano del Año por tercer año consecutivo. Fue el máximo anotador en la Copa Africana de Naciones de 2008 con un total de 16 goles, superando al marfileño Laurent Pokou, que logró 14 tantos en las competiciones de 1968 y 1970.

ÁFRICA
MÁXIMOS GOLEADORES POR PAÍSES

ANGOLA	Akwá	36
ARGELIA	Rabah Madjer	40
BOTSUANA	Dipsy Selolwane	11
CAMERÚN	Samuel Eto'o	37
C. DE MARFIL	Didier Drogba	34
EGIPTO	Hossam Hassan	69
GHANA	Abédi «Pelé» Ayew	33
LIBIA	Tarik El Taib	11
MARRUECOS	Salaheddine Bassir	25
MOZAMBIQUE	Tico-Tico	24
NAMIBIA	Gervatius Uri Khob	12
NIGERIA	Rashidi Yekini	37
SENEGAL	Henri Camara	29
SUAZILANDIA	Sibusiso Dlamini	26
SUDÁFRICA	Benni McCarthy	31
TÚNEZ	Francileudo Santos	22
ZIMBABUE	Peter Ndlovu	38

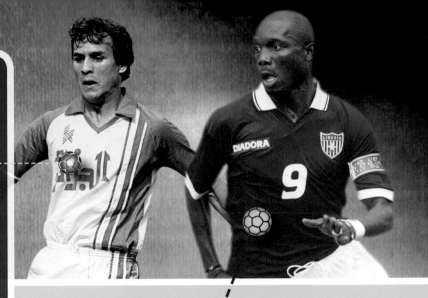

EL GENEROSO GEORGE

El liberiano George Weah fue el primer africano que recibió el galardón de Mejor Jugador del Año por la FIFA, en 1995, en reconocimiento a su prolífica capacidad goleadora en el París Saint-Germain y el AC Milan. Ese mismo año añadió el Balón de Oro y el premio de Mejor Futbolista Africano del Año a su vitrina de trofeos. Además de ser capitán de su país, Weah financiaba los viajes de su selección, pero sigue siendo el único Mejor Jugador del Año por la FIFA cuyo país nunca se ha clasificado para un Mundial. Cuando se retiró en 2003 con 60 partidos y 22 goles como internacional, se dedicó a la política y en 2005 se presentó sin éxito a la presidencia de Liberia.

QUINCE AÑOS TIENE...

El quinceañero Samuel Kuffour fue el futbolista más joven en ganar una medalla olímpica, 27 días antes de cumplir 16 años, cuando Ghana logró el bronce en Barcelona 92.

AL SON DE SONG

Dos jugadores han resultado expulsados en dos Mundiales distintos: el camerunés Rigobert Song contra Brasil en 1994 y contra Chile cuatro años después, y el francés Zinedine Zidane, que vio la tarjeta roja contra Arabia Saudí en 1998 y contra Italia en la final de 2006. La tarjeta roja de Song contra Brasil lo convirtió en el jugador más joven en ser expulsado en un Mundial, puesto que solo contaba 17 años y 358 días. Song, nacido en Nkanglikock el 1 de julio de 1976, llegó a ser el jugador que más partidos (125) disputó con Camerún, incluidos los que le convirtieron en campeón de la Copa Africana de Naciones de 2000 y 2002. Su sobrino, el polivalente jugador del Arsenal Alexandre Song Billong, también es internacional camerunés.

LOS TESOROS EGIPCIOS

Hossam Hassan es el jugador africano que más encuentros ha disputado con su selección: 169 participaciones y 69 goles con Egipto desde 1985 hasta su retirada como internacional 11 años más tarde. Solo el mexicano Claudio Suárez ha sido más veces internacional, con 178 partidos. En su etapa en la selección, Hossam Hassan logró tres Copas Africanas de Naciones en 1986, 1998 y 2006. Su hermano Ibrahim disputó 125 partidos y marcó 12 tantos con su país.

LLAMAMIENTO DE ÁFRICA

África albergará el Mundial por primera vez cuando Sudáfrica sea la sede en 2010. El organizador del torneo, Danny Jordaan, se quedó con las ganas de que Sudáfrica fuera la sede de la competición en 2006 cuando la FIFA eligió a Alemania por un voto de diferencia. Habrá diez estadios, incluido el renovado Soccer City de Johannesburgo con capacidad para 94.700 espectadores, donde se jugará la final, y otros cinco que serán de nueva planta. La mascota oficial es un leopardo amarillo y verde llamado Zakumi, «ZA» por el código de Sudáfrica y «kumi» que significa «diez».

PÉTREA DEFENSA

El líder militar de Liberia, Samuel Doe, amenazó a su selección con la cárcel si perdían contra Gambia en 1980. Los internacionales se libraron del castigo al quedar 0-0.

COSAS DE FAMILIA

François Omam-Biyik marcó el gol de la victoria de Camerún ante la entonces campeona, Argentina, en el partido inaugural del Mundial 90; seis minutos después, su hermano André Kana-Biyik fue expulsado. Camerún logró una victoria histórica aunque terminó el partido con nueve hombres, pues Benjamin Massing también vio la tarjeta roja.

NOQUEADO EN LOS PENALTIS

El guardameta y capitán de Botsuana, Modiri Marumo, fue expulsado en medio de la tanda de penaltis contra Malaui en mayo de 2003 por propinar un puñetazo al portero rival, Philip Nyasulu. El defensa botsuano Michael Mogaladi tuvo que permanecer bajo los palos el resto de la tanda, que ganó Malaui por 4-1.

BARRERA DEFENSIVA

El defensa zaireño Mwepu Ilunga fue amonestado por adelantarse de la barrera y dar una patada al balón cuando Brasil preparaba un lanzamiento de falta en el Mundial de 1974. Zaire fue el primer país negro de África que se clasificó para un Mundial, pero no lo ha vuelto a conseguir.

MEJORES CLASIFICACIONES DE PAÍSES AFRICANOS EN EL MUNDIAL

ANGOLA: 1.ª ronda en 2006
ARGELIA: 1.ª ronda en 1982, 1986
CAMERÚN: cuartos de final en 1990
C. DE MARFIL: 1.ª ronda en 2006
EGIPTO: 1.ª ronda en 1934, 1990
GHANA: 2.ª ronda en 2006
MARRUECOS: 2.ª ronda en 1986
NIGERIA: 2.ª ronda en 1994, 1998
SENEGAL: cuartos de final en 2002
SUDÁFRICA: 1.ª ronda en 1998, 2002
TOGO: 1.ª ronda en 2006
TÚNEZ: 1.ª ronda en 1978, 1998, 2002, 2006
ZAIRE/RD DEL CONGO: 1.ª ronda en 1974

SUDAFRICANOS AL SUR DE LONDRES

El club inglés Charlton Athletic tenía cuatro jugadores de origen sudafricano en plantilla en la década de 1950, aunque Eddie Firmani jugaría tres partidos con Italia y John Hewie disputaría 19 con la selección escocesa. Firmani jugó en la Sampdoria, el Inter de Milán y el Génova, y fue el primero en anotar un centenar de goles en liga tanto en Italia como en Inglaterra.

SINTONÍA CON SUDÁN

En 1970 se televisó por primera vez la Copa Africana de Naciones, celebrada en Sudán. Ghana llegó a la final por cuarta vez consecutiva, pero perdió 1-0 ante el país anfitrión.

PERDER TODA LA MAGIA

Thomas Nkono, portero de Camerún en los Mundiales 82 y 90, fue arrestado momentos antes de que su país jugara la semifinal de la Copa Africana de Naciones contra Malí en 2002. Nkono, entonces entrenador de porteros, fue acusado de hacer «magia negra» en el terreno de juego. Camerún ganó el partido por 3-0 y en la final se impuso a Senegal 3-2 en los penaltis, después de que el encuentro terminara en tablas.

APARTADOS

Sudáfrica fue descalificada de la Copa Africana de Naciones en 1957, con cuatro equipos participantes, por negarse a elegir un combinado multiracial. En 1966 dieciséis países africanos boicotearon el Mundial en Inglaterra porque la FIFA insistió en que el mejor equipo africano debía enfrentarse a un combinado de Asia u Oceanía en una eliminatoria de clasificación.

ESTADIOS DEL MUNDIAL DE SUDÁFRICA 2010 (CAPACIDAD)

Soccer City (94.700) en Johannesburgo
Moses Mabhida (70.000) en Durban
Green Point (70.000) en Ciudad del Cabo
Ellis Park (62.567) en Johannesburgo
Loftus Versfeld (50.000) en Pretoria
Nelson Mandela Bay (48.000) en Port Elizabeth
Free State (48.000) en Bloemfontein
Mbombela (46.000) en Nelspruit
Peter Mokaba (46.000) en Polokwane
Royal Bafokeng (42.000) en Rustenburgo

TOGO FUERA DE TONO

A la Federación Togolesa de Fútbol se le impuso una multa de 100.000 francos suizos cuando la selección y su técnico Otto Pfister amenazaron con declararse en huelga en el Mundial de 2006 por un conflicto por el pago de primas. El capitán y jugador estrella Emmanuel Adebayor amenazó con abandonar el equipo, pero consiguieron que se quedara. Este delantero del Arsenal fue elegido Mejor Futbolista Africano del Año 2008, el primer togolés de la historia en recibir este premio.

Corea del Sur hizo historia en 2002 cuando fue la sede, junto a Japón, del primer Mundial celebrado en Asia. Su combinado se convirtió en la primera selección asiática en llegar a semifinales, donde perdieron ante Alemania, y volvieron a perder, por poco, frente a Turquía, en la eliminatoria por el tercer puesto. Los coreanos pueden vanagloriarse de haber situado a Asia dentro del mapa futbolístico mundial.

AUSTRALIA

Australia, víctima quizá de un sistema de clasificación demasiado complicado que ha limitado su participación en los Mundiales y del *handicap* de su aislamiento geográfico, al principio vio prosperar otros deportes en detrimento del fútbol y ha tardado mucho en situarse en el mapa futbolístico mundial. Sin embargo, de la mano de una nueva generación de futbolistas, muchos de ellos jugadores de grandes clubes europeos, los Socceroos destacaron por primera vez en el Mundial de 2006 y son el equipo mejor calificado de Asia.

APUESTAN POR CAHILL

El primero de los dos goles de Tim Cahill frente a Japón en el Mundial de 2006 fue muy polémico después de que un periódico británico afirmara que los jugadores australianos habían apostado por quién marcaría su primer gol. Cahill admitió que sus compañeros Lucas Neill y Archie Thompson habían apostado por él. El delantero Mark Viduka coincidió en que los jugadores habían hecho apuestas, pero dijo que solo lo habían hecho entre ellos. La FIFA no tomó medidas.

LA PRIMERA FASE FINAL DE AUSTRALIA

Australia se clasificó por primera vez para un Mundial en 1974. Tras eliminar a Irak, Nueva Zelanda, Indonesia e Irán, se enfrentó a Corea del Sur en el clasificatorio final. Empataron a cero en casa y a dos a domicilio, así que el desempate se disputó en Hong Kong, donde Jimmy Mackay marcó un gol de falta que les clasificó.

CAHILL HACE HISTORIA

Tim Cahill anotó el primer gol de la historia de Australia en la fase final de un Mundial, al empatar en el minuto 84 contra Japón en Kaiserslautern en junio de 2006. Cahill marcó otro a los cinco minutos y John Aloisi lo hizo en el tiempo de descuento para que los Socceroos ganaran 3-1, su única victoria en una fase final. Después perdieron 2-0 ante Brasil, empataron a dos ante Croacia y lograron pasar.

LOS SOCCEROOS LO LOGRAN AL FIN

La selección australiana, apodada «los Socceroos», contó con el apoyo masivo de su afición en la pasada década. Sus enfrentamientos en los Mundiales, que culminaron en los octavos de la fase final de 2006, han posicionado el fútbol entre los deportes más populares del país. Durante años, había quedado relegado a favor del *cricket*, las dos modalidades de *rugby* y el fútbol australiano. El fútbol se ha mantenido a flote gracias a los inmigrantes, primero a los británicos y después a los provenientes de Italia, Grecia y la antigua Yugoslavia. Aun así el país alcanzó la eliminatoria del Mundial de 1998 contra Irán, aunque perdió por diferencia de goles fuera de casa. Cuatro años después, Australia volvió a perder otra eliminatoria, esta vez contra Uruguay, por un total de 3-1.

RÉCORD DE PÚBLICO AUSTRALIANO

El récord de público asistente a un partido de Australia en casa es de 95.103 personas. Se registró en un encuentro contra Grecia en el Melbourne Cricket Ground el 25 de mayo de 2006. Australia ganó el partido de preparación por 1-0 gracias a un gol de Josip Skoko.

INTERNACIONALES

1	Alex Tobin	87
2	Paul Wade	84
3	Tony Vidmar	76
4	Brett Emerton	69
5	Mark Schwarzer	64
=	Peter Wilson	64
7	Attila Abonyi	61
8	John Kosmina	60
=	Stan Lazaridis	60
9	Scott Chipperfield	59
=	Milan Ivanovic	59

KEWELL EN LO MÁS ALTO

Harry Kewell (nacido el 22 septiembre de 1978) está considerado el mejor jugador australiano de la historia. El extremo izquierdo ha marcado 13 goles en 39 partidos como internacional, incluido el del empate ante Crocia que colocó a Australia en octavos de final en el Mundial 2006. La carrera de Kewell ha estado plagada de éxitos en el Leeds United, el Liverpool y el Galatasaray. Es el único jugador nacido en Australia que ha ganado la Liga de Campeones; fue con el Liverpool en 2005.

MÁXIMOS GOLEADORES

1	Damian Mori	29
2	John Aloisi	27
3	John Kosmina	25
=	Attila Abonyi	25
5	Archie Thompson	21
=	David Zdrilic	21
7	Graham Arnold	19
8	Ray Baartz	18
9	Gary Cole	17
=	Aurelio Vidmar	17

VIEJAS LEALTADES

Algunos jugadores nacidos en Australia han decidido jugar en las selecciones de sus progenitores en vez de en la australiana: Joey Didulica, Anthony Seric y Josip Simunic (Croacia), Sasa Ognenovski (ARY de Macedonia) y Sasa Ilic (Serbia). Simunic incluso jugó con Croacia frente a Australia en el Mundial de 2006, y fue expulsado cuando el árbitro inglés Graham Poll le sacó nada menos que tres tarjetas amarillas.

EL PLURIEMPLEO DE HIDDINK

Guus Hiddink es el seleccionador de Australia que ha logrado mejores resultados, a pesar de que solo dirigió al equipo en 12 encuentros. Estuvo al frente del equipo desde la fase de clasificación hasta los octavos de final del Mundial 2006. El técnico holandés, que había colocado a Corea del Sur en las semifinales del torneo en 2002, estuvo pluriempleado en la temporada 2005-06. Entrenó al campeón holandés PSV Eindhoven y a los Socceroos. Dimitió al caer derrotados por Italia en octavos para entrenar a la selección rusa.

RÉCORD AUSTRALIANO EN LA TANDA DE PENALTIS

Australia es el único equipo que ha llegado a la fase final de un Mundial gracias a la tanda de penaltis. Fue en la eliminatoria de noviembre de 2005. Habían perdido la primera manga por 1-0 ante Uruguay en Montevideo. El gol de Marco Bresciano igualó el resultado total, que siguió 1-1 tras la prórroga. El portero Mark Schwarzer hizo dos paradas decisivas y Australia ganó la tanda de penaltis por 4-2. John Aloisi logró el penalti del triunfo.

RÉCORDS DE AUSTRALIA

LOGROS: campeones de Oceanía en 1980, 1996, 2000, 2004
PRIMER PARTIDO INTERNACIONAL: contra Nueva Zelanda (perdió 3-1), Auckland, junio de 1922
MAYOR VICTORIA: 31-0 contra Samoa, Sídney, abril de 2001
PEOR DERROTA: 7-0 contra Croacia, Zagreb, junio de 1998

OTROS EQUIPOS ASIA Y OCEANÍA

Las selecciones menos conocidas de Asia y Oceanía son las grandes olvidadas del fútbol mundial. A pesar de ser países donde la obsesión por el fútbol todavía no se ha generalizado, la rivalidad entre selecciones y sus logros no dejan de ser emocionantes. Los jugadores de estas regiones baten muchos récords, desde el máximo goleador en un único encuentro hasta el futbolista con más partidos jugados en su carrera, y algunos no serán superados jamás.

CADA VEZ MEJOR

Las mejores selecciones asiáticas han pasado a ser habituales en los últimos Mundiales. Los coanfitriones Corea del Sur y Japón dieron cuenta de ello en 2002, cuando los surcoreanos lograron el mejor puesto de un país asiático en la historia. Arabia Saudí e Irán también han sido potencias fuertes. Sin embargo estos cuatro países se enfrentan a un gran reto: el nuevo miembro de la Federación Asiática, Australia. Corea del Norte sentó ejemplo para los aspirantes asiáticos en 1966 al llegar a cuartos de final en su única participación en el torneo. Compitieron contra combinados asiáticos, africanos y oceánicos para clasificarse, venciendo a Australia por 9-2 en la eliminatoria final. No obstante, Asia tiene garantizadas cuatro plazas en el Mundial de 2010 de Sudáfrica, con opción a una quinta, que se decidirá en el partido que enfrente al quinto clasificado de Asia y los vencedores oceánicos, Nueva Zelanda.

SIRIA MACHACA CON 24 GOLES

Siria consiguió 24 goles en cinco días frente a las Maldivas en el clasificatorio para el Mundial de 1998. Los sirios ganaron por 12-0 el 4 de junio de 1997 y repitieron resultado el 9 de junio.

COREA DEL NORTE ABRE PUERTAS

Corea del Norte fue la primera selección asiática en llegar a cuartos en un Mundial, en Inglaterra en 1966. Los medios ingleses describieron a los norcoreanos como «hombres misteriosos». Empezaron perdiendo por 3-0 ante la Unión Soviética. Pak Seung-Zin marcó el gol del empate a uno en el minuto 88 contra Chile. Después Corea del Norte protagonizó una de las grandes sorpresas de la historia del Mundial. Pak Doo-Ik marcó el único gol que eliminó a Italia y clasificó a su selección para octavos. Casi dan otro susto en cuartos de final: Pak Seung-Zin, Li Dong-Woon y Yang Sung-Kook habían marcado en el minuto 25 para adelantar a su equipo 3-0 ante Portugal, pero Eusébio respondió con cuatro tantos y los norcoreanos cayeron por 3-5.

LOS 19 IRANÍES

Irán tiene el récord de mayor número de goles en la fase de clasificación para un Mundial de la Zona Asiática. El 24 de noviembre de 2000 aplastaron a Guam por 19-0 en Tabriz. Karim Bagheri marcó seis goles y Ali Karimi, cuatro; el después seleccionador Ali Daei y Farhad Majidi anotaron tres cada uno. Así superaron por dos goles la anterior victoria clasificatoria más amplia que ostentaba Irán, 17-0 contra las Maldivas el 2 de junio de 1997, cuando Bagheri marcó siete veces. Dos días después de aquel 19-0, Guam aplastó 16-0 a Tayikistán.

UN RÉCORD INDESEABLE

Corea del Sur tiene el poco deseable récord de ser la selección con mayor número de goles encajados en la fase final de un torneo, fue en 1954 con 16 tantos en solo dos partidos. Hungría les aplastó por 9-0, antes de que Turquía les machacara con un 7-0. Es lógico que su heroico portero Hong Duk-Yung pareciera abatido.

REGISTRO DE PARTICIPACIONES EN LA COPA MUNDIAL DE LA FIFA™

Corea del Sur	7 (1954, 1986, 1990, 1994, 1998, 2002, 2006)
Arabia Saudí	4 (1994, 1998, 2002, 2006)
Irán	3 (1978, 1998, 2006)
Japón	3 (1998, 2002, 2006)
Australia	2 (1974, 2006)
China	1 (2002)
Indonesia	1 (1938)
Irak	1 (1986)
Israel	1 (1970)
Nueva Zelanda	1 (1982)
Corea del Norte	1 (1966)
Kuwait	1 (1982)
EAU	1 (1990)

BREVE APARICIÓN DE NUEVA ZELANDA

Australia y Nueva Zelanda son las únicas selecciones de Oceanía que han jugado la fase final de un Mundial. Nueva Zelanda hizo su única aparición en 1982, tras ganar una eliminatoria por 2-1 ante China. Pero no lograron puntuar. Steve Sumner y Steve Woodin anotaron en su estreno ante Escocia, aunque acabaron cayendo por 5-2. La Unión Soviética les derrotó después por 3-0 y Brasil por 4-0.

FUGAZ COMIENZO DE LOS SAUDÍES

Arabia Saudí llegó a octavos en su primera participación en un Mundial en 1994. El gol ganador de Saeed Al-Owairan ante Bélgica les permitió acabar igualados a puntos con los Países Bajos como líderes del Grupo F. Sami Al-Jaber y Fuad Amin anotaron en la victoria por 2-1 sobre Marruecos, tras perder el primer partido ante los Países Bajos por 2-1. Pero en octavos cayeron ante Suecia por 3-1. El suplente Fahad Al-Ghesheyan marcó en el minuto 85 después de que los suecos se adelantaran 2-0. Kennet Andersson anotó el gol decisivo para Suecia tres minutos después. Los saudíes no han conseguido superar la fase de grupos en sus tres siguientes participaciones.

PIONEROS PALESTINOS

Palestina, entonces británica, fue la primera selección asiática que llegó a la fase de clasificación de un Mundial. Cayeron 7-1 a domicilio ante Egipto el 16 de marzo de 1934 y 4-1 en el partido de vuelta en casa el 6 de abril. Cuatro años después, Grecia les eliminó al ganar por 3-1 en Tel Aviv y por 1-0 en casa.

CHINA DEBE DESCUBRIR SU POTENCIAL

China, el país más poblado de Asia, solo se ha clasificado en una ocasión para la fase final de un Mundial, el de 2002. Fueron líderes de su grupo con ocho puntos de diferencia sobre los Emiratos Árabes Unidos, pero el equipo del técnico Bora Milutinovic cayó en la fase final, sin lograr marcar en las derrotas ante Costa Rica (2-0), Brasil (4-0) y Turquía (3-0).

A LOS DE HIDDINK LES GUSTA EL DRAMA

El cuarto puesto de Corea del Sur en 2002 es el mejor resultado de un equipo asiático en un Mundial. Su paso será recordado por dos eliminatorias, primero contra Italia y después contra España. Los surcoreanos, entrenados por el holandés Guus Hiddink, habían liderado el Grupo D, pero parecía que no seguirían haciéndolo cuando Italia se adelantó 1-0 a pocos minutos del final del choque de octavos. Sin embargo, Seol Ki-Hyon empató en el minuto 88 y forzó la prórroga. El italiano Francesco Totti fue expulsado al acumular dos amarillas y Ahn Jung Hwan sentenció a un minuto del final.

JAPÓN AVIVA LA ESPERANZA

Los coanfitriones japoneses sorprendieron en la fase de grupos de 2002 al llegar por primera vez a octavos. Takayuki Suzuki y Junichi Inamoto marcaron para empatar a dos en su estreno contra Bélgica. Inamoto anotó el único gol frente a Rusia. Después Hiraoki Morishima y Hidetoshi Nakata marcaron en una victoria por 2-0 sobre Túnez que colocó a Japón líder del Grupo H. Pero su andadura acabó ante Turquía. Umit Davala marcó el tanto de la victoria en el minuto 12 y llevó a los turcos a cuartos.

CHA DA UN GRAN EJEMPLO

Cha Bum-Kun es el máximo goleador surcoreano de todos los tiempos. El antiguo delantero del club Air Force marcó 55 tantos en 121 partidos con su selección entre 1972 y 1986, aunque no anotó en los tres encuentros del Mundial de 1986. Cha también fue la primera estrella asiática en triunfar al máximo nivel en Europa. Jugó 308 partidos en la Bundesliga alemana entre los años 1978 y 1989, y marcó 98 goles. Ganó la Copa de la UEFA en las filas del Eintracht Frankfurt (1980) y el Bayer Leverkusen (1988). Sus 17 tantos en la Bundesliga con la camiseta del Leverkusen en la temporada 1985-86 siguen siendo un récord para un jugador asiático. Además solo recibió una tarjeta amarilla mientras jugó en la República Federal de Alemania. Tras su retirada, volvió a Corea del Sur y organizó escuelas de fútbol para jóvenes.

NAKATA ALLANA EL CAMINO

El centrocampista Hidetoshi Nakata es uno de los mejores jugadores japoneses de la historia. Despuntó al marcar los tres tantos de la victoria por 3-2 de Japón sobre Irán en la eliminatoria para el Mundial el 16 de noviembre de 1997. Se fue al club italiano Perugia tras el Mundial 1998 y fue el primer japonés que triunfó en Europa. Ganó la liga italiana con la Roma en 2001 y después jugó en el Parma, el Bologna y la Fiorentina. Nakata participó en la fase final de tres Mundiales. Jugó diez partidos y marcó un gol, el segundo de la victoria por 2-0 sobre Túnez que metió a Japón entre los 16 clasificados en 2002. Fue 77 veces internacional y marcó en 11 ocasiones.

ASIA APRIETA, OCEANÍA PELEA

Durante la última década los mejores jugadores asiáticos se han hecho famosos. La decisión de la FIFA de ampliar los Mundiales y reservar más plazas a los equipos asiáticos ha permitido que esas estrellas brillen a nivel internacional. El capitán japonés del Mundial 1998, Hidetoshi Nakata, allanó el camino hacia el triunfo en Europa, seguido por su compatriota Shinji Ono, que se marchó al Feyenoord y, más recientemente, por el centrocampista Shunsuke Nakamura, que fue al Celtic. El máximo goleador de Irán, Ali Daei, triunfó en Alemania con el Hertha Berlín, mientras que el extremo, o centrocampista, iraní Mehdi Mahdavikia fue votado «Jugador del Año» por la afición del Hamburgo en dos ocasiones. El centrocampista surcoreano Park Ji-Sung ha ganado la Liga de Campeones con el Manchester United y ha quedado semifinalista con el PSV Eindhoven, junto a su compañero de selección Lee Young-Pyo. Oceanía sigue a la cola de las confederaciones de la FIFA, debilitada por la decisión de Australia de unirse a la Federación Asiática el 1 de enero de 2006. Ahora está formada por Nueva Zelanda y una serie de islas del Pacífico. Christian Karembeu, nacido en Nueva Caledonia, es la única estrella internacional de esas islas.

CARAMBA CON KAREMBEU

Christian Karembeu, nacido en Nueva Caledonia, es el único ganador de un Mundial que procede de Oceanía. Fue titular con Francia en su victoria sobre Brasil por 3-0 en la final del torneo, el 12 de julio de 1998. El centrocampista defensivo también ganó a Dinamarca (fase de grupos), Italia (cuartos) y Croacia (semifinal). Jugó 53 veces con Francia, marcó un gol y además ganó dos Copas de Europa con el Real Madrid en 1998 y 2000.

AL-DEAYEA ESTÁ EN TODAS

De joven, el arquero saudí Mohamed Al-Deayea tuvo que escoger entre el fútbol y el balonmano. Su hermano mayor Abdullah le convenció para que eligiera el fútbol. Fue internacional 181 veces, la primera contra Bangladesh en 1990 y la última contra Bélgica en mayo de 2006. También jugó en la fase final de los Mundiales de 1994, 1998 y 2002. En su último partido de fase final, su selección perdió por 3-0 ante la República de Irlanda el 11 de junio de 2002; volvió a ser convocado para la fase final de 2006, aunque no jugó.

AL-JABER EN PRIMER PLANO

Sami Al-Jaber (nacido el 11 de diciembre de 1972 en Riad) se convirtió en el segundo jugador asiático en participar en las fases finales de cuatro Mundiales al ser titular contra Túnez en Múnich, el 14 de junio de 2006. En el empate a dos anotó el que fue su tercer gol en nueve partidos de fase final. Al-Jaber solo disputó un encuentro en 1998 antes de acudir de urgencia al hospital por una apendicitis que le dejó fuera del torneo. Fue el máximo anotador de Arabia Saudí, con 44 goles en 163 partidos.

FUTBOLISTAS ASIÁTICOS DEL AÑO

Año	Jugador	País
1988	Ahmed Radhi	Irak
1989	Kim Joo-Sung	Corea del Sur
1990	Kim Joo-Sung	Corea del Sur
1991	Kim Joo-Sung	Corea del Sur
1992	sin otorgar	
1993	Kazuyoshi Miura	Japón
1994	Saeed Owarain	Arabia Saudí
1995	Masami Ihara	Japón
1996	Khodadad Azizi	Irán
1997	Hidetoshi Nakata	Japón
1998	Hidetoshi Nakata	Japón
1999	Ali Daei	Irán
2000	Nawaf Al Temyat	Arabia Saudí
2001	Fan Zhiyi	China
2002	Shinji Ono	Japón
2003	Mehdi Mahdavikia	Irán
2004	Ali Karimi	Irán
2005	Hamad Al-Montashari	Arabia Saudí
2006	Khalfan Ibrahim	Qatar
2007	Yasser Al-Qahtani	Arabia Saudí
2008	Server Djeparov	Uzbekistán

HONG ESTABLECE RÉCORDS MUNDIALISTAS

El defensa surcoreano Hong Myung-Bo fue el primer futbolista asiático en jugar las fases finales de cuatro Mundiales consecutivos. Jugó los tres partidos que Corea del Sur perdió ante Bélgica, España y Uruguay en 1990. En 1994 anotó dos tantos en tres partidos y su gol frente a España alentó el contraataque coreano para igualar el 2-0 y quedar 2-2. En 1998 fue titular en los tres partidos de la fase de grupos aunque Corea del Sur no pasó de la primera ronda. Cuatro años después, en tierras patrias, capitaneó a Corea del Sur hasta el cuarto puesto del Mundial, el mejor resultado conseguido por un equipo asiático. El total de 16 partidos de Hong en la competición mundial también es un récord para un jugador asiático. Más tarde fue entrenador de la Selección Sub-20 de su país.

GOL MÁGICO DE AL-OWAIRAN

El delantero de Arabia Saudí Saeed Al-Owairan marcó el mejor gol del Mundial 1994. Recorrió más de 45 metros y se zafó de cinco rivales para marcar el tanto de la victoria sobre Bélgica el 29 de junio. El lanzamiento de Al-Owairan llevó a los saudíes a octavos por primera vez y también se ha convertido en todo un éxito en YouTube al registrar más de 260.000 visitas. Al-Owairan marcó 24 goles en 50 encuentros con su selección.

EL TRIPLE ÉXITO DE KIM

El centrocampista surcoreano Kim Joo-Sung es el único jugador que ha recibido tres veces el premio de Mejor Jugador Asiático del Año en años consecutivos, de 1989 a 1991. Participó en tres Mundiales, pero su equipo nunca pasó de la fase de grupos. Ganó 77 partidos internacionales, marcó 14 tantos y fue uno de los primeros jugadores surcoreanos en jugar en el extranjero, al disputar la Bundesliga con el Bochum en 1992 y quedarse dos temporadas.

EL TIRO DE PAK HACE HISTORIA

El norcoreano Pak Doo-Ik se ganó el estatus de leyenda al marcar el gol que eliminó a Italia del Mundial de 1966. El impacto causado por esta victoria fue comparable al de la derrota de Inglaterra ante Estados Unidos por 1-0 en 1950. Pak anotó el único gol en el minuto 42 en Middlesbrough, el 19 de julio. Corea del Norte se convirtió así en el primer equipo asiático en llegar a cuartos de final. Pak, que era cabo del ejército, fue ascendido a sargento tras la victoria y más tarde se convirtió en entrenador de gimnasia.

TROUSSIER LLEVA A JAPÓN A LA VICTORIA

El parisino Philippe Troussier fue nombrado Entrenador del Año 2000 de Asia tras ganar con Japón a Arabia Saudí por 1-0 en la final de la Copa Asiática en el Líbano. También llevó a los japoneses a su mejor participación en un Mundial en suelo asiático en 2002, aunque perdieron 1-0 ante Turquía en octavos de final. Pero esa proeza se vio eclipsada por el éxito de Hiddink con Corea del Sur.

LA FUERZA ASIÁTICA SUMA Y SIGUE

La Confederación Asiática de Fútbol (AFC) se fundó el 8 de mayo de 1954 en Manila (Filipinas) con 12 miembros: Afganistán, Myanmar, China, Hong Kong, India, Indonesia, Japón, Pakistán, Filipinas, Singapur, Corea del Sur y Vietnam. En 1956 la AFC celebró su primer torneo, la Copa Asiática para selecciones nacionales, en Hong Kong. Desde entonces ha hecho grandes progresos y ha crecido hasta incluir 45 países asiáticos más Australia. Los equipos asiáticos están consolidados en el panorama internacional. Ahora la AFC dispone de un mínimo de cuatro puestos para la fase final del Mundial con opción a un quinto mediante la repesca. También organiza anualmente torneos intercontinentales de clubes para los campeones nacionales y los ganadores de copas, además de la Copa Asiática cada cuatro años. Las estrellas asiáticas, como el iraní Ali Daei, los surcoreanos Cha Bum-Kun y Park Ji-Sung, y el japonés Hidetoshi Nakata, han causado una gran sensación en Europa. Entretanto, una nueva generación de entrenadores asiáticos está acabando con la confianza depositada en técnicos de Europa y Sudamérica. El fútbol asiático nunca fue tan fuerte.

LA MAYOR... Y LA MENOR

La mayor asistencia a un clasificatorio para un Mundial de un país asiático en casa fueron los 130.000 espectadores que presenciaron el empate del Irán-Australia en Teherán el 22 de noviembre de 1997. El encuentro era la ida de la eliminatoria por el último puesto para la fase final de 1998. Irán se clasificó por mayor número de goles a domicilio tras empatar a dos en Melbourne. La menor asistencia fue de 20 personas en la victoria por 1-0 de Turkmenistán a Taiwán en Ammán el 7 de mayo de 2001.

LAS REPÚBLICAS SOVIÉTICAS ENCUENTRAN UN NUEVO HOGAR

La disolución de la Unión Soviética engrosó las filas de la Confederación Asiática a comienzos de la década de 1990. Las antiguas repúblicas soviéticas de Kirguistán, Tayikistán, Turkmenistán y Uzbekistán se unieron en 1994. Uzbekistán logró los mejores resultados al llegar a cuartos de la Copa Asiática de 2007. Australia es el miembro más reciente de la AFC, pues se incorporó en enero de 2006, después de que Timor Oriental fuera el miembro número 45.

LOS FOROFOS CHINOS

La selección china hace alarde de una enorme hinchada, como quedó patente cuando llegó a la fase final del Mundial 2002 por primera vez en su historia. Entre su clasificación el 19 de octubre de 2001 y su primer partido de la fase final frente a Costa Rica el 4 de junio de 2002, se vendieron aproximadamente 170 millones de televisores nuevos en toda China. La audiencia en los tres partidos de China superó los 300 millones, a pesar de que perdió los tres encuentros y no logró marcar.

LA CUESTIÓN ISRAELÍ

Israel es una nación asiática geográficamente. En 1964 fue anfitrión de la Copa Asiática y la ganó. No obstante, muchos países que se unieron más tarde a la Confederación Asiática se negaron a jugar contra Israel por motivos políticos. Posteriormente Israel disputó la fase de clasificación de Oceanía y llegó a la fase final del Mundial 70 tras ganar la eliminatoria contra Australia. En 1989 encabezó el grupo de Oceanía, pero perdió ante Colombia la repesca para la fase final de 1990. En 1992 se cambió a la fase de clasificación de la zona europea y ha sido miembro de pleno derecho de la UEFA desde 1994.

GANADORES DE LA COPA ASIÁTICA

La Copa Asiática es el torneo continental de Asia

Año	Ganadores
1956	Corea del Sur
1960	Corea del Sur
1964	Israel
1968	Irán
1972	Irán
1976	Irán
1980	Kuwait
1984	Arabia Saudí
1988	Arabia Saudí
1992	Japón
1996	Arabia Saudí
2000	Japón
2004	Japón
2007	Irak

CHA EL IMPULSOR

En 1997 el surcoreano Cha Bum-Kun fue el primer seleccionador nativo en recibir el premio de Entrenador del Año de Asia. Cha, el máximo goleador de la historia de Corea del Sur, tomó las riendas de la selección en enero de 1997 y logró nueve victorias y una derrota en 12 partidos de clasificación para el Mundial. Corea del Sur llegó a la fase final como líder del grupo B asiático, seis puntos por delante de Japón.

PAK LLEVA LA LLAMA

El héroe norcoreano del Mundial 66, Pak Doo-Ik, es aún más admirado por sus compatriotas. Fue uno de los 56 elegidos para llevar la antorcha olímpica por toda Corea del Norte en su trayecto hacia las Olimpiadas de Pekín de 2008. También fue el más mayor, con 70 primaveras.

LAS SEDES DEL PODER ASIÁTICO

Tres equipos han dominado la Copa Asiática desde el comienzo de la competición en 1956: Irán, Arabia Saudí y Japón, ya que todos ellos han conquistado el principal trofeo de Asia en tres ocasiones. Irán se alzó con tres títulos consecutivos entre 1968 y 1976; Arabia Saudí lo ganó en 1984, 1988 y 1996; mientras que Japón ha sido la fuerza dominante de los últimos tiempos, pues fue el vencedor en 1992, 2000 y 2004.

EL 4X4 DE CHINA

Cuatro selecciones llevan el nombre de China. La selección nacional de China es la más destacada, pero Hong Kong (antigua colonia británica) y Macao (antigua colonia portuguesa) mantienen su condición de autonomía en el fútbol como Hong Kong China y Macao China. En cuanto a la isla estado independiente de Taiwán, compite en el Mundial y otros torneos con el nombre de Chinese Taipei.

HIDDINK, EL HÉROE DE COREA DEL SUR

El neerlandés Guus Hiddink es el técnico con más éxito en la historia de las selecciones asiáticas. Antes de encargarse del combinado surcoreano el 20 de diciembre de 2000 ya había dirigido al PSV Eindhoven hasta conseguir la Copa de Europa en 1996 y a los Países Bajos hasta la cuarta posición del Mundial de 1998. Afirmó que cuando llegó, el equipo era muy conservador, por lo que se decidió por un enfoque más rápido y ofensivo, que puso en práctica en los amistosos, ya que Corea del Sur se había clasificado automáticamente al ser coanfitriona. La afición y la prensa coreanas no estaban convencidas, pero al menos esperaban llegar a octavos. El conjunto de Hiddink terminó cabeza de grupo al vencer a Polonia y Portugal, eliminó a Italia con un gol en el último minuto de la prórroga y llegó a semifinales tras ganar a España en los penaltis. Desafortunadamente perdió 1-0 ante Alemania y luego 3-2 contra Turquía en el partido por el tercer puesto. Aun así, un cuarto puesto es el mayor logro de una selección asiática. Hiddink fue el primer extranjero nombrado ciudadano de honor de Corea del Sur y el estadio de Gwangju se rebautizó en su honor.

LOS TÉCNICOS LOCALES DEJAN HUELLA

Otros tres seleccionadores asiáticos han sido nombrados Entrenadores del Año de Asia. El primero, en 2001, fue Nasser Al-Johar, que condujo a Arabia Saudí a la fase final del Mundial 2002, con dos puntos de ventaja sobre Irán en el grupo clasificatorio final. Adnan Hamad le siguió tres años después, al llevar a Irak a los cuartos de final de la Copa Asiática, un año después de la invasión estadounidense. El ganador de 2007 fue el uzbeco Rauf Inileyev, que situó a su país en cuartos de la Copa Asiática de 2007, tras vencer 3-0 a China.

CONCACAF

El fútbol es casi una religión en muchas partes del Caribe, Norteamérica y Centroamérica. Los aficionados mexicanos han sido durante mucho tiempo los seguidores que más animan en los Mundiales, pasión que se remonta al Mundial inaugural de 1930. Además, México ha sido el primer país en acoger el Mundial en dos ocasiones, en 1970 y 1986.

MÉXICO

Puede que México sea la primera potencia de la región de la CONCACAF y que se clasifique de forma regular para el Mundial (tan solo se ha perdido la fase final del torneo en tres ocasiones: 1934, 1974 y 1982), pero siempre ha tenido que luchar para imponerse en el panorama internacional. Dos apariciones en cuartos de final del Mundial, ambas como anfitrión de la competición, en 1970 y 1986, figuran como sus mejores resultados hasta la fecha y un país tan apasionado por el fútbol tiene mayores expectativas.

EL TRIUNFO AÚN ESTÁ POR LLEGAR

Aunque México haya participado en la fase final de 13 Mundiales, nunca ha rendido como se esperaba ya que solo ha llegado a cuartos dos veces, ambas como anfitrión del torneo, en 1970 y 1986. Perdió 4-1 ante la subcampeona, Italia, en Toluca en 1970. Dieciséis años más tarde, después de la ampliación de la fase final, venció 2-0 a Bulgaria en octavos, pero cayó en la tanda de penaltis contra la República Federal de Alemania en Monterrey tras empatar a cero. México ha sido eliminado en octavos de final en los cuatro últimos Mundiales: por Bulgaria en penaltis tras un 1-1 (1994), ante Alemania por 2-1 (1998), frente a EE. UU. por 2-0 (2002) y contra Argentina por 2-1 en la prórroga en 2006. México fue una de las 13 selecciones que participaron en el primer Mundial, en 1930. Desde entonces ha sido uno de los equipos más fuertes de la CONCACAF, al clasificarse para la fase final en diez ocasiones. Pero no pasó de la fase de grupos en 1930, 1950, 1954, 1958, 1962 y 1966, y llegó a estar 13 partidos de fase final sin ganar, hasta que venció 3-1 a Checoslovaquia en 1962.

SUÁREZ SE CORONA EMPERADOR

El defensa mexicano Claudio Suárez es el jugador que ha sido más veces internacional, con 178 partidos, solo superado por el portero saudí Mohamed Al-Deayea, con 181. Suárez, apodado «el Emperador», disputó los cuatro partidos de México en 1994 y 1998. No estuvo en la fase final de 2002 a causa de una fractura en una pierna, pero sí en la de 2006, con 37 años, aunque no jugó.

EL PRIMER GOL MEXICANO

México fue uno de los 13 países que participaron en el primer Mundial, en 1930. El 13 de julio Juan Carreño anotó el primer gol de México en un Mundial, en el minuto 70 de la derrota por 4-1 ante Francia. Los mexicanos perdieron 3-0 ante Chile y 6-3 contra Argentina.

MÉXICO ACABA CON LA RACHA DE DERROTAS

México rompió su racha de 13 partidos de fase final del Mundial sin ganar, al vencer 3-1 a Checoslovaquia en Viña del Mar (Chile) el 7 de junio de 1962. Los checos ya se habían clasificado dentro del Grupo D y dieron descanso a cuatro de sus titulares, pero Václav Masek se adelantó a los 15 segundos. México respondió con goles de Isidoro Díaz, Alfredo del Águila y Héctor Hernández. El resultado fue un regalo de cumpleaños para el portero mexicano Antonio Carbajal, que recibió un ramo de flores del delantero checo Josef Masopust. Sin embargo, las celebraciones acabaron ahí: México quedó eliminada tras perder ante Brasil y España.

AGUIRRE VUELVE AL MANDO

El mexicano Javier Aguirre ha sido seleccionador dos veces. Aguirre, apodado «el Vasco» por sus raíces vascas, llevó a México a octavos en 2002. El 3 de abril de 2009 volvió a asumir el cargo tras la destitución del sueco Sven-Göran Eriksson a raíz de la derrota por 3-1 ante Honduras en un clasificatorio para el Mundial de Sudáfrica de 2010.

INTERNACIONALES

MÁXIMOS GOLEADORES

INVICTOS EN EL CLASIFICATORIO

México se clasificó para su primer Mundial, el de Brasil en 1950, sin gran dificultad. Superó todas las rondas sin problema al ganar los cuatro partidos de los preliminares de la CONCACAF: venció a Estados Unidos 6-0 y 6-2 y derrotó a Cuba 2-0 y 3-0.

ROSAS ANOTA UN PENALTI HISTÓRICO

El mexicano Manuel Rosas marcó el primer penalti de la historia de la fase final de un Mundial al convertir una pena máxima en el minuto 42 del partido contra Argentina en 1930. Rosas volvió a marcar en el minuto 65, pero ya era demasiado tarde para los mexicanos, cayeron 6-3.

DOS FINALES EN EL AZTECA

El principal campo de México, el estadio Azteca en México D. F., es el único estadio que ha albergado la final de dos Mundiales: el Brasil-Italia en 1970 y el Argentina-República Federal de Alemania en 1986. El estadio, construido para el Mundial de 1970, se inauguró el 29 de mayo de 1966. Su aforo original era de 114.600 espectadores, pero se reformó en 1985 para el Mundial 86 y su capacidad se redujo a 105.000.

MÉXICO SE REPONE DEL TERREMOTO

México se ofreció a ser la sede del Mundial de 1986 tras descartarse la opción original, Colombia, en noviembre de 1982. La FIFA eligió a México como sustituto por sus estadios e infraestructuras, que seguían en pie tras el Mundial 1970 y rechazó las ofertas de competidores como Canadá o Estados Unidos. México trabajó a destajo para tener todo listo para la fase final después del terremoto del 19 de septiembre de 1985, que se cobró la vida de unas 10.000 personas en el centro de México y destruyó muchos edificios en México D. F.

HERNÁNDEZ REMATA LAS FASES FINALES

Los cuatro goles de Luis Hernández en 1998 le sitúan como máximo anotador mexicano en un Mundial. «El Matador» marcó dos tantos en la victoria por 3-1 sobre Corea del Sur en la fase de grupos. Su gol en el último minuto les valió el empate a dos ante los Países Bajos. Además adelantó a México en el choque de octavos contra Alemania, antes de que los tantos tardíos de Jürgen Klinsmann y Oliver Bierhoff eliminaran a los mexicanos.

LOS CINCO DE CARBAJAL

El guardameta Antonio Carbajal fue el primero en disputar la fase final de cinco Mundiales consecutivos, pero nunca vio pasar a su equipo de la fase de grupos. Debutó en la fase final de 1950 con una derrota por 4-0 ante el anfitrión, Brasil, y después disputó las fases finales de 1954, 1958 y 1962, antes de acabar su carrera en Inglaterra en 1966.

RÉCORDS DE MÉXICO

PRIMER INTERNACIONAL: victoria por 3-2 contra Guatemala, Ciudad de Guatemala, enero de 1923

MAYOR VICTORIA: 13-0 contra Bahamas, Toluca, abril de 1987

PEOR DERROTA: 8-0 contra Inglaterra, Wembley, mayo de 1961

CONCACAF: campeones en 1965, 1971, 1977, 1993, 1996, 1998, 2003

COPA FIFA CONFEDERACIONES: campeones en 1999

ESTADOS UNIDOS

Aunque durante años algunos de los nombres más importantes del fútbol, desde Pelé a David Beckham, hayan honrado con su juego a la liga estadounidense, y que el país llegara a ser uno de los 15 que ha tenido el privilegio de albergar un Mundial, el fútbol todavía es un deporte minoritario en la nación más poderosa del mundo. No obstante, tras una serie de impresionantes actuaciones de su selección en el panorama mundial, se espera que la situación cambie pronto.

UNA SUPERPOTENCIA A LA ESPERA

Estados Unidos es una de las selecciones más constantes de la era moderna. Ha participado en la fase final de los cinco últimos Mundiales, al clasificarse cuatro veces y ser la sede del torneo en 1994. En 2002 llegó a cuartos de final en Corea del Sur/Japón, pero cayó ante Alemania por 1-0. EE. UU. ha realizado una digna trayectoria en los Mundiales. Acabó tercero en el torneo inaugural de 1930 y, veinte años después, dio una de las mayores sorpresas de la historia del Mundial al vencer 1-0 a una de las favoritas, Inglaterra. Pero tradicionalmente el fútbol en EE. UU. se ha visto eclipsado por el fútbol americano, el béisbol y el baloncesto. Con la desaparición de la Liga Norteamericana de Fútbol (NASL) en 1984, EE. UU. se quedó sin liga profesional nacional. El punto de inflexión fue la victoria por 1-0 en Trinidad que colocó a los estadounidenses en el Mundial de 1990 por primera vez en 40 años. La fase final de 1994 les dio un impulso aún mayor y la creación de la Major League Soccer en 1996 propició la evolución de los jugadores de la selección nacional. Muchos de ellos, como Landon Donovan, Clint Dempsey o DaMarcus Beasley, también han jugado en clubes europeos.

HÉROE AMERICANO, PERO NO CIUDADANO

Joe Gaetjens, que anotó el único gol en la victoria ante Inglaterra, ni siquiera era ciudadano estadounidense. La Federación de EE. UU. le dejó jugar porque había solicitado la nacionalidad, pero Gaetjens no llegó a completar los trámites y en 1953 disputó con su Haití natal un partido de clasificación contra México.

NI PÍO EN EE. UU.

En EE. UU. había tan poco interés por el progreso de su selección en el Mundial de 1950, que solo un periodista estadounidense la vio vencer a Inglaterra: fue Dent McSkimming, del diario *St Louis Post-Dispatch*. Suya fue la única crónica que apareció en los medios estadounidenses y solo acudió al partido porque en ese momento se encontraba de vacaciones en Brasil.

BATIENDO RÉCORDS

La elección de la FIFA de celebrar el Mundial de 1994 en EE. UU. fue polémica. Los críticos adujeron sus escasos logros a nivel internacional y la falta de una liga profesional en el país. Pero EE. UU. llegó a octavos gracias a una victoria por 2-1 ante Colombia, antes de perder 1-0 contra el campeón, Brasil. Además, se estableció el récord de 3.587.538 espectadores en una fase final.

GAETJENS PASMÓ A LOS INGLESES

La victoria de EE. UU. ante Inglaterra por 1-0 en 1950 es una de las mayores sorpresas de la historia del Mundial. Inglaterra era una de las favoritas junto con la anfitriona Brasil, mientras que EE. UU. había perdido sus siete últimos partidos, con solo dos goles a favor. Joe Gaetjens marcó el único tanto en el minuto 37, al tirarse para rematar de cabeza el centro de Walter Bahr en la meta de Bert Williams. Inglaterra dominó el partido, pero el arquero de EE. UU. lo paró todo. EE. UU. cayó eliminado en la fase de grupos al perder ante Chile y España, pero su victoria sobre Inglaterra es la mejor de su selección hasta la fecha.

MÁXIMOS GOLEADORES

1	Landon Donovan	37
2	Eric Wynalda	34
3	Brian McBride	30
4	Joe-Max Moore	24
5	Bruce Murray	21
6	DaMarcus Beasley	17
=	Earnie Stewart	17
8	Cobi Jones	15
9	Marcelo Balboa	13
=	Clint Dempsey	13
=	Hugo Pérez	13

CALIGIURI HACE HISTORIA

La victoria en Trinidad el 19 de noviembre de 1989 que clasificó a EE. UU. para el Mundial está considerada un punto de inflexión en la historia del fútbol nacional. En el equipo solo había un jugador profesional, Paul Caligiuri, del Meppen, un club de la segunda división de la República Federal de Alemania. Marcó el único gol del partido tras lanzar una parábola a los 31 minutos y colocó a EE. UU. en su primera fase final en 40 años. El portero de Trinidad, Michael Maurice, argumentó que el sol le cegó. La victoria mejoró mucho la imagen del equipo, a pesar de que fuera eliminado en la primera ronda de 1990. También impulsó la organización profesional de la selección. Caligiuri afirmó: «Fue el partido más importante que hemos ganado».

McGHEE INAUGURA EL MARCADOR

Bart McGhee anotó el primer gol de EE. UU. en la fase final de un Mundial, en el minuto 41 de su primer partido contra Bélgica en Montevideo el 13 de julio de 1930. McGhee anotó el segundo cuatro minutos después y Bert Patenaude completó la victoria por 3-0. El 17 de julio Patenaude anotó el primer *hat trick* de la historia del Mundial contra Paraguay. La racha de EE. UU. acabó con una derrota por 6-1 en semifinales contra Argentina.

LES SALIÓ EL TIRO POR LA CULATA

Una extraña elección le costó a EE. UU. su presencia en el Mundial 86. Solo debía empatar contra Costa Rica para unirse a Canadá y Honduras en el grupo de clasificación final, pero la Federación de EE. UU. decidió celebrar el partido en Torrance (California), una zona llena de costarricenses expatriados. El encuentro se anunció con entusiasmo a los seguidores de Costa Rica, quienes hicieron que el partido pareciese celebrado en casa y ayudaron a que Costa Rica eliminara a EE. UU. por 0-1.

MEOLA LO RESUME

El portero Tony Meola, uno de los muchos jugadores no profesionales de la selección de 1989, dijo: «Las cosas no eran como ahora. Mirando hacia atrás, es increíble que lográramos aquello. Jugábamos en ligas semiprofesionales y *amateurs*. Todo lo que EE. UU. ha conseguido desde entonces se basa en esa victoria».

EL BREVE EXPERIMENTO DEL TEAM AMERICA

La Federación de EE. UU. inscribió a la selección nacional estadounidense en la NASL bajo el nombre de «Team America» durante la temporada de 1983. El experimento fracasó enseguida ya que el equipo terminó último de la tabla. El Team America tuvo problemas desde el príncipio porque muchos de los mejores jugadores prefirieron quedarse en sus clubes y la Federación no pudo contar siempre con un equipo fijo.

INTERNACIONALES

1	Cobi Jones	164
2	Jeff Agoos	134
3	Marcelo Balboa	128
4	Claudio Reyna	112
5	Paul Caligiuri	110
6	Landon Donovan	108
7	Eric Wynalda	106
8	Kasey Keller	102
9	Earnie Stewart	101
10	Tony Meola	100
=	Joe-Max Moore	100

CON ARENA LLEGAN A OCTAVOS

La mejor actuación de EE. UU. en los últimos Mundiales fue en 2002 cuando llegó a octavos. El equipo del técnico Bruce Arena quedó segundo del Grupo D tras vencer 3-2 a Portugal, empatar a uno con Corea del Sur y perder 3-1 ante Polonia. Brian McBride (derecha) y Landon Donovan marcaron en el 2-0 ante México en octavos, pero EE. UU. perdió 1-0 frente a Alemania en cuartos. Muchos jugadores habían estado en equipos europeos: Brad Friedel (debajo), Kasey Keller, Claudio Reyna, McBride, Donovan, DaMarcus Beasley y Cobi Jones. Arena fue sustituido por su ayudante, Bob Bradley, después de que EE. UU. cayera eliminada en la fase de grupos del Mundial de Alemania en 2006.

OTROS EQUIPOS CONCACAF

México y Estados Unidos, con 21 participaciones en fases finales de la Copa Mundial de la FIFA™ entre los dos, son sin duda los impulsores de la CONCACAF. Del resto de selecciones que completan el panorama futbolístico de Norteamérica y Centroamérica, solo dos países (Costa Rica en 1990, 2002 y 2006) y El Salvador (1970 y 1982) han logrado clasificarse para la fase final de la Copa Mundial de la FIFA™ en más de una ocasión.

UN RÉCORD DIGNO DE ORGULLO

La CONCACAF, que abarca Norteamérica, Centroamérica y el Caribe, puede sentirse orgullosa de haber tenido al menos un representante en todas las fases finales de un Mundial. México y Estados Unidos disputaron su primera fase final en 1930, cuando EE. UU. consiguió llegar a semifinales, donde cayó eliminado ante Argentina. Desde entonces, los «dos grandes» de la región han dominado la fase de clasificación. México ha disputado un total de 13 fases finales, mientras que EE. UU. ha participado en ocho. No obstante, en los últimos tiempos, otros países se han atrevido a desafiarlos. En 2006 Costa Rica se clasificó por tercera vez para la fase final, mientras que Trinidad y Tobago lo consiguió por primera vez. La CONCACAF tuvo su máxima representación ese año con cuatro equipos: EE. UU., México, Costa Rica y Trinidad.

LA MAYOR ASISTENCIA

Los 119.853 espectadores de la derrota mexicana ante Brasil por 2-0 en el Estadio Azteca de México D. F. el 7 de julio de 1968 está considerada la mayor asistencia a un partido de la CONCACAF en casa.

COSTA RICA GANA SIN PÚBLICO

La menor asistencia registrada en un partido de clasificación de la CONCACAF para un Mundial fue en el encuentro Costa Rica-Panamá del 26 de marzo de 2005. La FIFA ordenó que el partido del Estadio Saprissa de San José se jugara a puerta cerrada después del lanzamiento de todo tipo de objetos a los jugadores visitantes y a los árbitros del encuentro en la victoria mexicana por 2-1 el 9 de febrero. Se denominó «el partido fantasma», pero Costa Rica venció a Panamá 2-1 gracias a un gol de Roy Myrie en el minuto 1 del descuento.

COSTA RICA NO SE RINDE

Costa Rica ha sido el vecino centroamericano de México que más triunfos ha cosechado en la fase final de un Mundial. Se clasificó en 1990, 2002 y 2006, y llegó a octavos de final en su primer intento tras derrotar en su grupo a Escocia por 1-0 y a Suecia por 2-1, aunque fue eliminada por Checoslovaquia por 4-1. En 2002, ganó a China 2-0 y empató a uno con Turquía, pero quedó fuera tras el contundente 5-2 ante Brasil. En 2006 cayó eliminada en la fase de grupos al perder los tres partidos. El Salvador se ha clasificado dos veces, en 1970 y 1982, pero perdió sus seis partidos, incluida la paliza por 10-1 ante Hungría en 1982. Honduras solo se clasificó en 1982; empató a uno con España e Irlanda del Norte, pero se fue a casa tras perder 1-0 ante Yugoslavia en el último partido de su grupo.

LA ÚNICA PARTICIPACIÓN CANADIENSE

La única vez que Canadá ha llegado a la fase final de un Mundial fue en 1986, tras derrotar a Honduras y a Costa Rica en el grupo clasificatorio de la CONCACAF, pero no ganó ninguno de sus tres partidos ni marcó ningún gol. Cayó ante Francia (1-0), Hungría (2-0) y la Unión Soviética (2-0).

LOS REGGAE BOYZ DAN UN GRAN PASO

En 1998, Jamaica fue la primera selección del Caribe anglófono en llegar a la fase final de un Mundial. Los «Reggae Boyz», como fueron apodados, contaban en su equipo con jugadores afincados en Inglaterra. A pesar de derrotar a Japón por 2-1 en su último partido con dos tantos de Theodore Whitmore, fueron eliminados en la fase de grupos, ya que antes habían perdido 3-1 ante Croacia y 5-0 contra Argentina.

EQUIPOS DE LA CONCACAF EN LA FASE FINAL DE LA COPA MUNDIAL DE LA FIFA™

Participaciones de las selecciones de la región de la CONCACAF en la fase final del Mundial:

1	México	13
2	EE. UU.	8
3	Costa Rica	3
4	El Salvador	2
5	Canadá	1
=	Cuba	1
=	Haití	1
=	Honduras	1
=	Jamaica	1
=	Trinidad y Tobago	1

EL DEBUT DE TRINIDAD

Trinidad y Tobago llegó a la fase final del Mundial por primera vez en 2006 tras una fase de clasificación maratoniana que acabó con su triunfo por 1-0 en la repesca frente a Bahréin. El equipo de «los Soca Warriors» empató a cero con Suecia en su primer partido, pero después perdió 2-0 ante Inglaterra y Paraguay.

PONERSE A CUBIERTO

El primer partido de clasificación para un Mundial disputado bajo techo fue el triunfo de EE. UU. sobre Canadá por 2-0 en el Seattle Seadome en octubre de 1976, este evento fue el precursor del Mundial 94, en el que se jugaron cuatro encuentros en recinto cerrado en el Pontiac Silverdome de Detroit.

EL PRIMER ARTIFICIAL

El primer partido de clasificación para un Mundial disputado en césped artificial fue el 1-1 entre Canadá y EE. UU., que se celebró en Vancouver el 24 de septiembre de 1976. Esta superficie artificial ya se había usado en el continente para otros deportes, pero esa fue la primera para el fútbol.

EL TOQUE MÁGICO DE MILUTINOVIC

El serbio Bora Milutinovic ostenta un singular récord por guiar a selecciones de la CONCACAF a la fase final del Mundial. En 1986 dirigió al anfitrión, México, hasta cuartos de final en el mejor resultado de su historia, pero perdió en los penaltis ante la RFA, que acabaría finalista. Cuatro años después condujo a Costa Rica a los octavos de final, otro récord nacional y en 1994 llevó al anfitrión, EE. UU., a octavos. Es el único seleccionador que ha entrenado a cinco países en la fase final.

JEAN-JOSEPH DA POSITIVO

En 1974 el defensa haitiano Ernest Jean-Joseph fue el primer futbolista expulsado de un Mundial por dar positivo en un control antidopaje, aunque las autoridades nunca especificaron qué sustancia se suponía que había tomado. Fue escoltado a su casa por agentes de seguridad haitianos porque el técnico Antoine Tassy se negó a apartarlo de la concentración.

CUBA MUESTRA EL CAMINO

En 1938 Cuba fue el primer equipo de la CONCACAF en llegar a cuartos de final en un Mundial. En la primera ronda empató a tres con Rumanía en la prórroga y ganó en la repetición por 2-1 con goles de Héctor Socorro y Carlos Oliveira tras ir perdiendo en el descanso. Fue vapuleada por Suecia con un 8-0 en cuartos. En 1974, Haití fue la siguiente selección caribeña en llegar a una fase final, pero perdió todos los partidos: 3-1 ante Italia, 7-0 frente a Polonia y 4-1 contra Argentina.

LA CONEXIÓN CARIBEÑA DE INGLATERRA

Inglaterra se ha beneficiado más que ningún país de su relación con el Caribe. De los 58 futbolistas negros que han jugado con Inglaterra, 55 tenían raíces caribeñas. El primer jugador negro, Viv Anderson (arriba derecha), que debutó ante Checoslovaquia en 1978, era hijo de jamaicanos que emigraron a Inglaterra en 1954. El jugador negro con más partidos como internacional de Inglaterra (79), John Barnes, se crió en Jamaica y llegó a Inglaterra con 13 años. Su padre, Ken, capitaneó a Jamaica a comienzos de la década de 1960. Entre otras estrellas negras se encuentran los semifinalistas del Mundial 1990, Paul Parker y Des Walker. En la actual selección inglesa, David James, Rio Ferdinand, Glen Johnson, Ashley Cole, Emile Heskey, Aaron Lennon y Theo Walcott tienen ascendencia caribeña.

NINGÚN evento atrae a tantos aficionados de todo el mundo como la Copa Mundial de la FIFA. Actualmente, las selecciones de 32 países (anteriormente 16 y después 24) compiten cada cuatro años por el honor de ser campeonas del mundo. Pero el poder del Mundial es que también congrega frente al televisor a aficionados de todos los demás países del mundo que se maravillan ante la magia de los héroes de Brasil, Italia, Argentina, Alemania, Inglaterra, Francia y sus rivales. El Mundial inició su andadura en 1930 en Uruguay, gracias al poder de persuasión del entonces presidente de la FIFA, el francés Jules Rimet.

Uruguay fue campeona olímpica en 1924 y 1928, pero la llegada del fútbol profesional supuso que los Juegos Olímpicos, donde supuestamente participaban aficionados, ya no pudieran considerarse el súmmum de la excelencia futbolística. Solo cuatro países europeos se atrevieron a enviar a su selección en la larga travesía marítima hasta Montevideo para disputar la primera fase final, donde el francés Lucien Laurent hizo historia al marcar el primer gol en un Mundial. Sin embargo, desde entonces Europa ha enmendado con creces su reticencia inicial. Iguala a Sudamérica con nueve títulos mundiales y ha albergado el torneo en once ocasiones, superando con creces las tres celebradas en Sudamérica (Argentina, Brasil y Uruguay), las tres en Centroamérica y Norteamérica (dos veces en México y una en EE. UU.) y la de Asia (Japón y Corea del Sur como coanfitriones en 2002).

Nelson Mandela celebra la elección de Sudáfrica como sede de la Copa Mundial en 2010.

El Soccer City de Johannesburgo acogerá el partido inaugural y la final de la Copa Mundial de la FIFA™ 2010. Este extraordinario estadio (fotografiado a punto de culminarse en mayo de 2009), situado cerca de la sede de la Asociación Sudafricana de Fútbol, hará historia al ser el primer campo africano donde se celebrará un Mundial, gracias a la decisión histórica de la FIFA de 2004.

LA FIFA BIEN FUNDADA

La FIFA se fundó en 1904, puso en marcha su primera Copa Mundial en 1930... y volverá a hacer historia en el deporte cuando entre el 11 de junio y el 11 de julio de 2010 se celebre la fase final en África por primera vez. Por increíble que parezca, Sudáfrica será anfitriona «tan solo» 18 años después de su regreso al fútbol mundial gracias a que Nelson Mandela inspirara el derrocamiento del régimen del *Apartheid*. El fútbol siempre se había considerado el deporte número uno en cuanto a cifras de participación en el país, un hecho prácticamente desconocido en el exterior, que siempre ha visto expresar el orgullo sudafricano a través del *cricket* y el *rugby* de mayoría blanca. Ahora el mundo puede (y podrá) ver a la nación del arco iris como el semillero del fútbol que es, y compartir la emoción y la euforia con los aficionados de todo el país. Sudáfrica intentó por primera vez que le concediesen el Mundial de 2006, pero perdió por poco frente a Alemania. Sin embargo, la FIFA quería una edición exclusivamente africana para 2010, lo que hizo que se pusiese por delante de Marruecos y la apuesta conjunta de Libia y Túnez.

VALOR EXPORTABLE

La exclusión de Sudáfrica del fútbol mundial en los años del *Apartheid* hizo que muchos jugadores desarrollaran su carrera en otras selecciones en la década de 1950, entre otros, el delantero centro Eddie Firmani (de Ciudad del Cabo), que jugó tres partidos con Italia, y el defensa John Hewie, que firmó 19 encuentros con Escocia. El extremo izquierdo Bill Perry fue internacional inglés en tres ocasiones, pero su mayor logro fue transformar un pase de Stanley Matthews en el gol decisivo de la mítica victoria del Blackpool frente al Bolton en la Copa de Inglaterra en 1953.

FIEBRE DE ENTRADAS

La demanda de entradas superó con creces las existencias cuando se abrió la primera «taquilla» para más de 1,6 millones en la primavera de 2009. La mayoría de las peticiones llegaron de Sudáfrica, Estados Unidos, Reino Unido, Alemania, Italia y Australia.

DANDO LA NOTA ADECUADA

Se van a eliminar algunas normas de seguridad habituales para que los espectadores del Mundial puedan llevar sus trompetas *vuvuzela* al estadio y crear esa atmósfera única que anima los grandes encuentros en Sudáfrica.

LA MAGIA ANIMAL

El leopardo Zakumi es la mascota oficial del Mundial 2010 que sigue con la temática creada para el primer Mundial con mascota, Willie, en Inglaterra 1966. El resto de mascotas han sido: Juanito (México 1970), Tip y Tap (RFA 1974), Gauchito (Argentina 1978), Naranjito (España 1982), Pique (México 1986), Ciao (Italia 1990), Striker (Estados Unidos 1994), Footix (Francia 1998), Kaz, Ato y Nik (Japón y Corea 2002) y Goleo (Alemania 2006).

MÁS AMPLIO Y MEJOR

El Mundial 2010 es la cuarta edición del torneo desde su ampliación a 32 equipos. Para equilibrar el torneo y por motivos geográficos, los conjuntos se dividen en ocho grupos de primera ronda con cuatro países cada uno. Los dos mejores de cada grupo pasan a un sistema que consta de ocho choques de segunda ronda, cuatro cuartos de final, dos semifinales, una eliminatoria por el tercer puesto y la final. Si cualquiera de estos encuentros queda igualado a los 90 minutos, se deberá disputar una prórroga de dos partes de 15 minutos cada una. Si siguen empatados, se inicia una tanda de penaltis de cinco lanzamientos para cada equipo y, si fuera necesario, una «muerte súbita».

ORGULLO NACIONAL

El primer equipo que representó a Sudáfrica se creó para jugar partidos contra el equipo inglés Corinthian que se encontraba de gira en 1897. El primer partido después del *Apartheid* fue contra Camerún en 1992 y tan solo cuatro años más tarde Sudáfrica organizó y conquistó la Copa Africana de Naciones. En los Mundiales de 1998 y 2002 no pasó de la primera fase de grupos. El seudónimo de la selección nacional es «Bafana Bafana» («los Muchachos»).

CAMINO LARGO Y TORTUOSO

En la fase de clasificación se inscribieron 204 de los 208 países miembros de la FIFA, incluida Sudáfrica, que pasa automáticamente a la fase final por ser el país anfitrión, pero que se presentó porque también le servía para clasificarse para la Copa Africana de Naciones de 2010. Los otros 31 puestos de clasificación para el Mundial fueron asignados de la siguiente manera: Europa 13; África cinco; Sudamérica cuatro o cinco; Asia cuatro o cinco; Caribe Central, Centroamérica y Norteamérica tres o cuatro; Oceanía uno o ninguno. Las variaciones se deben al sistema de repesca al término de la fase previa mundial. Los vigentes campeones del Mundial ya no tienen derecho a acceder directamente a la fase final.

DOMINIO DE CLUBES

El Kaizer Chiefs y el Orlando Pirates, ambos del municipio de Soweto en Johannesburgo, son los equipos líderes de Sudáfrica. El Chiefs, fundado por Kaizer Motaung en 1970, cuenta con 16 millones de seguidores en el sur de África. La banda de *rock* británica Kaiser Chiefs (se escribe diferente) adoptó ese nombre por su admiración a Lucas Radebe, un antiguo *crack* del Chiefs, que luego fue capitán de su equipo local, el Leeds United. El Pirates ganó la Copa Africana de Clubes en 1995.

CIUDADES ANFITRIONAS

CIUDAD DEL CABO
Estadio Green Point
Construcción: de nueva planta
Aforo: 70.000

DURBAN
Estadio Durban
Construcción: de nueva planta
Aforo: 70.000

JOHANNESBURGO
Estadio Ellis Park (reformado)
Construcción: 1982
Aforo: 61.000

Estadio Soccer City (reconstruido)
Construcción: 1987
Aforo: 94.700

MANGAUNG/BLOEMFONTEIN
Estadio Free State (reformado)
Construcción: 1952
Aforo: 48.000

NELSON MANDELA BAY/ PORT ELIZABETH
Estadio Port Elizabeth
Construcción: de nueva planta
Aforo: 48.000

NELSPRUIT
Estadio Mbombela
Construcción: de nueva planta
Aforo: 46.000

POLOKWANE
Estadio Peter Mokaba
Construcción: de nueva planta
Aforo: 46.000

RUSTENBURGO
Estadio Royal Bafokeng (reformado)
Construcción: 1999
Aforo: 42.000

TSHWANE/PRETORIA
Estadio Loftus Versfeld (reformado)
Construcción: 1906
Aforo: 50.000

Brasil ostenta el récord de haber ganado cinco veces la Copa Mundial de la FIFA™. En la foto Rivaldo, Ronaldo y Gilberto celebran su triunfo más reciente en el Mundial de Japón y Corea de 2002, su quinta victoria en 12 torneos desde la primera vez que lo lograron, en Suecia en 1958, con un Pelé que apenas contaba 17 años.

COPA MUNDIAL DE LA FIFA™ CLASIFICATORIA

LA FIFA ABRE EL MUNDIAL AL MUNDO

La FIFA ha ampliado la fase final del Mundial dos veces desde 1978 para incluir a las naciones futbolísticas emergentes de África y Asia. El creciente interés se puede apreciar en la multitud de equipos que se presentan a la fase clasificatoria; para el Mundial 2010 fueron 204. João Havelange, el brasileño que fue presidente de la FIFA de 1974 a 1998, amplió la organización para aprovechar las posibilidades comerciales y dar una oportunidad a países pequeños. En España, en el Mundial 82 se aumentó por primera vez el número de selecciones participantes en la fase final de 16 a 24, con un puesto adicional para África y Asia, y la posibilidad de que un país de Oceanía llegase a la fase final. El número de finalistas se volvió a incrementar hasta 32 en el torneo de 1998 en Francia. Esta decisión otorgó cinco puestos a equipos de África, cuatro a combinados de Asia y Oceanía, y tres a selecciones de Norteamérica, Centroamérica y el Caribe. La fórmula para la fase final de 2010 en Sudáfrica ofrece trece puestos a Europa, cuatro a Sudamérica, cinco a África (más el anfitrión), cuatro a Asia (más otro para el ganador de una repesca contra Oceanía). La CONCACAF (la federación de Norteamérica, Centroamérica y el Caribe) tiene adjudicados tres puestos. El último se decide mediante una repesca entre el equipo sudamericano que consigue el quinto puesto y el cuarto clasificado de la previa de la CONCACAF.

LA RONDA CLASIFICATORIA SE AMPLÍA

Esta tabla muestra el número de países que han participado en la fase de clasificación para disputar un Mundial.

Mundial	Equipos en la clasificatoria
Uruguay 1930	
Italia 1934	32
Francia 1938	37
Brasil 1950	34
Suiza 1954	45
Suecia 1958	55
Chile 1962	56
Inglaterra 1966	74
México 1970	75
RFA 1974	99
Argentina 1978	107
España 1982	109
México 1986	121
Italia 1990	116
Estados Unidos 1994	147
Francia 1998	174
Japón/Corea del Sur 2002	199
Alemania 2006	198
Sudáfrica 2010	204

TRASLADO DE LA FASE FINAL

Tras la celebración de las fases finales de 1954 y 1958 en Europa, la FIFA decidió que los siguientes Mundiales se disputarían unas veces en Sudamérica y otras en Europa. Así se hizo hasta que en 1994 Estados Unidos consiguió ser la anfitriona. Desde entonces las cosas han cambiado: Japón y Corea del Sur fueron los primeros anfitriones asiáticos en 2002, y en 2010 Sudáfrica se convertirá en la primera nación de África que acoja el Mundial.

CLASIFICADOS POR REGIÓN (HISTORIA DEL MUNDIAL)

1	Europa	187
2	Sudamérica	51
3	África	27
4	Asia	25
5	Norte/Centroamérica y el Caribe	24
6	Oceanía	3

EL MILAGRO DE TRINIDAD

Trinidad y Tobago ostenta el récord de ser el país que más tiempo ha dedicado a clasificarse para una fase final. Jugó 1.800 minutos (20 partidos) para alcanzar la de 2006. Comenzó su maratón al vencer a la República Dominicana a domicilio por 2-0 y en casa por 4-0 en las preliminares. Terminó segundo por detrás de México en la segunda fase de grupos para entrar entre los seis equipos de la ronda de grupos final. Acabó cuarto y tuvo que jugar una repesca contra Bahréin. Tras empatar a uno, ganó 1-0 gracias al gol de Dennis Lawrence.

CASI SIN SUDAMERICANOS

Argentina y Brasil se clasificaron para el Mundial 1934 sin disputar un solo partido porque eran los únicos participantes de su confederación. El entonces campeón, Uruguay, se negó a defender su título en Italia, ya que seguía resentido por el hecho de que solo cuatro equipos europeos hubiesen participado en el Mundial de 1930 que se celebró en su país. Bolivia y Paraguay no se presentaron. El adversario de Argentina en la clasificatoria, Chile, se retiró, lo mismo que ocurrió con el rival de Brasil, Perú.

EGIPTO MARCA EL CAMINO

Actualmente, equipos africanos como Camerún, Túnez, Sudáfrica o Nigeria suelen clasificarse para la fase final del Mundial, pero durante muchos años Egipto fue el único país africano que disputaba la fase final. Se clasificó en 1934, tras derrotar a Palestina por 7-1 en casa y 4-1 a domicilio. El siguiente en clasificarse fue Marruecos, que llegó a la fase final de México 36 años después.

LAS INDIAS ORIENTALES NEERLANDESAS PASAN

Las Indias Orientales Neerlandesas (actual Indonesia) fue la primera selección asiática en disputar una fase final, aunque se clasificó en 1938 sin jugar ningún partido. Japón, su oponente previsto, se retiró por la guerra contra China, y EE. UU. hizo lo mismo en la clasificatoria final.

AUSTRIA YA NO EXISTE

En 1938 Austria se clasificó, pero ese mismo año el país fue anexionado a Alemania, así que el equipo austriaco dejó de existir y sus mejores jugadores pasaron a jugar la fase final con Alemania. El puesto de Austria se ofreció a Inglaterra, que declinó la invitación.

EAU SACA PARTIDO

En 1990 los Emiratos Árabes Unidos llegaron a la fase final tras lograr una única victoria y marcar solo cuatro goles en la ronda final de Asia. Empataron cuatro de los cinco partidos, pero ganaron 2-1 a China y se clasificaron en segundo lugar.

LA PRIMERA TANDA DE PENALTIS

La primera tanda de penaltis de la historia de la previa tuvo lugar el 9 de enero de 1977, cuando Túnez venció por 4-2 a Marruecos en casa tras empatar a uno. El primer partido en Casablanca también había acabado 1-1. Túnez se clasificó para la fase final del Mundial.

EL INCREÍBLE FESTIVAL DE GOLES AUSTRALIANO

En 2001 Australia estableció un récord en un clasificatorio para un Mundial que será difícil de superar. Marcaron 53 goles en tan solo dos días. Los resultados:

9 de abril de 2001, Sídney: Australia 22 - Tonga 0
Anotadores australianos: Scott Chipperfield, minutos 3, 83; Damian Mori 13, 23, 40; John Aloisi 14, 24, 37, 45, 52, 63; Kevin Muscat 18, 30, 54, 58, 82; Tony Popovic 67; Tony Vidmar 74; David Zdrilic 78, 90; Archie Thompson 80; Con Boutsianis 87

11 de abril de 2001, Sídney: Australia 31 - Samoa Estadounidense 0
Anotadores australianos: Boutsianis, minutos 10, 50, 84; Thompson 12, 23, 27, 29, 32, 37, 42, 45, 56, 60, 65, 68, 88; Zdrilic 13, 21, 25, 33, 58, 66, 78, 89; Vidmar 14, 80; Popovic 17, 19; Simon Colosimo 51, 81; Fausto De Amicis 55

RÉCORD DE *HAT TRICKS*

El 13 de julio de 2001 el egipcio Abdul Hamid Bassiouny logró el *hat trick* más rápido de la historia de la fase de clasificación en la victoria sobre Namibia por 8-2. Metió tres goles en tan solo 177 segundos, entre el minuto 39 y el 42.

DAEI SE ANOTA UN TANTO

El iraní Ali Daei es el máximo goleador de la historia de la previa del Mundial. Sus nueve goles en la ronda clasificatoria de 2006 sumaron un total de 30 tantos, nueve más que el anterior titular del récord, el japonés Kazu Miura. Además Daei metió siete goles en la previa de 1994, cuatro en los preliminares de 1998 y diez en 2002.

TRAGEDIA ITALIANA

Italia, que tenía la clasificación asegurada tras haber ganado el Mundial en 1938, decidió defender el título en 1950, a pesar de la tragedia aérea de Superga del 4 de mayo de 1949. En el accidente murieron 31 pasajeros, entre ellos toda la plantilla del Torino («Il Grande Torino»), diez de cuyos hombres jugaban de titulares en la selección italiana. El centrocampista Valentino Mazzola, capitán de Italia, falleció junto con David y Aldo Ballarin, Eusebio Castigliano, Rubens Fadini, Giuseppe Grezar, Ezio Loik, Virgilio Maroso, Danilo Martelli, Pietro Operto, Franco Ossola, Mario Rigamonti y Gyula Schubert.

DESASTRE AÉREO

El 6 de febrero de 1958 las esperanzas inglesas depositadas en el Mundial de 1958 se truncaron tras el desastre aéreo de Múnich, donde fallecieron la mayoría de los jugadores del Manchester United. Tres de ellos, el lateral izquierdo Roger Byrne, el extremo izquierdo Duncan Edwards y el delantero centro Tommy Taylor, habían jugado un papel relevante en la campaña de clasificación de Inglaterra, en la que resultaron invictos. Los tres jugaron los cuatro partidos; Edwards, de 19 años, anotó dos goles y Taylor, ocho. Byrne y Taylor murieron en el accidente; Edwards, 15 días más tarde.

KOSTADINOV DEJA A FRANCIA ANONADADA

El 17 de noviembre de 1993, en el último partido del Grupo 6, el búlgaro Emil Kostadinov anotó uno de los goles más impresionantes de la historia de la previa que dejó a Francia fuera del Mundial 94. Francia se acomodó con el empate a uno en el tiempo de descuento, pero Kostadinov consiguió la sorprendente victoria para Bulgaria cuando David Ginola perdió el balón. Los búlgaros llegaron a semifinales, pero cayeron por 2-1 ante Italia.

BAGHERI SACA BRILLO

El 2 de junio de 1997, el iraní Karim Bagheri marcó siete goles históricos cuando Irán machacó a las Maldivas por 17-0 en una neutral Damasco. Y aunque parezca increíble, los australianos Archie Thompson y David Zdrilic batieron ese récord cuatro años más tarde.

EL LÍDER HURTADO

El defensa ecuatoriano Iván Hurtado es el futbolista que más veces ha participado en la previa de un Mundial. Ha disputado 56 encuentros, entre ellos los 16 de las preliminares de 2006. Se convirtió en el internacional más joven de Ecuador cuando debutó a los 17 años y 285 días.

⚽ LA SUSTITUCIÓN MÁS RÁPIDA

El cambio más rápido de la historia de la previa tuvo lugar el 30 de diciembre de 1980, cuando el norcoreano Chon Byong Ju fue sustituido en el primer minuto del partido en casa contra Japón.

⚽ EL GOL MÁS RÁPIDO

Davide Gualtieri, del modesto equipo de San Marino, marcó el tanto más rápido de la historia de la previa cuando el 17 de noviembre de 1993 anotó a los nueve segundos del inicio del partido ante Inglaterra, que acabó ganando 7-1.

⚽ RÉCORDS POR EDAD

El jugador más joven que ha participado en la fase de clasificación de un Mundial es el togolés Souleymane Mamam, con 13 años y 310 días, en el partido contra Zambia el 6 de mayo de 2001. El más mayor fue MacDonald Taylor, con 46 años y 180 días, que jugó con las Islas Vírgenes Estadounidenses el 18 de febrero de 2004 contra San Cristóbal y Nieves.

⚽ NUNCA ES TARDE

El zambiano Kalusha Bwalya es el jugador más mayor que ha marcado el gol de la victoria en un partido de la ronda clasificatoria. El 4 de septiembre de 2004, a la edad de 41 años, metió el único tanto contra Liberia tras saltar al campo como suplente. También anotó en su primer partido clasificatorio, 20 años antes, en el que Zambia ganó 3-0 a Uganda.

⚽ PALMER VENCE AL SILBATO

El segundo gol de Karl-Erik Palmer en el 3-1 de Suecia ante la República de Irlanda en noviembre de 1949 fue uno de los más raros de la historia de la previa. Los defensas irlandeses se detuvieron porque oyeron un silbato, lo que Palmer aprovechó para meter el balón en la red. El tanto no se anuló, ya que el sonido del silbato provenía de alguien del público, no del árbitro. El delantero, de 19 años de edad, siguió marcando hasta completar un *hat trick*.

⚽ TOMASZEWSKI NO ESTÁ PARA BROMAS

El guardameta polaco Jan Tomaszewski fue uno de los grandes héroes de la fase de clasificación de 1974. Tomaszewski fue calificado de «payaso» por Brian Clough antes de disputar el encuentro clasificatorio decisivo frente a Inglaterra, en Wembley, pero jugó el partido de su vida mientras Polonia ejercía una presión constante con la que logró empatar a uno y llegar a la fase final tras eliminar a la campeona de 1966.

⚽ DEMASIADO FÁCIL

La rápida ampliación de la ronda clasificatoria ha dado lugar a la celebración de muchos partidos desiguales, donde los jugadores pueden lograr goleadas históricas contra rivales débiles. La FIFA ha tratado de evitar esta situación organizando torneos clasificatorios preliminares para las naciones más flojas antes de que se enfrenten a los equipos más fuertes de su región. Este sistema se perfeccionó para la previa de 2010. El iraní Ali Daei consiguió un récord histórico en la clasificatoria del Mundial 2006 de Alemania y el ecuatoriano Iván Hurtado encabeza la lista de participaciones como internacional.

THOMPSON SE SUPERA

El 11 de abril de 2001 Archie Thompson superó con creces el récord de goles en un único partido clasificatorio que ostentaba Bagheri (siete) en la aplastante victoria de Australia ante Samoa Estadounidense por 31-0 al marcar 13 tantos. David Zdrilic también se puso por delante de Bagheri con ocho goles. Dos días antes, Australia había superado el récord de anotación de Irán con una victoria por 22-0 sobre Tonga.

⚽ LA PREVIA CRECE Y CRECE

En 1934 se introdujeron los partidos clasificatorios para acceder al Mundial. La FIFA quería 16 equipos en la fase final, pero, tras el primer torneo de 1930 en Uruguay, entraron 32. Se organizaron encuentros preliminares para decidir quiénes jugarían los octavos de final. El 11 de junio de 1933 se celebró el primer clasificatorio en Estocolmo, donde Suecia venció a Estonia por 6-2. La previa se fue ampliando a medida que accedían más y más países. Al principio, el número aumentó a raíz de la entrada de países de África y Asia, y la oleada de federaciones de reciente creación. En la década de 1990, tras la caída de la Unión Soviética y la antigua Yugoslavia, muchas naciones nuevas se sumaron a los candidatos. En la primera fase final de 1930 solo participaron 13 equipos; en cambio, 204 países, incluida Italia, vigente campeona, se unieron a la anfitriona Sudáfrica en la previa del Mundial 2010.

⚽ GALES SALE POR LA PUERTA DE ATRÁS

Las cuatro selecciones británicas se clasificaron para el Mundial a la vez en solo una ocasión, en 1958. Inglaterra, Escocia e Irlanda del Norte encabezaban sus grupos, sin embargo, Gales se clasificó por otras vías. Había sido eliminada, pero le ofrecieron otra oportunidad. Por motivos políticos Israel había salido invicta del grupo de clasificación asiático, pero la FIFA determinó que los israelíes no podían clasificarse sin jugar y que debían disputar una repesca contra uno de los equipos europeos segundos en su grupo. Al final Gales se enfrentó a Israel y ganaron los dos partidos por 2-0.

⚽ ESTADOS UNIDOS LO DEJA PARA EL FINAL

La eliminatoria de clasificación más tardía de todas se jugó en Roma el 24 de mayo de 1934, cuando EE. UU. venció a México por 4-2 para colarse en la fase final del Mundial. Tres días más tarde, los estadounidenses fueron aplastados por la anfitriona, Italia, con un 7-1 en la primera ronda del campeonato.

⚽ ITALIA FORZADA A CLASIFICARSE

Italia es el único país anfitrión de un Mundial que ha tenido que clasificarse para el torneo. El anfitrión del Mundial 1934 lo logró al vencer a Grecia por 4-0. La FIFA decidió que, para la fase final de 1938, los campeones se clasificasen automáticamente. Esta decisión cambió en la fase final de 2006. Desde entonces, los únicos que no necesitan clasificarse son los anfitriones.

SIN INVITACIÓN NO HAY MUNDIAL

El primer Mundial, en 1930, se celebró en Uruguay y funcionó mediante invitaciones. Muchos países, sobre todo europeos, declinaron la invitación, debido a la presión económica y al temor de perder a sus mejores jugadores. Al final, 13 selecciones compitieron en el primer Mundial: Argentina, Bélgica, Bolivia, Brasil, Chile, Estados Unidos, Francia, México, Paraguay, Perú, Rumanía, Uruguay y Yugoslavia. Ganó Uruguay y no hizo falta fase de clasificación; a partir de entonces los equipos han tenido que clasificarse.

⚽ INGLATERRA SÍ, ESCOCIA NO

Inglaterra, capitaneada por Billy Wright (izquierda), participó por primera vez en el Mundial en 1950. Quedó primera del grupo británico, seguida de Escocia. Las dos se clasificaron, pero los escoceses se negaron a disputar la fase final en Brasil porque solo habían quedado segundos. Escocia se ha clasificado ocho veces, pero nunca ha superado la primera ronda.

⚽ MENUDA PAPELETA

Turquía fue el primer combinado que se clasificó para el Mundial mediante un sorteo. Su eliminatoria contra España en Roma el 17 de marzo de 1954 terminó en empate a dos. Al final un romano de 14 años llamado Luigi Franco Gemma decidió quién se clasificaba. Con los ojos vendados sacó la papeleta con el nombre de Turquía y no el de España, que era favorita.

LOS EQUIPOS QUE SE HAN CLASIFICADO MÁS VECES

Italia	12
Alemania	11
México	11
España	11
Argentina	11
Bélgica	10
Brasil	10
Inglaterra	10
Suecia	10
República Checa	9
Hungría	9
Yugoslavia/Serbia	9

⚽ ITALIA ENCABEZA LA LISTA

Italia se ha clasificado más veces que ninguna otra nación: 12 en total, en 1934, 1954, 1962, 1966, 1970, 1974, 1978, 1982, 1994, 1998, 2002 y 2006. En 1938, 1950 y 1986 no tuvo que clasificarse por ser la vigente campeona y en 1990 tampoco por ser el país anfitrión. Por tanto, la única ocasión en la que ha sido eliminada fue en 1958, a manos de Irlanda del Norte.

⚽ <<LA GUERRA DEL FÚTBOL>>

Tras el triunfo de El Salvador sobre Honduras por 3-2 el 26 de junio de 1969 en una eliminatoria de clasificación para el Mundial 1970, estalló la guerra entre ambos países. La tensión había crecido entre los vecinos por una disputa fronteriza y ya hubo disturbios durante el encuentro. El 14 de julio, el ejército salvadoreño invadió Honduras.

⚽ EL LARGO BOICOT DE ARGENTINA

Argentina boicoteó el Mundial durante casi 20 años. Fue la campeona de la Copa América en 1938, pero se negó a viajar a Francia porque no se les había concedido ser la sede de la fase final del Mundial. También estaba molesta por tener que enfrentarse a Brasil en un partido clasificatorio. No participó en las competiciones de 1950 ni 1954 porque Brasil fue elegida para acoger la fase final de 1950. Argentina no regresó al Mundial hasta la clasificatoria de 1958.

BRASIL APROVECHA LA VISIÓN DE RIMET

Jules Rimet, presidente de la FIFA de 1921 a 1954, impulsó el primer Mundial en 1930. El torneo de Uruguay no fue el evento de alto nivel que es ahora; solo participaron 13 países. El largo viaje por mar hizo que la mayoría de naciones europeas no estuvieran presentes. Tan solo cuatro, Bélgica, Francia, Rumanía y Yugoslavia, cruzaron el charco. A pesar de todo, el sueño de Rimet se había hecho realidad y el Mundial fue ganando popularidad. Brasil ha sido la selección con mayor éxito en la historia del torneo, ya que ha conseguido el trofeo cinco veces. Han ganado más partidos en la fase final del Mundial (64) que cualquier otro país y comparte con Alemania/República Federal de Alemania el récord de partidos disputados (92). Italia ha vencido cuatro veces y la República Federal de Alemania, tres. Los primeros finalistas, Uruguay y Argentina, han levantado el trofeo dos veces cada uno. Inglaterra, en 1966, y Francia, en 1998, completan la lista de campeones, ambos como anfitriones.

¿POR QUÉ LOS BRITÁNICOS SE QUEDAN FUERA?

Inglaterra y Escocia están considerados los países natales del fútbol, pero ninguno de los dos entró en un Mundial hasta la fase de clasificación para el de 1950. Las cuatro asociaciones británicas: Gales, Inglaterra, Escocia e Irlanda del Norte, abandonaron la FIFA en la década de 1920 por una disputa sobre la compensación económica de los *amateurs* y no volvieron a afiliarse a la FIFA hasta 1946.

ITALIA NO PASA NI UNA

Italia batió el récord de partidos con la portería a cero en la fase final de un Mundial. En el de 1990 jugaron cinco partidos sin encajar un gol, con una primera victoria por 1-0 sobre Austria. Hasta que el argentino Claudio Caniggia marcó el tanto del empate en la semifinal, la portería de Walter Zenga seguía imbatida. Pero la hermética defensa italiana no logró la ansiada gloria: Argentina se metió en la final al ganar 4-3 la tanda de penaltis.

LOS INVICTOS, FUERA

Brasil fue eliminada por diferencia de goles en las semifinales de 1978 a pesar de haber ganado los siete partidos anteriores. Desde la ampliación del torneo y la introducción de la tanda de penaltis otros muchos equipos han sido eliminados a pesar de no perder ningún encuentro en los 90 y/o 120 minutos. Italia (1990) y Francia (2006) se quedaron fuera a pesar de vencer en siete partidos. Inglaterra (1990) y Países Bajos (1998) se fueron a casa tras seis encuentros invictos. Inglaterra (dos veces), Brasil, Italia, España y Argentina también cayeron después de ganar cinco partidos.

LOS COLORES DE BRASIL

Las camisetas amarillas de Brasil son famosas en todo el mundo, pero la equipación de esta selección en los cuatro primeros Mundiales era blanca. La derrota de Brasil ante Uruguay por 2-1, que les costó el trofeo de 1950, supuso tal conmoción entre la población brasileña que la asociación nacional decidió cambiar los colores de la camiseta de la selección para intentar borrar el amargo recuerdo...

MÁS FINALES DE LA COPA MUNDIAL DE LA FIFA™ DISPUTADAS

1	Brasil	7
=	RFA/Alemania	7
3	Italia	6
4	Argentina	4
5	Uruguay	2
=	Francia	2
=	Checoslovaquia	2
=	Países Bajos	2
=	Hungría	2
10	Inglaterra	1
=	Suecia	1

MÁS FASES FINALES DE LA COPA MUNDIAL DE LA FIFA™ DISPUTADAS

1	Brasil	18
2	RFA/Alemania	16
=	Italia	16
4	Argentina	14
5	México	12

LA PRIMERA Y LA ÚLTIMA

Indonesia, antes conocida como Indias Orientales Neerlandesas, participó una vez en una fase final, en la época en la que la competición se decidía por eliminatorias. El 5 de junio de 1938, perdieron por 6-0 ante Hungría en la primera ronda y nunca se han vuelto a clasificar para un torneo.

LA PRIMERA FINAL CON PENALTIS

El triunfo de Brasil en el Mundial 1994 en Pasadena fue la primera final que se decidió mediante la pena máxima. Tras finalizar la prórroga con empate a cero, Brasil ganó 3-2 a Italia en los penaltis, con goles de Romário, Branco y Dunga. Demetrio Albertini y Alberigo Evani marcaron para Italia, pero Daniele Massaro y Roberto Baggio fallaron.

LA RACHA DE BRASIL

Brasil posee el récord de victorias consecutivas en la fase final de un Mundial. Con su triunfo por 2-1 sobre Turquía el 3 de junio de 2002 se inició una carrera de victorias seguidas que duró hasta cuartos, donde cayeron ante Francia por 1-0 el 1 de julio de 2006.

GOLES COMPARTIDOS

De las selecciones francesa, en 1982, e italiana, campeona en 2006, ha salido el mayor número de goleadores de la fase final de un Mundial: 10. Gérard Soler, Bernard Genghini, Michel Platini, Didier Six, Maxime Bossis, Alain Giresse, Dominique Rocheteau, Marius Trésor, René Girard y Alain Couriol anotaron para Francia. Alessandro Del Piero, Alberto Gilardino, Fabio Grosso, Vincenzo Iaquinta, Luca Toni, Pippo Inzaghi, Marco Materazzi, Andrea Pirlo, Francesco Totti y Gianluca Zambrotta para Italia, que terminó ganando el torneo.

UN MUNDIAL DETIENE EL MUNDO

Las fases finales de los Mundiales son el mayor evento deportivo de la historia. Cuando se celebró el primer Mundial en 1930 en Uruguay no había demasiados televisores. Pero desde entonces, el torneo se ha convertido en el acontecimiento deportivo televisado más visto. La fase final de 2006 en Alemania fue seguida por una enorme audiencia: 26.300 millones de personas en todo el mundo, 100 millones menos que en el Mundial 2002, pero la cifra de 2006 no incluye la gran cantidad de espectadores que vieron los encuentros en pantallas públicas de todo el mundo.

RÉCORD FRENTE AL TELEVISOR EN INGLATERRA

La victoria de Inglaterra sobre la República Federal de Alemania en el Mundial 1966 fue el programa de televisión más visto en la historia del Reino Unido. Según los datos publicados por la filmoteca británica, hasta 32,3 millones de personas vieron a Inglaterra vencer en la prórroga por 4-2. Le sigue de cerca el funeral de la Princesa Diana en 1997, con 32,1 millones de espectadores.

LA EXPULSIÓN MÁS RÁPIDA

La expulsión más rápida en la fase final de un Mundial se produjo en 1986 cuando el uruguayo José Batista vio la tarjeta roja a los 56 segundos por derribar al escocés Gordon Strachan. La expulsión más tardía fue la del argentino Leandro Cufré, que tuvo que abandonar el campo tras el pitido final de la prórroga en los cuartos de final de 2002 contra Alemania.

LA PUBLICIDAD ES LA QUE PAGA

Se cree que el Mundial 2010 será el más lucrativo hasta la fecha. Parece ser que las negociaciones de la FIFA con patrocinadores y empresas anunciantes superan los 545 millones de euros. Los ingresos en publicidad de la fase final de 2006 en Alemania alcanzaron los 423 millones de euros. El presidente de la FIFA, Sepp Blatter, dijo: «Los contratos firmados para 2010 son ya un 25% más (que los de 2006)».

OLEADA DE GOLES

La República Federal de Alemania encajó 14 goles en la fase final de 1954, el máximo que ha recibido un campeón del mundo. Sin embargo, marcó 25 tantos, ocupando el segundo puesto de anotación en la historia del Mundial por detrás de su víctima final, Hungría, con 27.

MENOS GOLES ENCAJADOS

Las campeonas mundialistas Francia (1998) e Italia (2006) ostentan el récord de haber encajado el menor número de goles en su camino al triunfo. Ambas solo recibieron dos. Además Italia posee el récord de menos tantos marcados por un campeón del mundo. Solo marcó 11 en 1938, una cifra igualada por Inglaterra en 1966 y Brasil en 1994.

BRASIL MANDA

Brasil consiguió el récord de victorias en la fase final de un Mundial cuando ganó los siete partidos en 2002. Comenzó con un triunfo por 2-1 sobre Turquía en la fase de grupos y acabó con un 2-0 en la final, donde derrotó a Alemania. Marcó 18 goles y encajó solo cuatro para llegar invicto al triunfo.

MAYOR NÚMERO DE PARTIDOS CONSECUTIVOS DE FASE FINAL DE UN MUNDIAL CON GOLES

18	Brasil	1930-58
18	Alemania	1934-58, 1986-98
17	Hungría	1934-62
16	Uruguay	1930-62
15	Brasil	1978-90
15	Francia	1978-86

MENOS GOLES ENCAJADOS EN UN TORNEO:

Suiza: 0 (2006)

⚽ EL GOL MÁS RÁPIDO

El centrocampista neerlandés Johan Neeskens anotó el gol más rápido de la historia de una final: fue un penalti a los 90 segundos del inicio del partido contra la RFA en 1974, tras una entrada del alemán Uli Hoeness sobre Johan Cruyff. A pesar de eso, la RFA venció 2-1 con un tanto decisivo de Gerd Müller.

ACTUACIÓN DEL PAÍS ANFITRIÓN EN LA FASE FINAL DEL MUNDIAL

Año	País	Resultado
1930	Uruguay	Campeón
1934	Italia	Campeón
1938	Francia	Cuartos de final
1950	Brasil	Subcampeón
1954	Suiza	Cuartos de final
1958	Suecia	Subcampeón
1962	Chile	Tercer puesto
1966	Inglaterra	Campeón
1970	México	Cuartos de final
1974	República Federal de Alemania	Campeón
1978	Argentina	Campeón
1982	España	Segunda ronda
1986	México	Cuartos de final
1990	Italia	Tercer puesto
1994	Estados Unidos	Segunda ronda
1998	Francia	Campeón
2002	Corea del Sur	Cuarto puesto
	Japón	Segunda ronda
2006	Alemania	Tercer puesto

⚽ MÁS GOLES MARCADOS EN UN TORNEO
Hungría: 27 (1954)

⚽ MÁS VICTORIAS EN UN TORNEO
Brasil: 7 (2002)

⚽ JUGADOR QUE MÁS GOLES HA MARCADO EN UN TORNEO
Just Fontaine (Francia): 13 (1958)

FONTAINE Y JAIRZINHO SIGUEN SIENDO LOS AMOS

El francés Just Fontaine y el delantero brasileño Jairzinho son los únicos jugadores que han marcado en todos los partidos de un Mundial. Fontaine anotó 13 goles en seis encuentros en 1958 (todavía un récord del torneo) y Jairzinho marcó siete tantos en seis partidos cuando Brasil logró el trofeo en 1970.

LA LUCHA FRANCESA

Francia realizó la peor actuación de todas las naciones defensoras del título cuando en 2002 perdió por 1-0 el partido inaugural ante Senegal, después empató a cero con Uruguay y se quedó sin opciones tras perder 1-0 ante Dinamarca. Fue la primera campeona que cayó eliminada sin meter un gol.

MARCAR SIN PARAR

Brasil y Alemania/República Federal de Alemania ostentan el récord de goles, 18, en partidos consecutivos de la fase final de un Mundial. La racha de Brasil duró desde su derrota ante Yugoslavia por 2-1 en 1930 hasta el empate a cero con Inglaterra en la fase de grupos de 1958. Los alemanes han logrado la hazaña dos veces. Su primera victoria, en 1934 ante Bélgica por 5-2, inició una racha que duró hasta el empate a cero con Italia en el primer encuentro de su grupo en 1962. La segunda racha alemana abarcó desde el empate a uno contra Uruguay en la fase de grupos de 1986 hasta la derrota por 3-0 ante Croacia en cuartos de final en 1998.

EL GOL MÁS RÁPIDO

El turco Hakan Sükür fue el autor del gol más rápido que se ha anotado en la fase final de un Mundial. Marcó a los 11 segundos contra Corea del Sur en el partido que decidía el tercer puesto en el Mundial de 2002 y que Turquía ganó por 3-2. El anterior récord estaba en posesión del checoslovaco Václav Masek, que anotó a los 15 segundos contra México, en 1962.

VICTORIAS MÁS AMPLIAS EN LA FASE FINAL DE UN MUNDIAL

Hungría 10 - El Salvador 1 (15 de junio de 1982)
Hungría 9 - Corea del Sur 0 (17 de junio de 1954)
Yugoslavia 9 - Zaire 0 (18 de junio de 1974)
Suecia 8 - Cuba 0 (12 de junio de 1938)
Uruguay 8 - Bolivia 0 (2 de julio de 1950)
Alemania 8 - Arabia Saudí 0 (1 de junio de 2002)

LOS MARCADORES MÁS ALTOS

El partido de fase final de un Mundial con mayor número de goles fue el de cuartos de final entre Austria y Suiza del 26 de junio de 1954. Austria logró una gran remontada para vencer 7-5, con un *hat trick* del delantero centro Theodor Wagner, tras arrastrar un 3-0 desde el minuto 19. En tres partidos se han marcado 11 tantos: la victoria de Brasil por 6-5 ante Polonia en la primera ronda de 1938, la de Hungría por 8-3 frente a la República Federal de Alemania en la fase de grupos de 1954 y la paliza de Hungría por 10-1 sobre El Salvador en la fase de grupos de 1982.

GRANDES Y PEQUEÑOS

Pelé (arriba a la derecha) fue el jugador más joven en marcar en la fase final de un Mundial, al anotar con 17 años y 239 días el gol de la victoria de Brasil sobre Gales en cuartos de final en 1958. En 1994 el camerunés Roger Milla (arriba a la izquierda), a sus 42 años y 39 días, se convirtió en el jugador más mayor en marcar un gol en la derrota por 6-1 ante Rusia.

MAYOR NÚMERO DE GOLES EN UN MUNDIAL

27	Hungría	(1954)
25	RFA	(1954)
23	Francia	(1958)
22	Brasil	(1950)
19	Brasil	(1970)

MAYOR NÚMERO DE GOLES EN TODOS LOS MUNDIALES (MÁS DE 100)

1	Brasil	201
2	Alemania/RFA	190
3	Italia	122
4	Argentina	113

UN TRÍO DEMOLEDOR

Tres jugadores han anotado en todos los partidos de fase final de un Mundial que han disputado. Alcides Ghiggia (arriba), de la campeona Uruguay, fue el primero, con cuatro goles en cuatro partidos en 1950. Just Fontaine le siguió ocho años después con sus 13 goles en seis encuentros, que colocaron a Francia en tercer lugar. El delantero brasileño Jairzinho logró siete tantos en seis partidos cuando su equipo ganó el Mundial por tercera vez en 1970.

LOS GOLES TAMBIÉN CAMBIAN

El mayor número de goles anotados en la fase final de un Mundial fueron los 171 de 1998 en Francia, después de que la FIFA ampliara por primera vez la competición a 32 equipos. El mayor número de goles por partido se registró en la fase final de 1954, con 140 tantos en solo 26 encuentros y una media de 5,38 goles por partido. La media más baja fue la de 1990 en Italia, con 2,21 goles por encuentro tras marcarse 115 goles en 52 partidos.

AHORA MENOS ES MÁS

Cada vez es más difícil marcar en la fase final de un Mundial. Para ver a Brasil, Hungría, la República Federal de Alemania y Francia anotando más de veinte tantos por torneo hay que remontarse a los días gloriosos de la década de 1950. La victoria por 7-5 de Austria sobre Suiza en 1954 (abajo) fue el partido con mayor número de goles de un Mundial, y la media de 5,38 tantos por encuentro, la mejor de la historia. Desde entonces las defensas se han vuelto más organizadas y difíciles de traspasar. Los cambios en la alineación tampoco han favorecido a los atacantes: en la fase final del Mundial de Alemania en 2006 muchos entrenadores emplearon solo un ariete. La campeona de 2006, Italia, demostró la tendencia actual al marcar únicamente 12 goles en siete partidos y encajar solo dos.

MÁS GOLES EN 90 MINUTOS

El delantero ruso Oleg Salenko (arriba) ostenta el récord de goles anotados en un partido de fase final de un Mundial: cinco, en la victoria de su país por 6-1 sobre Camerún en 1994. Salenko fue uno de los máximos anotadores del torneo con seis goles.

EL GOLPE DE SUERTE DE FONTAINE

Just Fontaine es el máximo goleador de la fase final de un Mundial, con 13 goles en 1958. Pero Fontaine no esperaba jugar. Fue convocado a raíz de la lesión de tobillo de René Bliard y le pilló tan de sorpresa que se llevó prestadas las botas de su colega en el Reims, Stéphane Bruey, al torneo. Anotó tres goles contra Paraguay, dos más frente a Yugoslavia, uno contra Escocia, dos ante Irlanda del Norte, uno en la semifinal contra Brasil y cuatro en la eliminatoria por la tercera plaza que ganó Francia por 6-3 ante la República Federal de Alemania.

GOLEAR NO SIGNIFICA GANAR

Encabezar la tabla de goleadores de la fase final del Mundial es un gran honor para cualquier delantero, pero pocos han conseguido el máximo galardón y contribuido a la victoria de su equipo a la vez. El argentino Guillermo Stábile inauguró la desafortunada tendencia en 1930: lideró la lista de goleadores pero su equipo acabó perdiendo la final. Los máximos goleadores que han jugado en el equipo ganador son pocos: Garrincha y Vavá (máximos goleadores en 1962), Mario Kempes (máximo anotador en 1978), Paolo Rossi (1982) y Ronaldo (2002). Gerd Müller, máximo goleador en 1970, logró su recompensa cuando la República Federal de Alemania ganó el Mundial cuatro años después. Otros máximos goleadores, como Just Fontaine, Sándor Kocsis o Gary Lineker, se llevaron una decepción en la fase final. Kocsis fue el único en llegar a la final en 1954, aunque Hungría perdió.

ROSSI, EL HÉROE DE ITALIA

Paolo Rossi pasó de villano a héroe cuando Italia ganó el Mundial de 1982. El técnico Enzo Bearzot le convocó a pesar de que acababa de completar dos años de suspensión por amañar un partido. Rossi fue criticado por su baja forma en los primeros partidos, pero anotó un *hat trick* contra Brasil, dos goles cuando Italia venció a Polonia en la semifinal, y el primero en la victoria final del Mundial sobre la República Federal de Alemania.

ORO, PLATA Y BRONCE

El máximo anotador de cada Mundial recibe la Bota de Oro. En el Mundial de 2006 la FIFA incluyó dos nuevos galardones: la Bota de Plata y la Bota de Bronce para el segundo y el tercer máximo goleador respectivamente. El argentino Hernán Crespo acabó segundo, detrás del alemán Miroslav Klose. El delantero brasileño Ronaldo se llevó el bronce.

HURST HACE HISTORIA

El inglés Geoff Hurst ha sido el primer y único jugador que ha marcado un *hat trick* en la final de un Mundial. Fue en la victoria por 4-2 sobre la República Federal de Alemania en Inglaterra en 1966. Hurst mantuvo sereno al equipo después de que los alemanes se adelantaran y marcó el decisivo tercer gol con un tiro que rebotó en el larguero y tocó la línea, según el linier soviético. Hurst metió su tercer tanto en el último minuto. Las palabras del comentarista británico Kenneth Wolstenholme sobre el disparo de Hurst se hicieron famosas: «Hay algunas personas en el campo. Piensan que ya ha acabado. ¡Ahora sí!».

MÁXIMOS GOLEADORES DE LA FASE FINAL DEL MUNDIAL (1930-1978)

Máximo 16 equipos en la fase final

Año	País anfitrión	Máximo goleador/país	Goles
1930	Uruguay	**Guillermo Stábile** (Argentina)	8
1934	Italia	**Oldrich Nejedly** (Checoslovaquia)	5
1938	Francia	**Leônidas** (Brasil)	7
1950	Brasil	**Ademir** (Brasil)	9
1954	Suiza	**Sándor Kocsis** (Hungría)	11
1958	Suecia	**Just Fontaine** (Francia)	13
1962	Chile	**Garrincha** (Brasil)	4
		Vavá (Brasil)	
		Leonel Sánchez (Chile)	
		Florian Albert (Hungría)	
		Valentin Ivanov (Unión Soviética)	
		Drazan Jerkovic (Yugoslavia)	
1966	Inglaterra	**Eusébio** (Portugal)	9
1970	México	**Gerd Müller** (RFA)	10
1974	RFA	**Grzegorz Lato** (Polonia)	7
1978	Argentina	**Mario Kempes** (Argentina)	6

LINEKER LIDERA LA LISTA DE INGLATERRA

Gary Lineker es el máximo anotador de Inglaterra en un Mundial, y el segundo por detrás del campeón del mundo Bobby Charlton en la lista de goleadores ingleses de todos los tiempos. Marcó 48 tantos en 80 partidos. La cumbre de su carrera mundialista llegó en la semifinal de 1990, partido metió el gol del empate de Inglaterra contra la República Federal de Alemania. Se retiró del fútbol internacional tras la Eurocopa de 1992.

KOCSIS A LA CABEZA

El húngaro Sándor Kocsis fue uno de los mejores rematadores de cabeza; le llamaban «la cabeza de oro». Marcó 11 goles en el Mundial 1954, entre ellos tres contra Corea del Sur y cuatro en la victoria de Hungría por 8-3 sobre la República Federal de Alemania en la fase de grupos.

KEMPES DEJA SU IMPRONTA

Mario Kempes fue el único jugador albiceleste del Mundial 78, celebrado en Argentina, que jugaba en el extranjero. Este valencianista, máximo goleador de la liga española dos años, fue crucial en el triunfo argentino. El técnico César Luis Menotti le sugirió que se afeitara el bigote tras su falta de acierto en la fase de grupos. Lo hizo y anotó dos goles contra Perú, otros dos ante Polonia y dos tantos decisivos contra los Países Bajos en la final.

STÁBILE FUE LA GRAN SORPRESA

Guillermo Stábile, máximo anotador de la fase final del Mundial de 1930, no había jugado con Argentina antes del torneo. Debutó a los 25 años contra México porque el titular, Roberto Cherro, había sufrido un ataque de pánico. Logró un *hat trick* y más tarde marcó dos goles contra Chile y Estados Unidos para colocar a Argentina en la final, donde metió uno de los goles de su equipo en la derrota por 4-2 ante Uruguay.

EUSÉBIO, EL GOL EN SUS BOTAS

El jugador de Portugal Eusébio fue el delantero estrella en el Mundial 1966, aunque, irónicamente, ahora no podría jugar con Portugal. Nació en Mozambique, que antes era colonia portuguesa pero ahora es un país independiente. Fue el máximo goleador con nueve tantos, entre ellos dos para eliminar al campeón Brasil y cuatro para vencer a Corea del Norte por 5-3 en la semifinal, tras remontar un 3-0.

RONALDO EL REGULAR

Ronaldo ha sido un goleador regular en las tres fases finales de los Mundiales que ha disputado. Anotó cuatro veces en 1998, ocho cuando Brasil ganó el campeonato en 2002 y tres en 2006. Se convirtió en el máximo goleador de todos los tiempos el 27 de junio de 2006, cuando marcó el primer gol de Brasil en su victoria por 3-0 ante Ghana en octavos, en Dortmund. Ronaldo integró la selección que ganó el Mundial de 1994 en EE. UU., pero no llegó a jugar.

EL HÁBITO GOLEADOR DE MÜLLER

Gerd Müller, de la RFA, tenía el don de marcar en partidos importantes. Anotó el gol de la victoria ante Inglaterra en los cuartos de final de 1970 y sus dos goles en la prórroga ante Italia casi llevan a su equipo a la final. Cuatro años después, el gol de Müller frente a Polonia aseguró que la RFA jugara la final en casa. Después, marcó el tanto decisivo ante los Países Bajos en la final. Uno de sus goles fue anulado por fuera de juego injustamente, tal como demostró la repetición en la televisión.

MÁXIMOS GOLEADORES EN LA COPA MUNDIAL DE LA FIFA™

	Nombre/país	Torneos	Total goles
1	Ronaldo (Brasil)	1998, 2002, 2006	15
2	Gerd Müller (RFA)	1970, 1974	14
3	Just Fontaine (Francia)	1958	13
4	Pelé (Brasil)	1958, 1962, 1966, 1970	12
5	Sándor Kocsis (Hungría)	1954	11
	Jürgen Klinsmann (RFA/Alemania)	1990, 1994	11
7	Gabriel Batistuta (Argentina)	1994, 1998, 2002	10
	Teófilo Cubillas (Perú)	1970, 1978	10
	Miroslav Klose (Alemania)	2002, 2006	10
	Grzegorz Lato (Polonia)	1974, 1978	10
	Gary Lineker (Inglaterra)	1986, 1990	10
	Helmut Rahn (RFA)	1954, 1958	10

KLINSMANN CONTRIBUYE

Jürgen Klinsmann ha contribuido mucho en los Mundiales como jugador y como técnico. Anotó tres goles cuando la RFA ganó el Mundial 1990, cinco más (para la Alemania unificada) en la fase final de 1994, y tres en 1998. Después entrenó a Alemania y la llevó a semifinales en 2006.

¿QUIÉN MARCÓ EL PRIMER HAT TRICK?

Durante muchos años el argentino Guillermo Stábile fue considerado el primero en conseguir un *hat trick* en la fase final de un Mundial, en la victoria de Argentina por 6-3 sobre México el 19 de julio de 1930. Pero la FIFA cambió este récord en noviembre de 2006, para reconocer que dos días antes el estadounidense Bert Patenaude había conseguido el primer *hat trick* de la historia del torneo en el partido que EE. UU. ganó a Paraguay por 3-0.

LA MALA SUERTE DE PELÉ

Sin ninguna duda, Pelé hubiese sido el máximo goleador de la historia del Mundial si no hubiese sido por las lesiones. Tuvo que retirarse en la fase final de 1962 y de nuevo cuatro años después. Marcó seis goles cuando Brasil ganó en 1958, incluidos dos en la victoria final por 5-2 sobre Suecia. También anotó el gol número 100 de Brasil en un Mundial cuando vencieron a Italia por 4-1 en la final de 1970.

RAHN IMPACTA

Helmut Rahn era el máximo goleador de la RFA en los Mundiales hasta que llegó Gerd Müller. Anotó el gol de la victoria en la final de 1954, un tanto histórico lanzado con la zurda y que entró por el palo derecho. Había comenzado el torneo como suplente y no fue titular hasta los cuartos de final, cuando su golazo sentenció el partido contra Yugoslavia.

LEÔNIDAS PRUEBA SUERTE

Se suscitó una enorme polémica cuando se concedió el título de máximo goleador del Mundial 38 a Leônidas. Al principio, la FIFA atribuyó al delantero brasileño ocho goles, pero después se le restó uno de los cuartos de final contra Checoslovaquia. Sin embargo, los cuatro que marcó a Polonia en la primera ronda le aseguraron el título de máximo anotador del torneo, con siete tantos.

Dos jugadores, el mexicano Antonio Carbajal y el alemán Lothar Matthäus, han sumado la cifra récord de cinco fases finales de un Mundial disputadas, mientras que muchos jugadores sueñan con poder participar aunque sea una vez en el mayor acontecimiento futbolístico. En estas páginas hacemos un breve repaso de los jugadores que han participado y de sus intervenciones.

BRANDTS MARCÓ EN LOS DOS EQUIPOS

El defensa holandés Ernie Brandts es el único jugador que ha marcado para los dos equipos en un mismo partido de un Mundial. En 1978 su gol en propia meta en el minuto 18 adelantó a Italia en su segundo partido de grupo, pero Brandts inició la remontada con el gol del empate en el minuto 50 y Arie Haan sentenció para colar a los Países Bajos en la final.

RÉCORD DE GOLES DE PROSINECKI

Robert Prosinecki es el único futbolista que ha anotado con la camiseta de dos países diferentes en la fase final del Mundial. Marcó para Yugoslavia en su victoria por 4-1 sobre los Emiratos Árabes Unidos en el Mundial de 1990. Ocho años después, tras la división de la antigua Yugoslavia, anotó con Croacia en el 3-0 sobre Jamaica en la fase de grupos y después metió el primer gol del 2-1 que les valió el triunfo sobre Países Bajos en la eliminatoria por el tercer puesto.

MONTI Y LOS ORIUNDI

Solo Luisito Monti ha disputado dos finales mundialistas con dos países distintos. Estuvo en el bando perdedor con Argentina en 1930, y después ganó una medalla de campeón con Italia en 1934. Monti fue uno de los *oriundi* (argentinos descendientes de italianos). El gobierno italiano le otorgó la doble nacionalidad cuando se trasladó a Italia para jugar en la Juventus, y así poder jugar con la selección italiana.

GRANDES Y PEQUEÑOS

El delantero norirlandés Norman Whiteside se convirtió en el jugador más joven de entonces en participar en la fase final de un Mundial cuando saltó al campo contra Yugoslavia en 1982, con tan solo 17 años y 41 días. El jugador más mayor en disputar un Mundial fue el delantero camerunés Roger Milla, que se enfrentó a Rusia en 1994 con 42 años y 39 días.

LARGA ESPERA DE BICKEL

El suizo Alfred «Fredy» Bickel soportó la espera más larga entre Mundiales: 12 años y 13 días. Estuvo en el equipo que Hungría derrotó en los cuartos de final de 1938 antes de que la Segunda Guerra Mundial obligara a suspender los siguientes Mundiales. Bickel tuvo que esperar hasta el 25 de junio de 1950 antes de su siguiente aparición, en la derrota de Suiza ante Yugoslavia por 3-0.

LAS SUSTITUCIONES MÁS RÁPIDAS

Las tres sustituciones más rápidas de la historia de las fases finales del Mundial han tenido lugar en el minuto cuatro. En todos los casos el jugador sustituido resultó tan gravemente lesionado que no volvió a jugar en el torneo: Steve Hodge entró por Bryan Robson en el empate a cero de Inglaterra contra Marruecos en 1986; Giuseppe Bergomi sustituyó a Alessandro Nesta en la victoria por 2-1 de Italia sobre Austria en 1998; y Peter Crouch reemplazó a Michael Owen en el empate a dos de Inglaterra frente a Suecia en 2006.

Todos estos jugadores participaron como mínimo en la fase final de cuatro Mundiales:

5 **Antonio Carbajal** (México) 1950, 1954, 1958, 1962, 1966;
Lothar Matthäus (RFA/Alemania) 1982, 1986, 1990, 1994, 1998

4 **Djalma Santos** (Brasil) 1954, 1958, 1962, 1966;
Pelé (Brasil) 1958, 1962, 1966, 1970;
Uwe Seeler (RFA) 1958, 1962, 1966, 1970;
Karl-Heinz Schnellinger (RFA) 1958, 1962, 1966, 1970;
Gianni Rivera (Italia) 1962, 1966, 1970, 1974;
Pedro Rocha (Uruguay) 1962, 1966, 1970, 1974;
Wladyslaw Zmuda (Polonia) 1974, 1978, 1982, 1986;
Giuseppe Bergomi (Italia) 1982, 1986, 1990, 1998;
Diego Armando Maradona (Argentina) 1982, 1986, 1990, 1994;
Enzo Scifo (Bélgica) 1986, 1990, 1994, 1998;
Franky van der Elst (Bélgica) 1986, 1990, 1994, 1998;
Andoni Zubizarreta (España) 1986, 1990, 1994, 1998;
Paolo Maldini (Italia) 1990, 1994, 1998, 2002;
Hong Myung-Bo (Corea del Sur) 1990, 1994, 1998, 2002;
Cafú (Brasil) 1994, 1998, 2002, 2006;
Sami Al-Jaber (Arabia Saudí) 1994, 1998, 2002, 2006.

MÁS APARICIONES EN LA FASE FINAL DEL MUNDIAL

25 **Lothar Matthäus** (República Federal de Alemania/Alemania)
23 **Paolo Maldini** (Italia)
21 **Diego Armando Maradona** (Argentina)
Uwe Seeler (RFA)
Wladyslaw Zmuda (Polonia)

GANAR DE CUALQUIER MANERA

Franz Beckenbauer y Mário Zagallo forman un dúo sin igual. Los dos han ganado el Mundial como jugadores y como entrenadores. Además, el mediapunta Beckenbauer tuvo el honor de capitanear a la RFA hasta la victoria de 1974 en suelo alemán. Como técnico, les llevó a la final en México en 1986 y a la victoria contra Argentina en Italia cuatro años después. Le apodaron «Der Kaiser» (el Emperador) tanto por su estilo como por sus logros. Zagallo fue dos veces campeón como jugador: el extremo izquierdo participó en la marcha triunfal de Brasil al Mundial 58, antes de desempeñar un papel más importante en el triunfo de 1962. Reemplazó al controvertido João Saldanha como seleccionador de Brasil tres meses antes de la fase final de 1970 y guió al equipo a la victoria en sus seis partidos, tras marcar 19 goles y machacar a Italia por 4-1 en la final. Zagallo, apodado «el Profesor», ocupó el puesto de director técnico cuando Brasil ganó el Mundial por cuarta vez en 1994.

MÁS PARTIDOS DE FASE FINAL DEL MUNDIAL (POR POSICIÓN)

Portero: Cláudio Taffarel (Brasil, 18 partidos).
Defensas: Cafú (Brasil, 20); Wladyslaw Zmuda (Polonia, 21); Franz Beckenbauer (Alemania, 18); Paolo Maldini (Italia, 23).
Centrocampistas: Grzegorz Lato (Polonia, 20); Lothar Matthäus (Alemania, 25); Wolfgang Overath (Alemania, 19); Pierre Littbarski (Alemania, 18).
Delanteros: Diego Armando Maradona (Argentina, 21); Uwe Seeler (Alemania, 21).

LAS TRES VECES DE CAFÚ

El lateral derecho brasileño Cafú tiene el récord de más finales de Mundiales disputadas: tres. Sustituyó a Jorginho en el minuto 21 cuando Brasil ganó a Italia en los penaltis de 1994, disputó todo el partido cuando perdieron 3-0 ante Francia en 1998 y fue el capitán de Brasil en su victoria por 2-0 sobre Alemania en 2002. Cafú tiene además otro récord: ha recibido más tarjetas amarillas, seis, que ningún otro jugador de la historia de la fase final del Mundial.

BICAMPEONES

Jugadores que han ganado dos finales del Mundial:

Giovanni Ferrari (Italia): 1934, 1938
Giuseppe Meazza (Italia): 1934, 1938
Pelé (Brasil): 1958, 1970
Didí (Brasil): 1958, 1962
Djalma Santos (Brasil): 1958, 1962
Garrincha (Brasil): 1958, 1962
Gilmar (Brasil): 1958, 1962
Nilton Santos (Brasil): 1958, 1962
Vavá (Brasil): 1958, 1962
Zagallo (Brasil): 1958, 1962
Zito (Brasil): 1958, 1962
Cafú (Brasil): 1994, 2002

CAFÚ HA GANADO MÁS VECES

El lateral derecho brasileño Cafú ha estado en el lado ganador más veces que ningún otro jugador en un Mundial. Debutó como suplente en el minuto 69 del partido contra EE. UU. en 1994. De sus 20 partidos con Brasil ganó 16, incluyendo la final de 2002; empató uno, la final de 1994, que ganaron en la tanda de penaltis; y perdió tres. Las tres derrotas fueron contra Noruega por 2-1 en la fase de grupos de 1998, contra Francia por 3-0 en la final de 1998 y de nuevo contra Francia por 1-0 en cuartos, en 2006.

PUZACH FUE EL PRIMER SUPLENTE

El primer suplente de la historia de la fase final del Mundial fue Anatoli Puzach, de la Unión Soviética. Reemplazó a Viktor Serebrjanikov en el descanso del empate a cero de los soviéticos contra el anfitrión, en México, el 31 de mayo de 1970. El torneo de ese año fue el primero que permitió cambios, dos para cada equipo. La FIFA los aumentó a tres en 1998.

CAPITANES DESTACADOS

Tres jugadores han sido capitanes en dos Mundiales: Diego Armando Maradona de Argentina, Dunga de Brasil y Karl-Heinz Rummenigge de la República Federal de Alemania. Maradona alzó el trofeo en 1986, pero perdió cuatro años después. Dunga fue el capitán del equipo campeón de 1994, pero cayó derrotado en 1998. Rummenigge perdió en las dos ocasiones, en 1982 y 1986. Maradona es quien ha jugado más partidos de la fase final de un Mundial como capitán, liderando a Argentina 16 veces entre 1986 y 1994.

LOS PRIMEROS EN SALIR ANTES DE TIEMPO

Las tarjetas rojas y amarillas (expulsiones y amonestaciones) se utilizaron por primera vez en el Mundial 1970. El primer jugador que vio una tarjeta roja fue el chileno Carlos Caszely, contra la anfitriona, la RFA, en 1974. El primer portero expulsado fue el italiano Gianluca Pagliuca, por tocar el balón con la mano fuera del área contra Noruega en 1994. El primer jugador expulsado en la fase final de un Mundial fue el capitán peruano Mario de las Casas contra Rumanía en 1930.

ROJAS MÁS RÁPIDAS EN LAS FASES FINALES DEL MUNDIAL

1 min José Batista (Uruguay) contra Escocia, 1986
3 min Marco Etcheverry (Bolivia) contra Alemania, 1994
Ion Vladoiu (Rumanía) contra Suiza, 1994
Morten Wieghorst (Dinamarca) contra Sudáfrica, 1998
6 min Lauren (Camerún) contra Chile, 1998
8 min Giorgio Ferrini (Italia) contra Chile, 1962
Miklos Molnar (Dinamarca) contra Sudáfrica, 1998

AMARILLAS MÁS RÁPIDAS

1 min Sergei Gorlukovich (Rusia) contra Suecia, 1994
Giampiero Marini (Italia) contra Polonia, 1982
2 min Jesús Arellano (México) contra Italia, 2002
Henri Camara (Senegal) contra Uruguay, 2002
Michael Emenalo (Nigeria) contra Italia, 1994

LAS TRES TARJETAS DE SIMUNIC

El croata Josip Simunic ostenta el récord de más tarjetas amarillas en un partido de fase final de un Mundial: tres contra Australia en 2006. Recibió tres amarillas antes de ser expulsado finalmente tras un grave error del árbitro inglés Graham Poll. Cuando Poll le mostró a Simunic su segunda amarilla, olvidó por completo que ya le había amonestado.

LAS SUSPENSIONES MÁS LARGAS

La mayor suspensión impuesta en la historia del Mundial fue la de 15 meses al argentino Diego Armando Maradona. Había dado positivo en efedrina, una sustancia prohibida, después de ganar a Nigeria por 2-1 en la fase de grupos de 1994. La suspensión más larga por mala conducta en el campo fue de ocho meses al italiano Mauro Tassotti, también en 1994, tras romperle la nariz con el codo al centrocampista español Luis Enrique en cuartos.

RÉCORD DE MINUTOS DE MALDINI

Lothar Matthäus de la RFA/Alemania es el jugador que más partidos del Mundial ha disputado: 25. Pero el defensa italiano Paolo Maldini ha estado más minutos en el campo, a pesar de jugar dos encuentros menos. Maldini ha jugado 2.220 minutos, Matthäus 2.052. Según el cronómetro, los dos siguientes son Uwe Seeler de la República Federal de Alemania, que jugó 1.980 minutos, y el argentino Diego Armando Maradona, que estuvo 1.938 en el campo.

LOS MÁS JÓVENES DE LA FINAL DE UN MUNDIAL

Pelé (Brasil): 17 años y 249 días, en 1958
Giuseppe Bergomi (Italia): 18 años y 201 días, en 1982
Rubén Morán (Uruguay): 19 años y 344 días, en 1950

LOS MÁS MAYORES DE LA FINAL DE UN MUNDIAL

Dino Zoff (Italia): 40 años y 133 días, en 1982
Gunnar Gren (Suecia): 37 años y 241 días, en 1958
Jan Jongbloed (Países Bajos): 37 años y 212 días, en 1974
Nilton Santos (Brasil): 37 años y 32 días, en 1962

CUATRO Y PUNTO

El mayor número de jugadores expulsados en un partido de un Mundial son cuatro. Costinha y Deco de Portugal, y Khalid Boulahrouz y Gio van Bronckhorst de los Países Bajos fueron expulsados por el árbitro ruso Valentin Ivanov en un partido de segunda ronda del Mundial de Alemania en 2006.

EXPULSADOS DE ARGENTINA

Argentina encabeza la lista de jugadores expulsados en la fase final de un Mundial. En total han sido diez, incluyendo los dos expulsados en la final de 1990, Pedro Monzón y Gustavo Dezotti.

CANIGGIA: EXPULSADO, DESDE EL BANQUILLO...

El argentino Claudio Caniggia se convirtió en el primer jugador expulsado desde el banquillo, en el partido ante Suecia en 2002. El árbitro Ali Bujsaim echó a Caniggia en el tiempo de descuento de la primera parte por protestar. A pesar de los avisos del árbitro para que estuviera callado, Caniggia siguió protestando, así que Bujsaim le sacó una tarjeta roja.

SALVADORES EN LOS PENALTIS

El jugador de la RFA Harald «Toni» Schumacher y Sergio Goycochea de Argentina tienen el récord de más penaltis parados en la fase final: cuatro cada uno. Schumacher realizó sus paradas en dos torneos, el de 1982 y el de 1986, incluyendo la crucial de la semifinal de 1982 contra Francia. Goycochea realizó sus paradas decisivas en 1990; primero en la victoria de cuartos de Argentina sobre Yugoslavia y luego contra Italia para colocar al equipo en la final. Sus cuatro paradas en la tanda de penaltis de un solo torneo también son un récord. Quien más tiros ha detenido en la tanda de penaltis ha sido el portugués Ricardo; paró tres lanzamientos para eliminar a Inglaterra en cuartos del Mundial 2006.

LA AGRIDULCE SEMIFINAL DE BALLACK

La estrella alemana Michael Ballack nunca olvidará la semifinal del Mundial de 2002 contra la anfitriona Corea del Sur en Seúl. El árbitro Urs Meier le mostró la amarilla al centrocampista en el minuto 71 por derribar a Lee Cun-Soo. Cuatro minutos más tarde, Ballack chutó un despeje que dio el triunfo a Alemania, a pesar de que la amarilla que había visto momentos antes significaba que no podría disputar la final.

DENILSON SALE DEL BANQUILLO

El extremo brasileño Denilson ha realizado el mayor número de sustituciones en el Mundial: 11. Disputó 12 partidos con Brasil en los Mundiales de 1998 y 2002, pero solo fue titular en uno, contra Noruega en 1998. Sustituyó a Leonardo en el descanso de la final de 1998 y salió por Ronaldo en el tiempo de descuento de la final de 2002 (su última participación en un Mundial), que ganaron a Alemania por 2-0.

PORTEROS IMBATIDOS EN LA FASE FINAL DEL MUNDIAL

Walter Zenga (Italia)	517 minutos sin encajar un gol, 1990
Peter Shilton (Inglaterra)	502 minutos, 1986-1990
Sepp Maier (RFA)	475 minutos, 1974-1978
Gianluigi Buffon (Italia)	460 minutos, 2006
Emerson Leao (Brasil)	458 minutos, 1978
Gordon Banks (Inglaterra)	442 minutos, 1966

LOS NÚMERO UNO DE LOS NÚMERO UNO

El Premio Lev Yashin para el mejor portero del Mundial se creó en 1994, aunque desde 1930 se elige a un arquero para el once ideal al final de cada torneo. En 1998 el equipo ideal se amplió de 11 a 23 jugadores, dejando sitio para más de un guardameta. Los jugadores elegidos para conformar el once ideal que no recibieron el Premio Lev Yashin fueron el paraguayo José Luis Chilavert en 1998, el turco Rüstü Reçber en 2002, y el alemán Jens Lehmann y el portugués Ricardo en 2006. El primer Premio Lev Yashin se entregó al belga Michel Preud'homme; a pesar de jugar solo cuatro encuentros y encajar cuatro goles en la competición de 1994, su equipo fue derrotado por la mínima en el partido de segunda ronda contra Alemania que acabó 3-2. El legendario cancerbero soviético Lev Yashin, que da nombre al trofeo, disputó los Mundiales de 1958, 1962 y 1966, y jugó con su selección en 1970 como tercer portero y ayudante del entrenador, aunque nunca fue incluido en el equipo ideal de ningún torneo. Yashin encajó el único gol marcado directamente de un saque de esquina en la fase final de un Mundial; su ejecutor fue el colombiano Marcos Coll en un empate a cuatro en 1962.

HERMANOS UNIDOS

Los hermanos Viktor y Vyacheslav Chanov fueron dos de los porteros de la selección de la Unión Soviética en el Mundial de 1982, pero Rinat Dasayev fue el arquero titular. Viktor, ocho años más joven que Vyacheslav, disputó un partido en el Mundial de 1986 cuatro años después y acabó su carrera con 21 partidos. Vyacheslav tuvo que esperar a 1984 para su primera y única aparición como internacional.

EL GRAN OLIVER

El alemán Oliver Kahn es el único guardameta que ha sido elegido Mejor Jugador del Torneo, en el Mundial 2002, a pesar de tener parte de culpa de los goles de la victoria de Brasil en la final.

JUGADORES ELEGIDOS MEJOR PORTERO DEL TORNEO

1930	Enrique Ballesteros (Uruguay)
1934	Ricardo Zamora (España)
1938	Frantisek Plánika (Checoslovaquia)
1950	Roque Máspoli (Uruguay)
1954	Gyula Grosics (Hungría)
1958	Harry Gregg (Irlanda del Norte)
1962	Viliam Schrojf (Checoslovaquia)
1966	Gordon Banks (Inglaterra)
1970	Ladislao Mazurkiewicz (Uruguay)
1974	Jan Tomaszewski (Polonia)
1978	Ubaldo Fillol (Argentina)
1982	Dino Zoff (Italia)
1986	Harald Schumacher (RFA)
1990	Sergio Goycochea (Argentina)
1994	Michel Preud'homme (Bélgica)
1998	Fabien Barthez (Francia)
2002	Oliver Kahn (Alemania)
2006	Gianluigi Buffon (Italia)

WALTER, EL DEFENSIVO

El italiano Walter Zenga ostenta el récord de más minutos sin encajar un gol en un Mundial: fueron 518 minutos en el torneo de 1990 en su país natal. El argentino Claudio Caniggia acabó marcándole en la semifinal. Los cinco partidos consecutivos de Zenga con la portería a cero en el torneo también suponen un récord del Mundial. En su camino hacia la victoria en el torneo de 2006, su colega italiano Gianluigi Buffon encajó solo dos: un gol en propia meta de su compañero Cristian Zaccardo y un penalti del francés Zinedine Zidane.

CARBAJAL EN 5 MUNDIALES

Antonio Carbajal, de la selección mexicana, es uno de los dos únicos jugadores que han participado en la fase final de cinco Mundiales, el otro fue el polifacético jugador alemán Lothar Matthäus. Carbajal, que jugó en 1950, 1954, 1958, 1962 y 1966, encajó solo 25 tantos en sus 11 encuentros de fase final del Mundial, los mismos que el saudí Mohamed Al-Deayea en diez partidos entre 1994, 1998 y 2002. Al-Deayea estuvo en la selección de Arabia Saudí en el torneo de 2006 pero no jugó.

EL MÁS GRANDE DE ITALIA

Dino Zoff se convirtió en el jugador y en el capitán más mayor que ganó un Mundial cuando la selección italiana se alzó con el trofeo en España en 1982. Entonces tenía 40 años y 133 días. Compartió equipo con el defensa Giuseppe Bergomi, que contaba 18 años y 201 días, una diferencia de 21 años y 297 días.

BIEN POR RICARDO

El español Ricardo Zamora fue el primer cancerbero que paró un penalti en un partido de fase final de un Mundial, el disparo del brasileño Waldemar de Brito en 1934. España ganó 3-1.

UN CHOQUE DESAFORTUNADO

El arquero Frantisek Plánika se rompió el brazo en el choque de segunda ronda de Checoslovaquia contra Brasil en 1938, pero siguió jugando, a pesar de tener que ir a la prórroga y terminar empatando a uno. Era lógico que, dado el alcance de su lesión, Plánika se perdiera la repetición dos días después, en la que los checos perdieron 2-1, y no pudiera sumarla a sus 73 partidos como internacional.

16 NADA BUENOS

Ningún guardameta ha encajado más goles en un Mundial que los 16 del surcoreano Hong Duk-Yung en Suiza en 1954. Todos se produjeron en solo dos encuentros, una paliza por 9-0 a manos de la finalista del torneo, Hungría, y una derrota por 7-0 ante Turquía.

BOMBARDEANDO A RAMÓN

La victoria de Argentina por 6-0 sobre Perú en el Mundial de 1978 levantó sospechas, ya que los anfitriones necesitaban ganar por cuatro tantos para llegar a la final y enfrentarse a su archienemigo, Brasil; además, el portero de Perú, Ramón Quiroga, había nacido en Argentina. Sin embargo, él insistió en que sus paradas evitaron una derrota más rotunda y vergonzosa. Al principio del torneo, Quiroga había sido sancionado por una falta sobre Grzegorz Lato tras correr hasta la mitad polaca del campo.

LAS PASA MORADAS

Luis Ricardo Guevara Mora ostenta el poco envidiable récord de mayor número de goles encajados en un partido de Mundial. Este veinteañero tuvo que recoger el balón de la red hasta diez veces cuando Hungría machacó a El Salvador en 1982, además sus compañeros solo marcaron un tanto. En este partido también logró el récord de ser el portero más joven en participar en la fase final de un Mundial.

JUGAR MÁS ALLÁ DE LA BARRERA DEL DOLOR

La primera portería a cero en un Mundial fue la lograda por el estadounidense Jimmy Douglas al ganar 3-0 a Bélgica en 1930. Después de esa logró otra en el partido contra Paraguay que acabó con el mismo marcador, pero Argentina demostró su supremacía al ganar 6-1 en semifinales. Douglas se lesionó a los cuatro minutos, pero tuvo que seguir jugando, ya que por entonces las sustituciones no estaban permitidas.

TRES SON COMPAÑÍA

Tanto Checoslovaquia como Bélgica emplearon a sus tres porteros en el Mundial de España de 1982: Zdenek Hruska, Stanislav Seman y Karel Stromsik fueron los checos, y Jean-Marie Pfaff, Theo Custers y Jacques Munaron jugaron en el equipo belga.

EMPATE A CERO EN SUECIA

Sorprendentemente, Brasil coprotagonizó el primer partido de fase final de un Mundial que acabó en un empate a cero: fue contra Inglaterra en Suecia en 1958. Gilmar era el meta de Brasil y Colin McDonald el de Inglaterra, en la otra punta del campo de Gotemburgo. Gilmar es el único portero que ha estado en el equipo ganador en dos finales mundialistas.

DEJADO DE LA MANO DE DIOS

Peter Shilton se convirtió en el capitán más mayor de un Mundial cuando dirigió a Inglaterra a la eliminatoria por la tercera plaza en 1990 ante la anfitriona, Italia. Contaba 40 años y 292 días cuando participó con su selección por última vez, la número 125, aunque el día se estropeó por la derrota por 2-1, con un error del portero que le regaló a Roberto Baggio el gol inicial de Italia. Shilton, nacido en Leicester el 18 de septiembre de 1949, también jugó con Inglaterra en los torneos de 1982 y 1986. Fue el capitán en México en 1986 después de que Bryan Robson quedara descartado del torneo por una lesión y Ray Wilkins por suspensión, y protagonizó uno de los momentos más memorables de la historia del Mundial, al ser superado por el argentino Diego Armando Maradona cuando marcó el gol llamado «la mano de Dios». Shilton comparte el récord de porterías imbatidas en los Mundiales, diez, junto con el francés Fabien Barthez, que disputó los Mundiales de 1998, 2002 y 2006. Cada uno disputó 17 partidos de fase final del Mundial.

TONY COLGÓ LAS BOTAS

El portero estadounidense Tony Meola abandonó la selección tras el Mundial de 1994 porque quería cambiar de deporte y probar suerte con el fútbol americano. No se le dio bien y regresó al fútbol, pero no volvió a estar en la selección nacional hasta 1999. Se retiró por segunda vez después de disputar un centenar de partidos como internacional y sigue teniendo el récord de capitán más joven de un Mundial, al llevar el brazalete con 21 años y 316 días en la derrota por 5-1 ante Checoslovaquia en 1990.

CAMBIO DE PORTERO

El primer guardameta que fue sustituido en un Mundial fue el rumano Stere Adamache, a quien reemplazó Rica Raducanu a los 27 minutos en la derrota por 3-2 ante Brasil en 1970. Rumanía iba perdiendo 2-0 en ese momento.

SIN PENSAR FUERA DE LA PORTERÍA

El italiano Gianluca Pagliuca fue el primer portero expulsado en un Mundial cuando tocó el balón con la mano fuera del área tan solo 21 minutos después del inicio del partido de la fase de grupos contra Noruega en 1994. El técnico Arrigo Sacchi respondió de manera sorprendente al cambiar al jugador estrella Roberto Baggio por el portero suplente Luca Marchegiani, lo que lógicamente disgustó a Baggio.

MÁS GOLES

1930	70	(3,89 por partido)
1934	70	(4,12 por partido)
1938	84	(4,67 por partido)
1950	88	(4 por partido)
1954	140	(5,38 por partido)
1958	26	(3,6 por partido)
1962	89	(2,78 por partido)
1966	89	(2,78 por partido)
1970	95	(2,97 por partido)
1974	97	(2,55 por partido)
1978	102	(2,68 por partido)
1982	146	(2,81 por partido)
1986	132	(2,54 por partido)
1990	115	(2,21 por partido)
1994	141	(2,71 por partido)
1998	171	(2,67 por partido)
2002	161	(2,52 por partido)
2006	147	(2,3 por partido)

FALLO SUIZO

Suiza quedó eliminada del Mundial 2006 a pesar de que su arquero, Pascal Zuberbühler, permaneciera imbatido en sus cuatro partidos: tres en la fase de grupos y un empate a cero ante Ucrania en segunda ronda. Sin embargo, los suizos perdieron 3-0 en la tanda de penaltis, a pesar de que Zuberbühler parara el primer lanzamiento de Ucrania ejecutado por Andriy Shevchenko. Antes de 2006, Suiza no había mantenido la portería a cero en 22 partidos de fase final del Mundial.

PENALTIS PARADOS

Solo dos porteros han parado dos penaltis en un mismo Mundial fuera de la tanda de penaltis: el polaco Jan Tomaszewski paró el lanzamiento de Staffan Tapper, de Suecia, y el de Uli Hoeness, de la RFA, en 1974; y el estadounidense Brad Friedel detuvo el disparo del surcoreano Lee Eul-Yong y el del polaco Maciej Zurawski en 2002.

FUMADORES

Los entrenadores de los dos equipos que se enfrentaron en la final del Mundial 78 fumaban tanto que se fabricó un cenicero de tamaño gigante para que César Luis Menotti (Argentina) y Ernst Happel (Países Bajos) lo compartiesen en la línea de banda.

JUAN EL JOVEN

Juan José Tramutola todavía es el técnico más joven de la historia del Mundial, al dirigir a Argentina con 27 años y 267 días en el torneo de 1930. El italiano Cesare Maldini fue el más mayor cuando en 2002 se hizo cargo de Paraguay a la edad de 70 años y 131 días.

CON EL CORAZÓN PARTIDO

Ningún país ha ganado el Mundial con un técnico extranjero, pero varios entrenadores han tenido que enfrentarse a la selección de su país de origen en encuentros mundialistas. Entre otros, el centrocampista brasileño Didí, ganador del Mundial de 1958, que dirigió a Perú en su derrota ante Brasil por 4-2 en 1970. Sven-Göran Eriksson era seleccionador de Inglaterra cuando esta empató a uno con Suecia, su país natal, en 2002, el mismo año que el francés Bruno Metsu logró que Senegal ganase 1-0 el partido inaugural contra Francia. El ex portero yugoslavo Blagoje Vidinic vivió su momento más agridulce: entrenó a Zaire en su primer y único Mundial en 1974, y tuvo que ver a sus jugadores adoptivos perder 9-0 ante Yugoslavia.

SCHÖN BRILLA

Helmut Schön fue seleccionador de la República Federal de Alemania durante más partidos mundialistas que ningún otro entrenador: 25 encuentros en los torneos de 1970, 1974 y 1978. También cuenta con el mayor número de victorias como técnico, 16 en total, incluida la de la final contra los Países Bajos en 1974. Ese año a la tercera fue la vencida para Schön, pues había llevado a la RFA al segundo puesto en 1966 y al tercero en 1970. Antes de encargarse del equipo, Schön había sido ayudante de Sepp Herberger, el técnico del equipo de la RFA que ganó el Mundial 54 (por entonces Schön era el seleccionador de la región independiente de Sarre). Schön, nacido en Dresde el 15 de septiembre de 1915, metió 17 goles en 16 partidos como internacional con Alemania entre 1937 y 1941. En 1964 sucedió a Herberger, estuvo 14 años al frente de la RFA y se convirtió en el único técnico que ha ganado un Mundial (1974) y una Eurocopa (1972).

LOS CINCO

Solo dos hombres han acudido a cinco Mundiales como entrenadores: el brasileño Carlos Alberto Parreira y el serbio Bora Milutinovic. El gran momento de Parreira como entrenador llegó cuando Brasil logró su cuarto Mundial en 1994, aunque en su segundo periodo con esta selección tuvo menos éxito, ya que en 2006 solo llegaron a cuartos. Parreira también dirigió a Kuwait (1982), Emiratos Árabes Unidos (1990), y Arabia Saudí (1998) en la fase final y estaba ansioso por encargarse de la anfitriona Sudáfrica en el torneo de 2010, pero tuvo que presentar su dimisión en abril de 2008 por razones familiares. En el Mundial de 1998, Parreira fue destituido a mitad del torneo, después de dirigir a Arabia Saudí en los dos primeros partidos de los tres que disputó; los dos acabaron en derrota, 1-0 ante Dinamarca y 4-0 frente a Francia.

SELECCIONADORES QUE HAN GANADO UN MUNDIAL

1930	Alberto Suppici
1934	Vittorio Pozzo
1938	Vittorio Pozzo
1950	Juan López
1954	Sepp Herberger
1958	Vicente Feola
1962	Aymoré Moreira
1966	Alf Ramsey
1970	Mário Zagallo
1974	Helmut Schön
1978	César Luis Menotti
1982	Enzo Bearzot
1986	Carlos Bilardo
1990	Franz Beckenbauer
1994	Carlos Alberto Parreira
1998	Aimé Jacquet
2002	Luiz Felipe Scolari
2006	Marcello Lippi

BORA LO BORDA

Al igual que Parreira, Bora Milutinovic también ha participado como técnico en cinco Mundiales, con un país diferente cada vez, y en dos de ellos la selección a su cargo era la anfitriona. Entrenó a México en 1986, a Estados Unidos en 1994, a Costa Rica en 1990, a Nigeria en 1998 y a China en 2002. Con todos llegó a las fases eliminatorias excepto con China, que no marcó ni un solo gol.

SUPER MÁRIO

Dos hombres han logrado la Copa Mundial como jugadores y entrenadores. Uno de ellos fue el brasileño Mário Zagallo, que la ganó jugando de extremo en 1958 y 1962, y como técnico en 1970 cuando sustituyó a João Saldanha, un ex periodista sin pelos en la lengua que en una ocasión disparó dos tiros a un portero sospechoso de recibir sobornos; fue destituido tras pelearse con Pelé y con el presidente del país, Emílio Garrastazu Médici. Zagallo también se clasificó como entrenador de los Emiratos Árabes Unidos en el Mundial 1990, pero fue destituido antes de que empezase el Mundial y sustituido por su colega brasileño Carlos Alberto Parreira.

11 DE LA SUERTE

Luiz Felipe Scolari ostenta el récord de 11 victorias consecutivas como entrenador en dos Mundiales seguidos: en el torneo de 2002 al frente de Brasil y en 2006 a cargo del banquillo portugués. Esa racha alcanzaría los 12 partidos si se cuenta la victoria de Portugal ante Inglaterra en cuartos de final de 2006, aunque fue en los penaltis tras empatar a cero.

EL HOLANDÉS ERRANTE

El neerlandés Guus Hiddink es el único técnico que ha llegado a la semifinal de un Mundial con dos equipos distintos: Países Bajos, su país natal, en 1998 y Corea del Sur en 2002. Con Australia no pasó de la segunda ronda, al caer ante Italia en 2006.

EL RETO DEL DUCE

Vittorio Pozzo es la única persona que ha ganado dos Mundiales como entrenador: fue con Italia, primero al lograr el título en casa en 1934 y después al revalidarlo en Francia cuatro años después. Supuestamente el equipo de 1938 recibió un telegrama de Benito Mussolini justo antes de la final que decía: «Ganad o morid».

ÁRBITROS

NO IDENTIFICADOS

El árbitro húngaro István Zsolt amenazó con suspender el partido inaugural del Mundial 1966 entre Inglaterra y Uruguay, cuando solicitó ver los documentos de identidad de los jugadores y descubrió que siete de los futbolistas ingleses se habían dejado el pasaporte en el hotel de concentración. Enviaron a un policía a recogerlos en moto y llevarlos al estadio de Wembley para que el encuentro pudiese comenzar.

FIN, CABALLEROS

El árbitro galés John Thomas anuló el que podría haber sido el gol de la victoria de Brasil en el partido contra Suecia del Mundial 78. Thomas afirmó haber realizado el pitido final segundos antes de que Zico rematara un córner de cabeza y marcara gol, de modo que el partido finalizó con empate a uno. Por el contrario, el colegiado israelí Abraham Klein trató de hacer sonar el silbato varias veces cuando Inglaterra se enfrentó a Brasil en el Mundial 70 en Guadalajara, pero ningún jugador pareció oírlo.

AÑOS DE EXPERIENCIA

El español Juan Gardeazábal fue el árbitro más joven de la final de un Mundial, pues contaba 24 años y 193 días en el triunfo brasileño sobre Suecia en 1958. El inglés George Reader fue el más mayor: tenía 56 años y 236 días cuando arbitró la victoria de Uruguay ante Brasil en la final de 1950. Sigue siendo el hombre más mayor que ha arbitrado un Mundial. Reader murió el 13 de julio de 1978, exactamente 48 años después del primer encuentro mundialista.

EL ÁRBITRO DESUBICADO

Existe la falsa creencia de que el linier que indicó que el controvertido gol de Geoff Hurst a Inglaterra en la prórroga de la final del Mundial de 1966 había cruzado la línea era ruso. En realidad, Tofik Bakhramov era de Azerbaiyán, así que por entonces era soviético. El campo de fútbol nacional de Azerbaiyán, situado en la capital, Bakú, lleva su nombre.

COLEGIADOS MÁS INTERNACIONALES

Joël Quiniou ha arbitrado más encuentros de fase final de los Mundiales que ningún otro colegiado: ocho en los torneos de 1986, 1990 y 1994. En 1994, se convirtió en el único en arbitrar cuatro partidos en un mismo Mundial, incluida la victoria de Italia sobre Bulgaria en semifinales. Desde entonces otros le han superado en número de partidos arbitrados en un mismo Mundial: el mexicano Benito Archundia y el argentino Horacio Elizondo dirigieron cinco encuentros cada uno en 2006. Elizondo arbitró el partido inaugural y la final del torneo, emulando la gesta del inglés George Reader en 1950. Entre los momentos más memorables de Elizondo se incluyen una tarjeta roja a Zinedine Zidane tras el cabezazo a Marco Materazzi, otra tarjeta roja para Wayne Rooney tras el pisotón que el inglés propinó a Ricardo Carvalho, y una tarjeta amarilla al ghanés Asamoah Gyan por lanzar un penalti antes de tiempo; después, Gyan fallaría el segundo intento.

TODO EN ORDEN, JACK

El inglés Jack Taylor fue el primer árbitro que pitó un penalti en la final de un Mundial: fue en el primer minuto del enfrentamiento decisivo entre Países Bajos y la República Federal de Alemania. Señaló la falta de Uli Hoeness sobre Johan Cruyff antes de que la RFA llegara incluso a tocar el balón, y después pitó otro penalti, esta vez a favor de la RFA, en el minuto 25. Taylor, un carnicero de Wolverhampton, retrasó cinco minutos el saque inicial al comprobar que los cuatro banderines de córner del Estadio Olímpico de Múnich no estaban en su sitio.

LOS ÁRBITROS DE LAS FINALES

1930	Jean Langenus (Bélgica)
1934	Ivan Eklind (Suecia)
1938	George Capdeville (Francia)
1950	George Reader (Inglaterra)
1954	William Ling (Inglaterra)
1958	Maurice Guigue (Francia)
1962	Nikolai Latyshev (URSS)
1966	Gottfried Dienst (Suiza)
1970	Rudi Glöckner (RFA)
1974	Jack Taylor (Inglaterra)
1978	Sergio Gonella (Italia)
1982	Arnaldo Cezar Coelho (Brasil)
1986	Romualdo Arppi Filho (Brasil)
1990	Edgardo Codesal (México)
1994	Sándor Puhl (Hungría)
1998	Said Belqola (Marruecos)
2002	Pierluigi Collina (Italia)
2006	Horacio Elizondo (Argentina)

PELIGRO ROJO

El mexicano Arturo Brizio Carter expulsó a siete jugadores en seis partidos en los Mundiales de 1994 y 1998, más que cualquier otro árbitro. Entre sus víctimas estuvieron el italiano Gianfranco Zola, el francés Zinedine Zidane y el argentino Ariel Ortega.

NETTO EL CORRECTO

El capitán soviético Igor Netto convenció al árbitro italiano Cesare Jonni de que anulase un gol a su equipo en el Mundial 1962, al señalar que Igor Chislenko había enviado el balón fuera (la pelota entró por un agujero que había en la red). Aun así su equipo ganó 2-1.

DOBLE TAREA

Solo dos hombres han arbitrado la final de un Mundial y la de una Eurocopa. El italiano Sergio Gonella ofició la final de la Copa Mundial de 1978 que enfrentó a Argentina y Países Bajos dos años después de haberlo hecho en la final de la Eurocopa entre la República Federal de Alemania y Checoslovaquia. El colegiado suizo Gottfried Dienst se hizo cargo de la final del Mundial 1966, entre Inglaterra y la RFA, y del partido de ida de la final de la Eurocopa 68 entre Italia y Yugoslavia (el español José María Ortiz de Mendíbil arbitró la vuelta).

FINAL FRANCESA

El francés George Capdeville, que dirigió la final de 1938 en la que Italia venció a Hungría, es el único árbitro que ha oficiado la final de un Mundial celebrada en su propio país.

EL VETERANO

El sueco Ivan Eklind es el único que ha arbitrado en Mundiales celebrados antes y después de la Segunda Guerra Mundial: seis encuentros en total durante los torneos de 1934, 1938 y 1950, incluida la final de 1934 entre Italia y Checoslovaquia.

CHICOS MALOS

El defensa argentino Pedro Monzón fue el primer expulsado de la final de un Mundial tras cometer falta sobre el jugador de la RFA Jürgen Klinsmann en 1990. Monzón solo llevaba 20 minutos en el campo después de haber salido como suplente en el descanso. El árbitro mexicano Edgardo Codesal dejó a Argentina con nueve hombres a tres minutos del final del tiempo reglamentario cuando expulsó a Gustavo Dezotti por ser demasiado agresivo al intentar arrebatar el balón a su rival Jürgen Kohler. Argentina es el país con el peor historial en disciplina deportiva. Aparte de la expulsión de Maradona del torneo de 1994 por dar positivo en un control antidopaje, los argentinos han batido el récord de tarjetas rojas, diez, y han recibido 88 amarillas en 64 partidos desde 1930.

POR LOS PELOS

La leyenda de Brasil en los Mundiales podría haber sido diferente si en 1962 hubiese existido el actual sistema de suspensión automática por expulsión. Tras la lesión de Pelé, el exterior derecho Garrincha fue el artífice del ataque de los campeones. En los últimos minutos de la semifinal contra Chile fue expulsado... pero solo recibió una amonestación y disputó la final contra Checoslovaquia, logrando una victoria por 3-1.

LA MEJOR DEFENSA...

El defensa zaireño Mwepu Ilunga fue amonestado por adelantarse a la barrera y chutar el balón cuando Brasil se preparaba para una falta en el Mundial 1974. El árbitro rumano Nicolae Rainea ignoró las súplicas de Ilunga.

EL TARJETERO

Únicamente un grupo en la historia de los Mundiales ha logrado que no les amonestasen ni una vez: fue el Grupo 4 en 1970, que incluía a la República Federal de Alemania, Perú, Bulgaria y Marruecos. Por el contrario, el Mundial 2006 en Alemania fue el peor, tanto en tarjetas rojas como en amarillas, con 28 expulsiones y 345 amonestaciones en 64 partidos.

BUEN HIJO, MAL HIJO

El camerunés André Kana-Biyik fue expulsado dos veces en el Mundial 90 en Italia. La primera expulsión tuvo lugar en el primer partido de su grupo contra Argentina seis minutos antes de que su hermano, François Omam-Biyik, marcase el único tanto del encuentro.

A CODAZOS

En un acto sin precedentes, el defensa italiano Mauro Tassotti fue sancionado con ocho partidos sin jugar por dar un codazo en la nariz al español Luis Enrique en 1994, una infracción que el árbitro del partido, Sándor Puhl, no vio. España perdió 2-1 y el equipo enfureció cuando el colegiado húngaro fue elegido para oficiar la final.

LA BATALLA DE NÚREMBERG

El árbitro ruso Valentin Ivanov llegó a expulsar a cuatro jugadores, dos de cada equipo, cuando Portugal venció a los Países Bajos en la segunda ronda del Mundial de 2006. El portugués Luís Figo tuvo suerte y se libró de una tarjeta roja por un cabezazo. Ivanov mostró nueve tarjetas amarillas a Portugal y siete a los Países Bajos durante el encuentro, récord que se igualaría en el partido que enfrentó a Camerún y Alemania en 2002. Las nueve tarjetas amarillas de Portugal son el máximo número de tarjetas que se han sacado a un equipo en un partido, superando las ocho que el árbitro español Antonio López Nieto les mostró a Camerún y a Alemania en 2002.

INFRACTORES REINCIDENTES

El francés Zinedine Zidane y el brasileño Cafú, ambos campeones del mundo, comparten el récord de seis tarjetas en el Mundial; Cafú logró evitar las rojas, pero Zidane fue expulsado dos veces. La más famosa fue cuando propinó un cabezazo al italiano Marco Materazzi en la prórroga de la final de 2006 en Berlín, en el último partido de la carrera del francés. Ya había sido expulsado en un partido de primera ronda contra Arabia Saudí en 1998, pero regresó a tiempo para ayudar a Francia a alzarse con el trofeo marcando dos goles en la final. Solo otro hombre ha sido expulsado en dos Mundiales distintos: el camerunés Rigobert Song. Cuando el colegiado le echó del partido contra Brasil en 1994, se convirtió en el futbolista más joven en ver una tarjeta roja, con tan solo 17 años y 358 días. Su segunda expulsión tuvo lugar en el partido ante Chile en el Mundial 1998.

NO PREDICAN CON EL EJEMPLO

El primer hombre expulsado en un Mundial fue el peruano Plácido Galindo en el primer torneo de 1930, durante el partido que acabó en derrota por 3-1 ante Rumanía. El colegiado chileno Alberto Warnken expulsó al capitán por pelearse.

SU ÚNICA OPORTUNIDAD

La India se retiró del Mundial de 1950 porque algunos de sus jugadores querían jugar descalzos, pero la FIFA insistió en que todos los futbolistas debían calzar botas. Desde entonces la India no se ha clasificado para ningún torneo.

TARJETAS ROJAS EN MUNDIALES (POR TORNEO)

Año	Tarjetas
1930	1
1934	1
1938	4
1950	0
1954	3
1958	3
1962	6
1966	5
1970	0
1974	5
1978	3
1982	5
1986	8
1990	16
1994	15
1998	22
2002	17
2006	28

PRECOCIDAD

Dos jugadores han sido amonestados en el primer minuto de un partido: el italiano Giampiero Marini, contra Polonia en 1982, y el ruso Sergei Gorlukovich, contra Suecia 12 años más tarde. Pero lo del uruguayo José Batista fue peor; en un partido de primera ronda contra Escocia en 1986, recibió una tarjeta roja a los 56 segundos por hacerle una falta peligrosa a Gordon Strachan. Su equipo logró empatar a cero.

INFRACTORES TARDÍOS

El portero argentino Carlos Roa fue amonestado tras el pitido final por perder tiempo durante la tanda de penaltis en el choque de octavos contra Inglaterra en 1998. El defensa brasileño Edinho recibió una tarjeta amarilla en la tanda de penaltis contra Francia en cuartos de final del Mundial 86. En 1966 el centrocampista francés Jacques Simon fue amonestado tras la derrota de su equipo por 2-1 ante Uruguay por escupir al árbitro checo, Karol Galba, después del partido. Pero el argentino Leandro Cufré se lleva la palma al recibir una tarjeta roja, sin ni siquiera haber jugado, por participar en una pelea después de perder en penaltis ante Alemania en el choque de cuartos del Mundial 2006.

RÍO BRAVO

Las 162.764 personas que presenciaron el partido entre Brasil y Colombia en el Maracanã de Río en marzo de 1977 figuran como la máxima asistencia a un partido de clasificación. Por desgracia, el partido desmereció la ocasión, pues acabó en empate a cero.

AMIGOS AUSENTES

Al encuentro de desempate entre Gales y Hungría de la primera ronda del Mundial de 1958 en el estadio Rasunda de Estocolmo solo asistieron 2.823 espectadores. Al primer partido acudieron más de 15.000 aficionados, pero la repetición se boicoteó en honor al líder insurgente húngaro Imre Nagy, que fue ejecutado.

DOS SON COMPAÑÍA, 300...

La asistencia más baja registrada en un partido de fase final de un Mundial fueron los 300 espectadores que vieron a sus anchas la victoria rumana frente a Perú por 3-1 en el Estadio Pocitos de Montevideo, en 1930. Se cree que el día anterior, 3.000 personas acudieron allí para presenciar el Francia-México que acabó 4-1 a favor del equipo galo.

IGUALDAD DE GÉNERO

Solo dos estadios han acogido fases finales de Mundiales de fútbol masculino y femenino. El Rose Bowl, en Pasadena (California) fue donde se disputó la final masculina en 1994, cuando Brasil venció a Italia, y la final femenina entre Estados Unidos y China cinco años más tarde, con 90.185 personas de público. Sin embargo, el estadio Rasunda de Suecia, cerca de Estocolmo, lo logró antes, aunque hubo que esperar mucho entre la final masculina, celebrada en 1958, y la femenina, en 1995. Los espectadores americanos amortizaron el precio de la entrada, ya que los dos partidos tuvieron prórrogas y se decidieron en los penaltis.

EL ROSE BOWL REBOSA

El primer Mundial disputado en Estados Unidos, en 1994, ostenta el récord de asistencia media, con 68.991 espectadores. La final entre Brasil e Italia atrajo a la friolera de 94.194 asistentes. Las estadísticas cuestionan la crítica de que en Estados Unidos todavía tienen que enamorarse del fútbol: el Mundial de 1994 fue el evento deportivo de un único deporte con más público en la historia de Estados Unidos. Pero el interior del Rose Bowl de Pasadena ya había acogido a 101.799 aficionados en la final de las Olimpiadas de Los Ángeles entre Francia y Brasil.

VACÍO EN ROMA

El Mundial con menos espectadores fue el celebrado en Italia en 1934. Solo acudieron a ver los partidos 395.000 personas, unas 39.500 menos que las que habían asistido al torneo cuatro años antes.

⚽ ESPECTADORES EN LA FINAL DE UN MUNDIAL

Año	Espectadores	Estadio
1930	93.000	(Estadio Centenario, Montevideo)
1934	45.000	(Stadio Nazionale del PNF, Roma)
1938	60.000	(Stade Olympique de Colombes, París)
1950	173.830-210.000	(Estádio do Maracanã, Río de Janeiro)
1954	64.000	(Wankdorfstadion, Berna)
1958	51.800	(Rasunda Fotbollstadion, Solna)
1962	68.679	(Estadio Nacional, Santiago)
1966	98.000	(Wembley Stadium, Londres)
1970	107.412	(Estadio Azteca, México, D. F.)
1974	75.200	(Olympiastadion, Múnich)
1978	71.483	(Estadio Monumental, Buenos Aires)
1982	90.000	(Estadio Santiago Bernabéu, Madrid)
1986	114.600	(Estadio Azteca, México, D. F.)
1990	73.603	(Stadio Olimpico, Roma)
1994	94.194	(Rose Bowl, Pasadena)
1998	75.000	(Stade de France, París)
2002	69.029	(International Stadium, Yokohama)
2006	69.000	(Olympiastadion, Berlín)

ASISTENCIA TOTAL POR TORNEO

Año	Asistencia	Media
1930	434.500	(24.139 de media)
1934	395.000	(21.059)
1938	483.000	(26.833)
1950	1.337.000	(47.091)
1954	943.000	(34.212)
1958	868.000	(26.274)
1962	776.000	(28.096)
1966	1.614.677	(51.094)
1970	1.673.975	(50.124)
1974	1.774.022	(46.685)
1978	1.610.215	(40.688)
1982	1.856.277	(40.572)
1986	2.407.431	(46.026)
1990	2.517.348	(48.391)
1994	3.587.538	(68.991)
1998	2.785.100	(43.517)
2002	2.705.197	(42.269)
2006	3.352.605	(52.401)
TOTAL	31.120.885	(43.956)

EL MARACANÃ SE CALLA

El récord de público en un partido mundialista fue en el último enfrentamiento del torneo de 1950 en el Maracanã de Río de Janeiro (aunque nadie sabe con certeza cuánta gente había). La cifra oficial fue de 173.830 personas, aunque algunas estimaciones sugieren que hasta 210.000 espectadores presenciaron la traumática derrota de la selección anfitriona. La tensión era tal cuando sonó el pitido final que al capitán uruguayo Obdulio Varela no le entregaron el trofeo de la manera tradicional, sino a escondidas. El presidente de la FIFA, Jules Rimet, describió el sobrecogedor silencio del público como «morboso, casi demasiado difícil de soportar». Los victoriosos jugadores uruguayos se atrincheraron en el vestuario durante algunas horas hasta que consideraron que era seguro salir. Ese público, independientemente del número, fue el último en ver a Brasil jugar con una equipación totalmente blanca; este color que había dado mala suerte fue desechado y, tras celebrarse un concurso para elegir un nuevo uniforme nacional, se optó por el ya familiar amarillo y azul.

LA VASIJA

El aforo del principal estadio del Mundial de Sudáfrica 2010, el Soccer City de Johannesburgo, se amplió para albergar a 94.700 espectadores. El diseño del nuevo estadio renovado se basa en la cerámica tradicional africana. El Soccer City acogerá el partido de apertura y la final, así como otros encuentros de primera y segunda ronda, y un enfrentamiento de cuartos de final.

A CUBIERTO

El Pontiac Silverdome en Míchigan fue la sede del primer partido de un Mundial celebrado bajo techo, en el torneo de 1994. El encuentro entre Estados Unidos y Suiza terminó en empate a uno. Allí se jugaron otros tres partidos de la primera ronda, incluido el empate a uno entre Brasil y Suecia. Los equipos jugaron en césped cultivado en la Universidad Estatal de Míchigan.

NOMBRES OLÍMPICOS

El estadio que albergó el partido de apertura del Mundial 1930 bautizó sus tribunas en honor a los grandes triunfos uruguayos en el fútbol: Colombes, por el estadio olímpico de París 1924, Ámsterdam, donde se revalidó el título cuatro años más tarde, y Montevideo. Quince días después del primer partido, la selección uruguaya se hacía con el primer Mundial en su misma capital.

CONVOCADOS EN BERLÍN

A pesar de que se convertiría en la capital de la Alemania reunificada, la dividida Berlín solo acogió tres partidos de la fase de grupos del Mundial 1974 en la República Federal de Alemania; sorprendentemente, el país anfitrión perdió frente a la República Democrática en Hamburgo. En 2002, cuando se preparaba el torneo de 2006, se encontró una bomba sin estallar de la Segunda Guerra Mundial bajo las gradas del Olympiastadion de Berlín. Alemania, al igual que Brasil, solicitó ser la sede del torneo de 1942, antes de que se cancelase por el estallido de la guerra.

POR PARTIDA DOBLE

Hay cinco estadios que han tenido el honor de acoger tanto un Mundial como unos Juegos Olímpicos: el Olympiastadion de Berlín (Olimpiadas 1936, Mundial 2006), el Wembley de Londres (Olimpiadas 1948, Mundial 1966), el Stadio Olimpico de Roma (Olimpiadas 1960, Mundial 1990), el Azteca de México, D. F. (Olimpiadas 1968, Mundiales de 1970 y 1986) y el Olympiastadion de Múnich (Olimpiadas 1972, Mundial 1974). El Rose Bowl de Pasadena (California) albergó tanto la final del Mundial 1994 como el torneo olímpico de fútbol de 1984, pero no las principales pruebas de atletismo.

ÚLTIMAS NOTICIAS

La rotura de un larguero en el Giants Stadium de Nueva York provocó un retraso de 15 minutos en el partido de segunda ronda del Mundial 94 entre México y Bulgaria. La portería de este estadio, dedicado por lo general a fútbol americano, se vino abajo cuando un grupo de jugadores cayó sobre ella, lo que supuso que tuviese que sustituirse.

EL MÁRIO DE RÍO

La mayoría de la gente conoce el estadio más grande de Brasil como el Maracanã, llamado así por el barrio de Río de Janeiro y el río de las proximidades. Pero, desde mediados de la década de 1960, su nombre oficial es Estádio Jornalista Mário Filho por el periodista brasileño que promovió su construcción.

⚙ UN JUEGO DE PELOTA DIFERENTE

El Stade de France de París es el único estadio del mundo que ha acogido finales de Mundiales tanto de fútbol (1998) como de rugby (2007). Francia ganó el primero, venciendo a Brasil, y Sudáfrica el segundo, contra Inglaterra. El nombre del estadio fue sugerido por Michel Platini, uno de los mejores futbolistas de la historia del país galo y posterior presidente de la UEFA. El Stade Gerland de Lyon fue designado para el Mundial 1938 pero no llegó a celebrarse ningún evento: el único partido que había programado se adjudicó directamente a Suecia porque Austria no se presentó al haberse retirado de la competición. Cuando el Mundial regresó a Francia 60 años después, el estadio acogió seis partidos.

NORMAS DE SELECCIÓN

Los derechos para la celebración de un Mundial se turnaban entre Europa y las Américas hasta el torneo de 2002, que se celebró en Asia por primera vez, ya que Japón y Corea del Sur organizaron conjuntamente el evento. El primer Mundial celebrado en África será el de Sudáfrica en 2010, antes de que el torneo vuelva a Brasil cuatro años más tarde; el primero en Sudamérica en 36 años. La última normativa de la FIFA exige que no se celebre un Mundial en el mismo continente en un periodo de ocho años. Los países anfitriones para 2018 y 2022 se anunciarán el mismo día de diciembre de 2010. Sudáfrica no pudo ser anfitriona del Mundial 2006 por una diferencia de un voto frente a Alemania.

MÉXICO AL RESCATE

En un principio, México no fue la sede elegida para celebrar el Mundial 86, pero se ofreció cuando Colombia tuvo que retirarse en 1982 por problemas económicos. México conservó sus derechos de anfitrión, a pesar de sufrir un terremoto en 1985 que causó unas 10.000 víctimas mortales, pero que dejó los estadios indemnes. La FIFA mantuvo la fe en el país, y el Estadio Azteca se convirtió en el primer campo en acoger dos finales de Mundiales (y México en el primer país en ser anfitrión de dos Mundiales). El Azteca (cuyo nombre oficial era Estadio Guillermo Cañedo, en honor a un directivo del fútbol mexicano) se erigió en 1960 con 100.000 toneladas de hormigón, cuatro veces más que el antiguo Wembley.

PAÍSES QUE NO LOGRARON SER ANFITRIONES

1930: **Hungría, Italia, Países Bajos, España, Suecia**
1934: **Suecia**
1938: **Argentina, Alemania**
1950: **Ninguno**
1954: **Ninguno**
1958: **Ninguno**
1962: **Argentina, República Federal de Alemania**
1966: **España, República Federal de Alemania**
1970: **Argentina**
1974: **España**
1978: **México**
1982: **República Federal de Alemania**
1986: **Colombia (obtuvo derechos, pero se retiró), Canadá, Estados Unidos**
1990: **Inglaterra, Grecia, URSS**
1994: **Brasil, Marruecos**
1998: **Marruecos, Suiza**
2002: **México**
2006: **Brasil, Inglaterra, Marruecos, Sudáfrica**
2010: **Egipto, Libia/Túnez, Marruecos**
2014: **Ninguno**

LOS MÁS ACOGEDORES

Ningún otro Mundial con sede en un único país se ha disputado en tantos campos (14 en total) como el de España en 1982. El torneo de 2002 se celebró en 20 estadios diferentes, pero diez estaban en Japón y los otros diez en Corea del Sur.

TANDAS DE PENALTIS
POR PAÍS

4: Alemania/RFA (4 victorias)
4: Argentina (3 victorias, 1 derrota)
4: Francia (2 victorias, 2 derrotas)
4: Italia (1 victoria, 3 derrotas)
3: Brasil (2 victorias, 1 derrota)
3: España (1 victoria, 2 derrotas)
3: Inglaterra (3 derrotas)
2: Rep. de Irlanda (1 victoria, 1 derrota)
2: México (2 derrotas)
2: Rumanía (2 derrotas)
1: Bélgica (1 victoria)
1: Bulgaria (1 victoria)
1: Portugal (1 victoria)
1: Corea del Sur (1 victoria)
1: Suecia (1 victoria)
1: Ucrania (1 victoria)
1: Yugoslavia (1 victoria)
1: Países Bajos (1 derrota)
1: Suiza (1 derrota)

EFICIENCIA ALEMANA

Alemania, o la República Federal de Alemania, ha ganado las cuatro rondas de penaltis en las que participó, más que ninguna otra selección. Comenzaron con la victoria en la semifinal ante Francia en 1982, en la que el guardameta Harald Schumacher fue el héroe, gracias a que no le expulsaron por hacer una falta brutal al francés Patrick Battiston en la prórroga. La RFA también llegó a la final de 1990 por su pericia en los penaltis, esta vez frente a Inglaterra, gesta que repetirían en la semifinal de la Eurocopa 1996. Alemania fue mejor que Argentina ejecutando la pena máxima en los cuartos de final de 2006, cuando el portero Jens Lehmann consultó una nota en la que el ojeador jefe Urs Siegenthaler había apuntado hacia dónde solían chutar los jugadores argentinos. La única selección alemana que perdió una ronda de penaltis en un torneo importante fue la de la República Federal de Alemania que disputó la final de la Eurocopa 1976 contra Checoslovaquia, su primera tanda de penaltis, y evidentemente una lección de la que aprendieron, ya que no han vuelto a perder una de estas rondas desde entonces.

NO TAN SUPREMA

El torneo de 1994 en EE. UU. estaba predestinado a acabar con un penalti fallido. En la ceremonia de apertura se pudo ver a la líder de las Supremes, Diana Ross (que entonces contaba 50 años), lanzando un penalti en el estadio Soldier Field de Chicago y fallándolo. A pesar de todo, la portería se partió en dos, tal como estaba previsto.

LOS TRES LEONES ACABAN DOMADOS

Italia e Inglaterra han perdido más tandas de penaltis en un Mundial que cualquier otro país (tres cada uno). Al final Italia logró ganar una, en la final de 2006, pero Inglaterra todavía tiene que mejorar desde los 11 metros, pues perdió ante la RFA en la semifinal de 1990, Argentina en la segunda ronda en 1998 y Portugal en los cuartos de final ocho años después. Los tiradores que fallaron los penaltis fueron Stuart Pearce y Chris Waddle (1990), Paul Ince y David Batty (1998), y Frank Lampard, Steven Gerrard y Jamie Carragher (2006).

PENALTIS A LA FRANCESA

La primera ronda de penaltis en un Mundial tuvo lugar en la semifinal de 1982, en Sevilla, entre la RFA y Francia, donde los desafortunados franceses Didier Six y Maxime Bossis fallaron sus tiros. Estos dos países se volvieron a encontrar cuatro años después en semifinales, cuando la RFA volvió a ganar, pero esta vez en el tiempo reglamentario, por 2-0. El récord de más tandas de penaltis pertenece a los torneos de 1990 y 2006, con cuatro cada uno. Las dos semifinales de 1990 se decidieron en penaltis, mientras que la final de 2006 fue la segunda que se resolvió así: Italia venció a Francia 5-3 gracias a que el lanzamiento de David Trézéguet dio en el larguero.

LOS PENALTIS EN LA COPA MUNDIAL DE LA FIFA™

1982 Semifinal: RFA 3 - Francia 3; RFA ganó 5-4 en penaltis
1986 Cuartos de final: RFA 0 - México 0; RFA ganó 4-1 en penaltis
1986 Cuartos de final: Francia 1 - Brasil 1; Francia ganó 4-3 en penaltis
1986 Cuartos de final: Bélgica 1 - España 1; Bélgica ganó 5-4 en penaltis
1990 Segunda ronda: República de Irlanda 0 - Rumanía 0; República de Irlanda ganó 5-4 en penaltis
1990 Cuartos de final: Argentina 0 - Yugoslavia 0; Argentina ganó 3-2 en penaltis
1990 Semifinal: Argentina 1 - Italia 1; Argentina ganó 4-3 en penaltis
1990 Semifinal: RFA 1 - Inglaterra 1; RFA ganó 4-3 en penaltis
1994 Segunda ronda: Bulgaria 1 - México 1; Bulgaria ganó 3-1 en penaltis
1994 Cuartos de final: Suecia 2 - Rumanía 2; Suecia ganó 5-4 en penaltis
1994 Final: Brasil 0 - Italia 0; Brasil ganó 3-2 en penaltis
1998 Segunda ronda: Argentina 2 - Inglaterra 2; Argentina ganó 4-3 en penaltis
1998 Cuartos de final: Francia 0 - Italia 0; Francia ganó 4-3 en penaltis
1998 Semifinal: Brasil 1 - Países Bajos 1; Brasil ganó 4-2 en penaltis
2002 Segunda ronda: España 1 - República de Irlanda 1; España ganó 3-2 en penaltis
2002 Cuartos de final: Corea del Sur 0 - España 0; Corea del Sur ganó 5-3 en penaltis
2006 Segunda ronda: Ucrania 0 - Suiza 0; Ucrania ganó 3-0 en penaltis
2006 Cuartos de final: Alemania 1 - Argentina 1; Alemania ganó 4-2 en penaltis
2006 Cuartos de final: Portugal 0 - Inglaterra 0; Portugal ganó 3-1 en penaltis
2006 Final: Italia 1 - Francia 1; Italia ganó 5-3 en penaltis

JUGADORES QUE HAN FALLADO PENALTIS

Alemania/RFA: Uli Stielike (1982)

Argentina: Diego Armando Maradona (1990), Pedro Troglio (1990), Hernán Crespo (1998), Roberto Ayala (2006), Esteban Cambiasso (2006)

Brasil: Sócrates (1986), Júlio César (1986), Marcio Santos (1994)

Bulgaria: Krassimir Balakov (1994)

España: Eloy (1986), Juanfran (2002), Juan Carlos Valerón (2002), Joaquín (2002)

Francia: Didier Six (1982), Maxime Bossis (1982), Michel Platini (1986), Bixente Lizarazu (1998), David Trézéguet (2006)

Inglaterra: Stuart Pearce (1990), Chris Waddle (1990), Paul Ince (1998), David Batty (1998), Frank Lampard (2006), Steven Gerrard (2006), Jamie Carragher (2006)

Italia: Roberto Donadoni (1990), Aldo Serena (1990), Franco Baresi (1994), Daniele Massaro (1994), Roberto Baggio (1994), Demetrio Albertini (1998), Luigi Di Biagio (1998)

México: Fernando Quirarte (1986), Raúl Servin (1986), Alberto García Aspe (1994), Marcelino Bernal (1994), Jorge Rodríguez (1994)

Países Bajos: Phillip Cocu (1998), Ronald de Boer (1998)

Portugal: Hugo Viana (2006), Petit (2006)

República de Irlanda: Matt Holland (2002), David Connolly (2002), Kevin Kilbane (2002)

Rumanía: Daniel Timofte (1990), Dan Petrescu (1994), Miodrag Belodedici (1994)

Suecia: Hakan Mild (1994)

Suiza: Marco Streller (2006), Tranquillo Barnetta (2006), Ricardo Cabanas (2006)

Ucrania: Andriy Shevchenko (2006)

Yugoslavia: Dragan Stojkovic (1990), Dragoljub Brnovic (1990), Faruk Hadzibegic (1990)

TRES EN UNO

El portero suplente argentino Sergio Goycochea estableció un récord del torneo al parar cuatro penaltis en 1990, aunque Harald Schumacher, de la RFA, atajó este mismo número durante las competiciones de 1982 y 1986. El portugués Ricardo (arriba) logró algo sin precedentes al parar tres tiros en una misma ronda, lo que le convirtió en el héroe de su equipo en la victoria en los cuartos de final ante Inglaterra en 2006.

BAGGIO DESHONRA

Pobre Roberto Baggio; el maestro italiano ha participado en tres rondas de penaltis de los Mundiales, más que cualquier jugador, y ha perdido en todas y cada una de ellas.
Y lo que es más grave, su lanzamiento por encima del larguero dio el triunfo a Brasil en la final de 1994. También estuvo en el equipo que perdió frente a Argentina en la semifinal de 1990 y ante Francia en los cuartos de final ocho años después. Al menos en estas dos ocasiones sus tiros acabaron entrando en la portería.

CUATRO PARA NADA

Suiza abandonó el Mundial de 2006 a pesar de no haber encajado ni un solo gol durante el tiempo reglamentario de los cuatro partidos que jugaron, ya que fallaron los tres penaltis de la tanda en los octavos de final ante Ucrania.

PARTE 3: EUROCOPA

LA UEFA, la Federación Europea, se fundó durante el Mundial de 1954 en Suiza con la misión de crear un campeonato de selecciones europeas. Muchas de las principales naciones europeas, como Italia, Alemania o Inglaterra, rehusaron participar en la primera competición, en 1958, pues sus federaciones temían una saturación de encuentros. Así, la primera fase final, con cuatro participantes, se disputó en Francia, y la Unión Soviética fue la primera vencedora ante Yugoslavia en la final celebrada en el antiguo Parc des Princes, al suroeste de París. Ahora el mapa europeo ha cambiado tanto que aunque la UEFA cuenta con más del doble de miembros que entonces, ya no existen ni la Unión Soviética ni Yugoslavia.

Los soviéticos llegaron a una segunda final en 1964, pero perdieron ante la selección española en el estadio Santiago Bernabéu. El español Luis Suárez, del Inter italiano, se convirtió en el primer jugador en ganar la Eurocopa y la Copa de Europa en la misma temporada. Al principio, el sistema de clasificación comprendía dos partidos de ida y vuelta eliminatorios, pero se pasó a un formato de grupos y posteriormente, en 1980, la fase final se amplió a ocho países. Aquel año, la República Federal de Alemania obtuvo su segunda victoria, después de la de 1972. En 1996 amplió su récord a tres títulos tras vencer en Wembley a la República Checa con un gol de oro en la prórroga. Por entonces, la fase final se había ampliado a 16 equipos y en 2000 se hizo historia cuando por primera vez Bélgica y los Países Bajos organizaron conjuntamente una fase final. Austria y Suiza repitieron la maniobra en 2008, cuando España logró su primer gran trofeo internacional desde la Eurocopa de 1964.

Fernando Torres celebra el triunfo de España en la Eurocopa 2008 en Viena, tras anotar el gol de la victoria en la final contra Alemania.

CLASIFICATORIA

SE AMPLÍA LA FASE DE CLASIFICACIÓN

La fase de clasificación para la Eurocopa se ha convertido en un gran acontecimiento por méritos propios; en la Eurocopa 2008, 50 selecciones se disputaron las plazas para acompañar a las anfitrionas Austria y Suiza. Cómo han cambiado los tiempos. En 1960 se disputaron dos partidos de clasificación para reducir a 16 los 17 participantes. En el campeonato de 1964 no hubo fase de clasificación, y en la primera ronda los combinados se enfrentaron en partidos en casa y a domicilio. La primera vez que se jugó una clasificatoria a gran escala fue en la fase final de 1968, con ocho grupos de cuatro equipos y un grupo de tres. El número de partidos de clasificación volvió a incrementarse en la década de 1990, ya que tras la disolución de la Unión Soviética y de Yugoslavia se afiliaron a la UEFA nuevas asociaciones, que debutaron en el campeonato.

LA NARANJA MECÁNICA EN LA PRIMERA ELIMINATORIA

La primera eliminatoria de clasificación se celebró el 13 de diciembre de 1995 en Liverpool; los Países Bajos ganaron 2-0 a la República de Irlanda y se hicieron con la última plaza para la Eurocopa 96. Patrick Kluivert marcó los dos goles holandeses.

NOCHE DE ENSUEÑO EN WEMBLEY

El mejor equipo de la historia de la República Federal de Alemania humilló a Inglaterra con un 1-3 en Wembley el 29 de abril de 1972, en la primera vuelta de los cuartos de final de la Eurocopa. Uli Hoeness, Günter Netzer y Gerd Müller marcaron los goles. La RFA se proclamó campeona tras ganar a la Unión Soviética por 3-0 en la final. En Wembley jugaron: Sepp Maier; Horst Höttges, Georg Schwarzenbeck, Franz Beckenbauer, Paul Breitner; Jürgen Grabowski, Herbert Wimmer, Günter Netzer, Uli Hoeness; Sigi Held y Gerd Müller. Ocho de ellos le arrebataron la Copa Mundial de 1974 a los Países Bajos.

EL PRIMER CLASIFICATORIO

El primer partido de clasificación de la historia de la Eurocopa se disputó el 5 de abril de 1959, cuando la República de Irlanda ganó a Checoslovaquia por 2-0 en Dublín. Diecisiete equipos se apuntaron al torneo inaugural, de los cuales solo 16 pasaron a la primera ronda. Los checos ganaron por un total de 4-2, tras vencer 4-0 en el partido de vuelta en Bratislava el 10 de mayo.

NO BASTA CON GANAR A IRLANDA

La primera derrota de la RFA en casa durante la fase de clasificación fue el 0-1 ante Irlanda del Norte en Hamburgo el 11 de noviembre de 1983, pero al ganar 2-1 a Albania en Sarrebruck cuatro días después pudieron superar a Irlanda del Norte por diferencia de goles y colarse en la fase final de 1984.

LAS FEROE DEBUTAN FEROCES

La selección de las Islas Feroe participó por primera vez en la fase de clasificación en 1992 y debutó con una impactante victoria por 1-0 sobre Austria en Landskrona (Suecia). Torkil Nielsen marcó el único gol del encuentro y el técnico austriaco, Josef Hickersberger, fue destituido tras la derrota. Pero esta fue la única victoria feroesa, ya que la selección acabó última de su grupo por detrás de Yugoslavia, Dinamarca e Irlanda del Norte.

NUEVO RÉCORD DE GOLES

El delantero norirlandés David Healy (nacido en Killyleagh, el 5 de agosto de 1979) estableció un nuevo récord de 13 goles en la fase de clasificación para la Eurocopa 2008, con hat tricks contra España y Liechtenstein. Healy batió el registro anterior de 12 tantos que el croata Davor Suker logró en la clasificatoria para la Eurocopa 96. El danés Ole Madsen anotó 11 goles antes de la fase final del torneo de 1964, pero los grupos de clasificación llegaron dos años después.

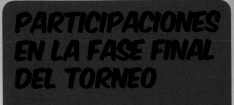

CLASIFICARSE DESDE CASA

A los cuatro equipos británicos el British Home Championship de 1966-67 y 1967-68 les sirvió como grupo de clasificación para el Mundial 68. Inglaterra, entonces campeona del Mundial, pasó pero, por petición propia, los equipos británicos han participado por separado en las siguientes clasificatorias.

EL ESTE Y EL OESTE SE FUSIONAN

En un principio la RDA y la RFA iban a enfrentarse en el Grupo 5 de la clasificatoria para la Eurocopa 92, pero el país se reunificó oficialmente en octubre de 1990, así que por primera vez desde el Mundial de 1938 el equipo unificado como «Alemania» participó en la competición internacional.

PARTICIPACIONES EN LA FASE FINAL DEL TORNEO

10	RFA/Alemania
9	Unión Soviética/CEI/Rusia
8	Países Bajos
	España
7	República Checa
	Dinamarca
	Inglaterra
	Francia
	Italia
5	Portugal
	Yugoslavia
4	Bélgica
	Rumanía
	Suecia
3	Croacia
	Grecia
	Suiza
	Turquía
2	Bulgaria
	Hungría
	Escocia
1	Austria
	Letonia
	Noruega
	Polonia
	República de Irlanda
	Eslovenia

PANCEV SE PIERDE LA EUROCOPA

El yugoslavo Darko Pancev (Skopie, 7 de septiembre de 1965) fue el máximo anotador de la fase de clasificación para la Eurocopa 92 con diez goles. Yugoslavia lideró el Grupo 4 de la ronda clasificatoria, pero les prohibieron jugar la fase final por la guerra contra Bosnia, así que Pancev nunca pudo triunfar. Tras la disolución de la Federación Yugoslava, pasó a ser el jugador estrella de la nueva nación, la ARY de Macedonia.

ALEMANIA METE 13

El 13-0 de Alemania a San Marino en 2006 fue el triunfo más holgado en la historia de la fase de clasificación. Lukas Podolski (4), Miroslav Klose (2), Bastian Schweinsteiger (2), Thomas Hitzlsperger (2), Michael Ballack, Manuel Friedrich y Bernd Schneider firmaron los goles. La mayor diferencia de goles hasta entonces había sido el 12-1 de España sobre Malta en 1983.

ANDORRA Y SAN MARINO LUCHAN

Las modestas selecciones de Andorra y San Marino no han ganado ningún partido de clasificación. Andorra ha perdido sus 30 encuentros, con seis goles a favor y 88 en contra, y San Marino sus 46 partidos, con seis goles a favor iy 200 en contra!

FLOWERS ABRE LA CUENTA INGLESA

Inglaterra, Italia y la RFA no participaron en la primera Eurocopa. Inglaterra e Italia asistieron a la competición de 1964, pero la RFA se abstuvo hasta la fase de clasificación para la Eurocopa de 1968. Inglaterra debutó con un empate a uno ante Francia en Hillsborough, Sheffield, el 3 de octubre de 1962. Ron Flowers marcó el gol inglés de penalti, pero quedaron eliminados ya que Francia ganó el partido de vuelta por 5-2. Italia venció a Turquía 6-0 en casa y 0-1 a domicilio.

DOMINIO ALEMÁN DESDE EL COMIENZO DEL TORNEO

Durante 50 años, la Eurocopa ha evolucionado hasta ser la competición internacional de fútbol más importante después del Mundial. En el primer torneo, que ganó la Unión Soviética en 1960, solo participaron 17 equipos, mientras que en la Eurocopa 2008, cincuenta selecciones compitieron para acudir a la cita en Austria y Suiza. Alemania (antes República Federal de Alemania) ha dominado el torneo, a pesar de no participar en las dos primeras ediciones: ha ganado tres veces y ha sido subcampeona en otras tres ocasiones. Francia y España cuentan con dos trofeos cada una. Dinamarca (1992) y Grecia (2004) han dado las grandes sorpresas del torneo. En cambio, algunas de las selecciones más famosas de Europa no han estado a la altura. Italia solo ha conseguido un trofeo, en suelo patrio en 1968, e Inglaterra nunca ha llegado a la final (su mejor resultado fue un tercer puesto en 1968).

CAMPEONES DE LA EUROCOPA

3 RFA/Alemania
(1972, 1980, 1996)
2 Francia (1984, 2000)
España (1964, 2008)
1 Unión Soviética (1960)
Checoslovaquia (1976)
Italia (1968)
Países Bajos (1998)
Dinamarca (1992)
Grecia (2004)

FRANCIA PRESUME DE RÉCORD

Francia es la única selección que ha ganado todos los partidos desde que se ampliara la fase final a más de cuatro equipos, lo logró en su país en 1984. Además no necesitó tanda de penaltis, tras vencer a Dinamarca 1-0, a Bélgica 5-0 y a Yugoslavia 3-2 en su grupo, a Portugal 3-2 en la prórroga de las semifinales y a España 2-0 en la final.

HISTÓRICO RESULTADO DE LOS ALEMANES

El 3-0 de la RFA ante la Unión Soviética en 1972 sigue siendo el margen de victoria más amplio en una final. Gerd Müller anotó el primer gol en el minuto 27. El centrocampista Herbert Wimmer marcó el segundo 52 minutos más tarde y Müller sentenció el partido seis minutos después. Las cuatro últimas finales (1996, 2000, 2004 y 2008) se han decidido con un solo gol.

LA RFA JUEGA TRES DE TRES

La RFA es la única selección que ha disputado tres finales de la Eurocopa seguidas: en 1972 (campeones), 1976 (subcampeones) y 1980 (campeones). También es el único combinado que ha jugado tres finales del Mundial seguidas, entre 1982 y 1990.

ESPAÑA NO PUEDE VER A LOS SOVIÉTICOS

La rivalidad política echó por tierra el choque de cuartos previsto entre España y la Unión Soviética en 1960. El líder fascista Francisco Franco se negó a que España viajara a la comunista Unión Soviética y prohibió la entrada de los rusos a España. La Unión Soviética se apuntó la victoria, a causa de la negativa española a jugar. Cuatro años después, Franco suavizó su postura y permitió que los soviéticos disputaran la fase final en España; no obstante, se libró del bochorno de entregarles el trofeo, ya que España derrotó a la Unión Soviética por 2-1 en la final.

TRIPLE DERROTA SOVIÉTICA

La Unión Soviética es el único equipo que ha perdido tres finales: ante España en 1964, ante la RFA en 1972, y ante los Países Bajos en 1988.

DERWALL NO, BECKENBAUÉR SÍ

El técnico de la RFA Jupp Derwall fue destituido tras caer eliminados por España en la fase de grupos de la Eurocopa de 1984, a pesar de haber llevado al equipo a la victoria en 1980 y a la final del Mundial de 1982. Le sustituyó Franz Beckenbauer, que condujo al equipo a la final del Mundial 86 y a ganar el de 1990. Pero los Países Bajos humillaron a los de Beckenbauer con un 2-1 en la semifinal de la Eurocopa 88, a pesar de jugar en casa.

DOMENGHINI AL RESCATE DE ITALIA

El gol más polémico en una final se produjo el 8 de junio de 1968. La anfitriona, Italia, perdía 1-0 ante Yugoslavia a diez minutos del final. Parecía que los yugoslavos estaban colocando su barrera cuando Angelo Domenghini lanzó una falta que batió al portero Ilja Pantelic y logró el empate. Yugoslavia protestó, pero el gol subió al marcador. A los dos días, Italia ganó 2-0 la única repetición de una final de Eurocopa, con goles de Gigi Riva y Pietro Anastasi.

LOS PENALTIS MÁS LARGOS

La tanda de penaltis más larga de una Eurocopa tuvo lugar en el partido por el tercer puesto de 1980, entre Italia y Checoslovaquia, el 21 de junio en Nápoles. Los checos ganaron 9-8, tras empatar a uno. Cada equipo metió ocho penaltis, pero el portero checo Jaroslav Netolicka detuvo el lanzamiento de Fulvio Collovati.

«NUEVOS» EQUIPOS EN LA FASE FINAL

Cuatro equipos participaron por primera vez en la fase final de la Eurocopa 96: Bulgaria, Croacia, Turquía y Suiza. Otros dos equipos aparecieron con nuevo nombre. La República Checa participó por primera vez después de que Eslovaquia votara a favor de la disolución de la Federación Checoslovaca en 1993. Rusia compitió por primera vez como nación independiente, tras la disolución de la antigua Unión Soviética.

NO MÁS DERROTAS HOLANDESAS

La primera victoria de los Países Bajos ante la RFA desde 1956 se produjo en las semifinales de 1988, en Hamburgo. El 2-1 puso fin a una racha neerlandesa sin ganar, con tres empates y siete derrotas, incluido el estrepitoso fracaso en la final del Mundial 74.

PORTUGAL DESAPROVECHA LA VENTAJA DE JUGAR EN CASA

En 2004, Portugal se convirtió en el segundo país anfitrión en llegar a la final, tras lograrlo Francia 20 años antes. Además fue el primer anfitrión en perder la final, al caer 1-0 ante Grecia el 4 de julio en Lisboa. Francia (1984) y España (1964) ya se habían proclamado campeonas de Europa en suelo patrio.

INGLATERRA FALLA EN LOS PENALTIS

La victoria inglesa por 4-2 en la tanda de penaltis contra España en los cuartos de la Eurocopa 96 es su único logro desde este punto en un torneo importante. El partido acabó en empate a cero tras la prórroga en Wembley. Alan Shearer, David Platt, Stuart Pearce y Paul Gascoigne marcaron para Inglaterra, pero el lanzamiento de Fernando Hierro dio al palo y el de Miguel Ángel Nadal lo paró David Seaman. No obstante, Inglaterra ha perdido sus otras cinco tandas de penaltis, entre ellas la de la semifinal de esa misma Eurocopa contra Alemania.

FRANCIA ARREMETE SIN ARIETES

Francia todavía ostenta el récord de mayor número de goles anotados por un solo equipo en la fase final de una Eurocopa: 14 en el torneo de 1984. Sorprendentemente, tan solo uno de esos goles lo marcó un jugador que defendía la posición de delantero, Bruno Bellone, que anotó el segundo en la victoria final por 2-0 sobre España. El capitán francés, Michel Platini, aportó la mayor parte de la potencia gala y metió la friolera de nueve goles en cinco partidos. Logró *hat tricks* contra Bélgica y Dinamarca y el gol de la victoria en el último minuto en la semifinal contra Portugal. Los centrocampistas Alain Giresse y Luis Fernández también marcaron en la victoria por 5-0 ante Bélgica. El defensa Jean-François Domergue puso por delante a Francia en la semifinal ante Portugal y sumó otro gol en la prórroga, después de que Jordão hubiese adelantado 2-1 al conjunto luso.

EL INESPERADO TRIUNFO DE DINAMARCA

Dinamarca dio la sorpresa al ganar la Eurocopa 1992. Ni siquiera se esperaba que participase en el torneo cuando quedó por detrás de Yugoslavia en su grupo clasificatorio, pero fue invitada para completar el grupo de ocho al excluir a Yugoslavia por motivos de seguridad tras los conflictos en el país. El guardameta Peter Schmeichel fue el héroe danés en la ronda de penaltis de la semifinal que ganaron a los Países Bajos y en la final contra Alemania, cuando los tantos de John Jensen y Kim Vilfort certificaron la victoria de Dinamarca por 2-0.

MAYORES VICTORIAS EN LAS FASES FINALES

Países Bajos 6 - Yugoslavia 1 (2000)
Francia 5 - Bélgica 0 (1984)
Dinamarca 5 - Yugoslavia 0 (1984)
Suecia 5 - Bulgaria 0 (2004)

LOS GOLES DE ORO DE FRANCIA

Francia ha sido la única selección que ha ganado dos partidos de un torneo con «goles de oro». Los ganadores de la Eurocopa 2000 vencieron en semifinales y en la final con goles en la prórroga. Zinedine Zidane anotó un penalti en el minuto 117 que supuso el 2-1 definitivo y eliminó a Portugal en la semifinal celebrada en Bruselas el 28 de junio. Cuatro días después, David Trézéguet metió un gol de oro en el minuto 13 de la prorroga para vencer 2-1 a Italia en la final.

MÁXIMOS GOLEADORES DE LAS EUROCOPAS

1960: Yugoslavia 6
1964: España, Unión Soviética, Hungría 4
1968: Italia 4
1972: República Federal de Alemania 5
1976: República Federal de Alemania 6
1980: República Federal de Alemania 6
1984: Francia 14
1988: Países Bajos 8
1992: Alemania 7
1996: Alemania 10
2000: Francia, Países Bajos 13
2004: República Checa 9
2008: España 12

LA CEI LE QUITA EL SITIO A LA URSS

Tras la caída de la antigua Unión Soviética en diciembre de 1991, su selección compitió en la Eurocopa 92 como Comunidad de Estados Independientes (CEI), que representaba a todas las anteriores repúblicas soviéticas, excepto Estonia, Letonia y Lituania. Rusia jugó por primera vez una fase final como nación independiente en la Eurocopa 96.

ESTO ES LA GUERRA

En el 3-1 de Checoslovaquia ante Holanda en semifinales el 16 de junio de 1976 en Zagreb se sacaron tres rojas, todo un récord. El checo Jaroslav Pollak fue expulsado tras la segunda tarjeta amarilla (falta sobre Johan Neeskens) a la hora del inicio. Neeskens le siguió en el minuto 76 tras dar una patada a Zdenek Nehoda. Wim van Hanegem fue el tercer expulsado por quejarse, después de que Nehoda marcase el segundo gol a seis minutos del final de la prórroga.

LOS FALLOS EN PENALTIS PASAN FACTURA A HOLANDA

Holanda falló dos penaltis en el partido y tres en la tanda de penaltis en la semifinal de la Eurocopa 2000 que perdió ante Italia, el 29 de junio en Ámsterdam. El portero italiano Francesco Toldo paró un penalti de Frank de Boer en el primer tiempo. En el minuto 62 Patrick Kluivert lanzó otro que dio al palo. Hubo que desempatar con la pena máxima. De Boer y Jaap Stam fallaron y Toldo paró el tiro de Paul Bosvelt, lo que supuso la victoria por 3-1 de Italia, que había jugado casi todo el partido con 10 hombres, tras la expulsión de Gianluca Zambrotta en el minuto 34.

JUSTO A TIEMPO

Grecia consiguió la única victoria con un «gol de plata» (el equipo que va por delante en el marcador al final de la primera parte de la prórroga gana el partido) de la historia del torneo en la semifinal de la Eurocopa 2004. El 1 de julio Traianos Dellas metió el tanto de la victoria griega de cabeza dos segundos antes del final de la primera parte de la prórroga contra la República Checa en Oporto. Los goles de oro y los goles de plata dejaron de aplicarse en la Eurocopa 2008; en su lugar las eliminatorias que acabaron en empate se resolvieron mediante prórrogas y penaltis.

CROACIA HACE UN POQUITO DE HISTORIA

Tras su independencia de la antigua Yugoslavia el 25 de junio de 1991, Croacia llegó por primera vez a la fase final de un torneo importante al clasificarse para la Eurocopa 96. Consiguió situarse en el segundo puesto del Grupo D, pero perdió 2-1 ante Alemania en los cuartos de final. El zaguero Igor Stimac fue expulsado tres minutos antes de que los alemanes marcasen el gol de la victoria.

LA SUERTE SONRÍE A ITALIA

Italia llegó a la final de 1968, que ganó en casa, gracias al azar; fue el único partido de la historia de la Eurocopa que se decidió lanzando una moneda. Habían empatado a cero con la Unión Soviética tras la prórroga en Nápoles, el 5 de junio de 1968. El capitán soviético, Albert Shesternev, eligió el lado de la moneda que no salió e Italia llegó a la final donde venció a Yugoslavia.

GOLES

SHEARER, EL GOLEADOR

Alan Shearer es el único inglés que ha encabezado la lista de máximos goleadores de la Eurocopa. En la edición de 1996 Shearer lideró la clasificación con cinco goles: marcó contra Suiza, Escocia, Holanda (2) y Alemania; anotó en la semifinal contra los germanos en Wembley en el minuto 3 para adelantar a Inglaterra y en la tanda de penaltis que perdieron los ingleses. Shearer anotó otros dos tantos en la Eurocopa 2000 y es el segundo, por detrás de Platini, en la lista de máximos goleadores.

VONLANTHEN BATE EL RÉCORD DE ROONEY

El anotador más joven en la historia de las finales es el centrocampista suizo Johan Vonlanthen. Tenía 18 años y 141 días cuando marcó el gol suizo de la derrota ante Francia del 21 de junio de 2004, batió el récord que el inglés Wayne Rooney había establecido cuatro días antes: Rooney tenía 18 años y 229 días cuando marcó el primer gol del partido que Inglaterra ganó a Suiza por 3-0.

HAT TRICKS EN EUROCOPAS

Dieter Müller (RFA): RFA 4 - Yugoslavia 2 (1976)
Klaus Allofs (RFA): RFA 3 - Países Bajos 2 (1980)
Michel Platini (Francia): Francia 5 - Bélgica 0 (1984)
Michel Platini (Francia): Francia 3 - Yugoslavia 2 (1984)
Marco van Basten (Países Bajos): Países Bajos 3 - Inglaterra 1 (1988)
Sérgio Conceição (Portugal): Portugal 3 - Alemania 0 (2000)
Patrick Kluivert (Países Bajos): Países Bajos 6 - Yugoslavia 1 (2000)
David Villa (España): España 4 - Rusia 1 (2008)

EL HISTÓRICO GOL DE ILYIN

El 29 de septiembre de 1958 el soviético Anatoly Ilyin marcó el primer gol de la historia de la Eurocopa en el minuto cuatro de un partido contra Hungría. Una multitud de 100.572 espectadores presenció la victoria soviética por 3-1 en el Estadio Lenin de Moscú. La Unión Soviética acabó ganando la final en 1960.

KIRICHENKO Y EL GOL MÁS RÁPIDO

El tanto más rápido de la historia de las fases finales de la Eurocopa lo marcó el delantero ruso Dmitri Kirichenko. Adelantó a su equipo a los 68 segundos del partido ante Grecia el 20 de junio de 2004. Rusia ganó 2-1, pero aun así Grecia se clasificó para cuartos y dio la gran sorpresa al vencer. El gol más rápido de una final fue el del centrocampista español Jesús Pereda en 1964, en el minuto seis del 2-1 de España a la Unión Soviética.

HRUBESCH APROVECHA SU SUERTE

El héroe alemán de la final de 1980, Horst Hrubesch, aprovechó su oportunidad cuando el titular Klaus Fischer abandonó el torneo con una pierna rota. Hrubesch debutó como internacional a los 28 años y en el partido contra Bélgica en Roma el 22 de junio adelantó a los alemanes durante diez minutos y metió de cabeza el gol de la victoria después de que René Vandereycken empatara desde el punto de penalti.

VAN BASTEN LIDERA A LOS HOLANDESES

El holandés Marco van Basten fue la estrella de la Eurocopa 1988. Logró un *hat trick* en la victoria por 3-1 ante Inglaterra y marcó un gol en los últimos minutos para derrotar 2-1 a la RFA en semifinales. Su tanto en el 2-0 ante la Unión Soviética está considerado el mejor gol de una final. Arnold Mühren le envió el balón desde el centro del campo, y él, con una espectacular volea, superó al portero Rinat Dessayev y anotó el segundo tanto para los Países Bajos.

RICARDO DECIDE

El 24 de junio de 2004 en Lisboa el arquero portugués Ricardo fue la estrella de su equipo en la tanda de penaltis de cuartos de final, en la que ganaron a Inglaterra. Iban igualados a cinco (tras un empate a dos durante el partido), cuando Ricardo paró el tiro de Darius Vassell. Después lanzó él mismo el último penalti con tal sangre fría que David James fue incapaz de detenerlo.

MÁXIMOS GOLEADORES EN LA HISTORIA DE LA EUROCOPA

1	Michel Platini (Francia)	9
2	Alan Shearer (Inglaterra)	7
3	Nuno Gomes (Portugal)	
	Thierry Henry (Francia)	
	Patrick Kluivert (Holanda)	
	Ruud van Nistelrooy (Holanda)	6
7	Milan Baros (República Checa)	
	Jürgen Klinsmann (RFA/Alemania)	
	Marco van Basten (Holanda)	
	Zinedine Zidane (Francia)	5

MÁXIMOS GOLEADORES DE CADA EUROCOPA

1960:	2	François Heutte (Francia)
		Milan Galic (Yugoslavia)
		Valentin Ivanov (URSS)
		Drazan Jerkovic (Yugoslavia)
		Slava Metreveli (URSS)
		Viktor Ponedelnik (URSS)
1964:	2	Ferenc Bene (Hungría)
		Dezso Novák (Hungría)
		Jesús Pereda (España)
1968:	2	Dragan Dzajic (Yugoslavia)
1972:	4	Gerd Müller (RFA)
1976:	4	Dieter Müller (RFA)
1980:	3	Klaus Allofs (RFA)
1984:	9	Michel Platini (Francia)
1988:	5	Marco van Basten (Holanda)
1992:	3	Dennis Bergkamp (Holanda)
		Tomas Brolin (Suecia)
		Henrik Larsen (Dinamarca)
		Karl-Heinz Riedle (Alemania)
1996:	5	Alan Shearer (Inglaterra)
2000:	5	Patrick Kluivert (Holanda)
		Savo Milosevic (Yugoslavia)
2004:	5	Milan Baros (República Checa)
2008:	4	David Villa (España)

BIERHOFF, EL PRIMER <<GOL DE ORO>>

El alemán Oliver Bierhoff anotó el primer «gol de oro» (el equipo que marca primero en la prórroga gana el encuentro) de la historia de la competición cuando logró el tanto ganador en el minuto cinco de la prórroga dc la final de la Eurocopa 96 celebrada el 30 de junio en Wembley contra la República Checa. Su tiro a 18 metros de distancia rebotó en el defensa Michal Hornak y se coló entre las manos del guardameta checo, Petr Kouba.

PONEDELNIK ESTÁ DE LUNES

El 10 de julio de 1960, el ariete soviético Viktor Ponedelnik remató de cabeza el gol de la victoria por 2-1 ante Yugoslavia en la prórroga de la primera final y protagonizó algunos famosos titulares de la prensa soviética. El encuentro comenzó en París cuando en Moscú eran las 10 de la noche de un domingo, pero entraba ya la madrugada del lunes cuando Ponedelnik (que en ruso significa «lunes») anotó el segundo gol. Más tarde declaró que a raíz de ese gol, todos los periodistas escribieron el titular «Ponedelnik zabivayet v Ponedelnik» («Lunes marca el lunes»).

PLATINI PONE EL LISTÓN ALTO

Michael Platini dominó la fase final de 1984 al establecer un récord de anotación que aún no ha sido superado. El genial centrocampista atacante de la selección francesa marcó nueve goles cuando su equipo se alzó con el triunfo en casa. Platini abrió la cuenta con el gol de la victoria ante Dinamarca, logró un *hat trick* cuando Francia machacó a Bélgica por 5-0 y después marcó los tres tantos del 3-2 ante Yugoslavia. El gol más espectacular fue el del triunfo ante Portugal en el último minuto de la prórroga en semifinales. También colocó a su equipo en el sendero de la victoria en la final, donde se impuso a España por 2-0, cuando su disparo de falta se le escapó de las manos al portero Luis Arconada. Veinticuatro años más tarde, ya convertido en presidente de la UEFA, Platini invitó a Arconada a la final de 2008 en Viena... ¡en esta ocasión para ver ganar a España!

VASTIC EL MAYOR

El anotador más mayor de la historia de la Eurocopa fue el austriaco Ivica Vastic. Tenía 38 años y 257 días cuando marcó el gol del empate a uno contra Polonia en 2008.

ENTRE HERMANOS

Cuatro parejas de hermanos participaron en la Eurocopa 2000: Gary y Phil Neville (Inglaterra), Frank y Ronald de Boer (Holanda), Daniel y Patrik Andersson (Suecia) y Émile y Mbo Mpenza (Bélgica).

EL TRÍO DE PORTUGAL, EL SUSPENDIDO POR MÁS TIEMPO

La suspensión más larga de la historia de una fase final se aplicó a tres jugadores portugueses tras su derrota en la semifinal 2000 ante Francia. El penalti de Zinedine Zidane que supuso el «gol de oro» enfureció a los portugueses, que rodearon al colegiado, Günter Benkö, y a su asistente, Igor Sramka. Los portugueses, Abel Xavier, Nuno Gomes y Paulo Bento, fueron sancionados por «intimidar física y verbalmente» a los árbitros. Xavier fue expulsado nueve meses del fútbol europeo; Gomes, que además vio la tarjeta roja, ocho meses; y Bento, seis.

MATTHÄUS REFLEJA LA EVOLUCIÓN DEL TORNEO

La carrera de Lothar Matthäus corre paralela a la evolución de la Eurocopa. Participó en cuatro campeonatos entre 1980 y 2000. Se perdió la Eurocopa 92 por una lesión y se quedó en casa en la Eurocopa 96 tras enfadarse con el entrenador Berti Vogts y el capitán Jürgen Klinsmann. Debutó a los 19 años como sustituto de Bernd Dietz en el partido de la fase de grupos que la RFA ganó a Holanda por 3-2 en Nápoles, el 14 de junio de 1980. Aquella fue la primera vez que el torneo incluía a ocho equipos y dos grupos en lugar de los tradicionales cuatro semifinalistas. Su última aparición fue en la Eurocopa 2000 a la edad de 39 años (ver cuadro inferior), con la selección de la Alemania reunificada, pero fueron eliminados por 3-0 ante Portugal. Hoy día, el torneo se ha ampliado para incluir a 16 equipos en cuatro grupos. A pesar de aparecer en cuatro torneos, Matthäus solo saltó al campo 11 veces en total, eso sí, comenzó cuando la Eurocopa estaba empezando a ampliarse y se marchó en el momento en que se había convertido en la segunda competición futbolística internacional más importante del mundo, por detrás de la Copa Mundial.

VAN BASTEN LE ESTROPEA EL DÍA A SHILTON

El arquero Peter Shilton es el jugador inglés que ha sido más veces internacional, con 125 partidos, pero el número 100 (Düsseldorf, 15 de junio de 1988) lo recordará con aflicción. En la segunda parte Marco van Basten remató un *hat trick* en el segundo partido del Grupo B de la Eurocopa 88 que acabó 3-1 para Holanda.

EL 100 DE BECKENBAUER ACABA EN DERROTA

El partido número cien como internacional de la leyenda de la RFA Franz Beckenbauer fue la final de 1976 contra Checoslovaquia. Tras la derrota de su equipo en la tanda de penaltis, solo disputó tres encuentros más antes de abandonar la selección.

MÁS EUROCOPAS DISPUTADAS

Hay seis jugadores que han participado en cuatro Eurocopas:

Lothar Matthäus (RFA/Alemania)	1980, 1984, 1988, 2000
Peter Schmeichel (Dinamarca)	1988, 1992, 1996, 2000
Aron Winter (Países Bajos)	1988, 1992, 1996, 2000
Lilian Thuram (Francia)	1996, 2000, 2004, 2008
Edwin van der Sar (Países Bajos)	1996, 2000, 2004, 2008
Alessandro Del Piero (Italia)	1996, 2000, 2004, 2008

MULLERY, EL PRIMERO FUERA

El mediapunta Alan Mullery fue el primer jugador inglés en ser expulsado, cuando el 5 de junio de 1968 le echaron en el minuto 89 de la semifinal ante Yugoslavia en Florencia que acabó en derrota. Mullery vio la roja por cometer falta sobre Dobrivoje Trivic, tres minutos después de que Dragan Dzajic marcara el gol de la victoria yugoslava. Fue el partido internacional número 424 de Inglaterra.

HAGI ACABA ROJO

El último de los 125 partidos como internacional del mejor jugador rumano, Gheorghe Hagi, fue la derrota por 2-0 ante Italia en cuartos de final de la Eurocopa 2000. No obstante, su trayectoria en la selección acabaría de forma lamentable: fue expulsado en el minuto 59 con dos tarjetas amarillas. Hagi ya había sido amonestado contra Alemania y Portugal, y se había perdido la victoria por 3-2 sobre Inglaterra en la fase de grupos por la suspensión.

MÁS PARTIDOS DISPUTADOS EN LA EUROCOPA

16	Edwin van der Sar	(Holanda)
	Lilian Thuram	(Francia)
14	Luís Figo	(Portugal)
	Nuno Gomes	(Portugal)
	Karel Poborsky	(República Checa)
	Zinedine Zidane	(Francia)

DOS ROJAS ACABAN CON TODO

Después de que el defensa francés Yvon Le Roux fuese expulsado en la final de 1984, los dos torneos siguientes se sucedieron sin una sola tarjeta roja. Todo esto cambió en el agitado partido del Grupo B entre España y Bulgaria que acabó en empate a uno el 9 de junio de 1996. El árbitro italiano Piero Ceccarini expulsó al búlgaro Petar Houbtchev por derribar a José Luis Caminero. Después expulsó al español Antonio Pizzi por una dura entrada a Radostin Kishishev.

EL VETERANO LUIS ARAGONÉS

Aragonés, seleccionador español en 2008, ha sido el técnico más mayor de una Eurocopa. A Aragonés (Madrid, 28 de julio de 1938) le quedaban 29 días para celebrar su 70 aniversario cuando España venció a Alemania por 1-0 en la final del 29 de junio. Ese fue su último partido en el cargo que ocupaba desde la Eurocopa 2004.

KADLEC, PADRE E HIJO

Los defensas checos Miroslav y Michal Kadlec son los únicos padre e hijo que han disputado las fases finales. Miroslav (Uherske Hradiste, 22 de junio de 1964) fue el capitán de la selección checa que acabó subcampeona (por detrás de Alemania) en la Eurocopa 96. También anotó el penalti ganador en la tanda de penaltis de la semifinal contra Francia. Michal (Vyskov, 13 de diciembre de 1984) debutó en la Eurocopa cuando sustituyó a Jaroslav Plasil en el minuto 80 del partido del Grupo A contra Turquía, el 15 de junio de 2008 en Ginebra.

MATTHÄUS FUE EL MÁS MAYOR

El futbolista más mayor que apareció en un partido de fase final fue el alemán Lothar Matthäus. Tenía 39 años y 91 días cuando disputó el partido que ganó Portugal por 3-0 el 20 de junio de 2000.

SUÁREZ CONSIGUE UN DOBLETE ÚNICO

El centrocampista español Luis Suárez es el único hombre que ha participado en la consecución de la medalla de campeón tanto de la Eurocopa como de la Copa de Europa en una misma temporada. Suárez llevó las riendas en las victorias de España sobre Hungría por 2-1 en la semifinal de 1964 y sobre la Unión Soviética por 2-1 en la final del 21 de junio de 1964. Apenas un mes antes, el 27 de mayo, machacó 3-1 con el Inter al Real Madrid en la final de la Copa de Europa celebrada en Viena. En 2000 Nicolas Anelka ganó la Liga de Campeones con el Real Madrid y estuvo en el equipo francés vencedor de la Eurocopa 2000, pero no jugó la final.

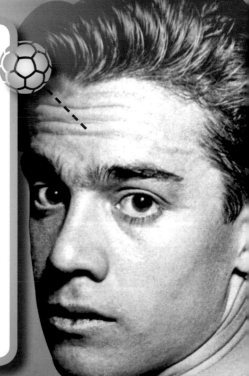

SCIFO, EL MÁS JOVEN

El futbolista más joven en jugar un encuentro de la Eurocopa fue el centrocampista belga Enzo Scifo. Tenía 18 años y 115 días cuando su equipo ganó 2-0 a Yugoslavia el 13 de junio de 1984 y fue titular en los tres partidos de grupo de Bélgica.

⚽ LA EUROCOPA 2008 EN INTERNET

Internet fue una de las formas que el público utilizó de forma masiva para seguir la Eurocopa 2008. Más de 105 millones de cibernautas de más de 200 países visitaron la página oficial, www.Euro2008.com. El mayor volumen de tráfico, alrededor del 15%, procedía del Reino Unido. El mayor número de visitas diarias fue de 4,9 millones.

⚽ RÉCORD DE AUDIENCIA EN ESPAÑA

La victoria de España en la final de la Eurocopa 2008 contra Alemania registró el récord nacional de audiencia televisiva: más de 14 millones de hogares sintonizaron el encuentro y cientos de miles más lo vieron en pantallas gigantes situadas en plazas y parques. La final se retransmitió en directo en 231 países.

⚽ LA EUROCOPA 2012 ESTÁ EN CAMINO

La Eurocopa 2012, en la que por primera vez participarán 24 equipos, tendrá como anfitriones a Polonia y Ucrania. El partido inaugural se disputará en el Estadio Nacional de Polonia, en Varsovia, y Ucrania albergará la final en el Estadio Olímpico de Kiev. El resto de estadios polacos estarán en Gdansk, Poznan y Wroclaw, y los ucranianos, en Lvov, Dniropetrovsk y Donetsk.

⚽ ALBANIA DA EL TRIUNFO A GRECIA

Cuando Grecia fue emparejada con Albania en la primera ronda del torneo de 1964, los griegos se retiraron enseguida, regalándole a Albania la victoria por 3-0. Ambos países habían estado técnicamente en conflicto desde 1940. El gobierno griego no levantó formalmente el estado de guerra hasta 1987, aunque las relaciones diplomáticas se restablecieron en 1971.

⚽ UN TRABAJO EN ITALIA

La Eurocopa 1968 en Italia sirvió de escenario para la famosa película inglesa *Un trabajo en Italia*, con Michael Caine, que narra cómo una banda de ladrones británica utiliza el torneo como tapadera para dar un gran golpe y robar oro en Turín. Se estrenó el 2 de junio de 1969.

⚽ NOMBRES EN LAS CAMISETAS

Desde la Eurocopa 92 los jugadores llevan sus nombres así como sus números en la parte trasera de sus camisetas. Antes solo se les identificaba por los números.

⚽ EL CAMPEONATO SE CONVIERTE EN UN GRAN ESPECTÁCULO

Los medios de comunicación prestan más atención a la Eurocopa que a cualquier otro campeonato de fútbol, excepto los Mundiales, por lo que es fácil imaginar el impacto que causó la interrupción de las imágenes de la semifinal de la Eurocopa 2008 entre Alemania y Turquía a causa del mal tiempo. Hubo una época en que la fase final la disputaban cuatro equipos y duraba unos días; actualmente incluye a 16 selecciones y se ha convertido en un espectáculo de tres semanas. La fiesta se prolongará aun más en 2012 cuando compitan 24 equipos por primera vez. Se batirán récords de audiencia, mientras nuevos medios de comunicación, como Internet, jugarán un papel más importante que nunca en la cobertura del evento.

⚽ ANFITRIONES

1960 **Francia**
1964 **España**
1968 **Italia**
1972 **Bélgica**
1976 **Yugoslavia**
1980 **Italia**
1984 **Francia**
1988 **RFA**
1992 **Suecia**
1996 **Inglaterra**
2000 **Países Bajos y Bélgica**
2004 **Portugal**
2008 **Austria y Suiza**

POR PARTIDA DOBLE

En 2000, Bélgica y los Países Bajos empezaron la tendencia de albergar de forma conjunta la fase final del campeonato; era la primera vez que el torneo se celebraba en más de un país. El partido inaugural terminó con el triunfo de Bélgica sobre Suecia por 2-1, el 10 de junio en Bruselas; la final se disputó el 2 de julio en Rotterdam. Austria y Suiza organizaron la Eurocopa 2008. El partido inaugural, que se disputó el 7 de junio en Basilea, acabó con la derrota de Suiza por 1-0 ante la República Checa; la final se celebró el 29 de junio en Viena.

DIEZ MEJORES EQUIPOS EN LA EUROCOPA

Selección	P	V	E	D	GF	GC
RFA/Alemania	38	19	10	9	55	39
Holanda	32	17	8	7	55	32
Francia	28	14	7	7	46	34
España	30	13	9	8	38	31
Portugal	23	12	4	7	34	22
Italia	27	11	12	4	27	18
Checoslovaquia/ República Checa	25	11	5	9	36	32
Unión Soviética/CEI/Rusia	27	11	5	11	31	36
Inglaterra	23	7	7	9	31	28
Dinamarca	24	6	6	12	26	38

TELESPECTADORES ATORMENTADOS

Los telespectadores de la Eurocopa 2008 no vieron gran parte del dramático desenlace de la semifinal de Turquía contra Alemania, que esta ganó por 3-2, a causa de un apagón televisivo. Una tormenta en Viena (donde estaba el centro de radiodifusión) provocó la pérdida de la conexión durante varios minutos. Los telespectadores se perdieron el gol de Miroslav Klose, que adelantó 2-1 a Alemania, y el del empate de Semih Senturk. Pero la conexión volvió a tiempo para ver el gol de la victoria de Philipp Lahm en el tiempo de descuento.

A ELLIS LE GUSTA LO DE PITAR

El colegiado Arthur Ellis arbitró la primera final de la Eurocopa entre la Unión Soviética y Yugoslavia en 1960. Cuatro años antes Ellis también había arbitrado la primera final de la Copa de Europa, entre el Real Madrid y el Reims. Tras su retirada del fútbol, se convirtió en juez del programa *It's a Knock-out* (en España, *El Gran Prix*).

ITALIA ES ANFITRIONA DOS VECES

Italia fue la primera nación que albergó dos Eurocopas: en 1968 y de nuevo en 1980. Se le concedió el honor de albergar la fase final en 1968 para conmemorar el 60 aniversario de la Federación Italiana de Fútbol. Bélgica también organizó dos fases finales: primero sola, en 1972, y después con Holanda en la Eurocopa 2000.

RÉCORD DE AFORO EN LA FINAL DEL BERNABÉU

El récord de asistencia a la final de una Eurocopa fueron los 120.000 espectadores que vieron ganar a España por 2-1 a la Unión Soviética en el Bernabéu el 21 de junio de 1964.

AL AGUA PATOS

Holanda celebró su triunfo de 1988 de una forma bastante inusitada: el equipo recorrió los canales de Ámsterdam en una barcaza. Fueron recibidos por una multitud de más de un millón de personas y muchas de las casas-barco amarradas en los canales sufrieron daños, ya que los exultantes aficionados bailaron en sus techos.

PARTE 4:
COPA AMÉRICA

LOS VIAJES en avión han revolucionado las competiciones internacionales en los 50 últimos años, pero las dificultades para organizar grandes eventos en la primera mitad del siglo xx también tuvieron efectos positivos. Los miembros fundadores de la FIFA en 1904 eran todos europeos y, aunque países sudamericanos como Brasil, Argentina y Uruguay no tardaron en ingresar, las oportunidades de que jugaran contra sus homólogos europeos eran escasas. Algunos clubes europeos realizaron giras esporádicas por Sudamérica, pero el tiempo invertido y las interrupciones provocadas por las largas travesías en barco supusieron que sólo cuatro selecciones europeas fueran a Uruguay para disputar la primera Copa Mundial de la FIFA en 1930.

Por eso, los sudamericanos tuvieron que organizar sus propias competiciones internacionales, dando lugar a la creación en 1916 del Campeonato Sudamericano, conocido hoy como Copa América. Dado que las comunicaciones no eran como las de hoy en día, la organización seguía siendo una cuestión complicada; por ello, muchos de los campeonatos iniciales se consideran hoy «no oficiales». Surgieron otros problemas por el calendario de competiciones que, posteriormente, impidieron a muchos países garantizar la participación de sus jugadores estrella, ya que jugaban en clubes europeos. Este éxodo de jugadores fue un problema especialmente importante para Argentina a finales de la década de 1950. Ganó el Campeonato Sudamericano en 1957 y era la favorita del Mundial del año siguiente, pero para entonces había perdido a su fantástico trío de delanteros, Humberto Maschio, Antonio Valentín Angelillo y Enrique Omar Sívori, fichados por clubes italianos. Finalmente, el conflicto entre clubes y países se resolvió cuando la FIFA creó un calendario internacional unificado, que reconocía la prioridad de la Copa América.

Brasil celebra su victoria en la Copa América 2007, con la cabeza puesta en su papel como anfitrión de la Copa Mundial de la FIFA en 2014.

COPA AMÉRICA RÉCORDS DE EQUIPOS

TIEMPO DE VISITAS

A partir de 1993 se ha invitado a participar en la Copa América a dos selecciones de otras confederaciones, por lo general, países vecinos de la CONCACAF (Centro y Norteamérica). Entre ellos, Costa Rica (1997, 2001, 2004), Honduras (derecha 2001), Japón (1999), México (1993, 1995, 1997, 1999, 2001, 2004, 2007) y Estados Unidos (1993, 1995, 2007); estos últimos han sido invitados con regularidad desde 1997, pero se han visto forzados a declinar la invitación la mayoría de las veces por conflictos con el calendario de la liga de fútbol nacional (MLS). Sin embargo, en 2007, EE. UU. compitió por primera vez en 12 años. Canadá fue invitada en 2001, pero se retiró por los problemas de seguridad que presentaba el país anfitrión, Colombia.

TRIUNFOS POR PAÍSES

Uruguay: 14 (1916, 1917, 1920, 1923, 1924, 1926, 1935, 1942, 1956, 1959, 1967, 1983, 1987, 1995)
Argentina: 14 (1921, 1925, 1927, 1929, 1937, 1941, 1945, 1946, 1947, 1955, 1957, 1959, 1991, 1993)
Brasil: 8 (1919, 1922, 1949, 1989, 1997, 1999, 2004, 2007)
Perú: 2 (1939, 1975)
Paraguay: 2 (1953, 1979)
Bolivia: 1 (1963)
Colombia: 1 (2001)

CÓMO EMPEZÓ

El primer «Campeonato Sudamericano de Selecciones» (como se conocía entonces) se celebró en Argentina del 2 al 17 de julio de 1916, durante la celebración del centenario de la independencia del país. Uruguay ganó el torneo, a pesar de empatar con Argentina en el último partido. Fueron unos comienzos difíciles. El encuentro del 16 de julio se tuvo que suspender con empate a cero cuando los aficionados invadieron el campo y prendieron fuego a las tribunas de madera. El partido se reanudó al día siguiente en un estadio diferente, pero aun así no hubo goles. Al final Uruguay terminó como líder de la miniliga y se proclamó primer campeón. Isabelino Gradín fue el máximo goleador de la primera edición, que fue pareja a la fundación de la Federación Sudamericana, la CONMEBOL, el 9 de julio de 1916. Desde ese momento, el campeonato se disputó cada dos años, aunque ahora algunas de sus ediciones se consideran extraoficiales.

TIEMPO EXTRA

El partido más largo de la historia de la Copa América fue la final de 1919 entre Brasil y Uruguay. Duró 150 minutos, 90 de tiempo reglamentario más dos prórrogas de 30 minutos cada una.

HONDURAS DURA Y PERDURA

Aunque Honduras fuese el país invitado por la CONCACAF en 2001 para sustituir a Argentina en el último minuto, asombró al Brasil de Luiz Felipe Scolari con un 2-0 en cuartos de final, lo que se convirtió en una de las decepciones más grandes de la competición. El primer gol lo marcó en propia meta el brasileño Juliano Belletti (que jugaría después para Scolari en el Chelsea inglés). Los aficionados argentinos festejaron con alegría la humillación de sus viejos rivales por parte de otro equipo con camiseta a rayas azules y blancas, pero los brasileños rieron los últimos: al año siguiente ganaron el Mundial.

CARAS FAMILIARES

Uruguay ha participado más veces (40), seguida de Argentina (38), Chile (35), Paraguay (33), Brasil (32) y Perú (28). Argentina ha organizado la Copa América más veces (nueve), por delante de Uruguay (siete) y Chile (seis).

CAMPEONES DE LA COPA AMÉRICA

1910	(extraoficial) Argentina (formato liga)
1916	Uruguay (formato liga)
1917	Uruguay (formato liga)
1919	Brasil 1 - Uruguay 0
1920	Uruguay (formato liga)
1921	Argentina (formato liga)
1922	Brasil 3 - Paraguay 1
1923	Uruguay (formato liga)
1924	Uruguay (formato liga)
1925	Argentina (formato liga)
1926	Uruguay (formato liga)
1927	Argentina (formato liga)
1929	Argentina (formato liga)
1935	Uruguay (formato liga)
1937	Argentina 2 - Brasil 0
1939	Perú (formato liga)
1941	Argentina (formato liga)
1942	Uruguay (formato liga)
1945	Argentina (formato liga)
1946	Argentina (formato liga)
1947	Argentina (formato liga)
1949	Brasil 7 - Paraguay 0
1953	Paraguay 3 - Brasil 2
1955	Argentina (formato liga)
1956	Uruguay (formato liga)
1957	Argentina (formato liga)
1959	Argentina (formato liga)
1959	Uruguay (formato liga)
1963	Bolivia (formato liga)
1967	Uruguay (formato liga)
1975	Perú 4 - Colombia 1 (resultado final, tras tres partidos)
1979	Paraguay 3 - Chile 1 (resultado final, tras tres partidos)
1983	Uruguay 3 - Brasil 1 (resultado final, tras dos partidos)
1987	Uruguay 1 - Chile 0
1989	Brasil (formato liga)
1991	Argentina (formato liga)
1993	Argentina 2 - México 1
1995	Uruguay 1 - Brasil 1 (ganó Uruguay por 5-3 en penaltis)
1997	Brasil 3 - Bolivia 1
1999	Brasil 3 - Uruguay 0
2001	Colombia 1 - México 0
2004	Brasil 2 - Argentina 2 (ganó Brasil por 4-2 en penaltis)
2007	Brasil 3 - Argentina 0

ANFITRIONES

Argentina	8	(1916, 1921, 1925, 1929, 1937, 1946, 1959, 1987)
Uruguay	7	(1917, 1923, 1924, 1942, 1956, 1967, 1995)
Chile	6	(1920, 1926, 1941, 1945, 1955, 1991)
Perú	6	(1927, 1935, 1939, 1953, 1957, 2004)
Brasil	4	(1919, 1922, 1949, 1989)
Ecuador	3	(1947, 1959, 1993)
Bolivia	2	(1963, 1997)
Paraguay	1	(1999)
Colombia	1	(2001)
Venezuela	1	(2007)

LAS NORMAS SON LAS NORMAS

Durante la Copa América de 1953, se concedió la victoria a Perú en el partido que disputó contra Paraguay, cuando estos últimos trataron de hacer un cambio más de los permitidos. El jugador que iba a ser sustituido, Milner Ayala, se indignó tanto que le dio una patada al árbitro inglés Richard Maddison y fue suspendido durante tres años. Aun así, Paraguay siguió compitiendo y consiguió vencer a Brasil en la final (todos menos Ayala).

DERECHOS DE ROTACIÓN

El Campeonato Sudamericano de Selecciones se rebautizó como Copa América en 1975. Desde entonces hasta 1983 no hubo nación anfitriona, pero la CONMEBOL adoptó la política de rotar el derecho a ser la sede de la Copa América entre las diez asociaciones de la confederación. La primera rotación se completó cuando Venezuela albergó la edición de 2007, con Argentina a la espera de ser anfitriona por novena vez en 2011.

HOMBRES CON HISTORIA

La Copa América es el torneo internacional de fútbol más antiguo que aún se celebra. Se inició en 1916 con la participación de Argentina, Bolivia, Brasil, Chile, Colombia, Ecuador, Paraguay, Perú, Uruguay y Venezuela. No obstante, en 1910 Argentina ganó un campeonato extraoficial, tras derrotar a Uruguay por 4-1 en el partido decisivo (aunque el partido final se retrasó un día porque los aficionados incendiaron una tribuna del estadio del Gimnasia en Buenos Aires).

ALTOS VUELOS

En 1975 Perú y Brasil empataron los encuentros de ida y vuelta de la semifinal con un total de 3-3, por lo que Perú consiguió un puesto en la final mediante sorteo. Necesitaron tres partidos para sentenciar la final contra Colombia; perdieron el primero por 1-0, ganaron el segundo por 2-0 y lograron la victoria final gracias al único tanto de Hugo Sotil en el partido decisivo. Fue el único partido del torneo en el que participó Sotil, ya que su club, el Barça, le había negado el permiso para acudir antes. Solo llegó a tiempo para el desempate de la final, tras volar a Caracas desde España.

MÁS DE MORENO

Argentina no solo fue protagonista de la mayor victoria de la Copa América, sino que también logró el marcador más abultado de todo el torneo, cuando logró un 12-0 frente a Ecuador en 1942. Entre los cinco tantos de José Manuel Moreno figuró el gol número 500 de la historia de la competición. Moreno, natural de Buenos Aires (3 de agosto de 1916), acabó esa competición como máximo goleador junto con su compañero de equipo Herminio Masantonio, que marcó siete tantos. Ambos terminaron sus carreras como internacionales con 19 goles, aunque Moreno lo hizo en 34 apariciones y Masantonio en 21. Masantonio anotó cuatro en la paliza a Ecuador.

MAYORES VICTORIAS

1942: Argentina 12 - Ecuador 0
1975: Argentina 11 - Venezuela 0
1949: Brasil 10 - Bolivia 1
1927: Uruguay 9 - Bolivia 0
1957: Brasil 9 - Colombia 0
1945: Argentina 9 - Colombia 1
1949: Brasil 9 - Ecuador 1
1945: Brasil 9 - Ecuador 2
1926: Argentina 8 - Paraguay 0
1957: Argentina 8 - Colombia 2
1953: Brasil 8 - Bolivia 1

ÁNGELES CAÍDOS

La línea delantera de la victoriosa Argentina de la Copa América de 1957, formada por Humberto Maschio, Omar Sívori y Antonio Valentín Angelillo, era conocida como «los ángeles con caras sucias». Al menos uno de ellos marcó en cada uno de los seis partidos que disputó el equipo: Maschio acabó con nueve goles, Angelillo con ocho y Sívori con tres. La actuación más contundente de Argentina fue la victoria por 8-2 sobre Colombia en el primer partido, en el que marcó cuatro tantos y falló un penalti en los 25 primeros minutos. Su deslumbrante juego hizo que Argentina, y no el campeón final, Brasil, fuera el favorito para el Mundial del año siguiente. Sin embargo, antes de aquello, los clubes italianos se llevaron a Maschio, Sívori y Angelillo, y la Federación Argentina se negó a recogerlos para llevarlos a Suecia, donde se celebraba el Mundial. Finalmente Sívori y Maschio acudieron al Mundial, en 1962. Pero para desconsuelo de sus compatriotas, no vistieron la camiseta a rayas azules y blancas de Argentina, sino la azul de los azzurri de su patria de adopción.

ONCE EN CASA

Unos 33 años después del 12-0 a Ecuador en 1942, Argentina estuvo a punto de repetir la hazaña cuando ganó a Venezuela 11-0. El otro único marcador de semejantes características fue el 10-1 de Brasil a Bolivia en 1949.

FUERA DE CASA

En 1947, Uruguay no solo marcó el mayor número de goles de un equipo a domicilio, sino que logró la mayor victoria fuera de casa de la historia de la Copa América, cuando derrotó al anfitrión, Ecuador, por 6-1, diez días después de vencer a Chile 6-0.

JAIR, EL PROLÍFICO

El equipo que ha anotado más goles en la Copa América fue la selección brasileña de 1949, que marcó 46 tantos en ocho encuentros, motivada por el máximo goleador, Jair (nueve goles), y Ademir y Tesourinha (siete). Uno de los goles de Brasil fue en propia meta.

LOS COLOMBIANOS SIGUEN EN SUS ONCE

En 2001 Colombia, que ganó el trofeo por primera y única vez en su historia, fue el único país que no encajó ni un solo gol en toda la Copa América. Marcaron 11 goles, seis del máximo goleador del torneo, Víctor Aristizábal. De mantener la portería a cero se ocupó el arquero Óscar Córdoba, que había pasado gran parte de su carrera internacional como reserva del excéntrico René Higuita. Tan solo un mes antes, Córdoba había ganado el Campeonato Sudamericano de Clubes, la Copa Libertadores, con el equipo argentino Boca Juniors.

NO DIERON EN EL BLANCO

En 1917 Chile se convirtió en el primer combinado en acabar una Copa América sin anotar un solo tanto. Tendría que pasar medio siglo antes de que otro equipo fuese lo bastante desgraciado como para repetir la gesta. Fue en 1967, Bolivia estuvo cinco partidos sin marcar ningún gol, aunque encajó nueve. Bolivia también terminó los torneos de 1987, 1989 y 2001 sin batir a un portero rival. Su sequía goleadora la compartieron Paraguay en 1987, y Venezuela en 1997 y 2001.

EMPATE A CUATRO

En 1963, el partido de apertura del torneo entre Bolivia y Ecuador acabó en el empate con más goles de la Copa América, con cuatro tantos para cada uno. Ambos conjuntos desperdiciaron su ventaja de dos goles: Bolivia se adelantó 2-0 y Ecuador remontó 2-4.

EL PEQUEÑO NAPOLEÓN

En 1942, Ecuador y su guardameta, Napoleón Medina, encajaron más goles en un torneo que ningún otro equipo, al recibir 31 tantos en seis partidos (y seis derrotas). Tres años más tarde, él y su equipo lograron mantener la portería a cero en un empate con Bolivia, pero aun así encajaron otros 27 goles en sus otros cinco encuentros.

MÁXIMOS GOLEADORES

1	Brasil	46 (1949)
2	Argentina	28 (1947)
3	Argentina	25 (1957)
4	Argentina	22 (1945)
=	Brasil	22 (1997)
6	Argentina	21 (1942)
=	Uruguay	21 (1942)
=	Uruguay	21 (1947)
9	Chile	19 (1955)
=	Argentina	19 (1959)
=	Bolivia	19 (1963)

SEGUNDOS FUERA

Chile fue el equipo que más tantos marcó en la edición de 1955, 19 en sus cinco partidos, incluida una victoria por 5-4 sobre Perú, pero aun así tuvo que conformarse con el segundo puesto. Terminó con dos puntos menos que la campeona, Argentina, que solo anotó 18 goles en total (8 del máximo goleador del torneo, Rodolfo Micheli). Micheli marcó el único gol del partido crucial de Argentina contra Chile.

RESPONSABILIDAD COLECTIVA

Los jugadores brasileños se repartieron la tarea de marcar goles en la Copa América de 1997 y acabaron con la cifra récord de diez anotadores: Ronaldo (cinco goles), Leonardo y Romário (tres cada uno), Denilson, Djalminha y Edmundo (dos cada uno) y Aldair, Dunga, Flavio Conceiçao y Zé Roberto (uno cada uno).

EL ÍDOLO DE PELÉ

El delantero brasileño Zizinho comparte el récord de goles en la historia de la Copa América con el argentino Norberto Méndez. Los dos marcaron 17 tantos, Zizinho en seis torneos y Méndez, en tres (incluidos los de 1945 y 1946, en los que coincidieron). Méndez fue una vez máximo goleador y dos veces segundo, y se colgó la medalla en las tres ocasiones, mientras que los goles de Zizinho solo sirvieron a Brasil para hacerse con el título una vez, en 1949. Zizinho, el ídolo futbolístico de Pelé, sobresaldría en el Mundial 1950 como máximo anotador de Brasil y como mejor jugador del torneo, pero la derrota ante Uruguay, que le costó el título a Brasil, le traumatizó de por vida. El 16 de julio de cada año, en el aniversario del partido, Zizinho descolgaba el teléfono porque la gente seguía llamándolo para preguntarle cómo pudo perder Brasil. No fue convocado para el Mundial 1958, ya que los seleccionadores optaron por una joven promesa de 17 años, Pelé. Al año siguiente, Pelé terminó la Copa América como máximo goleador por primera y única vez, con ocho goles.

LOS CINCO FANTÁSTICOS

Cuatro jugadores han marcado cinco goles en un partido de la Copa América: Héctor Scarone en la victoria de Uruguay por 6-0 sobre Bolivia en 1926; Juan Marvezzi cuando Argentina ganó 6-1 a Ecuador en 1941; José Manuel Moreno en la paliza por 12-0 de Argentina a Ecuador en 1942; y Evaristo de Macedo en la victoria brasileña por 9-0 sobre Colombia en 1957.

LA MALA PATA DE CHILE

El primer gol en propia meta de la Copa América fue del chileno Luis García, que dio a Argentina la victoria por 1-0 en 1917, en la segunda edición del torneo. Pero fue incluso peor de lo que parece, ya que acabó siendo el único gol chileno en toda la competición, lo que convirtió a Chile en el primer equipo en no lograr un solo tanto en la Copa América.

ALTIBAJOS

La Copa América más prolífica, en cuanto a goles anotados, fue la de 1949 en Brasil. Además, este fue el campeonato en el que se disputaron más partidos: 29, a lo largo de 39 días. Se marcaron 135 tantos, una media de 4,66 por encuentro. La Copa América con mayor número de goles por partido fue la de 1927, cuando se anotaron 37 en seis encuentros (una media de 6,17 goles por partido). Desde entonces, la media más elevada fue la de 4,87 en 1955 (73 goles en 15 encuentros) aunque la selección con más tantos (19), Chile, terminó subcampeona. Los mejores defensas fueron los que jugaron en la Copa América 1922 cuando solo se metieron 22 goles en 11 partidos. La peor anotación de goles desde entonces tuvo lugar en 1993, cuando solo entraron 54 goles en 26 choques (una media de 2,08 tantos).

REPITIENDO LA GESTA

El uruguayo Pedro Petrone (en 1923 y 1924) y el argentino Gabriel Batistuta (en 1991 y 1995) son los únicos futbolistas que han sido máximos goleadores de la Copa América en dos ocasiones. Batistuta debutó con Argentina unos días antes de la Copa América de 1991, en la que su magnífica actuación, con un gol decisivo en la final, favoreció su traspaso del Boca Juniors a la Fiorentina italiana.

⚽ JULI EL RÁPIDO

En 1921, Julio Libonatti fue el primer jugador de la Copa América en marcar en el primer minuto de un partido, lo que propició que Argentina ganara 3-0 a Paraguay; una semana después, el uruguayo Ángel Romano repetiría esta hazaña, al ganar 2-1 a Brasil.

⚽ NADIE PASA DE NUEVE

Ningún futbolista ha conseguido una cifra de dos dígitos en una sola Copa América y solo tres jugadores han acabado un torneo con nueve goles a su nombre: el brasileño Jair Rosa Pinto en 1949; y el argentino Humberto Maschio y el uruguayo Javier Ambrois, ocho años después. Dos de los goles de Pinto fueron en la final que acabó 7-0 en contra de Paraguay, la mayor victoria registrada en una final de la Copa América.

⚽ JOSÉ, EL MODESTO

El primer gol de la historia de la Copa América, en 1916, lo anotó José Piendibene, y logró situar a Uruguay en la lucha hacia el triunfo por 4-0 ante Chile. Pero seguro que no festejó tal momento con ninguna extravagancia, ya que Piendibene era famoso por su sentido del juego limpio, e insistía en no celebrar los goles para evitar ofender a sus adversarios.

⚽ TANTOS HISTÓRICOS

Antonio Urdinarán batió la marca del gol número 100 en la Copa América al inaugurar el marcador para Uruguay en la victoria por 2-0 sobre Chile en 1922. El número 1.000 fue gentileza del chileno Enrique Hormazábal en el 7-1 a Ecuador de 1955. El único tanto del mexicano Luis Hernández contra Costa Rica en 1997 superó la barrera del gol 2.000.

MÁXIMOS GOLEADORES DE LOS ÚLTIMOS TORNEOS

2007	Robinho (Brasil)	6
2004	Adriano (Brasil)	7
2001	Víctor Aristizábal (Colombia)	6
1999	Rivaldo (Brasil)	5
	Ronaldo (Brasil)	5
1997	Luis Hernández (México)	6
1995	Gabriel Batistuta (Argentina)	4
	Luis García Postigo (México)	4
1993	José Luis Dolguetta (Venezuela)	4
1991	Gabriel Batistuta (Argentina)	6
1989	Bebeto (Brasil)	6
1987	Arnoldo Iguarán (Colombia)	4

MÁXIMOS GOLEADORES

1	Norberto Méndez (Argentina)	17
=	Zizinho (Brasil)	17
3	Teodoro Fernández (Perú)	15
=	Severino Varela (Uruguay)	15
5	Ademir (Brasil)	13
=	Jair Rosa Pinto (Brasil)	13
=	Gabriel Batistuta (Argentina)	13
=	José Manuel Moreno (Argentina)	13
=	Héctor Scarone (Uruguay)	13

EL SAPO SE HIZO PRÍNCIPE

El arquero chileno Sergio Livingstone ostenta el récord de más participaciones en la Copa América, con 34 partidos entre 1941, 1942, 1945, 1947, 1949 y 1953. Livingstone, apodado «el Sapo», fue elegido mejor jugador del torneo en 1941 y se convirtió así en el primer guardameta en ser galardonado con este premio. Podría haber jugado más encuentros de Copa América si no se hubiese perdido la competición de 1946. Casi toda la carrera de Livingstone, nacido en Santiago el 26 de marzo de 1920, transcurrió en su país natal, excepto la temporada 1943-44 cuando recaló en el Racing Club argentino. En total, fue 52 veces internacional con Chile entre 1941 y 1954, antes de retirarse y convertirse en periodista y comentarista.

MÁS PARTIDOS DISPUTADOS

Sergio Livingstone (Chile)	34
Zizinho (Brasil)	33
Leonel Álvarez (Colombia)	27
Carlos Valderrama (Colombia)	27
Álex Aguinaga (Ecuador)	25
Cláudio Taffarel (Brasil)	25
Teodoro Fernández (Perú)	24
Ángel Romano (Uruguay)	23
Djalma Santos (Brasil)	22
Claudio Suárez (México)	22

INVITADO HABITUAL

De los no sudamericanos invitados a participar en la Copa América, el mexicano Claudio Suárez es el que más veces ha acudido: 22 partidos en cinco torneos, de 1993 a 2004. Suárez, el jugador de campo que ha sido más veces internacional del mundo, disputó con México la fase final de 1993, pero se perdió la edición de 2001, cuando fueron subcampeones, para descansar antes de la clasificatoria para el Mundial 2002 y justo cuando iba a empezar, se rompió una pierna.

EL MAGO ÁLEX

Cuando en 2004 Álex Aguinaga vistió la camiseta de Ecuador en el primer partido de su país contra Uruguay, pasó a ser el segundo en disputar ocho Copas América, al igual que el legendario anotador uruguayo Ángel Romano. Aguinaga, centrocampista nacido en Ibarra el 9 de julio de 1969, jugó 109 veces con su país, 25 de ellas en la Copa América, un torneo en el que marcó cuatro de sus 23 goles como internacional. Su carrera en la Copa América empezó bien: Ecuador permaneció invicto en los cuatro primeros partidos que jugó en 1987 y 1989, pero su suerte acabó al final de su carrera como internacional al perder sus siete últimos partidos de la Copa América.

ORLANDO EL BOOM

La suerte no sonrió al defensa brasileño Orlando: se lesionó en el minuto 16 del encuentro que Brasil perdió 2-1 ante Uruguay en 1916 y nunca volvió a participar en una Copa América, ni a vestir la camiseta de Brasil.

LA HISTORIA DE SIEMPRE

Los argentinos Roberto Ayala y Javier Zanetti se encuentran entre los futbolistas más constantes de la historia reciente de la Copa América; Ayala ha jugado 19 partidos desde 1995 y Zanetti, 18. Por desgracia para ambos, los cuatro torneos en los que han participado han terminado igual: Brasil ha eliminado a Argentina en 1995, 1999, 2004 y 2007. Ayala sufrió de lo lindo cuando Argentina, la favorita, perdió la final de 2007 por 3-0 ante sus eternos rivales, ya que metió un gol en propia meta en el que sería su partido número 115, el último con su selección.

⚽ CLÁUDIO NO CLAUDICA

Tras Sergio Livingstone, el brasileño Cláudio Taffarel es el portero que más veces ha disputado una Copa América, manteniendo la portería a cero en 15 de sus 25 partidos y encajando 15 goles. Fue el héroe de la tanda de penaltis contra Argentina en los cuartos de final de 1995, cuando atajó los lanzamientos de Diego Simeone y Néstor Fabbri, pero no pudo evitar que seis días después Uruguay ganase la final, en los penaltis. Taffarel integró las selecciones que ganaron en 1989 y 1997; las dos veces junto al capitán Dunga, que también se alzó con el trofeo en 2007 como seleccionador de Brasil. Dunga asistió a su primera Copa América en 1987, como suplente, antes de firmar 18 partidos en las competiciones de 1989, 1995 y 1997.

TODO LO QUE EMPIEZA ACABA

El estratega Carlos Valderrama y el centrocampista Leonel Álvarez, de Colombia, jugaron los 27 partidos que disputó su país en la Copa América entre 1987 y 1995: ganaron diez, empataron diez y perdieron siete, incluidos los que les dieron el tercer puesto en 1987, 1993 y 1995. Los dos goles de Valderrama en la Copa América llegaron en su primera aparición, una victoria por 2-0 sobre Bolivia en 1987, y en la última, un 4-1 a EE. UU. ocho años después.

⚽ LOLO EN LAS ALTURAS

Teodoro «Lolo» Fernández, en su empeño por ser el jugador peruano más regular en la Copa América, acabó el torneo de 1939 no solo como miembro del equipo campeón, sino también como máximo goleador y mejor jugador del torneo. Sus siete goles propiciaron que Perú consiguiera su primera Copa América y calmaron los ánimos tras la descalificación en las Olimpiadas de 1936, cuando les anularon la victoria en cuartos de final sobre Austria. Fernández había marcado uno de los goles del 4-2 a favor de Perú, lo que supuestamente indignó a Adolf Hitler, aunque la razón oficial aducida fue la invasión del campo. En la Copa de 1939, el anfitrión, Perú, sacó el máximo partido a la ausencia de Brasil y Argentina para vencer a Uruguay y lograr el título; Fernández fue el máximo anotador con siete goles. Al acabar su carrera contaba con 15 goles en 24 partidos de Copa América, en seis torneos de 1935 a 1947.

PODER SOLAR

El centrocampista peruano José Del Solar disputó seis torneos de Copa América de 1987 a 2001, y anotó seis tantos en 19 partidos. A pesar de haberse retirado en 2002, va a tratar de conseguir una séptima Copa América, esta vez como seleccionador. Asumió el cargo en julio de 2007, tras la pésima actuación de su país en el torneo que pasó factura a su predecesor, Julio César Uribe.

MÁS TORNEOS DISPUTADOS

Álex Aguinaga (Ecuador): 8 (1987, 1989, 1991, 1993, 1995, 1999, 2001, 2004)
Ángel Romano (Uruguay): 8 (1916, 1917, 1919, 1920, 1921, 1922, 1924, 1926)
Héctor Scarone (Uruguay): 7 (1917, 1919, 1923, 1924, 1926, 1927, 1929)
José Del Solar (Perú): 6 (1987, 1989, 1991, 1993, 1995, 2001)
Teodoro Fernández (Perú): 6 (1935, 1937, 1939, 1941, 1943, 1947)
Iván Hurtado (Ecuador): 6 (1993, 1995, 1999, 2001, 2004, 2007)
Sergio Livingstone (Chile): 6 (1941, 1942, 1945, 1947, 1949, 1953)
Zizinho (Brasil): 6 (1942, 1945, 1946, 1949, 1953, 1957)
Leonel Álvarez (Colombia): 5 (1987, 1989, 1991, 1993, 1995)
Julio César Baldivieso (Bolivia): 5 (1991, 1993, 1995, 1997, 2001)
Luis Cristaldo (Bolivia): 5 (1993, 1995, 1997, 1999, 2004)
Carlos Gamarra (Paraguay): 5 (1993, 1995, 1997, 1999, 2004)
José Manuel Rey (Venezuela): 5 (1997, 1999, 2001, 2004, 2007)
Marco Sandy (Bolivia): 5 (1993, 1995, 1997, 1999, 2001)
Estanislao Struway (Paraguay): 5 (1991, 1993, 1995, 1997, 2001)
Claudio Suárez (México): 5 (1993, 1995, 1997, 1999, 2004)
Cláudio Taffarel (Brasil): 5 (1989, 1991, 1993, 1995, 1997)
Carlos Valderrama (Colombia): 5 (1987, 1989, 1991, 1993, 1995)

COMO EN CASA, EN NINGÚN SITIO

Uruguay ostenta el exclusivo récord de haber permanecido invicto 38 partidos de Copa América disputados en casa, en Montevideo, con 31 victorias y siete empates. El último encuentro en el que ejercieron de anfitriones fue a la vez un empate y una victoria: un 1-1 contra Brasil en 1995, del que Uruguay salió victorioso por 5-3 en los penaltis, después de que Fernando Alvez parase el tiro de Túlio.

LOS ARGENTINOS GANAN PUNTOS

Si con cada victoria de la Copa América se concedieran tres puntos y uno para los empates, Argentina sería la campeona en la historia del torneo con una media de 2,1 puntos por partido, por delante de Brasil con 1,89 y Uruguay con 1,82. El único país que nunca ganó un partido de Copa América es Japón, que no venció en ninguno de los tres que disputó cuando fue invitado por primera y última vez a la edición de 1999.

MULTIFACÉTICO

El argentino Guillermo Stábile no tiene rival, pues ostenta el récord de más triunfos en la Copa América como entrenador. Dirigió a su país en la consecución del título en seis ocasiones: en 1941, 1945, 1946, 1947, 1955 y 1957, mientras que ningún otro técnico se ha alzado con el trofeo más de dos veces. Stábile fue nombrado seleccionador argentino con 34 años, en 1939, y se mantuvo en el cargo hasta 1960, durante 123 partidos, con 83 victorias. Aun así, durante ese tiempo, se las ingenió para entrenar a tres clubes. Fue técnico del Red Star Paris durante su primer año como entrenador argentino, y después dirigió al club argentino Huracán los nueve años siguientes, antes de aterrizar en el Racing Club para trabajar de 1949 a 1960. Puede que Stábile no ganase la Copa América con su selección de 1949, pero ese año conquistó el primero de sus tres títulos de liga seguidos con el Racing Club.

EL ÉXITO DE LOS FORASTEROS

Solo dos técnicos han conquistado la Copa América con un país distinto al suyo: el brasileño Danilo Alvim, con el conjunto boliviano que venció en 1963, y el inglés Jack Greenwell, entrenador de Perú en 1939. Alvim, que ganó el torneo con Brasil en 1949, no solo hizo que Bolivia lograse su única Copa América, sino que lo consiguió venciendo por 5-4 a su tierra natal en el último partido.

ENTRENADORES CON TROFEOS

6   **Guillermo Stábile (Argentina 1941, 1945, 1946, 1947, 1955 y 1957)**

2   **Alfio Basile (Argentina 1991, 1993)**
   Juan Carlos Corazzo (Uruguay 1959, 1967)
   Ernesto Figoli (Uruguay 1920, 1926)

1   **Jorge Pacheco y Alfredo Foglino (Uruguay 1916)**
   Ramón Platero (Uruguay 1917)
   Pedro Calomino (Argentina 1921)
   Laís (Brasil 1922)
   Leonardo De Lucca (Uruguay 1923)
   Ernesto Meliante (Uruguay 1924)
   Américo Tesoriere (Argentina 1925)
   José Lago Millón (Argentina 1927)
   Francisco Olazar (Argentina 1929)
   Raúl V. Blanco (Uruguay 1935)
   Manuel Seoane (Argentina 1937)
   Jack Greenwell (Perú 1939)
   Pedro Cea (Uruguay 1942)
   Flavio Costa (Brasil 1949)
   Manuel Fleitas Solich (Paraguay 1953)
   Hugo Bagnulo (Uruguay 1956)
   Victorio Spinetto (Argentina 1959)
   Danilo Alvim (Bolivia 1963)
   Marcos Calderón (Perú 1975)
   Ranulfo Miranda (Paraguay 1979)
   Omar Borrás (Uruguay 1983)
   Roberto Fleitas (Uruguay 1987)
   Sebastião Lazaroni (Brasil 1989)
   Héctor Núñez (Uruguay 1995)
   Mário Zagallo (Brasil 1997)
   Wanderlei Luxemburgo (Brasil 1999)
   Francisco Maturana (Colombia 2001)
   Carlos Alberto Parreira (Brasil 2004)
   Dunga (Brasil 2007)

INVITADOS

1993 México (subcampeón), Estados Unidos
1995 México, Estados Unidos (cuarto)
1997 Costa Rica, México (tercero)
1999 Japón, México (tercero)
2001 Costa Rica, Honduras (tercero), México (segundo)
2004 Costa Rica, México
2007 México (tercero), Estados Unidos

POR LOS PELOS

Quizás es previsible, pero el marcador más común de la Copa América es 1-0, ya que se ha conseguido en hasta 106 ocasiones, la más reciente cuando el argentino Javier Mascherano metió el primer gol a Paraguay en la fase de grupos de 2007.

POBRE JUAN

Hubo que esperar 21 años para ver al primer jugador expulsado en una Copa América, fue el uruguayo Juan Emilio Píriz, en el partido contra Chile de 1937. Unos 127 de los 170 expulsados hasta la fecha han visto la tarjeta roja desde que la FIFA introdujo el sistema de tarjetas en 1970.

AL ROJO VIVO

Puede que Argentina tenga el peor registro en disciplina deportiva de los Mundiales, pero su vecino Uruguay, le ha superado en la Copa América. Los uruguayos han sido expulsados 30 veces, seguidos de Argentina y Perú, con 22 expulsiones cada uno, Brasil (19), Venezuela (18), Chile (15), Bolivia y Paraguay (11 cada uno), Colombia, Ecuador y México (nueve cada uno), y Honduras y Japón (uno cada uno). Hasta la fecha, solo Costa Rica y EE. UU. han culminado sus participaciones en la Copa América con 11 jugadores en todos los encuentros.

BUEN ANFITRIÓN

Argentina ha albergado más torneos que ningún otro país sudamericano, seguida por Uruguay (siete), Chile (seis) y Perú (también seis). A pesar de que el partido decisivo de 1975 se celebró en Venezuela, este país no fue sede de un torneo completo hasta 2007.

LA CONSTANCIA DE UN CAPITÁN

El capitán uruguayo José Nasazzi es el único futbolista que ha sido elegido mejor jugador de dos Copas América. Pero lo más curioso es que lo consiguió en un lapso de 12 años, ya que obtuvo el primer trofeo en 1923 y el segundo en 1935. Nasazzi ganó la Copa América en 1923, 1924, 1926 y 1935. También fue capitán de Uruguay cuando se alzó con la victoria en los Juegos Olímpicos de 1924 y 1928, y el Mundial 1930.

EL FÚTBOL a su máximo nivel no solo lo practican las grandes superestrellas, sino también numerosos entusiastas que entrenan en las categorías inferiores de todo el mundo. Las confederaciones regionales organizan campeonatos internacionales para jugadores de diversas edades. En 1977, la FIFA amplió su propio programa mundial de desarrollo creando el Campeonato Mundial Juvenil. La primera fase final se celebró en Túnez, donde la Unión Soviética derrotó a México. Posteriormente, en 1985, apareció la Copa Mundial Sub-17. Simultáneamente, el torneo de fútbol de los Juegos Olímpicos se convirtió en un torneo Sub-23 con una excepción inicial para los equipos que disputaran las fases finales, que podrían alinear tres jugadores que superasen esa edad.

La creación de estos torneos en la cima del fútbol mundial animó a las confederaciones regionales a crear competiciones similares para que sus equipos optaran a un puesto en las grandes competiciones. Muchos excelentes jugadores se dieron a conocer en las diferentes categorías. El más notable fue Diego Armando Maradona, que llevó a Argentina a la victoria en el Campeonato Mundial Juvenil de 1979 en Japón. Siete años después, en México, fue el capitán y el alma máter de su equipo, vencedor del Mundial. Los campeonatos femeninos se organizaron en respuesta al creciente interés por este deporte y, en 2000, la FIFA entró en el ámbito de los clubes con la celebración de la Copa Mundial de Clubes anual.

El argentino Pablo Zabaleta agradece su medalla de oro al vencer a Nigeria en la final de los Juegos Olímpicos de 2008, disputada en el Estadio de Nido de Pájaro de Pekín.

MUNDIAL SUB-20 DE LA FIFA

La Copa Mundial Sub-20 de la FIFA, que se celebró por primera vez en Túnez en 1977 y hasta 2005 se llamó Campeonato Mundial Juvenil de la FIFA, es el torneo mundial de fútbol para jugadores menores de 20 años y en él han participado algunos de los nombres más destacados de este deporte. Se celebra cada dos años y el equipo que ha logrado más triunfos ha sido Argentina, que ha levantado el trofeo en seis ocasiones.

CAPITANES PRODIGIOS

Dos hombres han ganado tanto el Mundial Sub-20 como el Mundial siendo capitanes: el brasileño Dunga (en 1983 y 1994) y el argentino Diego Armando Maradona (en 1979 y 1986). Muchos esperaban que Maradona condujera a Argentina a la victoria en el Mundial de 1978, pero se quedó fuera de la selección. Mostró su potencial al ser votado mejor jugador del torneo juvenil de 1979 en Japón.

LAS SEIS DE ARGENTINA

Argentina es el país que ha ganado el Mundial Sub-20 más veces, hasta seis, incluidos los dos últimos en 2005 y 2007. Brasil ha ganado cuatro veces, Portugal dos, y Alemania, España, la Unión Soviética y Yugoslavia una vez cada uno. La única final que Argentina ha perdido fue contra su eterno rival, Brasil, en 1983, donde Geovani marcó el único gol.

MESSI TRIUNFA

Lionel Messi fue la estrella del torneo con Argentina en 2005. Además de marcar los dos goles de su equipo en la final, ambos desde el punto de penalti, logró un *hat trick* al ganar la Bota de Oro al máximo anotador, el Balón de Oro al mejor jugador y capitanear a su equipo hasta el triunfo. Dos años después, su compatriota Sergio Agüero emuló la hazaña al marcar un gol en la final contra la República Checa, antes de que su compañero Mauro Zárate anotara el gol de la victoria. Otros dos jugadores han acabado el torneo como máximo anotador y mejor jugador (premio de la prensa): el brasileño Geovani en 1983 y el argentino Javier Saviola.

EL SABIO SAVIOLA

Javier Saviola ha marcado más goles en un Mundial Sub-20 que cualquier otro jugador: logró anotar 11 tantos en siete partidos en la competición de 2001, donde su selección logró vencer por 3-0 a Ghana en la final, y firmó todos los goles del encuentro. Saviola, nacido el 11 de diciembre de 1981 en Buenos Aires, jugaba en el River Plate, pero poco después se fue al Barcelona por más de 17 millones de euros, aunque más tarde firmó con el eterno rival del Barça, el Real Madrid. Cuando en marzo de 2004 Pelé escogió para la FIFA a sus 125 «mejores futbolistas vivos», Saviola, que contaba 22 años, era el jugador más joven de la lista.

⚽ EL DEFENSA CON GOL

A pesar de jugar principalmente de líbero, Ralf Loose fue el héroe goleador de la RFA, con cuatro goles, incluyendo dos en la final, en su único triunfo en el Mundial Sub-20 en el año 1981.

⚽ LEONES LISBOETAS

En 1991 Portugal se convirtió en el primer anfitrión en ganar el torneo con un equipo que fue conocido como la «Generación de Oro» del país, donde figuraban Luís Figo, Rui Costa, João Pinto, Abel Xavier y Jorge Costa. El entrenador del equipo campeón de Portugal fue Carlos Queiroz, que después dirigió dos veces a la selección absoluta, aunque intercaló periodos a cargo del Real Madrid y como asistente del Manchester United entremedias. Su victoria en la tanda de penaltis ante Brasil en la final se disputó en el emblemático Estádio da Luz del Benfica en Lisboa. En 2001, Argentina se convirtió en el segundo equipo en hacerse con el trofeo en territorio nacional.

⚽ NIGERIA SIN MUNDIAL

En un principio estaba programado que Nigeria acogiera el torneo de 1995, pero fue sustituida por Qatar debido a que en ese país no se respetaban los derechos humanos. Al final, Nigeria ni siquiera participó en la competición. El país albergó el evento cuatro años después. La edición de 2009 del Mundial Sub-20 se ha celebrado en Egipto y en 2011, Colombia organizará la competición.

ANFITRIÓN DEL TORNEO Y RESULTADO FINAL

1977 (Anfitrión: Túnez) URSS 2 - México 2 (tras la prórroga: la URSS gana 9-8 en penaltis)
1979 (Japón) Argentina 3 - URSS 1
1981 (Australia) RFA 4 - Qatar 0
1983 (México) Brasil 1 - Argentina 0
1985 (URSS) Brasil 1 - España 0 (tras la prórroga)
1987 (Chile) Yugoslavia 1 - RFA 1 (tras la prórroga: Yugoslavia gana 5-4 en penaltis)
1989 (Arabia Saudí) Portugal 2 - Nigeria 0
1991 (Portugal) Portugal 0 - Brasil 0 (tras la prórroga: Portugal gana 4-2 en penaltis)
1993 (Australia) Brasil 2 - Ghana 1
1995 (Qatar) Argentina 2 - Brasil 0
1997 (Malasia) Argentina 2 - Uruguay 1
1999 (Nigeria) España 4 - Japón 0
2001 (Argentina) Argentina 3 - Ghana 0
2003 (Emiratos Árabes Unidos) Brasil 1 - España 0
2005 (Países Bajos) Argentina 2 - Nigeria 1
2007 (Canadá) Argentina 2 - República Checa 1

MÁXIMOS GOLEADORES DEL TORNEO

1977 Guina (Brasil) 4
1979 Ramón Díaz (Argentina) 8
1981 Ralf Loose (RFA), Roland Wohlfarth (RFA), Taher Amer (Egipto), Mark Koussas (Argentina) 4
1983 Geovani (Brasil) 6
1985 Gerson (Brasil), Balalo (Brasil), Muller (Brasil), Alberto García Aspe (México), Monday Odiaka (Nigeria), Fernando Gómez (España), Sebastián Losada (España) 3
1987 Marcel Witeczek (RFA) 7
1989 Oleg Salenko (URSS) 5
1991 Sergei Sherbakov (URSS) 5
1993 Ante Milicic (Australia), Adriano (Brasil), Gian (Brasil), Henry Zambrano (Colombia), Vicente Nieto (México), Chris Faklaris (EE. UU.) 3
1995 Joseba Etxeberria (España) 7
1997 Adailton Martins Bolzan (Brasil) 10
1999 Mahamadou Dissa (Malí), Pablo (España) 5
2001 Javier Saviola (Argentina) 11
2003 Fernando Cavenaghi (Argentina), Dudu (Brasil), Daisuke Sakata (Japón), Eddie Johnson (EE. UU.) 4
2005 Lionel Messi (Argentina) 6
2007 Sergio Agüero (Argentina) 7

TALENTO SOVIÉTICO

La Unión Soviética fue la primera ganadora del Mundial Sub-20 al vencer a la anfitriona México por 9-8 en la tanda de penaltis tras empatar a dos en la final de 1977. Su héroe fue el portero suplente Yuri Sivuha, que había sustituido a Aleksandre Novikov en la prórroga. Es la única vez que la Unión Soviética ha ganado el torneo, aunque su delantero Oleg Salenko, ganador después de la Bota de Oro en el Mundial 94, logró el premio al máximo anotador en 1989, con cinco goles. Dos años después, su compañero Sergei Sherbakov también fue el máximo goleador con otros cinco goles, pero su carrera con la selección absoluta fue menos exitosa. Solo jugó dos partidos con Ucrania antes de sufrir un accidente de tráfico en 1993 y acabar en silla de ruedas.

EL LÍO CHILENO

Varios jugadores de Chile se enfrentaron a la policía dentro y fuera del estadio de Toronto después del partido de semifinales contra Argentina en 2007, cuando el colegiado alemán Wolfgang Stark les mostró dos tarjetas rojas. Diez jugadores chilenos estuvieron detenidos durante diez horas y Jaime Grondona recibió una sanción de nueve meses por agredir a los árbitros.

MUNDIAL SUB-17 DE LA FIFA

Esta competición celebrada por primera vez en China en 1985 bajo el nombre de Campeonato del Mundo Sub-16 de la FIFA amplió el límite de edad de los 16 a los 17 años en 1991 y pasó a denominarse Copa Mundial Sub-17 de la FIFA. Es un torneo bianual y en 2009 la sede fue Nigeria, la vigente campeona que, junto con Brasil, es la selección que más veces ha ganado el torneo: en tres ocasiones.

TRAYECTORIA DE ORO

El jugador de la RFA Marcel Witeczek es el único futbolista que ha sido el máximo anotador de un Mundial Sub-17 y de un Mundial Sub-20. El ariete de origen polaco metió ocho goles en el torneo Sub-17 de 1985, seguidos de otros siete en el campeonato Sub-20 dos años después. El brasileño Adriano (no el que jugó después en la selección absoluta y en el Inter de Milán) fue quien más se acercó a igualar la hazaña: ganó la Bota de Oro como máximo anotador tras marcar cuatro goles en el Mundial Sub-17 de 1991, y después el Balón de Oro como mejor jugador en el Mundial Sub-20 de 1993.

EE. UU. NUNCA FALTA

Brasil y Nigeria son los países que más veces han ganado el Mundial Sub-17, con tres triunfos cada uno, pero la única nación que ha participado en las 12 ediciones es Estados Unidos, cuyo mejor resultado fue un cuarto puesto en 1999.

UN FÀBREGAS DE FÁBULA

El español Cesc Fàbregas es uno de los dos únicos jugadores que ha ganado el Balón de Oro, como mejor jugador, y la Bota de Oro, como máximo anotador, en un Mundial Sub-17. Recibió ambos premios tras marcar cinco goles en el torneo de 2003, a pesar de perder la final ante Brasil. Él y su compañero de equipo, David Silva, integrarían más tarde la selección absoluta que ganó la Eurocopa 2008. Un mes después del torneo de 2003, Cesc dejó el Barcelona y fichó por el Arsenal, donde llegaría a convertirse en capitán del equipo. En el Europeo Sub-17 de 2004, Fàbregas, que nació el 4 de mayo de 1987 en Arenys de Mar, recibió otra vez el premio al mejor jugador, pero volvió a estar en el bando perdedor en la final.

MÁXIMOS GOLEADORES DEL TORNEO

Año	Jugador	Goles
1985	Marcel Witeczek (RFA)	8
1987	Moussa Traore (Costa de Marfil)	5
	Yuri Nikiforov (URSS)	5
1989	Khaled Jasem (Bahréin)	3
	Fode Camara (Guinea)	3
	Gil (Portugal)	3
	Tulipa (Portugal)	3
	Khalid Al Roaihi (Arabia Saudí)	3
1991	Adriano (Brasil)	4
1993	Wilson Oruma (Nigeria)	6
1995	Daniel Allsopp (Australia)	5
	Mohamed Al Kathiri (Omán)	5
1997	David (España)	7
1999	Ishmael Addo (Ghana)	7
2001	Florent Sinama-Pongolle (Francia)	9
2003	Carlos Hidalgo (Colombia)	5
	Manuel Curto (Portugal)	5
	Cesc Fàbregas (España)	5
2005	Carlos Vela (México)	5
2007	Macauley Chrisantus (Nigeria)	7

⚽ ALZAN EL VUELO

La selección juvenil de Nigeria, los «Aguiluchos de Oro», se convirtió en el primer equipo africano que ganó el torneo de la FIFA cuando vencieron en el primer Mundial Sub-16, en 1985 (pasó a ser Sub-17 en 1991). Su primer gol en la final contra la RFA fue obra del delantero Jonathan Akpoborie, que más tarde militaría en los clubes alemanes Stuttgart y Wolfsburgo.

⚽ CÓLERA Y FÚTBOL

En un principio, el torneo de 1991 iba a celebrarse en Ecuador, pero un brote de cólera en el país obligó a cambiarlo a Italia, donde se utilizaron estadios mucho más pequeños que los empleados en la Copa Mundial del año anterior. La edición de 1991 fue la primera en la que pudieron participar menores de 17 años; las tres primeras habían recibido el nombre de Copa Mundial Sub-16 de la FIFA.

ANFITRIÓN DEL TORNEO Y RESULTADO FINAL

1985 (Anfitrión: China) Nigeria 2 - RFA 0

1987 (Canadá) URSS 1 - Nigeria 1 (tras la prórroga: URSS gana 4-2 en penaltis)

1989 (Escocia) Arabia Saudí 2 - Escocia 2 (tras la prórroga: Arabia Saudí gana 5-4 en penaltis)

1991 (Italia) Ghana 1 - España 0

1993 (Japón) Nigeria 2 - Ghana 1

1995 (Ecuador) Ghana 3 - Brasil 2

1997 (Egipto) Brasil 2 - Ghana 1

1999 (Nueva Zelanda) Brasil 0 - Australia 0 (tras la prórroga: Brasil gana 8-7 en penaltis)

2001 (Trinidad y Tobago) Francia 3 - Nigeria 0

2003 (Finlandia) Brasil 1 - España 0

2005 (Perú) México 3 - Brasil 0

2007 (Corea del Sur) Nigeria 0 - España 0 (tras la prórroga: Nigeria gana 3-0 en penaltis)

2009 (Nigeria)

⚽ SEÚL BATE RÉCORDS

La final del torneo de 2007 fue la primera que se celebró en un estadio que había acogido un Mundial antes; el Estadio de la Copa Mundial de la FIFA de Seúl, con capacidad para 68.476 personas, se construyó en la capital de Corea del Sur para el Mundial 2002. El partido fue presenciado por 36.125 espectadores, un récord del torneo. La edición de 2007 fue la primera que contó con 24 equipos en vez de 16; ganó Nigeria después de que España fallara tres tiros en la tanda de penaltis.

LA CARA Y LA CRUZ DE BOJAN

El *crack* del Barcelona Bojan Krkic pasó rápidamente de héroe a villano en los momentos finales de la victoria de España ante Ghana en la semifinal de 2007: cuatro minutos antes de acabar la prórroga anotó el gol de la victoria de su equipo, pero fue expulsado tras una segunda amarilla justo antes del pitido final. Su expulsión le supuso no participar en la final, que España perdió en los penaltis frente a Nigeria.

SINAMA SÍ QUE GANA

Además de Cesc Fàbregas, el otro jugador que ha ganado tanto el Balón de Oro como la Bota de Oro es el francés Florent Sinama-Pongolle, cuyos nueve tantos en 2001 establecieron un récord individual en el torneo. Además, en la primera ronda marcó dos *hat tricks*. A diferencia de Cesc, Sinama-Pongolle acabó la final en el equipo campeón. España ostenta el récord de anotación por selecciones, ya que marcó 22 goles en el torneo de 1997, donde quedó tercera.

COPA FIFA CONFEDERACIONES

La Copa FIFA Confederaciones ha adoptado numerosos formatos con el paso de los años. En 1992 y 1995 se disputó en Arabia Saudí y congregó a varios campeones continentales. Entre 1997 y 2003 la FIFA celebró el torneo cada dos años. La primera vez que se disputó con su formato actual fue en Alemania en 2005. Ahora se celebra como el Campeonato de los Campeones sin una sede fija.

FINALES DE LA COPA DEL REY FAHD

1992 (País anfitrión: Arabia Saudí): Argentina 3 - Arabia Saudí 1;
1994 (Arabia Saudí): Dinamarca 2 - Argentina 0

UN TORNEO DIGNO DE UN REY

Antes de rebautizarlo como Copa FIFA Confederaciones, el torneo que reunía a los campeones continentales se conocía como Copa del Rey Fahd y se celebraba en Arabia Saudí. Argentina, ganadora de la Copa América, llegó a las dos finales y venció en la primera al país anfitrión gracias a los goles de Leonardo Rodríguez, Claudio Caniggia y Diego Simeone. Solo cuatro equipos participaron en la edición de 1992, que se completó con Estados Unidos y Costa de Marfil, ya que la campeona del mundo, Alemania, y la de Europa, Países Bajos, no participaron. La edición de 1995, en la que compitieron seis equipos, la ganó la campeona de Europa, Dinamarca; los goles de Michael Laudrup y Peter Rasmussen bastaron para acabar con Argentina en la final de Riad.

TRES POR CABEZA

El brasileño Romário tiene el récord de ser el máximo goleador de una Copa Confederaciones: siete goles en cinco partidos cuando su equipo se hizo con el título por primera vez en 1997. Entre ellos, marcó tres tantos en la victoria final sobre Australia por 6-0, pero tuvo que compartir la gloria del *hat trick*: el resto de goles los firmó su compañero, el delantero Ronaldo.

UN RESULTADO DESIGUAL

Tanto el saudí Marzouk Al-Otaibi como el brasileño Ronaldinho marcaron en la semifinal de 1999 que enfrentó a ambos equipos y que Brasil ganó 8-2, el mayor número de goles de un partido de Copa Confederaciones. Ronaldinho marcó tres y Al-Otaibi dos en un encuentro que en el minuto 30 iba empate a dos.

LOS 3 METEN 6

El brasileño Ronaldinho y el mexicano Cuauhtémoc Blanco comparten el récord de haber anotado el mayor número de goles en la historia de la Copa Confederaciones, nueve, entre ellos, los seis de cada uno en el torneo de 1999. Quizá el más importante de esos goles fue el disparo de Blanco en la final, que supuso el cuarto de su equipo en la victoria por 4-3 sobre el defensor del título, Brasil. En la semifinal contra Estados Unidos, Blanco aseguró el pase de México a la final con el primer gol de oro de la historia de la Copa Confederaciones, en el minuto siete de la prórroga. No obstante, Blanco y Ronaldinho tuvieron que compartir la gloria de ser los máximos anotadores de ese torneo con el saudí Marzouk Al-Otaibi, que marcó cuatro de sus seis tantos en el 5-1 ante Egipto. El resto del equipo saudí solo sumó dos más.

LA TRIPLE CORONA

Dos países han logrado un triplete de títulos. El triunfo de Brasil en la Copa FIFA Confederaciones en diciembre de 1997 llegó seis meses después de que se coronaran campeones de Sudamérica, en la Copa América, y años después de coronarse campeones del mundo al ganar el Mundial en 1994. El gol de oro del francés Patrick Vieira en la final de la Copa FIFA Confederaciones 2001 supuso igualar la hazaña de Brasil, ya que ganaron el Mundial de 1998 y la Eurocopa de 2000.

RIADAS MEXICANAS

El torneo de 1999 en México, que ganaron los anfitriones, fue el que contó con más público en la historia de la Copa FIFA Confederaciones al congregar a un total de 970.000 espectadores, una media de 60.625 por partido. La final se celebró en el Estadio Azteca, en México D. F., ante una cifra récord de 110.000 personas. El torneo menos seguido fue la edición de 1995 de la Copa del Rey Fahd en Arabia Saudí, con un promedio de 20.625 asistentes en el estadio Rey Fahd de Riad, con un aforo para 67.000 personas.

FALTARON A LA CITA

Dos países han declinado la invitación para participar en el torneo desde que se denominó Copa FIFA Confederaciones: Alemania y Francia. Alemania tenía derecho a jugar en 1997, tras ganar la Eurocopa del año anterior, pero fue sustituida por la subcampeona de Europa, la República Checa, que acabó tercera. También fueron invitados en 2003, tras perder la final del Mundial 2002 ante Brasil, que ya estaba representando a Sudamérica como campeón de la Copa América, pero Alemania permitió que Turquía, que quedó tercera en el Mundial, participara en su lugar. Los turcos volvieron a terminar terceros. En 1999, Francia se convirtió en el único ganador del Mundial que no acudió al torneo; Brasil ocupó su lugar.

ANFITRIÓN Y RESULTADO FINAL DE LA COPA FIFA CONFEDERACIONES

1997 (País anfitrión: Arabia Saudí) Brasil 6 - Argentina 0
1999 (México) México 4 - Brasil 3
2001 (Corea del Sur y Japón) Francia 1 - Japón 0
2003 (Francia) Francia 1 - Camerún 0
(tras la prórroga: Francia gana con un gol de oro)
2005 (Alemania) Brasil 4 - Argentina 1

MÁXIMOS GOLEADORES (POR TORNEO)

1992 Gabriel Batistuta (Argentina), Bruce Murray (EE. UU.) 2
1995 Luis García (México) 3
1997 Romário (Brasil) 7
1999 Ronaldinho (Brasil), Cuauhtémoc Blanco (México), Marzouk Al-Otaibi (Arabia Saudí) 6
2001 Shaun Murphy (Australia), Éric Carrière (Francia), Robert Pirès (Francia), Patrick Vieira (Francia), Sylvain Wiltord (Francia), Takayuki Suzuki (Japón), Hwang Sun-Hong (Corea del Sur) 2
2003 Thierry Henry (Francia) 4
2005 Adriano (Brasil) 5

MÁXIMOS GOLEADORES

1	Cuauhtémoc Blanco (México)	9
=	Ronaldinho (Brasil)	9
3	Romário (Brasil)	7
=	Adriano (Brasil)	7
5	Marzouk Al-Otaibi (Arabia Saudí)	6
6	Alex (Brasil)	5
=	John Aloisi (Australia)	5
=	Vladimir Smicer (República Checa)	5
=	Robert Pirès (Francia)	5

TODOS CON FOÉ

El torneo de 2003 quedó ensombrecido por la trágica muerte del centrocampista camerunés de 28 años Marc-Vivien Foé, que se desplomó en el campo del Lyon tras sufrir un ataque al corazón en el minuto 73 de la victoria en semifinales contra Colombia. Cuando marcó el gol de oro de la victoria francesa en la final contra Camerún, Thierry Henry dedicó su gol a Foé, que desarrolló gran parte de su carrera en la liga francesa. En la entrega de trofeos en el Stade de France en París, los capitanes de ambos equipos, Marcel Desailly por parte de la selección francesa y Rigobert Song del equipo de Camerún, levantaron el trofeo.

COPA MUNDIAL DE CLUBES DE LA FIFA

Al igual que la Copa FIFA Confederaciones, la Copa Mundial de Clubes de la FIFA se ha celebrado con diferentes formatos desde 1960, cuando el Real Madrid derrotó al Peñarol. Actualmente está organizada de forma que se enfrentan los campeones de los seis continentes y desde 2005 se celebra cada año en Japón. En 2009 y 2010, la competición tendrá lugar en Abu Dabi por primera vez.

RIVALIDAD QUE TRASPASA FRONTERAS

La precursora de la actual Copa Mundial de Clubes de la FIFA fue la Copa Intercontinental, también conocida como Copa Mundial de Clubes y/o Copa Europea-Sudamericana, que enfrentaba a los campeones de Europa y Sudamérica. De 1960 a 2004 participaron en el evento representantes de la UEFA y la CONMEBOL, pero ahora todas las federaciones continentales envían al menos un equipo a la Copa Mundial de Clubes, ahora ampliada, organizada y promocionada por la FIFA. La primera final, en 1960, se disputó entre el Real Madrid y el Peñarol (Uruguay). Tras un empate sin goles bajo la lluvia en Montevideo, el Madrid salió victorioso por 5-1 en el Bernabéu con tres goles marcados a los ocho minutos de juego, dos de ellos de Ferenc Puskás. Estos dos clubes están entre los cinco que comparten el récord de Copas Intercontinentales, con tres cada uno; los otros son el Boca Juniors (Argentina), el Nacional (Uruguay) y el AC Milan (Italia). El Milan es el único que ha colocado una Copa Mundial de Clubes de la FIFA en su vitrina de trofeos, ya que el campeonato se celebró por primera vez en 2000 (en Brasil) antes de ser engullido por la Copa Intercontinental e instituido de nuevo en 2005 con carácter anual.

EL TÉCNICO CONSTANTE

Carlos Bianchi es el único entrenador que ha logrado la Copa Intercontinental en tres ocasiones: se alzó con este título con el Vélez Sársfield en 1994, y con el Boca Juniors en 2000 y 2003. Dos uruguayos han ganado el título como jugadores y técnicos: Luis Cubilla y Juan Mújica, que participaron en la victoria del Nacional sobre el equipo griego Panathinaikos en la final de 1971. El delantero Cubilla ya había conseguido el trofeo con el Peñarol en 1961, y en 1979 llevó al podio al Olimpia Asunción de Paraguay. Mújica fue el técnico del equipo vencedor del año siguiente, el Nacional.

ÉXITO POR FASES

Desde que la FIFA introdujo su propia Copa Mundial de Clubes en 2000, con representantes de todas las federaciones continentales de fútbol del mundo, los equipos brasileños poseen el mejor registro total, siendo el Corinthians el primero en ganar. El AC Milan de Carlo Ancelotti acabó con el monopolio brasileño en 2007, y el capitán del club, Paolo Maldini, que había disputado cinco Copas Intercontinentales entre 1989 y 2003 con el Milan, junto a Alessandro Costacurta, por fin pudo alzarse con el trofeo.

FINALES DE LA COPA MUNDIAL DE CLUBES DE LA FIFA (2000-2008)

2000	Corinthians (Brasil) 0 - Vasco da Gama (Brasil) 0 (t.s.: Corinthians gana por 4-3 en penaltis)
2005	São Paulo (Brasil) 1 - Liverpool (Inglaterra) 0
2006	Internacional (Brasil) 1 - Barcelona (España) 0
2007	AC Milan (Italia) 4 - Boca Juniors (Argentina) 2
2008	Manchester United (Inglaterra) 1 - LDU de Quito (Ecuador) 0

RÉCORD TOTAL (POR PAÍSES)

9	Argentina
7	Italia
6	Brasil, Uruguay
4	España
3	Alemania, Países Bajos
2	Portugal
1	Inglaterra, Paraguay, Yugoslavia

EMPEÑADO EN METER LA PATA

El defensa iraní Hadi Aghily del Sepahan tuvo la mala suerte de meter dos goles en propia meta en la Copa Mundial de Clubes de 2007: el primero en la eliminatoria de clasificación que ganaron al Waitakere United de Nueva Zelanda por 3-1 y el segundo en la derrota en cuartos de final ante el conjunto japonés Urawa Red Diamonds con el mismo marcador.

VICTORIAS EN LA COPA INTERCONTINENTAL (1960-2004)

3 victorias: Real Madrid, España (1960, 1998, 2002); Peñarol, Uruguay (1961, 1966, 1982); AC Milan, Italia (1969, 1989, 1990); Nacional, Uruguay (1971, 1988, 1988); Boca Juniors, Argentina (1977, 2000, 2003).

2 victorias: Santos, Brasil (1962, 1963); Inter de Milán, Italia (1964, 1965); Ajax, Países Bajos (1972, 1995); Independiente, Argentina (1973, 1984); Bayern de Múnich, República Federal de Alemania/Alemania (1976, 2001); Juventus, Italia (1985, 1996); Porto, Portugal (1987, 2004); São Paulo, Brasil (1992, 1993).

1 victoria: Racing Club, Argentina (1967); Estudiantes, Argentina (1968); Feyenoord, Países Bajos (1970); Atlético de Madrid, España (1974); Olimpia Asunción, Paraguay (1979); Flamengo, Brasil (1981); Gremio, Brasil (1983); River Plate, Argentina (1986); Estrella Roja de Belgrado, Yugoslavia (1991); Vélez Sársfield, Argentina (1994); Borussia Dortmund, Alemania (1997); Manchester United, Inglaterra (1999).

⚽ CAMBIO DE SISTEMA

De 1960 a 1968 la Copa Intercontinental se adjudicaba asignando dos puntos a las victorias y uno a los empates, y no mediante la suma de marcadores. Esto supuso que fuese necesario un tercer partido en 1961, 1963, 1964 y 1967. Ningún equipo que hubiese perdido sumando los goles tras los partidos de ida y de vuelta ganó el tercer encuentro, aunque antes de que el Celtic perdiera el partido eliminatorio por 1-0 ante el Racing Club de Argentina en 1967, habría ganado la final a dos partidos si hubieran contado la suma de marcadores y los goles fuera de casa. Los escoceses vencieron 1-0 en casa y perdieron 2-1 fuera. Desde 1980, este evento se redujo a un único partido en Japón.

⚽ TODOS A JAPÓN

De 1980 a 2008 las Copas Intercontinentales o Copas Mundiales de Clubes se disputaron en Japón, salvo el campeonato de 2000, que tuvo lugar en Brasil y tras el cual hubo un lapso de cinco años sin torneo. España iba a ser la sede en 2001, pero se canceló la competición. Las ediciones de 2009 y 2010 se celebrarán en los Emiratos Árabes Unidos.

LUCHA DE TITANES

Nobby Stiles y George Best, del Manchester United, fueron expulsados en el partido de la Intercontinental contra el Estudiantes en 1968, así como José Hugo Medina, del conjunto argentino. Tras golpear a Medina en los últimos minutos del partido de vuelta en Old Trafford, Best salió directamente del campo sin esperar a que el árbitro le mostrase la tarjeta. La final fue memorable para Juan Ramón Verón, el goleador del club argentino, cuyo hijo, Juan Sebastián, jugaría más tarde en el Estudiantes y el Manchester.

COPA MUNDIAL DE CLUBES DE LA FIFA 2008

EL REINADO DE ROONEY

En diciembre de 2008, Wayne Rooney se convirtió en un héroe para su país al conseguir que el Manchester United fuese el primer club inglés en ganar la Copa Mundial de Clubes de la FIFA. El delantero de la selección inglesa marcó el único gol de la final, 17 minutos antes del pitido final del encuentro que enfrentó al Manchester contra el equipo ecuatoriano LDU de Quito. Rooney solo tardó dos minutos en ampliar la ventaja en la semifinal, tras entrar en el minuto 73 del partido contra el Gamba Osaka japonés, y certificó la victoria con su segundo tanto en el minuto 79 para que el Manchester United acabara imponiéndose 5-3. Se fue de Japón no solo como el máximo goleador con tres tantos, sino también como el jugador con mejor rendimiento del torneo, al ser el primero que logró la Bota de Oro y el Balón de Oro desde el inicio de esta competición en 2000. Ningún jugador ha marcado más de tres tantos en un Mundial de Clubes, aunque Rooney comparte el récord de goles del torneo con los brasileños Romário y Washington, el francés Nicolas Anelka y el egipcio Mohamed Aboutrika.

GOLEADA EN LA FINAL

La victoria del Manchester United por 5-3 sobre el Gamba Osaka en la semifinal de la Copa Mundial de Clubes fue el partido con mayor número de goles en la historia de la competición en todas sus versiones, superando la victoria por 5-2 del Santos de Pelé sobre el Benfica en 1962. Lo que resulta más sorprendente es que todos los goles del Manchester United-Gamba, excepto dos, se marcaron en los últimos 16 minutos más el tiempo de descuento. En el minuto 74 el Manchester se adelantó 2-0, antes de una lluvia de goles (incluidos los dos del suplente Wayne Rooney) por ambas partes. El equipo inglés es el primero que ha marcado cinco goles en el nuevo Mundial de Clubes.

MANCHESTER <<REUNITED>>

Aparte del técnico Sir Alex Ferguson, tres jugadores del Manchester United que ganó la Copa Mundial de Clubes de la FIFA 2008 también lograron el anterior título mundial por equipos, la Copa Intercontinental de 1999: el defensa Gary Neville, y los centrocampistas Paul Scholes y Ryan Giggs. Los tres fueron titulares en la semifinal contra el Gamba Osaka, aunque solo Neville saltó al campo en la final para sustituir al joven defensa Rafael en el minuto 85.

TARJETAS ROJAS PARA LOS DIABLOS ROJOS

El Manchester ganó la final de la Copa Mundial de Clubes 2008 a pesar de jugar parte del segundo tiempo con diez hombres, tras la expulsión del central serbio Nemanja Vidic en el minuto 49 por propinar un codazo a Claudio Bieler. Cuatro meses antes, el centrocampista del Manchester, Paul Scholes, había sido expulsado en otro partido emblemático: la Supercopa de Europa contra el ganador de la Copa de la UEFA, el equipo ruso Zenit de San Petersburgo. A falta de los dos últimos partidos del Mundial de Clubes 2008, parecía que el torneo sería el segundo que acabaría sin tarjetas rojas, como ocurrió en 2006.

A LA TERCERA NO VA LA VENCIDA

El Al-Ahly egipcio fue el primer equipo en disputar tres Copas Mundiales de Clubes distintas, aunque no consiguió igualar su mejor resultado, el tercer puesto de 2006; esta vez acabó sexto de siete equipos. En su primer intento en 2005, acabó sexto de seis.

NO ES CUESTIÓN DE AÑOS

El goleador más mayor y el más joven del Mundial de Clubes 2008 marcaron con una diferencia de cinco minutos en el partido inaugural. El Waitakere United se adelantó en el minuto 34 con el gol del centrocampista de 33 años Paul Seaman hasta que Daniel Mullen, lateral derecho de 20 años del Adelaide United, empató cinco minutos después.

VOLVIERON A VERSE LAS CARAS

El Adelaide United australiano sufrió un *déjà vu* en cuartos de final cuando volvió a perder ante el Gamba Osaka japonés. Un mes antes, se habían enfrentado en las dos vueltas de la final de la Liga de Campeones Asiática; pero el Gamba ganó ambos partidos y logró un resultado total de 5-0. El Gamba venció por 1-0 en el tercer partido, que se convirtió en el tercer choque del Mundial de Clubes disputado por dos equipos de la misma federación continental. El triunfo del Corinthians ante el Vasco da Gama en la final de 2000 fue un partido entre brasileños, no solo entre países sudamericanos, mientras que el choque de cuartos de 2007 lo ganó el Urawa Red Diamonds de Japón al también asiático Sepahan iraní.

MUNDIAL DE CLUBES 2008 (RESULTADOS)

ELIMINATORIA PARA CUARTOS DE FINAL: Adelaide United (Australia) 2 - Waitakere United (Nueva Zelanda) 1
CUARTOS DE FINAL: Pachuca (México) 4 - Al-Ahly (Egipto) 2 (tras la prórroga); Gamba Osaka (Japón) 1 - Adelaide United 0
SEMIFINALES: LDU de Quito (Ecuador) 2 - Pachuca 0; Manchester United (Inglaterra) 5 - Gamba Osaka 3
ELIMINATORIA QUINTO PUESTO: Adelaide United 1 - Al-Ahly 0
ELIMINATORIA TERCER PUESTO: Gamba Osaka 1 - Pachuca 0
FINAL: Manchester United 1 - LDU de Quito 0

CLASIFICACIÓN FINAL Y PREMIOS

1.º	Manchester United	$5 millones
2.º	LDU de Quito	$4 millones
3.º	Gamba Osaka	$2,5 millones
4.º	Pachuca	$2 millones
5.º	Adelaide United	$1,5 millones
6.º	Al-Ahly	$1 millón
7.º	Waitakere United	$500.000

Máximo goleador: Wayne Rooney (Manchester United), 3 goles
Balón de Oro al mejor jugador: Wayne Rooney (Manchester United)
Balón de Plata: Cristiano Ronaldo (Manchester United)
Balón de Bronce: Damián Manso (LDU de Quito)
Premio Fair Play: Adelaide United
Árbitro de la final: Ravshan Irmatov (Uzbekistán)

SUMA Y SIGUE

A pesar de la derrota del Al-Ahly ante el Adelaide United en la eliminatoria por el quinto puesto, el partido fue un hito para cuatro jugadores del club egipcio: Wael Gomaa, Mohamed Aboutrika, Shady Mohamed y Hossam Ashour jugaron su séptimo partido del Mundial de Clubes. Superaron el récord anterior de seis partidos del portero brasileño Dida, que disputó el torneo con el Corinthians (2000) y el AC Milan (2007).

TORNEO OLÍMPICO DE FÚTBOL MASCULINO

El torneo olímpico de fútbol masculino se disputó por primera vez en los Juegos Olímpicos de 1900 en París, aunque no fue reconocido como torneo oficial por la FIFA hasta las Olimpiadas de Londres en 1908. Cumplió la estricta tradición *amateur* de las Olimpiadas hasta 1984, cuando pudieron jugar por primera vez profesionales. Desde entonces, la competición ha permitido que cada país ofrezca a sus jóvenes promesas la oportunidad de poder participar en una competición futbolística bajo la atenta mirada de los medios internacionales.

MEDALLAS A POSTERIORI

En los primeros Juegos Olímpicos modernos de Atenas, en 1896, no hubo competición de fútbol, y los torneos de fútbol que se disputaron en las ediciones de 1900 y 1904 no están reconocidos oficialmente por la FIFA. En ese momento, no se entregaron medallas a los equipos ganadores, pero desde entonces el Comité Olímpico Internacional ha asignado un primer, segundo y tercer puesto a los países que participan.

MENUDO ÉXITO

Según se cree, Adolf Hitler estuvo entre los invitados VIP que presenciaron la derrota alemana por 2-0 frente a Noruega en un partido de segunda ronda de las Olimpiadas de Berlín de 1936. Salió del Estadio Olímpico echando humo ante la actuación del conjunto germano, después de que los árbitros le aseguraran que ganaría.

SUECIA GANA A BÉLGICA

La defensora del título, Bélgica, sufrió uno de los resultados más inesperados en la historia de las Olimpiadas en el partido inaugural de los Juegos de 1924, al caer 8-1 ante Suecia, que conseguiría el bronce.

MEDALLAS EN BLOQUE

Los países de Europa del Este dominaron la competición futbolística de las Olimpiadas desde 1948 hasta 1980, cuando estaba prohibido que participasen jugadores profesionales. Durante ese periodo, los equipos de *amateurs* nacionales del Bloque del Este se llevaron 23 de las 27 medallas posibles. Solo Suecia se llevó el oro al oeste del Telón de Acero en 1948. También consiguió el bronce cuatro años después, antes de que Dinamarca lograra la plata en 1960 y Japón el bronce en 1968.

ABANDONO FINAL

La única vez que un equipo ha abandonado un torneo de fútbol internacional fue en la final de los Juegos Olímpicos de 1920. Los jugadores checoslovacos abandonaron el campo minutos antes del descanso para protestar contra las decisiones del árbitro británico de 65 años John Lewis, como la expulsión del checo Karel Steiner. La victoria fue adjudicada a Bélgica, que ganaba por 2-0; España venció 3-1 a los Países Bajos en el eliminatorio por la plata.

AMBICIÓN AFRICANA

Ghana fue el primer país africano que ganó una medalla olímpica en fútbol, el bronce en 1992, pero Nigeria llegó más lejos cuatro años más tarde al lograr el primer oro olímpico del continente en fútbol, gracias al gol de la victoria de Emmanuel Amunike en el tiempo de descuento frente a Argentina. El triunfo nigeriano fue una gran sorpresa para muchos, sobre todo porque entre las estrellas rivales había futuros astros del balón como los brasileños Ronaldo y Roberto Carlos, los argentinos Hernán Crespo y Roberto Ayala, los italianos Fabio Cannavaro y Gianluigi Buffon, y los franceses Patrick Vieira (arriba) y Robert Pirès. Entre los jugadores que participaron en unos Juegos Olímpicos y ganaron un Mundial o una Eurocopa están los franceses Michel Platini y Patrick Battiston (Montreal, 1976), el jugador de la RFA Andreas Brehme y el brasileño Dunga (Los Ángeles, 1984), y los brasileños Taffarel, Bebeto y Romário, y el jugador de la RFA Jürgen Klinsmann (Seúl, 1988).

QUÉ REFRESCANTE

La final de 2008 que acabó con victoria argentina por 1-0 ante Nigeria en el estadio pekinés conocido como «Nido de Pájaro» tuvo que interrumpirse dos veces, para que los jugadores de ambos equipos, entre ellos Lionel Messi, Juan Román Riquelme, Javier Mascherano y Sergio Agüero, pudieran beber agua para soportar el sofocante calor (42 °C) de mediodía. Ángel Di María marcó el único gol del partido en el minuto 58 gracias a un pase de Messi.

LEJOS DE CASA

Los partidos de fútbol olímpico suelen celebrarse fuera, incluso bastante lejos, de las ciudades anfitrionas de los Juegos. Los más alejados se disputaron en las Olimpiadas de Los Ángeles de 1984, ya que dos de los estadios estaban a más de 3.200 km de distancia: el Navy-Marine Corps Memorial Stadium en Annapolis (Maryland) y el Harvard Stadium en Boston (Massachusetts). En los Juegos de 1996 no se jugó ni un partido de fútbol en Atlanta, el más cercano se celebró a 105 km, en Athens (Georgia).

COMPARTIR ES VIVIR

En los Juegos Olímpicos de Múnich, de 1972, la medalla de bronce fue compartida, ya que la eliminatoria entre la RDA, que perdió la semifinal, y la Unión Soviética acabó en empate a dos después de la prórroga. Durante la primera media hora la RDA perdía 2-0.

FINALES OLÍMPICAS DE FÚTBOL MASCULINO

1896 No se disputó
1900 (París, Francia)
Oro: Upton Park FC (Gran Bretaña); Plata: USFSA XI (Francia); Bronce: Université Libre de Bruxelles (Bélgica) (solo se disputaron dos partidos de exhibición)
1904 (Saint Louis, EE. UU.)
Oro: Galt FC (Canadá); Plata: Christian Brothers College (EE. UU.); Bronce: St. Rose Parish (EE. UU.) (solo se disputaron cinco partidos de exhibición)
1908 (Londres, Inglaterra)
Gran Bretaña 2 - Dinamarca 0 (Bronce: Países Bajos)
1912 (Estocolmo, Suecia)
Gran Bretaña 4 - Dinamarca 2 (Bronce: Países Bajos)
1916 No se disputó
1920 (Amberes, Bélgica)
Bélgica 2 - Checoslovaquia 0 (Plata: España; Bronce: Países Bajos)
1924 (París, Francia)
Uruguay 3 - Suiza 0 (Bronce: Suecia)
1928 (Ámsterdam, Países Bajos)
Uruguay 1 - Argentina 1; Uruguay 2 - Argentina 1 (Bronce: Italia)
1932 No se disputó
1936 (Berlín, Alemania) Italia 2 - Austria 1 (tras la prórroga) (Bronce: Noruega)
1940 No se disputó
1944 No se disputó
1948 (Londres, Inglaterra) Suecia 3 - Yugoslavia 1 (Bronce: Dinamarca)
1952 (Helsinki, Finlandia) Hungría 2 - Yugoslavia 0 (Bronce: Suecia)
1956 (Melbourne, Australia) URSS 1 - Yugoslavia 0 (Bronce: Bulgaria)
1960 (Roma, Italia) Yugoslavia 3 - Dinamarca 1 (Bronce: Hungría)
1964 (Tokio, Japón) Hungría 2 - Checoslovaquia 1 (Bronce: Alemania)
1968 (México D. F., México) Hungría 4 - Bulgaria 1 (Bronce: Japón)
1972 (Múnich, RFA) Polonia 2 - Hungría 1 (Bronce: URSS/RDA)
1976 (Montreal, Canadá) RDA 3 - Polonia 1 (Bronce: URSS)
1980 (Moscú, URSS) Checoslovaquia 1 - RDA 0 (Bronce: URSS)
1984 (Los Ángeles, EE. UU.) Francia 2 - Brasil 0 (Bronce: Yugoslavia)
1988 (Seúl, Corea del Sur) URSS 2 - Brasil 1 (Bronce: RFA)
1992 (Barcelona, España) España 3 - Polonia 2 (Bronce: Ghana)
1996 (Atlanta, EE. UU.) Nigeria 3 - Argentina 2 (Bronce: Brasil)
2000 (Sídney, Australia) Camerún 2 - España 2 (Camerún gana 5-3 en penaltis) (Bronce: Chile)
2004 (Atenas, Grecia) Argentina 1 - Paraguay 0 (Bronce: Italia)
2008 (Pekín, China) Argentina 1 - Nigeria 0 (Bronce: Brasil)

LA VUELTA DE HONOR

La trayectoria de Uruguay en el fútbol olímpico es impecable, ya que ha ganado el oro en las dos ocasiones que ha participado (1924 y 1928). Aquellas Olimpiadas fueron una especie de campeonato mundial y animaron a la FIFA a organizar el primer Mundial en 1930, que también ganaría Uruguay con los campeones de 1924 y 1948 José Nasazzi, José Andrade y Héctor Scarone. Se cree que el equipo uruguayo de 1924 fue el precursor de la vuelta de honor.

UN MEDALLISTA PRECOZ

Además de ser el máximo goleador del torneo de 1924 con siete goles, el uruguayo Pedro Petrone fue el futbolista más joven en ganar una medalla de oro, un récord todavía vigente. Solo tenía 18 años y 363 días cuando Uruguay ganó la final, después de que su primer gol les encaminara hacia el triunfo. Aunque no fue el máximo anotador, cuatro años después volvió a ganar el oro en la única final olímpica que se decidió con la repetición del partido. El jugador de Ghana Samuel Kuffour es el futbolista más joven que ha ganado una medalla; fue el bronce en los Juegos Olímpicos de Barcelona en 1992 con apenas 15 años, 11 meses y cuatro días.

LAS GAFAS TRIUNFAN

El italiano Annibale Frossi, máximo anotador y oro olímpico en 1936, tenía ojo para el gol, y se hizo famoso por ser el futbolista que jugaba con gafas. Uno de sus siete goles en los Juegos de Berlín fue el de la victoria en la final contra Austria, marcado en el minuto 92. Su actuación le valió el traspaso del club italiano L'Aquila al Inter de Milán, club que más tarde llegaría a entrenar.

EL VÍNCULO DEL BARCELONA

Samuel Eto'o y Xavi, más tarde compañeros en el Barça, marcaron los penaltis de sus respectivos equipos en 2000, cuando Camerún y España protagonizaron la primera final olímpica que se decidió en los penaltis. Iván Amaya fue el único que falló, otorgándole el oro a Camerún.

EL VIRTUOSO HARRY

Harold Walden, que marcó nueve goles en el torneo de 1912 en el que Gran Bretaña consiguió la medalla de oro, llegó a ser actor de cine y teatro, y un exitoso cantante, llegando incluso a grabar un disco.

MÉRITO COMPARTIDO

Carlos Tévez fue el máximo goleador cuando en 2004 Argentina logró su primer oro olímpico, consiguiendo además el único tanto de la final. Pero casi todo el mérito se debe atribuir a sus compañeros de la defensa, ya que concluyeron el torneo sin recibir ningún gol.

NILS ANIQUILA

En el partido contra Francia de 1908, el danés Nils Middelboe fue el primer jugador que marcó en un torneo olímpico de fútbol reconocido oficialmente por la FIFA. Logró dos medallas de plata consecutivas con su país. En 1913, se convirtió en el primer futbolista no británico que jugó en el Chelsea.

MAGIARES IGUAL DE MÁGICOS

Aunque los campeones olímpicos de 1964 no fueran tan legendarios como sus homólogos de 1952 (los famosos «magiares mágicos»), los 12 tantos de Ferenc Bene en cinco partidos siguen siendo el mejor registro en un torneo olímpico de fútbol. Metió seis en el 6-0 del primer choque ante Marruecos y marcó el gol de la victoria en la final contra Checoslovaquia.

VIVA VIV

Vivian Woodward fue el primer capitán que recibió una medalla de oro, al representar a Gran Bretaña en 1908 en las Olimpiadas de Londres, y repitió la hazaña cuatro años después, tras ganar a Dinamarca en la final. Woodward, que militó en el Tottenham Hotspur y en el Chelsea, fue oficial del ejército y sirvió en la Primera Guerra Mundial como parte del Batallón 17 del Regimiento de Middlesex, conocido como «el Batallón de los futbolistas» dado el gran número de jugadores profesionales que había entre sus filas.

CONTAR HASTA DIEZ

Dos jugadores han marcado diez goles en un solo partido en las Olimpiadas, compartiendo un récord que se mantuvo en las competiciones internacionales hasta casi un siglo después. El danés Sophus Nielsen marcó diez tantos en la paliza por 17-1 a Francia en los Juegos de 1908, entre ellos un *hat trick* en los seis primeros minutos. A los franceses les afectó tanto la derrota en semifinales, que declinaron disputar la eliminatoria por el bronce. Sin embargo, Nielsen tuvo que conformarse con la plata, tanto en 1908 como en 1912. En 1912 el alemán Gottfried Fuchs marcó otros diez, contra Rusia. Fuchs, que era judío, huyó más tarde de la Alemania nazi para pasar el resto de su vida en Canadá.

ROSSI CRUZA EL CHARCO

En 2008, Giuseppe Rossi se convirtió en el segundo italiano después de Annibale Frossi (en 1936) que acabó los Juegos como máximo goleador, con cuatro tantos. Rossi, hijo de inmigrantes italianos, nació en Nueva Jersey pero rehusó jugar el Mundial de 2006 con Estados Unidos y debutó con la selección absoluta italiana en 2008.

MÁXIMOS GOLEADORES DEL TORNEO

1896 n/d
1900 Desconocido
1904 Alexander Hall (Canadá) 3, Tom Taylor (Canadá) 3
1908 Sophus Nielsen (Dinamarca) 11
1912 Gottfried Fuchs (Alemania) 10
1916 n/d
1920 Herbert Karlsson (Suecia) 7
1924 Pedro Petrone (Uruguay) 7
1928 Domingo Tarasconi (Argentina) 9
1932 No hubo competición
1936 Annibale Frossi (Italia) 7
1948 John Hansen (Dinamarca) 7, Gunnar Nordahl (Suecia) 7
1952 Rajko Mitic (Yugoslavia) 7, Branko Zebec (Yugoslavia) 7
1956 Neville D'Souza (India) 4, Dimitar Milanov (Bulgaria) 4, Todor Veselinovic (Yugoslavia) 4
1960 Hans Nielsen (Dinamarca) 8
1964 Ferenc Bene (Hungría) 12
1968 Kunishige Kamamoto (Japón) 7
1972 Kazimierz Deyna (Polonia) 9
1976 Andrzej Szarmach (Polonia) 6
1980 Sergei Andreev (URSS) 5
1984 Daniel Xuereb (Francia) 5, Borislav Cvetkovic (Yugoslavia) 5, Stjepen Deveric (Yugoslavia) 5
1988 Romário (Brasil) 7
1992 Andrzej Juskowiak (Polonia) 7
1996 Hernán Crespo (Argentina) 6, Bebeto (Brasil) 6
2000 Iván Zamorano (Chile) 6
2004 Carlos Tévez (Argentina) 8
2008 Giuseppe Rossi (Italia) 4

CAMPEONATO JUVENIL FIFA/ BLUE STARS

El Campeonato Juvenil FIFA/Blue Stars, que el club FC Blue Stars de Zúrich celebra cada año desde 1939 y que cuenta con el patrocinio de la FIFA desde 1991, es el principal torneo de fútbol juvenil y congrega a equipos de todo el mundo. Algunos de los mejores jugadores, desde Bobby Charlton a David Beckham, tuvieron su primer contacto con la competición internacional en este campeonato.

MALA SUERTE

La derrota del club suizo Young Fellows en 1941 fue algo más doloroso que perder en la tanda de penaltis, pues les privaron del título tras empatar en la prórroga contra el FC Lugano, ya que el partido, y el campeonato, se decidieron echándolo a suertes.

EL DEBUT INGLÉS

En 1951, el Wolverhampton Wanderers, cuyo entrenador era Stan Cullis, fue el primer club inglés que participó. El primer equipo de Cullis pronto se proclamaría campeón de Europa al derrotar al campeón húngaro, el Honved; Gabriel Hanot se inspiró en ese choque para organizar la primera Copa de Europa en 1955.

TRIUNFO BRASILEÑO

El campeón del torneo había sido siempre un club europeo hasta que en 1999 el São Paulo brasileño ganó al FC Zúrich en los penaltis en el estadio Letzigrund del equipo suizo. El São Paulo, que contaba con Kaká en su alineación, volvió a ganar el título al año siguiente.

CAMPEONES JUVENILES FIFA/BLUE STARS

Manchester United: 18
(1954, 1957, 1959, 1960, 1961, 1962, 1965, 1966, 1968, 1969, 1975, 1976, 1978, 1979, 1981, 1982, 2004, 2005)

Grasshoppers: 6
(1939, 1956, 1971, 1987, 1998, 2006)

FC Barcelona: 3
(1993, 1994, 1995)

FC Zúrich: 3
(1946, 1949, 2008)

FC Young Fellows: 3
(1941, 1942, 1953)

AC Milan: 2
(1958, 1977)

Arsenal: 2
(1963, 1964)

AS Roma: 2
(1980, 2003)

FK Austria Vienna: 2
(1947, 1948)

São Paulo: 2
(1999, 2000)

Spartak de Moscú: 2
(1991, 1992)

MÁS PARTICIPACIONES: SUIZA

FC Blue Stars (Suiza)	70
Grasshoppers (Suiza)	70
FC Zúrich (Suiza)	69
FC Young Fellows (Suiza)	42
FC Red Star (Suiza)	29

SEPP BLATTER

Mucho antes de ser elegido presidente de la FIFA en 1998, Sepp Blatter fue un futbolista *amateur* que disputó el torneo Blue Stars como delantero centro del FC Sierre suizo a principios de la década de 1950. Ahora es miembro honorífico del FC Blue Stars.

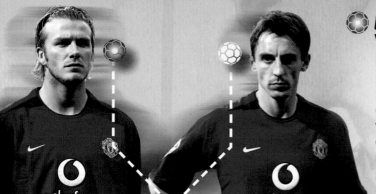

EL TORNEO Y EL BARÇA

El primer equipo español que participó en el torneo fue el Barcelona en 1988, con el centrocampista Josep Guardiola y el lateral derecho Albert Ferrer en el equipo; ambos contribuirían más tarde a que el club ganara su primera Copa de Europa en 1992.

LOS DIABLOS ROJOS EN EL BLUE STARS

El Manchester United podría haber firmado una atípica temporada sin victorias, en la que el Arsenal de Arsène Wenger ganó la Premier League 2003-04 sin una sola derrota, si no fuera por que ese año el club de Old Trafford ganó el trofeo Blue Stars y volvió a hacerse con el título en 2005, con lo que completó un récord de 18 triunfos. Algunos jugadores del Manchester que han disputado el torneo son David Beckham, Paul Scholes, Ryan Giggs, Nicky Butt, Gary Neville y Philip Neville; todos ellos conquistarían la Liga de Campeones en 1999. El capitán Roy Keane, que se perdió la final de 1999 por una sanción, participó en el torneo Blue Stars de 1990 con el Nottingham Forest. Beckham disputó las ediciones de 1992, 1993, 1994 y 1995 con el Manchester.

FULVIO ESTUVO ALLÍ

Otro ganador del Mundial que disputó el torneo Blue Stars es el defensa Fulvio Collovati, que estuvo en la selección italiana de 1982 y que en 1977 ganó el torneo Blue Stars con el AC Milan. Collovati, que entonces tenía 20 años, también logró la Copa de Italia en 1977 y el título de la Serie A con el Milan en 1979, antes de marcharse al eterno rival, el Inter.

EL GRAN CHARLTON

Bobby Charlton, que conquistaría el Mundial en 1966 y la Copa de Europa dos años más tarde, es uno de los nombres más ilustres que ha participado en el torneo Blue Stars. Desde 1954 hasta 1958 disputó la competición en las filas del Manchester, el primer año al lado de Nobby Stiles, su futuro compañero en la victoria del Mundial. En el torneo de 1956 participó el delantero Helmut Haller, de la RFA, con el Augsburgo. Diez años después, él y Charlton se enfrentarían en la final del Mundial entre Inglaterra y la RFA, que ganaron los ingleses por 4-2.

GENIOS SUIZOS

El club que da nombre al campeonato, el FC Blue Stars, tiene su sede en la capital suiza y desde 1939 ha organizado el torneo para equipos con jugadores menores de 18 años. El Blue Stars, fundado en 1898, fue uno de los primeros clubes del mundo que creó un filial especializado, en 1921. La FIFA ha reconocido el torneo de manera oficial desde 1991.

MÁS PARTICIPACIONES: OTROS PAÍSES

Manchester United (Inglaterra) 39, Bayern de Múnich (Alemania) 8, Inter de Milán (Italia) 7, FC Barcelona (España) 6

COPA MUNDIAL DE FUTSAL DE LA FIFA

El fútbol sala, que surgió en Sudamérica en la década de 1930 como una modalidad del fútbol once en un recinto cerrado con cinco jugadores por equipo, ha visto aumentar su popularidad y sus cifras de participación en los últimos años. La primera Copa Mundial de Futsal se celebró en los Países Bajos en 1989 y desde 1992 se disputa cada cuatro años. España (dos triunfos) y, sobre todo, Brasil (cuatro) dominan el torneo.

GRACIAS AL PENALTI

Tres de los goles de España en el 4-3 ante Brasil de la final de 2000 fueron de penalti, que en el fútbol sala se lanza a una distancia de seis metros. Entre ellos, el gol de la victoria en el último minuto transformado por Javi Rodríguez, en la que fue su segunda final de cuatro consecutivas.

EL ORIGEN DEL FUTSAL

Se cree que la palabra «Futsal» proviene de «futebol de salão» en portugués y/o de «fútbol sala» o «fútbol de salón» en español.

MANOEL GOLEA

El brasileño Manoel Tobias puede presumir de ser el goleador más prolífico de la Copa Mundial de Futsal de la FIFA, con 43 goles en 32 partidos. Tobias, que nació en Salgueiro el 19 de abril de 1971, representó a su país en los torneos de 1992, 1996, 2000 y 2004, y solo acabó en el bando perdedor dentro del tiempo reglamentario en una ocasión. En 1996 y 2000 se llevó los premios al mejor jugador y al máximo goleador.

CASOS DE DOPAJE

Dos jugadores dieron positivo en un control antidopaje en el Mundial de Futsal 2008: a Eduardo Carlos Morgado Oliveira de Italia, que acabó tercera, se le impuso una suspensión de dos años, y al liberiano Melvin King, una de cinco meses.

EL EMBARGO DE CUBA

Cuba ostenta el récord de menos goles marcados en un torneo. Solo lograron un tanto en sus tres partidos de la Copa Mundial de Futsal de la FIFA 2000, mientras que encajaron 20 en las derrotas ante Irán, Argentina y la campeona final, España.

NUEVE DE UNA TACADA

Aunque el ruso Pula ganara por los pelos a Falcão como máximo goleador en 2008 (con 16 goles frente a 15), el brasileño, que cuatro años antes había ganado el Balón de Oro y la Bota de Oro, fue elegido el mejor jugador del torneo. Pula marcó nueve de sus 16 tantos de la edición de 2008 en un solo partido, un récord histórico de la Copa Mundial de Futsal de la FIFA; fue en la paliza por 31-2 a Islas Salomón.

TODO QUEDA EN CASA

Mientras que el fútbol sala se está considerando cada vez más una disciplina con sus propias peculiaridades y exigencias, varios jugadores de este deporte han probado suerte con la modalidad popular, la versión al aire libre con once jugadores por equipo, sobre todo en la MLS de EE. UU. En el conjunto estadounidense del Mundial de Futsal 2008 estuvo Jamar Beasley, hermano mayor del centrocampista del PSV Eindhoven, el Manchester City y el Rangers, DaMarcus Beasley, que había representado a Estados Unidos en la Copa Mundial de la FIFA 2006.

PREMIOS Y RÉCORDS DEL TORNEO

1989
Balón de Oro (mejor jugador): Victor Hermans (Países Bajos)
Bota de Oro (máximo goleador): Laszlo Zsadanyi (Hungría), 7
Equipo goleador: Brasil 33 goles, 8 partidos (4,1 por partido)
Tarjetas rojas: 4
Goles: 221 tantos, 40 partidos (5,5 por partido)
Público total: 86.500 (2.162 por partido)

1992
Balón de Oro: Jorginho (Brasil)
Bota de Oro: Saeid Rajabi Shirazi (Irán), 16
Equipo goleador: Brasil 44 goles, 8 partidos (5,5 por partido)
Tarjetas rojas: 5
Goles: 307 tantos, 40 partidos (7,7 por partido)
Público total: 50.300 (1.257 por partido)

1996
Balón de Oro: Manoel Tobias (Brasil)
Bota de Oro: Manoel Tobias (Brasil), 14
Equipo goleador: Brasil 55 goles, 8 partidos (6,9 por partido)
Tarjetas rojas: 2
Goles: 290 tantos, 40 partidos (7,3 por partido)
Público total: 116.400 (2.910 por partido)

2000
Balón de Oro: Manoel Tobias (Brasil)
Bota de Oro: Manoel Tobias (Brasil), 19
Equipo goleador: Brasil 78 goles, 8 partidos (9,8 por partido)
Tarjetas rojas: 7
Goles: 300 tantos, 40 partidos (7,5 por partido)
Público total: 224.038 (5.600 por partido)

2004
Balón de Oro: Falcão (Brasil)
Bota de Oro: Falcão (Brasil), 13
Equipo goleador: Brasil 48 goles, 8 partidos (6 por partido)
Tarjetas rojas: 5
Goles: 237 tantos, 40 partidos (5,93 por partido)
Público total: 50.923 (1.273 por partido)

2008
Balón de Oro: Falcão (Brasil)
Bota de Oro: Pula (Rusia), 16
Equipo goleador: Brasil 64 goles, 9 partidos (7,1 por partido)
Tarjetas rojas: 7
Goles: 387 tantos, 56 partidos (6,91 por partido)
Público total: 292.161 (5.217 por partido)

FINALES Y ANFITRIONES DE LA COPA MUNDIAL DE FUTSAL
1989 (País anfitrión: Países Bajos) Brasil 2 - Países Bajos 1
1992 (Hong Kong) Brasil 4 - Estados Unidos 1
1996 (España) Brasil 6 - España 4
2000 (Guatemala) España 4 - Brasil 3
2004 (Chinese Taipei) España 2 - Italia 1
2008 (Brasil) Brasil 2 - España 2 (tras la prórroga: Brasil gana 4-3 en penaltis)

LA SUPREMACÍA DE LA SAMBA

Como es de suponer en un juego basado en pases rápidos y precisos, y en el juego de piernas, los brasileños son los que más han destacado en fútbol sala, una versión del fútbol once en recinto cerrado con cinco jugadores por equipo. Desde que la FIFA inaugurara la Copa Mundial de Futsal en 1989, Brasil ha ganado el trofeo cuatro veces de las seis posibles, acabando subcampeón por detrás de España en 2000 y tercero por detrás de España e Italia cuatro años después. Brasil ostenta el récord de anotación de todos los torneos, con 78 goles en ocho partidos en 2000 y un asombroso promedio de 9,3 goles por encuentro. Su victoria más amplia en la Copa Mundial de Futsal de la FIFA fue un 29-2 contra Guatemala en 2000, aunque el mejor resultado de su historia fue el 76-0 que propinó a Timor Oriental en 2006, un récord en este deporte. Por eso resulta sorprendente que su primer partido en un Mundial de Futsal acabara en derrota: 3-2 ante Hungría en la primera ronda de la fase de grupos de 1989.

HÉROE SUPLENTE

Tras caer en la semifinal de 2004 ante España en los penaltis, la anfitriona de 2008, Brasil, se redimió ganando la primera final de la historia con prórroga y penaltis. El héroe salvador en la tanda de penaltis fue el portero suplente de Brasil, Franklin (derecha). Sin embargo, los jueces eligieron mejor guardameta del torneo a Tiago, el arquero al que Franklin sustituyó al final de la prórroga.

COPA MUNDIAL DE BEACH SOCCER DE LA FIFA

Otra de las modalidades de este deporte tiene su origen en Sudamérica: el fútbol playa es una versión del fútbol muy enérgica, dinámica, televisiva y llena de goles que ha experimentado un creciente aumento en su popularidad en los últimos años. La Copa Mundial de Beach Soccer de la FIFA se celebró por primera vez en 1995 en su hogar espiritual, la playa de Copacabana en Río de Janeiro (Brasil) y desde entonces se disputa cada dos años.

EL MEJOR DEL MUNDO

Para alcanzar el éxito con Brasil a nivel mundial probablemente haga falta un apodo como... Jorginho. Jorge de Amorim Oliveira Campos (nacido el 17 de agosto de 1964) jugó de defensa entre 1987 y 1996 y llegó a ganar un Mundial, el de EE. UU. en 1994, además de estar incluido en el Equipo de las Estrellas de la FIFA del torneo. Jorge Augusto Gabriel (nacido el 19 de octubre de 1974), también apodado Jorginho, lo hizo incluso mejor, ya que ganó la Copa Mundial dos veces, pero esta vez de Beach Soccer, en 1999 y 2004. Fue elegido mejor jugador del torneo en ambas ocasiones. Brasil, que ha ganado la Copa Mundial de Beach Soccer la cifra récord de 12 veces, ganó la de 2008, la más reciente, cuando derrotó a Italia en la final.

LOS DEL 82 NO SE VAN

Del equipo brasileño del Mundial 1982 se suele decir que fue el mejor que jamás ha ganado el máximo trofeo futbolístico y además varios miembros de aquel prodigioso conjunto han cosechado bastantes éxitos en el fútbol playa. Antiguos compañeros de equipo como Zico, Junior o Eder fueron algunos de los que otorgaron a Brasil su primera Copa Mundial de Beach Soccer de la FIFA. En 1995, Zico, quien fuera Mejor Jugador del Año por la FIFA, fue el máximo goleador con 12 tantos, y ganó el trofeo en 1995 y 1996. Junior estuvo en el equipo brasileño que triunfó en 1995, 1996, 1997, 1998, 1999 y 2000, y acabó las cuatro últimas ediciones como máximo goleador.

EXCESO DE GOLES

El torneo de 2003 fue el que tuvo más goles: 150 en total, con una media de 9,4 tantos por partido. La edición de 2001 fue la que menos: 144 en total, con una media de 7,2.

EL TURNO DE FRANCIA

El torneo de 2008, celebrado en las playas de Marsella (sur de Francia), fue el primero que se disputó fuera de Brasil. Dubái, en los Emiratos Árabes Unidos, consiguió los derechos para acoger el torneo de 2009.

EL REY ÉRIC

El futbolista, actor, poeta y filósofo aficionado Éric Cantona entrenó al combinado francés que ganó la Copa Mundial de Beach Soccer de 2005, la primera edición que contó con el patrocinio de la FIFA después de haberse llamado Campeonato Mundial de Fútbol Playa. Sin embargo, el ex delantero del Manchester United se concedió unos cuantos minutos en la arena y finalizó el torneo firmando un único gol en la victoria por 7-4 sobre España en cuartos de final.

NEVES EN EUROPA

El centrocampista del Benfica Hernani Neves, que marcó en la Copa Mundial de Beach Soccer de la FIFA de 2001, es el único jugador que ha participado en el torneo después de haber disputado la final de la Copa de Europa, en la que cayeron ante el AC Milan en 1990.

DE VUELTA A LA REALIDAD

Tras ganar los seis primeros títulos de la Copa Mundial de Beach Soccer de la FIFA, Brasil despertó de golpe de su sueño en 2001 y «solo» acabó cuarto; Portugal se hizo con el trofeo al ganar a Francia en la final.

MADJER GOLEA

En 2006, Madjer, la estrella portuguesa natural de Angola, estableció el récord de goles del torneo tras marcar 21 tantos; fue su quinta edición como máximo goleador.

FINALES DE LA COPA MUNDIAL DE BEACH SOCCER

1995 (Playa, ciudad/país anfitrión: Copacabana, Río de Janeiro/Brasil) Brasil 8 - EE. UU. 1
1996 (Copacabana) Brasil 3 - Uruguay 0
1997 (Copacabana) Brasil 5 - Uruguay 2
1998 (Copacabana) Brasil 9 - Francia 2
1999 (Copacabana) Brasil 5 - Francia 2
2000 (Marina da Gloria, Río de Janeiro) Brasil 6 - Perú 2
2001 (Costa do Sauipe, Río de Janeiro) Portugal 9 - Francia 3
2002 (Vitoria/Brasil) Brasil 6 - Portugal 5
2003 (Copacabana) Brasil 8 - España 2
2004 (Copacabana) Brasil 6 - España 4
2005 (Copacabana) Francia 3 - Portugal 3 (Francia gana 1-0 en penaltis)
2006 (Copacabana) Brasil 4 - Uruguay 1
2007 (Copacabana) Brasil 8 - México 2
2008 (Plage du Pardo, Marsella/Francia) Brasil 5 - Italia 3

¡MENUDO RESULTADO!

El 16-2 de Brasil a los Países Bajos en el primer torneo de 1995 es la mayor goleada de la competición y la victoria de Brasil por 15-5 ante Francia, cuatro años más tarde, es el partido con más goles. Dos choques acabaron en un ajustado 1-0: el triunfo de Alemania sobre Argentina en 1995 y el de Perú sobre Venezuela cinco años después.

EL MÁGICO ALEX

Alessandro Altobelli es el único jugador que ha anotado en la final de un Mundial de fútbol, y ha participado y marcado en una Copa Mundial de Beach Soccer. Después de meter el tercer gol de Italia cuando ganaron 3-1 a la RFA en 1982, terminó la Copa Mundial de Beach Soccer 13 años más tarde como máximo anotador junto con Zico, y en 1996 fue el máximo goleador en solitario. Puede que Romário solo anotase un tanto en la tanda de penaltis de la final Brasil-Italia del Mundial 94, pero se las arregló para marcar seis goles, entre ellos dos *hat tricks*, en la Copa Mundial de Beach Soccer de 2005, donde Brasil acabó tercera.

GUANTES DE ORO

El brasileño Paulo Sérgio fue elegido mejor guardameta de las cuatro primeras Copas Mundiales de Beach Soccer. Desde entonces el premio se ha repartido entre el portugués Pedro Crespo (1999), el japonés Kato (2000), el francés Pascal Olmeta (2001), el tailandés Nomcharoen (2002), el brasileño Robertinho (2003) y los españoles Roberto (2004) y Roberto Valeiro (2008).

DIEGO VUELVE

Un nombre incluso más famoso en el mundo del fútbol que Altobelli, Zico o Cantona anotó en la final de la Copa Mundial de Beach Soccer de la FIFA 2008: Maradona. Pero no fue el capitán de la selección argentina que ganó el Mundial de 1986, sino su hijo Diego Maradona Jr., que jugó con el equipo italiano.

FIFA INTERACTIVE WORLD CUP

La FIFA Interactive World Cup de EA SPORTS, el torneo de videojuegos de fútbol más amplio del mundo, se inició en 2004, cuando participantes de todo el mundo se enfrentaron en el campo virtual del FIFA 2005. Los ocho mejores jugadores del primer evento compitieron en Zúrich (Suiza) y el vencedor ganó un viaje a la Gala del Jugador Mundial de la FIFA en Ámsterdam. Desde entonces, la FIWC se ha ampliado hasta incluir a más de 50 países con una media de 400.000 jugadores al año. La gran final de la FIWC 2009 se celebró en Barcelona, donde los jugadores se disputaron el trofeo con el FIFA 09 de EA Sports™ para PlayStation®3.

GRANDES CAMPEONES

En la historia de la FIFA Interactive World Cup hay cinco campeones, comenzando por el brasileño Thiago Carrico de Azevedo, vencedor del primer torneo celebrado en Zúrich (Suiza) en 2004. El inglés Chris Bullard se hizo con el segundo título de la FIWC en Londres. En 2006, el neerlandés Andries Smit ganó el campeonato en casa, al ser el mejor del campo en Ámsterdam. Smit, que entonces tenía 17 años, ha sido el participante más joven en alzarse con el título. El español Alfonso Ramos lo ganó en 2008 en Berlín y el francés Bruce Grannec es el vigente campeón tras conseguir el título de 2009 en Barcelona.

500.000 Y SIGUE

El número total de participantes del torneo *online* de la FIFA Interactive World Cup 2009 fue de 515.000 jugadores.

ORGULLO INGLÉS

Aproximadamente un quinto de los competidores de la FIFA Interactive World Cup 2009 fueron ingleses.

CÓMO CLASIFICARSE

Hay dos formas de llegar a la final de la FIFA Interactive World Cup: clasificarse en la red PlayStation® o participar en uno de los numerosos certámenes de clasificación en directo que se celebran cada año en el mundo, donde los clasificados reciben muchos premios.

ASISTENCIA GLOBAL

En la FIFA Interactive World Cup 2009 participaron más de 500.000 jugadores de más de 50 países. Casi la mitad de estos países estuvieron representados en la fase final.

MÁS DE SEIS MILLONES

El número total de partidos alcanzó la cifra sin precedentes de 6,87 millones durante la FIFA Interactive World Cup 2009.

LA PRÁCTICA LO ES TODO

Gracias a haberle dedicado infinidad de horas, el jugador conocido como «floera64» encabezó la lista de participantes en 2009 con 1.875 victorias.

DUELO DE DIABLOS ROJOS

El francés Bruce Grannec ganó la FIFA Interactive World Cup 2009 con una impresionante victoria por 3-1 sobre el mexicano Rubén Zerecero, en la final disputada en Barcelona. En un emparejamiento único que enfrentó al Manchester United contra el Manchester United, Grannec se hizo con el control del partido al deshacer el empate a uno, y anotar otros dos goles en la segunda parte. Grannec, que ganó el gran premio de 20.000 dólares y un Kia Soul, asistirá como invitado a la Gala del Jugador Mundial de la FIFA en 2010. El subcampeón, Zerecero, logró el segundo premio de 5.000 dólares. En la FIWC 2009 compitieron 32 finalistas de países de todo el mundo, entre otros Inglaterra, Australia, Brasil, México, Francia, Alemania, Italia, la India, Nueva Zelanda, Arabia Saudí, Sudáfrica, España, Estados Unidos, etc. con el sueño de convertirse en los campeones de la FIWC 2009.

CLASIFICACIÓN

La FIWC celebró 21 torneos en directo en todo el mundo, concretamente en Australia, Nueva Zelanda, Brasil, España, Estados Unidos, la India, Italia, Sudáfrica, Portugal, Reino Unido, Austria, Francia, Alemania, Dinamarca, República Checa, Hungría, Polonia y Suiza.

EL MEJOR DE LOS MEJORES

Los diez mejores jugadores con más puntos de la FIFA Interactive World Cup 2009 fueron: Legend_Never_Die, 9.074 puntos; Mikaeel, 8.854; dannytaylor, 8.625; undercover_king, 8.544; herzex, 8.526; AdamW, 8.514; MuStiLinHo, 8.507; SeNSaTIoN9, 8.393; Nunogomesscp, 8.383; y floera64, 7.956.

CITA GLOBAL

En la fase final de la FIFA Interactive World Cup 2009 más de 20 países tuvieron representante: Inglaterra, Australia, Brasil, México, Austria, República Checa, Dinamarca, Egipto, Francia, Alemania, Países Bajos, Hungría, Italia, la India, Suiza, Nueva Zelanda, Polonia, Portugal, Arabia Saudí, Sudáfrica, España, Singapur, Turquía y Estados Unidos.

LÍDERES MUNDIALES

Cuatro de los cinco países con más participantes fueron europeos, con Reino Unido como líder con más de 172.000 jugadores. Francia fue el segundo con 67.000, seguido de Alemania con 51.000, Estados Unidos con 50.000 y España con 40.000.

PARTE 6:
FÚTBOL FEMENINO

HASTA 30 millones de mujeres juegan al fútbol en todo el mundo y la participación ha crecido más del doble en los diez últimos años. Estas sencillas estadísticas muestran cómo este deporte ha logrado romper los prejuicios del pasado con más éxito que otros muchos deportes. Las competiciones femeninas internacionales atraen a muchos espectadores, cuyo entusiasmo y apoyo han llegado a las ligas y competiciones nacionales de todo el mundo. De hecho, hay constancia de que se celebraron competiciones de fútbol femenino en Inglaterra a comienzos del siglo xx, pero fueron prohibidas por la Federación de Fútbol en 1921. Esto supuso la creación de una federación femenina independiente con su propia competición. El fútbol femenino se desarrolló simultáneamente en otros lugares y, a principios de la década de 1980, el creciente interés llevó a la creación del primer Campeonato Europeo profesional y, en 1988, a la celebración de un torneo FIFA por invitación en Chinese Taipei.

Posteriormente, la FIFA organizó un campeonato mundial en 1991, en el que venció EE. UU, estableciendo su primacía en este deporte. Los estadounidenses albergaron la siguiente Copa Mundial Femenina, que obtuvo un récord de asistencia, 90.195 espectadores celebraron su victoria sobre China en la tanda de penaltis de la final de Pasadena. EE. UU. confirmó su estatus de número uno al ganar la primera medalla de oro en fútbol femenino en los Juegos Olímpicos de 1996, la plata en 2000 y de nuevo el oro en 2004 y 2008. Entretanto, la FIFA creó un campeonato juvenil en 2002, inicialmente para jugadoras Sub-19 (posteriormente Sub-20), y en 2008 añadió un torneo Sub-17 al calendario internacional. El primer intento de crear una liga profesional en EE. UU. para aprovechar el tirón creado por los éxitos en la Copa Mundial Femenina y los Juegos Olímpicos no prosperó, pero se ha realizado un segundo intento en 2009. Clubes del fútbol femenino profesional han fichado a algunas de las mejores jugadoras del mundo, entre ellas Marta, de Brasil, y Kelly Smith, de Inglaterra.

La capitana Birgit Prinz encabeza la celebración de Alemania tras su victoria sobre Brasil en la final de la Copa Mundial Femenina de la FIFA en Shanghai.

COPA MUNDIAL FEMENINA DE LA FIFA™

EL FORMATO FINAL

La primera fase final de un Mundial femenino se celebró en China en 1991. Participaron doce equipos, divididos en tres grupos de cuatro; los dos mejores de cada grupo más los dos mejores de los terceros clasificados pasaban a enfrentarse en los cuartos de final. El torneo se amplió en 1999 para incluir 16 equipos, divididos en cuatro grupos de cuatro; los dos mejores de cada grupo pasaban a cuartos. Hoy día este es el formato que prevalece, aunque se está considerando incluir 24 equipos.

PENA, PENITA, PENALTI

El choque de 1999 entre EE. UU. y China fue la única final de un Mundial femenino que se ha resuelto con penaltis. Las chinas, que perdieron, ya habían protagonizado la primera ronda de penaltis, en los cuartos de final de 1995, cuando batieron a Suecia por 4-3 tras un empate a cero. El partido por el tercer puesto de 1999 también se decidió en los penaltis, cuando Brasil derrotó a Noruega por 5-4 después de empatar a cero. Estas son las tres únicas rondas de penaltis desde que comenzara el torneo en 1991.

LA MEGA FINAL

El Mundial de 1999 en EE. UU. fue el torneo con mayor asistencia hasta la fecha. Un total de 3.687.069 espectadores presenciaron los encuentros, lo que supone una media de 24.913 por partido. La final, entre el anfitrión y China, en el Rose Bowl (Los Ángeles), el 10 de julio, atrajo a 90.185 espectadores, un récord mundial para un partido femenino. Ese día también se disputó el partido por el tercer puesto entre Brasil y Noruega.

EL SUEÑO DE HAVELANGE SE HACE REALIDAD

El Mundial femenino fue idea del antiguo presidente de la FIFA João Havelange. El campeonato comenzó como una competición de prueba en 1991 y desde entonces ha crecido en tamaño e importancia. El éxito de la fase final de 1999 en Estados Unidos supuso un punto de inflexión para el torneo, que ahora atrae a abundante público y televisiones de todo el mundo. EE. UU. y Noruega, países donde el fútbol es uno de los deportes femeninos más populares, monopolizaron los primeros torneos. Las estadounidenses ganaron el primer Mundial y el de 1999. Noruega se alzó con el trofeo en 1995. En el nuevo siglo Alemania se convirtió en la fuerza dominante, haciéndose con el título en 2003 y revalidándolo en 2007. La reciente aparición de contrincantes como Brasil, China y Suecia ponen de manifiesto la difusión y el interés que despierta el juego femenino.

EE. UU., LAS LÍDERES

EE. UU. es el equipo que ha jugado más partidos de fase final, 30. También tiene el récord de victorias, 24. Ha empatado tres encuentros y ha perdido tres. Alemania es el siguiente con mejor resultado: ha disputado 28, ganado 20, empatado tres y perdido cinco. Noruega también ha jugado 28, ganado 19, empatado dos y perdido siete.

FINALES DE LA COPA MUNDIAL FEMENINA DE LA FIFA™

Año	Lugar	Campeón	Subcamp.	Resultado
1991	Guangzhou	EE. UU.	Noruega	2-1
1995	Estocolmo	Noruega	Alemania	2-0
1999	Los Ángeles	EE. UU.	China	0-0
	EE. UU. ganó 5-4 en penaltis			
2003	Los Ángeles	Alemania	Suecia	2-1 (t.s.)
2007	Shanghai	Alemania	Brasil	2-0

PARTIDOS POR EL TERCER PUESTO

Año	Lugar	Campeón	Perdedor	Resultado
1991	Guangzhou	Suecia	Alemania	4-0
1995	Gävle	EE. UU.	China	2-0
1999	Los Ángeles	Brasil	Noruega	0-0
	Brasil ganó 5-4 en la tanda de penaltis			
2003	Los Ángeles	EE. UU.	Canadá	3-1
2007	Shanghai	EE. UU.	Noruega	4-1

EE. UU. CELEBRA SU PRIMER LOGRO

La victoria de EE. UU. en el primer Mundial femenino en 1991 fue el primer título de fútbol mundial de una selección de este país. El mejor resultado del combinado masculino fue llegar a cuartos en 2002 para perder ante Alemania 1-0.

CUATRO CON DOS MEDALLAS

Cuatro de las campeonas estadounidenses de 1991 estaban en el equipo que venció a China en los penaltis de la final de 1999: Mia Hamm (derecha), Michelle Akers, Kristine Lilly y Julie Foudy.

LAS REPETITIVAS

Seis futbolistas alemanas disputaron las finales de 2003 y 2007: Kerstin Stegemann, Birgit Prinz, Renate Lingor, Ariane Hingst, Kerstin Garefrekes (titulares en los dos partidos) y Martina Müller (suplente en los dos encuentros).

LÍDERES EN ROJAS

Solo dos selecciones han visto expulsar a más de una de sus jugadoras en la fase final: Australia y Ghana. A la australiana Sonia Gegenhuber le mostraron tarjeta roja cuando perdieron 5-0 ante Dinamarca en 1995; y Alicia Ferguson fue expulsada en el segundo minuto de la derrota australiana ante China por 3-1 en 1999. Las dos expulsiones de Ghana se produjeron en 1999: Barikisu Tettey-Quao con tarjeta roja en el empate a uno con Australia y Regina Ansah cuando perdieron 7-0 ante China.

LAS ALEMANAS BATEN RÉCORDS

En 2007 Alemania fue el primer equipo en lograr el mejor registro defensivo en un Mundial femenino. También estableció otro récord: seis partidos y 540 minutos sin encajar ni un solo gol. Como resultado, su guardameta Nadine Angerer batió el récord de Walter Zenga de 517 minutos invicto en la fase final masculina de 1990. La última jugadora en marcar un gol a las alemanas fue la sueca Hanna Ljungberg, que anotó en el minuto 41 de la final de 2003.

LAS MENOS VISTAS...

El menor público registrado en un encuentro de la fase final fueron los 205 espectadores que asistieron en 1995 al empate a tres entre Canadá y Nigeria en Helsingborg.

MEJORES SELECCIONES

País	Camp.	Subcamp.	Tercero
Alemania	2	1	-
EE. UU.	2	-	3
Noruega	1	1	-
Brasil	-	1	1
Suecia	-	1	1
China	-	1	1

MÁS GOLES POR AÑO

1991:	EE. UU.	25
1995:	Noruega	23
1999:	China	19
2003:	Alemania	25
2007:	Alemania	21

MÁS GOLES POR SELECCIÓN

1	EE. UU.	85
2	Alemania	84
3	Noruega	75
4	China	48
5	Brasil	46

EL PRIMERO

El primer partido de un Mundial femenino, en 1991, fue el que disputó la anfitriona contra Noruega en Guangzhou, con 4-0 a favor de China. Asistieron 65.000 personas.

LOS 8 DE SIEMPRE

Hay ocho combinados que han disputado en las cinco fases finales: EE. UU., Brasil, Noruega, Alemania, China, Japón, Nigeria y Suecia.

Y DURAN Y DURAN

Noruega, campeona en 1995, ostenta el récord de más partidos consecutivos sin perder en una fase final: diez. Comenzó con una victoria por 8-0 sobre Nigeria el 6 de junio de 1995 y continuó hasta el 30 de junio de 1999, cuando venció a Suecia 3-1 en los cuartos de final. Acabó el 4 de julio al caer derrotada por 5-0 ante China en semifinales.

CHINA SE VA A CASA SIN CAER DERROTADA

En 1999, China pasó a ser el único equipo en acabar un Mundial sin haber perdido ningún partido y aun así, irse a casa con las manos vacías. Las chinas vencieron en la fase de grupos por 2-1 a Suecia, 7-0 a Ghana y 3-1 a Australia. Batieron a Rusia 2-0 en cuartos y a Noruega por 5-0 en semifinales, pero perdieron la final contra EE. UU. en los penaltis, tras empatar a cero.

NORUEGA LOGRA 15

Noruega tiene en su haber el récord de haber marcado en más partidos consecutivos: 15. Empezaron con un 4-0 ante Nueva Zelanda el 19 de noviembre de 1991 y terminaron con un 3-1 sobre Suecia en los cuartos de final el 30 de junio de 1999.

LAS CAMPEONAS LLEGAN A 11

La victoria más abultada en una fase final se la adjudicó Alemania, con un 11-0 a Argentina en Shanghai, en 2007. La portera argentina Vanina Correa metió en propia meta el córner que lanzó Melanie Behringer en el minuto 12 de juego. Birgit Prinz y Sandra Smisek lograron *hat tricks*. Los otros goles los marcaron Renate Lingor (2), Behringer y Kerstin Garefrekes.

LILLY LA RÉCORDS

Kristine Lilly es la única futbolista que ha disputado cinco fases finales. Ha jugado 340 partidos con EE. UU. en los que ha marcado 129 tantos. También es la jugadora más veterana que ha anotado en una fase final: tenía 36 años y 62 días cuando hizo el tercer gol en la victoria de su equipo por 3-0 en los cuartos de final contra Inglaterra en Tianjin, en septiembre de 2007.

LAS TARJETAS MÁS RÁPIDAS

El récord a la tarjeta roja más rápida lo tiene la australiana Alicia Ferguson, que fue expulsada a los dos minutos de juego en la derrota por 3-1 ante China en Nueva York el 26 de junio de 1999. La norcoreana Ri Hyang Ok fue amonestada con la amarilla más rápida en el primer minuto de su derrota por 2-1 ante Nigeria en Los Ángeles el 20 de junio de 1999.

NORDBY, LA PORTERA DURADERA

La guardameta noruega Bente Nordby es la segunda jugadora que ha participado en cinco Mundiales. Formó parte del equipo en 1991, pero no jugó. Cuatro años después, encajó un único tanto en seis partidos cuando Noruega se hizo con el trofeo. Colgó las botas como internacional en enero de 2008, tras 172 encuentros.

DANILOVA, LA MÁS JOVEN

La goleadora más joven en una fase final fue la rusa Elena Danilova. Tenía 16 años y 96 días cuando el 2 de octubre marcó el único gol de su selección en los cuartos de final de 2003 contra Alemania en Portland. Las alemanas respondieron con siete tantos.

MORACE LOGRA EL PRIMER HAT TRICK

La italiana Carolina Morace consiguió el primer *hat trick* en la historia de la fase final al anotar los tres últimos goles de la victoria de Italia sobre Taiwán por 5-0 en Jiangmen, el 17 de noviembre de 1991.

MARCANDO LA NORMA

La delantera estadounidense Michelle Akers (nacida en Santa Clara el 1 de febrero de 1966) ostenta el récord de máxima goleadora en una fase final: diez en 1991. También estableció el récord de más tantos en un encuentro, con cinco en la victoria por 7-0 de EE. UU. sobre Taiwán en cuartos, en Foshan, el 24 de noviembre de 1991. Akers marcó los dos goles de la victoria de EE. UU. por 2-1 en la final, incluido el decisivo en el minuto 78. Los jueces de la FIFA la eligieron Mejor Jugadora del siglo xx.

EL GOL MÁS RÁPIDO

La sueca Lena Videkull anotó el gol más rápido de la historia de una fase final, en el segundo 30, cuando ganaron a Japón por 8-0 en Foshan, el 19 de noviembre de 1991. La canadiense Melissa Tancredi marcó el segundo más rápido, a los 37 segundos, en el empate a dos con Australia en Chengdu el 20 de septiembre de 2007.

SUSTITUCIONES VELOCES

Las dos sustituciones más rápidas en la historia de la fase final se produjeron a los seis minutos del comienzo. La defensa taiwanesa Hsiu Mei Liu fue reemplazada por la portera suplente Li Chyn Hong cuando ganaron por 2-0 a Nigeria en Jiangmen, en 1991. Li sustituyó a la guardameta titular Hui Fang Lin, que había sido expulsada. Therese Lundin reemplazó a una lesionada Hanna Ljungberg cuando Suecia venció a Ghana por 2-0 en Chicago en 1999.

BRILLAN NUEVAS ESTRELLAS

En el Mundial femenino ha habido una serie de excelentes futbolistas. Las delanteras estadounidenses Michelle Akers y Carin Jennings despuntaron en el primer torneo de 1991. La centrocampista Hege Riise y la máxima anotadora Ann Kristin propiciaron la victoria noruega cuatro años después. Otra *crack* estadounidense, Mia Hamm, demostró que estaba en plena forma cuando EE. UU. volvió a ser campeona en 1999. Esa edición marcó la aparición de la mejor jugadora china de todos los tiempos, Sun Wen, que compartió la Bota de Oro y recibió el Balón de Oro en ese torneo. La alemana Birgit Prinz fue Bota y Balón de Oro cuando Alemania venció por primera vez en 2003. La delantera brasileña, Marta, igualó esa gesta en 2007, aunque, al contrario que Prinz, su equipo perdió la final. Hamm, Prinz y Marta son las únicas ganadoras del premio Mejor Jugadora del Año por la FIFA, que comenzó a otorgarse en 2001. Hamm logró el trofeo en 2001 y 2002, Prinz en 2003, 2004 y 2005, y Marta en 2006, 2007 y 2008.

MÁS PARTICIPACIONES EN FASES FINALES (POR TORNEOS)

5 Kristine Lilly (EE. UU.): 1991, 1995, 1999, 2003, 2007
4 Bente Nordby (Noruega): 1995, 1999, 2003, 2007
  Joy Fawcett (EE. UU.): 1991, 1995, 1999, 2003
  Julie Foudy (EE. UU.): 1991, 1995, 1999, 2003
  Mia Hamm (EE. UU.): 1991, 1995, 1999, 2003
  Hege Riise (Noruega): 1991, 1995, 1999, 2003
  Sun Wen (China): 1991, 1995, 1999, 2003
  Bettina Wiegmann (Alemania): 1991, 1995, 1999, 2003
  Formiga (Brasil): 1995, 1999, 2003, 2007
  Katia (Brasil): 1995, 1999, 2003, 2007
  Tania (Brasil): 1995, 1999, 2003, 2007
  Sandra Minnert (Alemania): 1995, 1999, 2003, 2007
  Birgit Prinz (Alemania): 1995, 1999, 2003, 2007
  Sandra Smisek (Alemania): 1995, 1999, 2003, 2007
  Maureen Mmadu (Nigeria): 1995, 1999, 2003, 2007
  Andrea Neil (Canadá): 1995, 1999, 2003, 2007
  Cheryl Salisbury (Australia): 1995, 1999, 2003, 2007
  Homare Sawa (Japón): 1995, 1999, 2003, 2007
  Briana Scurry (EE. UU.): 1995, 1999, 2003, 2007

SUN PONE NERVIOSOS A LOS CHICOS

En 1999, Sun Wen, de Shanghai, se convirtió en la primera jugadora en ser nominada para el premio de Mejor Jugador Asiático del Año, tras sus logros en el Mundial de 1999. Tres años más tarde, ganó la votación en Internet para la Mejor Jugadora del siglo xx por la FIFA.

PRINZ CONSIGUE SU OPORTUNIDAD

En 2007 Birgit Prinz se convirtió en la primera jugadora en disputar tres fases finales de un Mundial y en la más joven en aparecer en una final. La delantera alemana contaba 17 años y 336 días cuando fue titular en la derrota por 2-0 ante Noruega en 1995. Su compañera Sandra Smisek era solo 14 días mayor. La finalista más mayor fue la sueca Kristin Bengtsson, que tenía 33 años y 273 días cuando su equipo perdió ante Alemania en la final de 2003.

LA AGONÍA FINAL

Puede que la brasileña Marta fuera la estrella del Mundial 2007, pero se le rompió el corazón en la final cuando la portera alemana Nadine Angerer paró un penalti que hubiese hecho empatar a Brasil. Alemania terminó ganando 2-0.

BALONES DE ORO DE LA COPA MUNDIAL FEMENINA DE LA FIFA™

Año	Sede	Ganadora
1991	China	Carin Jennings (EE. UU.)
1995	Suecia	Hege Riise (Noruega)
1999	EE. UU.	Sun Wen (China)
2003	EE. UU.	Birgit Prinz (Alemania)
2007	China	Marta (Brasil)

BOTAS DE ORO DE LA COPA MUNDIAL FEMENINA DE LA FIFA™

1991	Michelle Akers (EE. UU.)	10
1995	Ann Kristin Aarones (Noruega)	6
1999	Sissi (Brasil)	7
2003	Birgit Prinz (Alemania)	7
2007	Marta (Brasil)	7

MÁXIMAS GOLEADORAS

1	Birgit Prinz (Alemania)	14
2	Michelle Akers (EE. UU.)	12
3	Sun Wen (China)	11
=	Bettina Wiegmann (Alemania)	
5	Ann Kristin Aarones (Noruega)	10
=	Marta (Brasil)	
=	Heidi Mohr (Alemania)	
8	Linda Medalen (Noruega)	9
=	Hege Riise (Noruega)	
=	Abby Wambach (EE. UU.)	

CAPITANAS GANADORAS DE UN MUNDIAL

1991	April Heinrichs (EE. UU.)
1995	Heidi Store (Noruega)
1999	Carla Overbeck (EE. UU.)
2003	Bettina Wiegmann (Alemania)
2007	Birgit Prinz (Alemania)

MÁS PARTICIPACIONES EN FASES FINALES (POR PARTIDOS)

30	Kristine Lilly (EE. UU.)
24	Julie Foudy (EE. UU.)
23	Mia Hamm (EE. UU.)
22	Bente Nordby (Noruega)
	Birgit Prinz (Alemania)
	Hege Riise (Noruega)
	Bettina Wiegmann (Alemania)

LA PRIMERA EXPULSIÓN

La portera taiwanesa Hui Fang Lin fue la primera jugadora en ser expulsada en una fase final. Vio la tarjeta roja en el minuto seis de la victoria de Taiwán sobre Nigeria por 2-0 en Jiangmen en 1991.

OTROS TORNEOS FEMENINOS

<<GOL DE ORO>>

Noruega es la única selección que ha logrado un oro olímpico gracias a un «gol de oro». En la final de 2000, Dagny Mellgren marcó este tanto en el minuto 12 de la prórroga para vencer a EE. UU. 3-2. Fue una dulce venganza de las noruegas, que perdieron la semifinal de 1996 ante EE. UU., tras el gol de oro de MacMillan.

FINALES OLÍMPICAS FEMENINAS

Año	Lugar	Camp.	Subcamp.	Resultado
1996	Atlanta	EE. UU.	China	2-1
2000	Sídney	Noruega	EE. UU.	3-2
	Noruega ganó con un gol de oro			
2004	Atenas	EE. UU.	Brasil	2-1 (t.s.)
2008	Pekín	EE. UU.	Brasil	1-0 (t.s.)

ELIMINATORIA POR TERCER PUESTO

Año	Lugar	Tercero	Cuarto	Resultado
1996	Atlanta	Noruega	Brasil	2-0
2000	Sídney	Alemania	Brasil	2-0
2004	Atenas	Alemania	Suecia	1-0
2008	Pekín	Alemania	Japón	2-0

MEDALLISTAS

País	Oro	Plata	Bronce
EE. UU.	3	1	-
Noruega	1	-	1
Brasil	-	2	-
China	-	1	-
Alemania	-	-	3

EQUIPOS CON MÁS GOLES DEL TORNEO OLÍMPICO FEMENINO

1996:	Noruega	12
2000:	EE. UU.	9
2004:	Brasil	15
2008:	EE. UU.	12

MÁXIMAS GOLEADORAS DEL TORNEO OLÍMPICO FEMENINO

1996:	Ann Kristin Aarones (Noruega)	
	Linda Medalen (Noruega)	
	Pretinha (Brasil)	4
2000:	Sun Wen (China)	4
2004:	Cristiane (Brasil)	
	Birgit Prinz (Alemania)	5
2008:	Cristiane (Brasil)	5

EL DOBLE TRIPLETE DE CRISTIANE

La brasileña Cristiane es la única que ha conseguido dos *hat tricks* en la historia olímpica. Anotó tres goles en una victoria por 7-0 ante la anfitriona, Grecia, en 2004 y logró otro triplete cuatro años después, cuando ganaron 3-1 a Nigeria en Pekín. Birgit Prinz es la otra única jugadora con un *hat trick*, cuando marcó cuatro goles a China en 2004.

EE. UU. DOMINA LOS OROS

EE. UU. ha dominado el torneo olímpico de fútbol desde que se introdujo en los Juegos de 1996 en Atlanta. Han ganado tres medallas de oro y han acabado subcampeonas en la otra final. Noruega y China fueron las primeras en plantarles cara, después Brasil y la otra campeona del Mundial, Alemania, han sido sus máximas rivales en las dos últimas Olimpiadas (2004 y 2008). El torneo ha ido ganando popularidad rápidamente y logró un récord de asistencia en los Juegos Olímpicos de Pekín en 2008. Además, la FIFA ha añadido otras dos competiciones mundiales para los equipos más jóvenes. La Copa Mundial Femenina Sub-20 de la FIFA se celebró por primera vez en 2000 y la primera edición de la Sub-17 tuvo lugar en 2008. Una vez más, EE. UU. ha destacado, aunque en los últimos tiempos ha tenido que vérselas con la cada vez más fuerte Corea del Norte.

LAS ALEMANAS SE APUNTAN UN TANTO

Alemania ostenta el récord de la victoria más amplia en una final olímpica. Ganó a China 8-0 en Patras en 2004, con cuatro goles de Birgit Prinz. Los otros tantos fueron de Pia Wunderlich, Renate Lingor, Conny Pohlers y Martina Müller.

PRINZ SIEMPRE DA EN EL BLANCO

La delantera alemana Birgit Prinz es la única que ha marcado en todos los torneos olímpicos. Prinz es la máxima anotadora de las cuatro ediciones, junto con la brasileña Cristiane, con diez goles cada una. Las siguientes son dos brasileñas: Pretinha (8) y Marta (6).

MENUDO RÉCORD

Ningún equipo ha ganado todos sus partidos en una fase final. No obstante, Dinamarca y Japón (1996), Nigeria (2000 y 2008), Grecia (2004) y Argentina (2008) los perdieron todos.

MAYOR ASISTENCIA A UNA FINAL

El récord de público en un partido olímpico fue de 76.489 espectadores que presenciaron cómo EE. UU. vencía a China por 2-1 en la final de 1996 en Athens (Georgia). El récord de asistencia total a una fase final fue de 740.014 personas en 2008.

EN EDMONTON

El récord de público en un partido Sub-20 fue de 47.784 personas en la primera final, en Edmonton, el 1 de septiembre de 2002. EE. UU. ganó a Canadá por 1-0 con un gol en la prórroga de Lindsay Tarpley.

LA MAYOR Y LA MENOR

Cindy Parlow fue la medalla de oro más joven de la historia, a los 18 años y 85 días, cuando contribuyó a que EE. UU. ganase en 1996. Joy Fawcett fue la mayor, con 36 años y 199 días, cuando jugó con la selección estadounidense ganadora de la final de 2004.

O'REILLY, LA HIJA DEL RAYO

La estadounidense Heather O'Reilly marcó el gol más rápido en una fase final olímpica, a los 42 segundos de comenzar el partido que acabaría con la victoria sobre Nueva Zelanda en Shenyang el 12 de agosto de 2008.

LA MÁS MAYOR Y LA MÁS JOVEN

La jugadora más mayor en jugar una fase final olímpica fue la portera brasileña Meg, cuando disputó la eliminatoria por el tercer puesto contra Noruega el 1 de agosto de 1996, a la edad de 40 años y 212 días. La más joven también fue una brasileña, Daniela, que debutó contra Suecia el 13 de septiembre de 2000, a los 16 años y 244 días.

FORMIGA INDICA EL CAMINO

La centrocampista brasileña Formiga es la que más partidos de fase final del torneo olímpico ha disputado: 21. Su compañera Tania ha jugado 20 encuentros y la alemana Birgit Prinz, 19. Hay otras tres futbolistas que han participado en las cuatro Olimpiadas: la brasileña Tania, y las alemanas Renate Lingor y Kerstin Stegemann.

KRAHN MARCA PARA LOS DOS

La alemana Annike Krahn fue la primera en anotar para dos equipos en un torneo Sub-20. Hizo que Alemania se adelantara en el minuto 11 de la semifinal de 2004 contra EE. UU. y metió un gol en propia meta cinco minutos después. Las alemanas ganaron por 3-1 con goles de Melanie Behringer y Patricia Hanebeck. Simone Laudehr y Behringer anotaron en la final ante China que acabó 2-0 a su favor.

COPA MUNDIAL FEMENINA SUB-20 DE LA FIFA™

FINALES

Año	Lugar	Camp.	Subcamp.	Resultado
2002	Edmonton	EE. UU.	Canadá	1-0 (t.s.)
2004	Bangkok	Alemania	Chile	2-0
2006	Moscú	Corea N.	China	5-0
2008	Santiago	EE. UU.	Corea N.	2-1

MÁXIMAS GOLEADORAS

2002	Christine Sinclair (Canadá)	10
2004	Brittany Timko (Canadá)	7
2006	Ma Xiaoxu (China);	
	Kim Song Hui (Corea del Norte)	5
2008	Sydney LeRoux (EE. UU.)	5

COPA MUNDIAL FEMENINA SUB-17 DE LA FIFA™

FINAL

Año	Lugar	Camp.	Subcamp.	Resultado
2008	Auckland	Corea N.	EE. UU.	2-1 (t.s.)

MÁXIMAS GOLEADORAS

6	Dzsenifer Marozsan (Alemania)
5	Vicki DiMartino (EE. UU.)
4	Jon Myong Hwa (Corea del Norte)
	Courtney Verloo (EE. UU.)
	Chinatsu Kira (Japón)
	Natsuki Kishikawa (Japón)

EE. UU., TOCADA Y HUNDIDA

La suplente Jang Hyon Sun anotó el gol de la victoria para Corea del Norte en el minuto 113 en la primera final Sub-17, que disputó contra EE. UU. en Auckland, el 16 de noviembre de 2008. EE. UU. marcó en el minuto dos cuando la portera norcoreana Hong Myong Hui desvió un tiro largo a su propia red. Kim Un Hyang anotó de cabeza en el minuto 76 y forzó la prórroga. El tercer puesto fue para Alemania, que venció a Inglaterra 3-0 con goles de Inka Wesely, Turid Knaak y Lynn Mester.

KIM CONSIGUE EL ÚNICO HAT TRICK

La norcoreana Kim Song Hui logró el único *hat trick* en una final de los Mundiales Sub-20, cuando ganó por 5-0 a China el 3 de septiembre de 2006. Jo Yun Mi y Kil Son Hui metieron los otros tantos.

LOS CINCO DE SINCLAIR

La canadiense Christine Sinclair ostenta el récord de goles en una fase final Sub-20: diez. También tiene el récord de goles por encuentro: metió cinco en el Inglaterra-Canadá de cuartos de final, en el que las canadienses vencieron por 6-2 en Edmonton en 2002.

MEJOR JUGADORA POR LA FIFA

El premio a la Mejor Jugadora del Año por la FIFA se entrega cada año desde 2001 conforme a los mismos criterios que el premio masculino. Solo tres jugadoras han recibido este galardón: Mia Hamm (en 2001 y 2002), Birgit Prinz (en 2003, 2004 y 2005) y Marta (en 2006, 2007 y 2008).

¡MARTA!

La brasileña Marta, nombrada Mejor Jugadora del Año por la FIFA tres veces consecutivas y que anteriormente quedó tercera y segunda, es una de las mejores futbolistas de todos los tiempos. Marta Vieira da Silva nació el 19 de febrero de 1986 y tiene en su haber una larga lista de premios de equipo e individuales. Recibió el Balón de Oro como mejor jugadora y la Bota de Oro como máxima anotadora del Mundial femenino 2007 con siete goles, además logró la medalla de plata con Brasil en las Olimpiadas de 2004 en Atenas y de 2008 en Pekín. Marta ha ganado dos veces los Juegos Panamericanos y fue elegida mejor jugadora del Mundial femenino Sub-19 de 2004 donde marcó seis goles. Nació y creció en Dois Riachos, Alagoas, pero a los 14 años las cualidades de Marta para el fútbol la llevaron casi 2.000 km al sur, hasta Río de Janeiro, donde sorprendió a entrenadores y a otras jugadoras con su técnica atacante en el Vasco da Gama y el São Martins. En 2004, se trasladó al club sueco Umea, con el que ganó cuatro títulos de liga y una Copa Sueca antes de marcharse a Los Ángeles Sol y jugar en el nuevo campeonato de Fútbol Profesional Femenino de EE. UU. a principios de 2009.

GANADORAS

2001
1. Mia Hamm (Estados Unidos)
2. Wen Lirong (China)
3. Tiffeny Milbrett (Estados Unidos)

2002
1. Mia Hamm (Estados Unidos)
2. Birgit Prinz (Alemania)
3. Wen Lirong (China)

2003
1. Birgit Prinz (Alemania)
2. Mia Hamm (Estados Unidos)
3. Hanna Ljungberg (Suecia)

2004
1. Birgit Prinz (Alemania)
2. Mia Hamm (Estados Unidos)
3. Marta (Brasil)

2005
1. Birgit Prinz (Alemania)
2. Marta (Brasil)
3. Shannon Boxx (Estados Unidos)

2006
1. Marta (Brasil)
2. Kristine Lilly (Estados Unidos)
3. Renate Lingor (Alemania)

2007
1. Marta (Brasil)
2. Birgit Prinz (Alemania)
3. Cristiane (Brasil)

2008
1. Marta (Brasil)
2. Birgit Prinz (Alemania)
3. Cristiane (Brasil)

ANEXO 1: **PREMIOS DE LA FIFA**

Uno de los mayores eventos sociales del fútbol es la Gala del Jugador Mundial de la FIFA en la que la organización premia los logros conseguidos en el fútbol internacional durante los 12 meses anteriores. El lugar de honor está reservado para los premios a Mejor Jugador y Jugadora del Año que, en 2008, el presidente de la FIFA, Sepp Blatter, entregó a la brasileña Marta y al portugués Cristiano Ronaldo.

MEJOR JUGADOR POR LA FIFA

El premio al Mejor Jugador del Año por la FIFA, el galardón individual más prestigioso del fútbol, lo deciden los técnicos y capitanes de las selecciones nacionales, que disponen de tres votos cada uno, y fue otorgado por primera vez en 1991 al alemán Lothar Matthäus. Los brasileños afincados en Europa han acaparado el galardón en ocho de las 18 ediciones. En 2008, la estrella del Manchester United y la selección portuguesa, Cristiano Ronaldo, se convirtió en el primer jugador de la Premier League en recibir esta distinción.

CRISTIANO RONALDO

Cristiano Ronaldo culminó una sensacional temporada 2008 al ser proclamado Mejor Jugador del Año por la FIFA en una gala llena de estrellas, en la ciudad de Zúrich, sede de la federación mundial. El delantero de la selección portuguesa fue el claro ganador, por delante del argentino Lionel Messi (Barça) y del español Fernando Torres (Liverpool). Sorprendentemente, fue la primera vez que un jugador de la Premier League inglesa se alzaba con el trofeo desde su creación en 1991, cuando lo recibió el alemán Lothar Matthäus. La FIFA hace un recuento de los votos de los entrenadores y capitanes de las selecciones, que deben elegir a los que, en su opinión, son los tres mejores jugadores, sin votar a ninguno de la federación nacional en cuya jurisdicción operan. Cristiano Ronaldo dos Santos Aveiro nació en Madeira el 5 de febrero de 1985 y comenzó a jugar en los filiales del club local, el Nacional de Funchal. Sin embargo, pronto fichó por el Sporting Clube de Lisboa, al que el Manchester United pagó más de 15 millones de euros en 2001 después de que destacara en un amistoso. Un año después, Cristiano sumó el primero de una larga lista de trofeos cuando en 2004 el Manchester ganó la Copa de Inglaterra. Desde entonces ha logrado tres títulos de la Premier League, dos de la Carling Cup, una Copa de Europa y una Copa Mundial de Clubes. En 2008 fue el máximo goleador de la Premier League con 31 tantos y ha ganado dos veces el premio al Mejor Futbolista del Año en Inglaterra y el de Mejor Jugador del Año según la PFA. En 2008 también recibió el Balón de Oro, seis meses después fue traspasado al Real Madrid por 94 millones de euros, el fichaje más caro de la historia.

GANADORES

1991
1. Lothar Matthäus (Alemania)
2. Jean-Pierre Papin (Francia)
3. Gary Lineker (Inglaterra)

1992
1. Marco van Basten (Países Bajos)
2. Hristo Stoichkov (Bulgaria)
3. Thomas Hässler (Alemania)

1993
1. Roberto Baggio (Italia)
2. Romário (Brasil)
3. Dennis Bergkamp (Países Bajos)

1994
1. Romário (Brasil)
2. Hristo Stoichkov (Bulgaria)
3. Roberto Baggio (Italia)

1995
1. George Weah (Liberia)
2. Paolo Maldini (Italia)
3. Jürgen Klinsmann (Alemania)

1996
1. Ronaldo (Brasil)
2. George Weah (Liberia)
3. Alan Shearer (Inglaterra)

1997
1. Ronaldo (Brasil)
2. Roberto Carlos (Brasil)
3. Dennis Bergkamp (Países Bajos)
= Zinedine Zidane (Francia)

1998
1. Zinedine Zidane (Francia)
2. Ronaldo (Brasil)
3. Davor Suker (Croacia)

1999
1. Rivaldo (Brasil)
2. David Beckham (Inglaterra)
3. Gabriel Batistuta (Argentina)

2000
1. Zinedine Zidane (Francia)
2. Luís Figo (Portugal)
3. Rivaldo (Brasil)

2001
1. Luís Figo (Portugal)
2. Zinedine Zidane (Francia)
3. Rivaldo (Brasil)

2002
1. Ronaldo (Brasil)
2. Oliver Kahn (Alemania)
3. Zinedine Zidane (Francia)

2003
1. Zinedine Zidane (Francia)
2. Thierry Henry (Francia)
3. Ronaldo (Brasil)

2004
1. Ronaldinho (Brasil)
2. Thierry Henry (Francia)
3. Andriy Shevchenko (Ucrania)

2005
1. Ronaldinho (Brasil)
2. Frank Lampard (Inglaterra)
3. Samuel Eto'o (Camerún)

2006
1. Fabio Cannavaro (Italia)
2. Zinedine Zidane (Francia)
3. Ronaldinho (Brasil)

2007
1. Kaká (Brasil)
2. Lionel Messi (Argentina)
3. Cristiano Ronaldo (Portugal)

2008
1. Cristiano Ronaldo (Portugal)
2. Lionel Messi (Argentina)
3. Fernando Torres (España)

OTROS PREMIOS DE LA FIFA

Junto con los premios al Mejor Jugador y a la Mejor Jugadora del Año y los premios específicos de cada competición al mejor jugador, al máximo goleador y al mejor portero, en los últimos años el organismo rector de este deporte ha entregado otros galardones en su gala de final de año: la Distinción Presidencial, el premio Fair Play, un Premio al Desarrollo, y la distinción al Equipo del Año y al de Mayor Progreso del Año.

1991
Premio Fair Play: Real Federación Española de Fútbol, Jorginho (Brasil)

1992
Premio Fair Play: Real Unión Belga de Asociaciones de Fútbol

1993
Premio Fair Play: Nandor Hidgekuti (Hungría)*, Asociación de Fútbol de Zambia
Equipo del Año: Alemania
Equipo de Mayor Progreso del Año: Colombia

1994
Equipo del Año: Brasil
Equipo de Mayor Progreso del Año: Croacia

1995
Premio Fair Play: Jacques Glassmann (Francia)
Equipo del Año: Brasil
Equipo de Mayor Progreso del Año: Jamaica

1996
Premio Fair Play: George Weah (Liberia)
Equipo del Año: Brasil
Equipo de Mayor Progreso del Año: Sudáfrica

1997
Premio Fair Play: espectadores irlandeses del partido preliminar de la Copa Mundial ante Bélgica, Jozef Zovinec (jugador *amateur* eslovaco), Julie Foudy (Estados Unidos)

Equipo del Año: Brasil
Equipo de Mayor Progreso del Año: Yugoslavia

1998
Premio Fair Play: federaciones nacionales de Irán, Estados Unidos e Irlanda del Norte
Equipo del Año: Brasil
Equipo de Mayor Progreso del Año: Croacia

1999
Premio Fair Play: Comunidad de fútbol de Nueva Zelanda
Equipo del Año: Brasil
Equipo de Mayor Progreso del Año: Eslovenia

2000
Premio Fair Play: Lucas Radebe (Sudáfrica)
Equipo del Año: Países Bajos
Equipo de Mayor Progreso del Año: Nigeria

2001
Distinción Presidencial: Marvin Lee (Trinidad)*
Premio Fair Play: Paolo Di Canio (Italia)
Equipo del Año: Honduras
Equipo de Mayor Progreso del Año: Costa Rica

*premio entregado a título póstumo

2002
Distinción Presidencial:
Parminder Nagra (Inglaterra)
Premio Fair Play: Comunidad
de fútbol de Japón y Corea
del Sur
Equipo del Año: Brasil
**Equipo de Mayor Progreso
del Año:** Senegal

2003
Distinción Presidencial:
Comunidad de fútbol iraquí
Premio Fair Play: Afición del
Celtic de Glasgow (Escocia)
Equipo del Año: Brasil
**Equipo de Mayor Progreso
del Año:** Bahréin

2004
Distinción Presidencial: Haití
Premio Fair Play: Confederación
Brasileña de Fútbol
Equipo del Año: Brasil
**Equipo de Mayor Progreso
del Año:** China
Jugador Mundial Interactivo:
Thiago Carrico de Azevedo
(Brasil)

2005
Distinción Presidencial:
Anders Frisk (Suecia)
Premio Fair Play: Comunidad
de fútbol de Iquitos (Perú)
Equipo del Año: Brasil
**Equipo de Mayor Progreso
del Año:** Ghana
Jugador Mundial Interactivo:
Chris Bullard (Inglaterra)

2006
Distinción Presidencial:
Giacinto Facchetti (Italia)*
Premio Fair Play: seguidores
del Mundial 2006
Equipo del Año: Brasil
**Equipo de Mayor Progreso
del Año:** Italia
Jugador Mundial Interactivo:
Andries Smit (Países Bajos)

2007
Distinción Presidencial: Pelé
(Brasil)
Premio Fair Play: FC Barcelona
(España)
Equipo del Año: Argentina
**Equipo de Mayor Progreso
del Año:** Mozambique

2008
Distinción Presidencial: fútbol
femenino (entregado a la
selección femenina de EE. UU.)
Premio Fair Play: Armenia,
Turquía
Premio al Desarrollo: Palestina
Jugador Mundial Interactivo:
Alfonso Ramos (España)
Equipo del Año: España
**Equipo de Mayor Progreso
del Año:** España

Nota: El premio Fair Play de la
FIFA se creó en 1987 y, antes
de incluirse en la gala anual,
se entregó a:
1987: afición del Dundee
United FC (Escocia)
1988: Frank Ordenewitz
(Alemania) y espectadores del
torneo de fútbol de Seúl
1989: espectadores de
Trinidad y Tobago
1990: Gary Lineker (Inglaterra)

*premio entregado a título
póstumo

De manera regular, la clasificación mundial de la FIFA describe en términos estadísticos cómo aumenta o desciende la suerte tanto de las naciones más poderosas del fútbol mundial como de sus rivales más débiles. España lideró las clasificación a raíz de su triunfo sobre Alemania en la final de la Eurocopa 2008 celebrada en Austria y Suiza.

CLASIFICACIÓN MUNDIAL FIFA/COCA COLA 2009

Desde 1993 la FIFA elabora cada mes su *ranking* mundial. El sistema, revisado y simplificado en 2005-06, calcula la posición de las selecciones según una fórmula basada en los resultados de partidos oficiales. Los criterios tienen en cuenta si el partido es de competición o amistoso, si se juega en casa o como visitante, los goles a favor y en contra, las características del rival (diferencia de posiciones), la fuerza regional (resultado en las tres últimas Copas Mundiales de la FIFA™), y el cálculo ponderado de los cuatro últimos años.

CLASIFICACIÓN (MAYO 2009)

Pos.	País	Puntos	Pos.	País	Puntos	Pos.	País	Puntos
1	España	1729	35	Japón	749	69	Gambia	491
2	Alemania	1362	36	Costa de Marfil	743	70	Jamaica	480
3	Países Bajos	1360	37	Egipto	742	71	Bahréin	476
4	Brasil	1281	38	Bosnia-Herzegovina	737	72	Argelia	475
5	Italia	1271	39	Honduras	736	73	Gales	468
6	Argentina	1195	40	Polonia	724	74	Trinidad y Tobago	463
7	Inglaterra	1173	41	Costa Rica	721	75	Chipre	460
8	Croacia	1151	42	Ecuador	695	76	Uzbekistán	455
9	Rusia	1117	43	Hungría	662	77	Sudáfrica	453
10	Francia	1074	44	Colombia	660	78	Nueva Zelanda	450
11	Portugal	1013	45	Noruega	642	79	Austria	446
12	República Checa	968	46	Corea del Sur	641	80	Mozambique	436
13	Grecia	927	47	Eslovaquia	626	81	Omán	432
14	Turquía	923	48	Gabón	616	82	Bielorrusia	431
15	Estados Unidos	919	49	Malí	604	83	Libia	419
16	Uruguay	909	50	Marruecos	593	84	Ruanda	417
17	Paraguay	906	51	Finlandia	591	85	Sudán	412
18	Suiza	883	52	Túnez	585	86	Irak	408
19	Camerún	871	53	Irán	582	87	Perú	397
20	Bulgaria	840	53	Guinea	582	88	RD del Congo	395
21	Israel	836	55	Arabia Saudí	577	89	Canadá	394
22	Ucrania	832	56	Venezuela	565	90	Zambia	393
23	Serbia	819	57	Burkina Faso	559	91	Angola	392
24	Escocia	815	58	Bolivia	554	92	Albania	390
25	México	803	59	Lituania	550	93	Moldavia	387
26	Chile	796	60	Panamá	547	94	Islandia	386
27	Irlanda del Norte	795	61	Letonia	541	94	Benín	386
28	Rumanía	792	62	Bélgica	534	96	Qatar	376
29	Dinamarca	790	63	Eslovenia	510	97	China	370
30	Nigeria	781	64	ARY de Macedonia	507	98	Sierra Leona	359
31	Ghana	779	65	Togo	506	99	Siria	358
32	Australia	776	66	Senegal	497	100	Cuba	355
33	Suecia	769	67	Congo	493	101	Etiopía	347
34	República de Irlanda	761	68	Uganda	492	102	El Salvador	345

Pos.	País	Puntos
103	Granada	344
104	Tanzania	342
105	Cabo Verde	335
106	Corea del Norte	334
106	Zimbabue	334
108	Fiyi	333
109	Kenia	327
110	Georgia	322
111	Guatemala	309
112	Malaui	302
113	Tailandia	298
113	Estonia	298
115	Bermudas	296
116	Antigua y Barbuda	293
117	Montenegro	284
118	Kuwait	282
119	Guinea Ecuatorial	279
120	EAU	278
120	Barbados	278
122	Haití	276
123	Botsuana	274
124	Namibia	270
125	Armenia	268
126	Luxemburgo	259
127	Jordania	255
127	Guayana	255
129	Surinam	253
130	Chad	251
131	Madagascar	231
132	Nueva Caledonia	229
133	Burundi	224
134	Singapur	220
135	Suazilandia	217
136	Vietnam	216
137	Kazajstán	214
138	Liberia	207
139	Indonesia	206
140	Vanuatu	201
141	Nicaragua	195
142	Azerbaiyán	193
143	Hong Kong	183
144	Níger	168
145	Yemen	162
146	India	156
147	Antillas Holandesas	152
147	Tayikistán	152
149	Maldivas	142
150	Malta	141
150	San Vicente/Granadinas	141
150	Kirguistán	141
153	Turkmenistán	140
154	San Cristóbal y Nieves	139
154	Puerto Rico	139

Pos.	País	Puntos
156	Liechtenstein	134
157	Mauritania	130
158	Myanmar	129
159	Líbano	121
160	Eritrea	114
161	Lesoto	109
162	Sri Lanka	107
163	Malasia	105
164	Islas Salomón	100
165	Islas Feroe	96
166	Filipinas	90
167	Pakistán	88
168	Chinese Taipei	86
169	Somalia	82
170	Islas Caimán	76
171	Mauricio	74
172	Laos	73
173	Nepal	72
174	Bangladesh	70
175	Palestina	69
176	Mongolia	68
177	Samoa	64
178	Seychelles	61
179	Camboya	60
179	Belice	60
181	Bahamas	53
182	Islas Turcas y Caicos	51
183	Afganistán	44
184	Yibuti	40
184	Rep. Dominicana	40
186	Brunéi Darussalam	38
186	Guinea-Bissáu	38
188	Guam	34
189	Santa Lucía	32
189	Tahití	32
189	Tonga	32
192	Islas Vírgenes Británicas	30
193	Macao	26
194	Bután	23
195	Aruba	22
196	Andorra	18
197	Dominica	12
198	Timor Oriental	9
199	Comoras	8
199	Islas Vírg. Estadounid.	8
201	República Centroafricana	4
202	San Marino	0
202	Anguila	0
202	Montserrat	0
202	Samoa Estadounidense	0
202	Islas Cook	0
202	Papúa Nueva Guinea	0

REP. DE IRLANDA
34.ª posición
761 puntos

ITALIA
5.ª posición
1.271 puntos

ÍNDICE

Los editores quieren agradecer a las siguientes fuentes su autorización para reproducir sus fotos en este libro:

(Abreviaturas: A-arriba, B-abajo, I-izquierda, D-derecha, C-centro, F-fondo)

Action Images: /Matthew Childs: 230, 231AI, 231AD, 231B

Getty Images: 102BD, 153C; /AFP: 66BD, 92BD, 107AD, 129BI, 152BI, 153AD, 155BI, 159C, 160BI, 161BI, 173BD, 174BD, 176, 187AD, 193BD, 201A, 201BI, 203BD, 206; /Allsport: 61BD; /Odd Andersen/AFP: 48BD, 51AD, 101AD; /Mladen Antonov/AFP: 96AD, 194AD; /Brian Bahr: 135BI, 135BD; /Dennis Barnard/Fox Photos: 105C; /Robyn Beck/AFP: 171AD; /Sandra Behne/ Bongarts: 166D; /Bentley Archive/Popperfoto: 23BD, 158B; /Gunnar Berning/Bongarts: 166BI; /Torsten Blackwood/AFP: 171BI; /Bagu Blanco: 247BD; /Bongarts: 42, 156C; /Shaun Botterill: 20I, 33D, 73AD, 78BC, 78BD, 110AD, 157D, 169D, 177, 190AD, 245BI, 247AD; /Clive Brunskill: 77AD, 189D; /Simon Bruty: 83BD; /Eric Cabanis/AFP: 149C; /Jose Cabezas/ AFP: 147AD; /David Cannon: 31BI, 105B; /Ben Borg Cardona/AFP: 94BI; /Nico Casamassima/AFP: 173BI; /Ron Case/Keystone: 118B; /Central Press: 80BC; /Robert Cianflone: 122I; /Tim Clary/AFP: 178BI; /Fabrice Coffrini/AFP: 146AI, 240B; /Chris Cole: 169AD; /Phil Cole: 17I, 82I; /Yuri Cortez/AFP: 109BI, 136I; /Adrian Dennis/AFP: 190AI, 209; /Philippe Desmazes/AFP: 248-249; /Dimitar Dilkov/AFP: 89AD; /Denis Doyle: hoja de créditos inicial, 54, 57BD, 245BD; /Allen Einstein/Time & Life Pictures: 178I; /Darren England: 148AI, 149BD; /Tony Feder: 148BD; /Franck Fife/AFP: 4BI, 32BI, 115BD; /Julian Finney: 96BI; /Stu Forster: 14C, 23AD, 25BI, 45BI, 67A, 88C, 103BD, 128AI, 187BD, 247BI; /Stuart Franklin: 184BI; /Romeo Gacad/ AFP: 69BD; /Gallo Images/Foto24: 140-141; /Paul Gilham: 24C; /Georges Gobet/AFP: 69D; /Laurence Griffiths: 65I, 73AI; /Valery Hache/AFP: 126BD, 166BD, 192BD; /Ronny Hartmann/ AFP: 65BD, 89C, 185BI; /Alexander Hassenstein/Bongarts: 58BD, 90D; /Haynes Archive/Popperfoto: 124BD, 151AD, 151BD, 200BI; /Patrick Hertzog/AFP: 43D, 46, 91AC, 151BI, 153BI; /Boris Horvat/AFP: 44AD, 191 AI; /Nam Y. Huh/AP: 130-131; /Hulton Archive: 16AC, 70BD, 151I, 159BI; /Karim Jaafar/AFP: 114BI; /Jasper Juinen: 16AI, 17AD; /Yeon-Je Jung/AFP: 125BI; /Burak Kara: 194BI; /Keystone: 30BI, 71BI, 80BI, 137BD; /Keystone/Hulton Archive: 48BI, 97BD; /Saeed Khan/AFP: 147BI; /Matt King: 127I; /Michael King: 159AD; /Ian Kington/AFP: 67I; /Ross Kinnaird: 15BI, 29BD, 163AI; /Glyn Kirk/AFP: 14D; /Toshifumi Kitamura/AFP: 148BI; /Joe Klamar/AFP: 66BI, 244BI; /Christof Koepsel/Bongarts: 5BD, 55C, 68D, 69BI, 73C; /Mark Kolbe: 123B; /Jean-Philippe Ksiazek/AFP: 109AD; /Jimin Lai/AFP: 120-121; /David Leah: 165AD; /Bryn Lennon: 71I; /Francisco Leong/AFP: 76BD; /Alex Livesey: 144-145, 172I, 195AI, hoja de créditos final; /John MacDougall/AFP: 41B; /Pierre-Philippe Marcou/AFP: 55BI, 57AD; /Clive Mason: 59D, 75BD, 88BI; /Jamie McDonald: 67BD; /Philippe Merle/AFP: 111AD; /Douglas Miller/Keystone: 15BD; /Jeff J. Mitchell: 22BI; /Filippo Monteforte/AFP: 93AD; /Don Morley: 15BC; /John Mottern/AFP: 133BC; /Beate Mueller/Bongarts: 62BI; /Peter Muhly/AFP: 95A, 184BD; /Kazuhiro Nogi/AFP: 218D; /Ryan Pierse: 68I; /Vincenzo Pinto/AFP: 181AD; /Jan Pitman/Bongarts: 157A; /Hrvoje Polan/AFP: 64BC, 75A; /Paul Popper/Popper foto: 25AD; /Popperfoto: 20BC, 20BD, 24BI, 32C, 39AD, 40, 41AD, 50BD, 62BD, 65BC, 96BD, 104, 106AD, 106BD, 127B, 128BD, 129AD, 137BI, 155BC, 156BD, 159BD, 161AI, 161BD, 168I, 185BD, 186B, 188AD, 189AD, 189B, 192A, 195BD, 202I, 207BD; /Craig Prentis: 132BC; /Adam Pretty: 122D; /Gary M. Prior: 165B, 251AD; /Tony Quinn/MLS: 135AD; /Ben Radford: 56BD, 164, 246BI; /Roslan Rahman/AFP: 128AD; /Aizar Raldes/AFP: 108BI; /Chris Roberts: 179A; /Graeme Robertson: 187BI; /Rolls Press/Popperfoto: 16BI, 50BI; /Clive Rose: 15AD, 63AI; /Martin Rose/Bongarts: 44BD, 73B, 181BD; /Karim Sahib/AFP: 124C; /Mark Sandten/Bongarts: 30BD, 173AD; /Issouf Sanogo/AFP: 116A; /Wesley Santos/Fotoarena/Latin Content: 245BC; /Roberto Schmidt/AFP: 163BI; /Antonio Scorza/AFP: 33BI, 34C; /Torsten Silz/AFP: 39I, 160AI; /Javier Soriano/AFP: 58I; /Cameron Spencer: 241BD; /Michael Steele: 103AD; / Patrik Stollarz/AFP: 154BD, 180AI; /Koen Suyk/AFP: 43BC; /Henri Szwarc/Bongarts: 51BI, 109I, 116BI, 169BC, 186AD; /Bob Thomas: 11, 21C, 23AI, 24BD, 25D, 26I, 27BI, 27D, 37A, 47, 51BC, 53B, 56AD, 57AI, 58BD, 60BI, 75BI, 94BD, 100, 103BI, 107AI, 109BD, 110BD, 111BI, 117AC, 125AD, 126A, 146BD, 153BD, 154BI, 155AD, 155BI, 158D, 161AC, 162D, 172D, 174BI, 175BI, 175BD, 179B, 180BI, 180D, 185AD, 188BI, 189AI, 190B, 191B, 193BI, 195BI, 203I, 241AD, 246BC; /Bob Thomas/Popperfoto: 59I, 146BI, 150B, 152BD, 157AD; /Mark Thompson: 61D; /Omar Torres/AFP: 65AD, 125AC, 132BD; /Robert Van Den Brugge/AFP: 61BI; /Jean-Christophe Verhaegen/AFP: 92BI; /Ian Walton: 25BD, 70BI; /Koji Watanabe: 240AD; /World Sport Group: 123AD; /Andrew Yates/AFP: 244C; /John Zich/AFP: 241BC

Press Association Images: /AP: 52BI, 134, 150D, 157B; /Bernat Armangue/AP: 183; /Matthew Ashton/Empics Sport: 29I, 91AD, 107C, 117AD, 123I, 136D, 205BI, 214B, 222I, 236B; /Greg Baker/AP: 235BI; /Gavin Barker/Sports Inc: 117BI; /Fabian Bimmer/AP: 133I; /Gero Breloer/DPA: 2, 143C, 143BD; /Luca Bruno/AP: 9, 251BD; /Jon Buckle/Empics Sport: 237BI; /Adam Butler: 19AD; /Felice Calabro/AP: 171BD; /Lynne Cameron/Rangers FC: 64BD, 72BI; /Roberto Candia/AP: 197, 235AI; /Mario Castillo: 198AD; /Barry Coombs/Empics Sport: 60D, 220; / Malcolm Croft: 149AD; /Claudio Cruz/AP: 215D; /Ben Curtis/AP: 115I; /DPA: 35, 38AD, 43AI, 64BI, 71D, 107D, 158I, 171BC; /Adam Davy/Empics Sport: 5BI, 112-113, 117BD, 225AI, 234D; /Jerome Delay/AP: 143BI; /Alessandro Della Bella/AP: 224, 225BI; /Sean Dempsey: 36; /Digital Sports Archive: 238AI; /Pablo Duarte/AP: 76D, 77I, 211I; /Mike Egerton/Empics Sport: 6-7, 84D, 85BI, 137AC; /Paul Ellis/AP: 81BD; /Empics Sport: 83BI, 102BI, 162BI, 221BD, 223I; /Fred Ernst/AP: 210D; /Paul Faith: 26D; /Chen Fei/Landov: 237BC; /Carlo Fumagalli/AP: 84BI; /Vadim Ghirda/AP: 87BI; /Renzo Gostoli/AP: 228I; /Gouhier-Hahn-Orban/ABACA: 87D; /Michel Gouverneur/Reporter: 213I; /Frank Gunn/AP: 212D; /Zhang Guojun/Landov: 234I; / David Guttenfelder/AP: 219AI; /Themba Hadebe/AP: 142BD; /Nam Y. Huh/AP: 204I; /Itsuo Inouye/AP: 217AD, 218BI; /Silvia Izquierdo/AP: 207BI, 227BD, 228D, 229A, 229BI; /Julie Jaco bson/AP: 236AI, 239BD; /Shuji Kajiyama/AP: 219AD; /Shizuo Kambayashi/AP: 218BD; /Thomas Kienzle/AP: 97AD; /Ross Kinnaird/Empics Sport: 119A, 205AI; /Kai-Uwe Knoth/AP: 90I; /Junji Kurokawa/AP: 219B; /Jin-Man Lee/AP: 236AD; /Tony Marshall/Empics Sport: 12-13, 19AI, 44BI, 52BD, 77AI, 82B, 88BC, 89BD, 93BD, 95BD, 107AC, 108BD, 111BD, 119D, 123AI, 126BC, 127A, 135D, 149AI, 156AD, 200BD, 201BD, 210I, 215AD, 215BD, 221AI, 225AD; /Ricardo Mazalan/AP: 202D, 205BD, 214D; /John McConnico/AP: 87BC; /Cathal McNaughton: 14I; /Martin Meissner/AP: 4D, 38C; /Ricardo Moraes/AP: 226BI, 227AD, 227BI; /Peter Morrison/AP: 28BD; /Anja Niedringhaus/AP: 233; /Jussi Nukari/Lehtikuva: 212I; /Phil O'Brien/Empics Sport: 49, 102AC; /PA Archive: 19B, 26BI, 37B, 60BC, 74D, 167B, 216BD, 217BD; /Panoramic: 213D; /Claude Paris/AP: 229BD; /Eraldo Peres/AP: 226F, 226D, 226BD; /Gabriel Piko/ Empics Sport: 198BI, 216BC; /Pinnace/Empics Sport: 69A; /Natacha Pisarenko/AP: 204B, 207AC, 221AD; /Sergey Ponomarev/AP: 80D; /Nick Potts/Empics Sport: 31BD; /Michael Probst/ AP: 139; /Peter Robinson/Empics Sport: 16BD, 22AD, 27C, 38AI, 39AC, 45BD, 53A, 61AD, 63BI, 74BI, 83AD, 91I, 101BI, 110BI, 168D, 199BD, 211C, 225BD; /S&G and Barratts: 16D, 17BD, 18, 28BI, 56I, 77BD, 118D, 133BD, 142BI, 167AD; /SMG: 21BD, 23BI; /Marcio José Sánchez/AP: 211D; /Patricia Santos/AP: 98-99; /Steffen Schmidt/AP: 242-243; /Mary Schwalm/ AP: 135I; /Ivan Sekretarev/AP: 80C; /Murad Sezer/AP: 4BD, 34BI; /Sven Simon: 106BI; /Neal Simpson/Empics Sport: 63BD, 78BI, 79AD, 81BI, 84BD, 86B, 86D, 114BD, 133AI, 169BI, 203A; /Michael Sohn/AP: 5AI, 137AD, 238AD; /Thanassis Stavrakis/AP: 223D; /Jon Super/AP: 217AI, 235AD; /Alessandra Tarantino/AP: 79BD; /Topham Picturepoint: 76BI, 85BD, 95BI; /Fernando Vergara/AP: 198BD, 199BC; /John Walton/Empics Sport: 5BC, 45AD, 102AD, 125BD, 207AD; /Aubrey Washington/Empics Sport: 67BI, 72BD; /Paul White/AP: 222D; /Kirsty Wigglesworth: 29AD; /Witters: 170; /Ren Yong/Landov: 238BD; /Vincent Yu/AP: 239BC

Hemos hecho todo lo posible para identificar correctamente al autor/titular del *copyright* de cada fotografía y contactar con él. Carlton Books pide disculpas por las omisiones o los errores involuntarios cometidos y garantiza que serán corregidos en las futuras ediciones de este libro.

ACERCA DEL AUTOR

Keir Radnedge ha dedicado más de 40 años de su vida a informar sobre fútbol. Ha escrito innumerables libros para todas las edades sobre el tema, desde guías de torneos hasta exhaustivas enciclopedias. En su carrera periodística colaboró con *The Daily Mail* durante veinte años, así como con *The Guardian* y otros periódicos y revistas del Reino Unido y extranjeros. Fue editor de *World Soccer*, la principal revista en lengua inglesa sobre fútbol mundial. Además de sus publicaciones, Keir ha sido comentarista habitual de la BBC, Sky Sports y el canal de noticias estadounidense CNN. También editó un boletín del torneo durante los Mundiales de 1982, 1986 y 1990; además ha redactado el guión de los vídeos resumen de numerosos torneos internacionales. Es el editor en Londres de SportsFeatures.com, la página web de noticias relacionadas con el fútbol y los Juegos Olímpicos.